Matthias Scharer

Vielheit couragiert leben

Die politische Kraft der Themenzentrierten Interaktion (Ruth C. Cohn) heute

In Zusammenarbeit mit Michaela Scharer

3., überarbeitete Auflage

Matthias Grünewald Verlag

VERLAGSGRUPPE PATMOS

PATMOS
ESCHBACH
GRÜNEWALD
THORBECKE
SCHWABEN
VER SACRUM

Die Verlagsgruppe
mit Sinn für das Leben

Für die Verlagsgruppe Patmos ist Nachhaltigkeit ein wichtiger Maßstab ihres Handelns. Wir achten daher auf den Einsatz umweltschonender Ressourcen und Materialien.

Bibliografische Information der Deutschen Nationalbibliothek
Die Deutsche Nationalbibliothek verzeichnet diese Publikation in der Deutschen Nationalbibliografie; detaillierte bibliografische Daten sind im Internet über http://dnb.d-nb.de abrufbar.

3., überarbeitete Auflage 2021

Verlagsgruppe Patmos in der Schwabenverlag AG, Ostfildern
www.gruenewaldverlag.de

Umschlaggestaltung: Finken & Bumiller, Stuttgart
Umschlagabbildung: © José Gamboa Chaparro, Bild: Amazonas, Öl auf Leinwand, 80 cm x 50 cm, 2015, www.josegamboachaparro.blogspot.com
Sachzeichnungen: Maria Ackmann, Hagen (Abb. 1 und 2), Jaak Crasborn (Abb. 3)
Druck: CPI books GmbH, Leck
Hergestellt in Deutschland
ISBN 978-3-7867-3198-6

Vielheit couragiert leben

Inhalt

Vorwort

Nur mit Mühe trenne ich mich von diesem Manuskript, an dem ich speziell im letzten Jahr intensiv gearbeitet habe und das in einer lustvollen und engen Zusammenarbeit mit meiner Frau Michaela entstanden ist. Ihr danke ich von Herzen für die Mitarbeit an diesem Buch, ohne die es nicht, keinesfalls zeitgerecht, erscheinen könnte. Gleichzeitig danke ich den „Lektor*innen", die das Entstehen der Texte kritisch begleitet haben und mir wichtige Anregungen gaben, die ich großteils in das Buch aufgenommen habe. In alphabetischer Reihenfolge und ohne Titel angeführt waren es: Kristin und Konrad Fumagalli, Reingard Lange, Hansfried Nickel, Margit Ostertag, Veronika Scharer und Michaela Schumacher, die mir durch ihre Kommentare sehr geholfen und mich ermutigt haben, das Buch fertig zu schreiben. Phien Kuiper hat das Manuskript ins Niederländische übersetzt und uns wertvolle Korrekturhinweise gegeben; auch ihr ein großes Danke! Herrn Volker Sühs vom Matthias Grünewald Verlag danke ich sehr herzlich für die umsichtige Betreuung des Bandes und für das pünktliche Erscheinen. Mein Dank gilt auch allen Menschen, denen ich in den letzten Jahren in Seminaren nach dem Ansatz der Themenzentrierten Interaktion in verschiedenen Ländern und Kulturen begegnet bin und die sich unterschiedlichen Weltanschauungen und Religionen zugehörig wissen. Darin sind besonders auch jene eingeschlossen, die sich gesellschaftspolitisch, interkulturell und transreligiös für eine Welt einsetzen, in der alle Menschen gut leben können, ohne dem Ökosystem unserer Erde Gewalt anzutun.

Das Manuskript aus der Hand zu geben fällt mir auch deshalb schwer, weil ich um Ungereimtheiten, Lücken und noch nicht genügend durchdachte Passagen in diesem Buch weiß. Meine primäre „Gewährsautorin", die deutsch-jüdische Migrantin Ruth C. Cohn, mit deren Denken und Handeln ich mich hauptsächlich auseinandersetze, konnte sich von ihren Texten in der Regel nur dann verabschieden, wenn sie diese mehrfach bearbeitet hatte. Im schriftlichen Nachlass Ruth C. Cohns sind die vielen Varianten zu sehen, die für später veröffentlichte Texte vorliegen. Mit derselben kritischen Sicht ging sie auch an die Texte anderer heran und versah sie mit vielen Kommentaren. Wie würde sie wohl dieses Buch kommentieren? Trotz aller selbstkritischer Bedenken entscheide ich mich, dieses Manuskript für den Druck freizugeben. Die Zeit drängt, gesellschaftliche Alternativen anzudenken. Vielleicht können manche Leser*innen meinen Gedankengängen folgen. Vielleicht stellt sich Widerstand zu einzelnen Passagen oder zum ganzen Buch ein. Vielleicht sehen Sie, liebe Leserin/lieber Leser manches anders. Die kritische Auseinandersetzung einzeln oder gemeinsam mit anderen wäre jedenfalls eine schöne Reaktion auf dieses, bewusst sehr persönlich gehaltene Buch.

Innsbruck, im August 2019 *Matthias Scharer*

Vorwort zur dritten Auflage

Nach weniger als zwei Jahren erscheint die dritte Auflage dieses „politischen" TZI-Buches. Es hat innerhalb der TZI-Community und darüber hinaus ein neues Bewusstsein für die politische Kraft von Ruth C. Cohns Ansatz geweckt. Die Corona-Pandemie und ihre Folgen verschärfen wie in einem Brennglas die gesellschaftlichen, ökologischen und transkulturellen Probleme, vor denen wir stehen und die in diesem Buch angesprochen werden. Auch wenn Regierungen wechseln, wie das in Österreich inzwischen der Fall war, bleiben die angesprochenen Fragen bestehen.

Der demokratische Wahlerfolg von Joe Biden und Kamala Harris in den USA konnte dem „Trumpismus" – zumindest für den Augenblick – Einhalt bieten. Das nährt die begründete Hoffnung, dass durch konsequente, demokratisch und rechtsstaatlich verankerte, multilaterale Politik, den wichtigsten globalen Krisen, wie dem Klimawandel und der Ausbeutung der Ressourcen der Erde, dem Neo-Kolonialismus und Neo-Liberalismus, dem Rassismus und den Migrationsfragen eine veränderte Sichtweise zukommen werden.

Das Denken und Handeln Ruth C. Cohns, der „Therapeutin gegen totalitäres Denken"[1], kann in diesem Zusammenhang Innovationen anregen, die zwar nicht von heute auf morgen die Welt verändern, die uns aber auch nicht ohnmächtig mit den Welt- und Gesellschaftsproblemen zurücklassen. Die Ermutigung der bekannten „Gesellschaftstherapeutin", teilmächtig couragiert zu handeln, bleibt gerade in und nach der Corona Pandemie hoch aktuell.

Diese 3., überarbeitete Auflage verbindet sich nochmals mit dem Dank an meine holländische Kollegin Phien Kuiper, die das Buch übersetzt, verlegt und uns auf Fehler hingewiesen hat. Für die neue Überblicksgraphik gebührt Herrn Jaak Crasborn ein herzlicher Dank.

Innsbruck, im April 2021 *Matthias Scharer*

[1] Scharer, Matthias unter Mitarbeit von Michaela Scharer (2020), Ruth C. Cohn. Eine Therapeutin gegen totalitäres Denken, Ostfildern: Patmos Verlag.

1. Wohin geht die Reise?

zu wissen dass wir zählen
mit unserem Leben
mit unserem Lieben
gegen die Kälte.
Für mich, für Dich, für unsere Welt.
(Ruth C. Cohn)[2]

Mit diesem politisch motivierten und interkulturell sowie transreligiös[3] aufmerksamen Buch, will ich neue Sichtweisen auf jenes Konzept entfalten, das die deutsch-jüdische Migrantin Ruth C. Cohn (1912–2010) in den 1970iger Jahren aus dem amerikanischen Exil nach Europa gebracht hat und das heute über Europa hinaus u. a. auch in Indien[4] verbreitet ist: Auf die Themenzentrierte Interaktion (TZI) mit ihrem gesellschaftspolitischen Potential.[5] Mit der TZI vertraute bzw. in einer TZI-Ausbildung stehende

[2] Ruth C. Cohn, … zu wissen dass wir zählen … Gedichte, Poems mit Scherenschnitten von Annemarie Maag, Bern 1990, Widmung.

[3] Den Begriff „transreligiös" verwende ich im Sinne von Karl Baier „für jede Übertragung von Gedanken, Haltungen, Normen, Praktiken, Riten, Institutionen, theologischen Methoden etc. aus einer Religion in eine oder mehrere andere. Transreligiöse Prozesse beginnen mit Erstkontakten, die das Rezeptionsinteresse in Einzelnen oder Gruppen erwecken." (https://homepage.univie.ac.at/karl.baier/texte/pdf/TransreligioeseTheorie.pdf, S. 2, Aufruf am 31. 12. 2018). Solche Prozesse unterscheiden sich grundsätzlich von einer synkretistischen Vermischung von Religionen. Vielmehr sind sie auf die Wirkung jenes Interaktionsprozesses ausgerichtet, der in der interreligiösen Begegnung im Rahmen der Themenzentrierten Interaktion die entscheidende Rolle spielt. Nach meiner Erfahrung, speziell mit gemischtreligiösen TZI-Gruppen in Indien, liegen transreligiöse und transkulturelle Austauschprozesse oft eng beieinander. In diesem Sinne geht es mir nicht nur um transreligiöse, sondern auch um transkulturelle Überlegungen, welche von der „Porösität" von Kulturen und Religionen ausgehen, wenn sich Menschen für entsprechende Kommunikationsprozesse öffnen, die ich im 10. Kapitel mit dem „Dritten Raum" in Verbindung bringe. Politische Implikationen im Sinne gesellschaftlicher Wirksamkeit, kulturelle und weltanschaulich-religiöse Wirkungen liegen für mich eng beieinander. Vgl. dazu: Matthias Scharer, TZI als „Third Space" transreligiöser Begegnungen, in: Themenzentrierte Interaktion. theme-centered interaction 31 (2017) 2, 131–138.

[4] Karin Fritzsche – Maria Fischer-Siregar, TZI in asiatischen Kulturen? Ein Beitrag zur Differenzierung der Diskussion, in: Themenzentrierte Interaktion. theme-centered interaction 17, 1 (2003), 24–41; Christa Reppel, CHAIRPERSON AND INDIAN SPIRITUALITY. An insight from a workshop session, in: Indian Journal of Theme-Centred Interaction (TCI) (2012) 8, 83–84; Konrad Pöpel, TZI und indische Kultur – ein Versuch, in: Themenzentrierte Interaktion. theme-centered interaction 21 (2007) 2, 26–33.

[5] Vgl. Karl-Ernst Lohmann, Interkulturalität und Diversity, in: M. Schneider-Landolf – J. Spielmann – W. Zitterbarth (Hg.), Handbuch Themenzentrierte Interaktion (TZI) 3 Tab, Göttingen [3]2014, 263–268.

Menschen können in diesem Buch Aspekte entdecken, die über die landläufige Verwendung der TZI als „Art of Leading" hinausgehen. Menschen, die politisch interessiert sind und/oder sich gesellschaftlich engagieren, werden neue Perspektiven für ihr Denken und Handeln finden. Dies speziell dann, wenn sie dafür aufgeschlossen sind, die gegenwärtigen gesellschaftlichen Auseinandersetzungen nicht von globalen interkulturellen und weltanschaulich-religiösen Fragen zu isolieren.

Ruth C. Cohn hatte die TZI in den 1950er Jahren „erträumt". Ihr Anliegen war, mit der TZI an einer menschlicheren Welt mitzuwirken.

> In einer brutal ungerechten und heute der „Endlösung" zueilenden Welt ist TZI innerhalb der konstruktiven Bewegungen *ein* Beitrag zur Möglichkeit, persönliches und gesellschaftliches Zerstörungspotential wahrzunehmen, zu verstehen, sich selbst einzugestehen und damit Kraft und Zuversicht zu gewinnen, es überwinden zu helfen.[6]

Ich kannte Ruth C. Cohn persönlich und bin ihr öfters begegnet. So erinnere ich mich u. a. daran, wie sie mich mit einer Gruppe Studierender aus Linz in ihre kleine Schweizer Wohnung auf den Hasliberg zu einem Kurzworkshop eingeladen hatte. Ich kam damals von einer längeren Peru-Reise zurück, die mich in befreiungstheologische Kontexte geführt hatte.[7] Im lebendigen Austausch mit Ruth – so wollte sie angesprochen werden – konnte ich erleben, wie groß ihr Interesse an politischen und interkulturellen Vorgängen war. Seit jenen ersten Begegnungen mit ihr war sie für mich eine „politische" und interkulturell wie auch transreligiös höchst interessierte Frau.

Ich gehörte nicht zu jenem Gründer*innen- und Vertrautenkreis, der sich nach ihrer Rückkehr nach Europa gebildet hatte, sondern komme aus der „zweiten Generation" der TZI-Lehrenden. Umso mehr bin ich darüber erstaunt, wie nahe mir Ruth durch die Registrierung ihres umfangreichen Nachlasses kommt, mit der ich – gemeinsam mit meiner Frau – seit einigen Jahren am Archiv der Humboldt Universität zu Berlin beschäftigt bin. Bereits nach einigen Tagen intensiver Arbeit an den Quellen träumte ich sehr lebendig von ihr. Die „archivarische" Begegnung mit Ruth C. Cohn und die unmittelbare Begegnung mit Menschen aus und in unterschiedlichen kul-

Karl-Ernst Lohmann, Interkulturelle Gruppen leiten. Teil 2, in: Themenzentrierte Interaktion. theme-centered interaction 17 (2003) 2, 81–90.

[6] Ruth C. Cohn, in: R. Standhardt – C. Löhmer (Hg.), Zur Tat befreien. Gesellschaftspolitische Perspektiven der TZI-Gruppenarbeit, Mainz 1994, 5.

[7] Vgl. Matthias Scharer, Katechese wider den Tod. Lateinamerika als Herausforderung für die Glaubensvermittlung, in: Theologisch-praktische Quartalschrift 138 (1990) 2, 135–143.

turellen, weltanschaulich-religiösen und politischen Kontexten prägen dieses Buch.

1.1. Vielheit und Courage

Der Titel „Vielheit couragiert leben" verweist nicht nur auf Ruth C. Cohn, sondern auch auf eine andere deutsch-jüdische Migrantin, die im selben Jahr, nämlich 1933, auf Grund zunehmender nationalsozialistischer Bedrohung, Deutschland verlassen hatte: Hannah Arendt (1906–1975)[8]. Sie scheint mir in gewisser Hinsicht mit Ruth C. Cohn schicksals- und geistesverwandt zu sein.[9] Ruth C. Cohn ging zunächst in die neutrale Schweiz; Hannah Arendt nach Frankreich. 1936 bzw. 1937 verloren beide Frauen die deutsche Staatsbürgerschaft und waren staatenlos. Das Migrant*innen-Schicksal führte beide Jüdinnen, wiederum im selben Jahr, nämlich 1941, nach Amerika. Ruth C. Cohn wurde ab 1947 und Hannah Arendt ab 1951 amerikanische Staatsbürgerin. Während Hannah Arendt in den USA blieb, kehrte Ruth C. Cohn in den 1970iger Jahren sukzessive nach Europa zurück und siedelte sich schließlich in der Schweiz, ihrem ersten Migrationsland, in der Nähe der Ecole d'Humanité, einer Alternativschule in Hasliberg-Goldern, an. Das Lebenswerk beider Frauen ist nur im Kontext der Nazidiktatur und des Holocaust und dessen, bis heute andauernden, Spätfolgen zu verstehen.

Das Wort „couragiert" im Buchtitel kommt von Ruth C. Cohn. 1957 hielt sie eine bisher unbekannte Rede[10] an der Theodor Reik Clinic, New York: „COURAGE – THE GOAL OF PSYCHOTHERAPY."[11] Über den Anlass der Rede hinaus, ist Courage eine typische Eigenschaft der Psycho- und „Gesellschafts"-therapeutin[12]. Dies besonders dort, wo es um die politischen Perspektiven der TZI geht, die ich hier neu beleuchten werde.

---

[8] Vgl. Hannah Arendt, Wir Flüchtlinge. Mit einem Essay von Thomas Meyer, Stuttgart [5]2016.

[9] Mögliche Verbindungen und Differenzen im Denken der beiden deutsch-jüdischen Migrantinnen sind noch nicht weiter untersucht.

[10] Das Manuskript haben meine Frau Michaela und ich beim Registrieren des umfangreichen Nachlasses im Archiv der Humboldt Universität zu Berlin gefunden. Da die Rede öffentlich war, kann ich sie in diesem Buch bereits verwenden. Ansonsten ist Ruth C. Cohns geistiger Nachlass, der schätzungsweise ca. 70.000 Blätter umfasst, ab 2020 oder 2021 im Archiv für Forscher*innen und Interessierte öffentlich zugänglich.

[11] Ruth C. Cohn, „Courage – The Goal of Psychotherapy", Speech given to the members and friends of the Theodor Reik Clinic at the Plaza Hotel, January 14, 1957. Manuscript S. 1–16, HUB, UA, NL Cohn, Nr. 8, Blatt 115–130.

[12] Margit Ostertag, die dankenswerterweise das Manuskript zu diesem Buch kritisch gelesen hat, weist mich darauf hin, dass man „die Gesellschaft" nicht therapieren kann und dass

Das Wort „Vielheit“ kommt von der politischen Philosophin Hannah Arendt. Für sie ist das „Faktum menschlicher Pluralität, die grundsätzliche Bedingung des Handelns wie des Sprechens“[13]. Die Pluralität „manifestiert sich auf zweierlei Art, als Gleichheit und als Verschiedenheit“[14].

> Ohne Gleichartigkeit gäbe es keine Verständigung unter Lebenden, kein Verstehen der Toten und kein Planen für eine Welt, die nicht mehr von uns, aber doch immer noch von unseresgleichen bevölkert sein wird. Ohne Verschiedenheit, das absolute Unterschiedensein jeder Person von jeder anderen, die ist, war oder sein wird, bedürfte es weder der Sprache noch des Handelns für eine Verständigung; eine Zeichen- und Lautsprache wäre hinreichend, um einander im Notfall die allen gleichen, immer identisch bleibenden Bedürfnisse und Notdürfte anzuzeigen.[15]

H. Arendt spricht von menschlicher Vielheit als einer Multiplizität, die paradoxer Weise mit der Einzigartigkeit des Menschen verbunden ist:

> Im Menschen wird die Besonderheit, die er mit allem Seienden teilt, und die Verschiedenheit, die er mit allem Lebendigen teilt, zur Einzigartigkeit, und menschliche Pluralität ist eine Vielheit, die die paradoxe Eigenschaft hat, daß jedes ihrer Glieder in seiner Art einzigartig ist.[16]

In der Anerkennung der Vielheit ist die Anerkennung der Differenz (vgl. 10.3.) impliziert. Die Vielheit bezieht sich nicht nur auf die Anderen. Nach Ansicht Arendts trägt sie der Mensch bereits in sich, indem er denken und den Kontakt zu sich pflegen kann, wie das bereits Sokrates erkannt hat. Der Begriff Vielheit steht auch mit der Kategorienlehre des Philosophen Immanuel Kant[17] in Verbindung, kann aber hier nicht umfassend entfaltet werden.

Obwohl Arendt es nie ausgesprochen hat, fällt mir im Zusammenhang mit der inneren Vielheit des Menschen die Auseinandersetzung um „mul-

---

deshalb auch die Begriffe „Gesellschaftstherapeutin“ bzw. „Gesellschaftspädagogin“, als die sich Ruth C. Cohn selbst wiederholt bezeichnet, in dem Sinne verstanden werden müssen, dass sie über die Einzel- und Gruppentherapie zu einer gesellschaftswirksamen Therapie und Pädagogik gefunden hat und das zu ihrem Hauptanliegen geworden ist.

[13] Hannah Arendt, Vita activa oder Vom tätigen Leben, München – Zürich [4]2006, hier: 213.

[14] Arendt, Vita activa, 213.

[15] Arendt, Vita activa, 213.

[16] Arendt, Vita activa, 214.

[17] Immanuel Kant, Kritik der reinen Vernunft, London 1966; Hartmut Böhme – Gernot Böhme (Hg.), Das Andere der Vernunft. Zur Entwicklung von Rationalitätsstrukturen am Beispiel Kants, Frankfurt a. M. 1983.

tiple Identität“ ein, die heute besonders im Kontext transkultureller und transreligiöser Einsichten und Erfahrungen diskutiert wird.[18] Während ältere Anschauungen von der psychischen Entwicklung des Menschen, wie die von E. Erikson[19], eine erwünschte stabile Ich-Identität von einer unerwünschten Ich-Diffusion abgrenzen, zeigen neuere Studien, dass sich selbst tiefreligiöse, in einer spezifischen Religion – wie dem Christentum – verankerte Menschen, eine multiple religiöse Identität zuschreiben.[20]

Einen, zumindest von seiner Intention her, nicht völlig verschiedenen Gedanken zu Arendts Verständnis von Vielheit und Einzigartigkeit, finden wir auch bei Ruth C. Cohn, allerdings in einer anderen Sprachgestalt. Letztere versteht den Menschen in gleicher Weise autonom und interdependent (1. Axiom der TZI). Ähnlich paradox wie Arendt Einzigartigkeit und Vielheit des Menschen als zusammengehörig denkt, besteht für Ruth C. Cohn eine Gegensatzeinheit von Eigenständigkeit und Bezogenheit. Auch sie versucht damit den Solipsismus zu überwinden, der mit Descartes seine theoretische und existentielle Begründung erlangte. Der Ausrichtung einzig auf sich selbst, wie sie der Solipsismus vertritt, stellt Ruth C. Cohn, wie auch Martin Buber[21], das „dialogische Prinzip“[22], die Bezogenheit des Menschen und letztlich die Allverbundenheit gegenüber, die Vielheit impliziert. Hannah Arendt ist nicht am Menschen „an sich“ interessiert, sondern an *den* Menschen, welche die Erde bewohnen. Für sie geht es nicht um mich und *den* Anderen, sondern um mich und *die* Anderen. Ihr Ausgangspunkt ist immer die Pluralität der Menschen.

Aber nicht nur zwischen H. Arendts Paradoxie von Einzigartigkeit und Vielheit und Ruth C. Cohns Gegensatzeinheit von Autonomie und Interdependenz besteht eine Verbindung. Der indische TZI-Lehrer Thomas Abraham macht auch bewusst, wie sehr Ruth C. Cohns Denken u. a. mit dem von Mahatma Gandhi verwandt ist.[23] Dass ein von Vielheit und transkulturellen Beziehungen ausgehendes Denken in einer Welt und Gesellschaft, in der die Angst vor den Anderen, in besonderer Weise vor

[18] Vgl. Reinhold Bernhardt – Perry Schmidt-Leukel, Multiple religiöse Identität. Aus verschiedenen religiösen Traditionen schöpfen. Beiträge zu einer Theologie der Religionen, Zürich 2008.

[19] Vgl. Erik H. Erikson, Kindheit und Gesellschaft, Stuttgart 1987.

[20] Vgl. Matthias Scharer, Multiple religiöse Identität: Klischee, Krisenphänomen oder Zeichen der Zeit? Zur Subjekt-Perspektive angesichts geistgewirkter Pluralität, in: Zeitschrift für katholische Theologie (ZKth) 136/1–2 (2014) 121–134.

[21] Martin Buber, Begegnung. Autobiographische Fragmente. Mit einem Nachwort von Albrecht Goes, Heidelberg [4]1978.

[22] Martin Buber, Das dialogische Prinzip, Gütersloh [10]2006.

[23] Thomas Abraham, Ruth Cohn and Mahatma Gandhi, in: Indian Journal of Theme-Centered Interaction (TCI). Ruth Cohn Special Issue (6&7) (2010) 27–32.

„Fremden", „umgeht" und politisch-populistisch wachgehalten wird, ungewohnt, ja widersprüchlich ist, liegt auf der Hand. Mit dem Begriff der „Vielheit" will ich den Blick dafür öffnen, wohin „die Reise" auch gehen kann, wenn Menschen nicht einfach auf den immer schneller fahrenden Zug gesellschaftspolitischer, kultureller und weltanschaulich-religiöser „Einsinnigkeiten" aufspringen, um ja nicht zu spät oder zu kurz zu kommen. Im Durchbuchstabieren zentraler Elemente der Themenzentrierten Interaktion (TZI), welche die deutsch-jüdische Migrantin Ruth C. Cohn als ganzheitlich-humanistische Haltung und interaktionelle Arbeitsweise „erträumt" hatte, um nationalistische, kulturalistische und fundamentalistische Engstirnigkeit zu überwinden, wird vorstellbar, dass und wie gegenwärtig Vielheit couragiert lebbar und gestaltbar ist.

1.2. Fremde Heimat

Die Reisemetapher, mit der ich dieses einführende Kapitel überschrieben habe ist nicht nur geistig-philosophisch, sondern auch wörtlich zu verstehen: Nach meiner Emeritierung an der Universität Innsbruck kann ich, freier als zur Zeit meiner Berufstätigkeit reisen und meinen gegenwärtigen interkulturellen und transreligiösen Interessen nachgehen, wie sie auch in dieses Buch einfließen. Erfahrungen aus unterschiedlichen Weltgegenden und mit Menschen aus verschiedenen Kulturen, Weltanschauungen und Religionen[24] stehen hinter den Texten. Wenn ich allerdings aus der „Fremde"

[24] Die Erstbegegnungen mit der TZI, die ich anbahnen konnte, entstanden auf sehr unterschiedliche Weise: In Tschechien und Litauen geschahen sie durch die Übersetzung von Religionsbüchern, die auf meiner Dissertation gründeten, in der ich „Thema-Symbol-Gestalt" miteinander verbunden und die TZI zunächst für die österreichische Religionsdidaktik rezipiert hatte: Matthias Scharer, Thema, Symbol, Gestalt: Religionsdidaktische Begründung eines korrelativen Religionsbuchkonzeptes auf dem Hintergrund der themen- (R. C. Cohn)/symbolzentrierten Interaktion unter Einbezug gestaltpädagogischer Elemente, Graz 1987. Österreichische Religionsbücher und Lehrer*innenhandbücher, die sich wesentlich auf die TZI bezogen, u. a. Matthias Scharer, Leben/Glauben lernen – lebendig und persönlich bedeutsam, Salzburg 1988, wurden ins Tschechische und Litauische übersetzt. So entstand in diesen Ländern auch das Interesse an der TZI. In der Folge wurde ich zur Leitung von TZI-Kursen eingeladen. In Kroatien entstand das Interesse an der TZI über die Kommunikative Theologie. Gemeinsam mit meiner ehemaligen Doktorandin, die als Professorin an die Theologische Fakultät Split berufen wurde, habe ich ein Religionsdidaktik-Buch mit einer Einführung in die TZI geschrieben: Jadranka Garmaz – Matthias Scharer, „UCENJE" VJERE. Kako osmidassliti i voditi proces ucenja vjere? Komunikativnoteoloska koncepcija, Zagreb 2014. Davon angestoßen läuft derzeit (2017–2020) eine TZI-Grundausbildung in Split. Kurse in Lateinamerika habe ich auf Anregung der TZI-Lehrerin Helga Modesto gehalten, die gemeinsam mit ihrem Mann Pietro über Jahre in Lateinamerika und in Sibirien mit TZI gearbeitet hat. Hier war das Feld für TZI durch die

heimkomme und an den „Haltestellen" der Europäischen Union und speziell auch in Österreich, wo ich wohne, ankomme, fühle ich mich, obwohl daheim angekommen, zunehmend fremd. Ein Klima der Angst vor Vielheit, gesellschaftliche Hilflosigkeit mit Fremden und Anderen umzugehen, gezielte politische Agitation gegenüber Migrant*innen und zunehmende Entsolidarisierung mit sozial und gesellschaftlich Benachteiligten, holen mich ein. Die klaren Worte des Schriftstellers I. Trojanow, der als Sechsjähriger mit seinen Eltern aus Bulgarien geflohen ist, bewahrheiten sich nicht nur an Flüchtlingen. Sie weisen auf eine sich verändernde Einstellung gegenüber „fremden" Menschen generell hin.

> Der Flüchtling ist meist Objekt. Ein Problem, das gelöst werden muss. Eine Zahl. Ein Kostenpunkt. Ein Punkt. Nie ein Komma. Weil er nicht mehr wegzudenken ist, muss er Ding bleiben. Es gibt ein Leben nach der Flucht. Doch die Flucht wirkt fort, ein Leben lang. Unabhängig von den jeweiligen individuellen Prägungen, von Schuld, Bewusstsein, Absicht, Sehnsucht. Der Geflüchtete ist eine eigene Kategorie Mensch.[25]

Der in unseren Gesellschaften grassierenden Einstellung, dass Fremde und Andere „Objekte", „Probleme", bloße „Zahlen", nur „Kostenpunkte" seien, steht eine andere gegenüber. Sie drückt sich im kurzen Text aus, der diesem Kapitel vorangestellt ist: „… zu wissen dass wir zählen …" Das bedeutet zunächst, dass jeder Mensch auf dieser Erde in gleicher Weise wichtig ist und dass er auch wissen darf und soll, dass sie/er wirklich zählt. Das ist die Grundlage des Selbstbewusstseins, das jeder Mensch zu einem „guten" Leben nötig hat. Aus der Zusage, dass ich, du, wir… zählen, ergeben sich klare individuelle, gemeinschaftliche und gesellschaftliche Verantwortlichkeiten, die das Leben in Vielheit erst möglich machen.

Modestos bereits aufbereitet. Bei mehreren Forschungsaufenthalten in den USA habe ich durchwegs mit TZI gearbeitet und das Konzept auch in die Forschungsgruppe „TheoCom" eingebracht, die sich mit Theology and Digital Media beschäftigt und sich regelmäßig an der Santa Clara University in der Nähe von San Francisco trifft (vgl. u. a. Matthias Scharer, „Redemptive Leading" – Barriers and Opportunities in a Digital World, in: M.D. Bosch – P. Soukup S. J. – J.L. Micó Sanz – D. Zsupan-Jerome (Eds.), Authority and Leadership. Values, Religion, Media. Blanquerna Observatory on Media, Religion and Culture, Barcelona 2017, 183–190). Auch bei einem muslimisch-christlichen Dialog in Abudja (Nigerien) und auf einem theologischen Kongress zum Zweiten Vatikanum in Afrika, der in Enugu stattfand, konnte ich auf TZI zurückgreifen. Die TZI-Erfahrungen in Indien führe ich in diesem Buch breiter aus, weil sie neben der interkulturellen vor allem auch die transreligiöse Ebene berühren, die mir unter den gegenwärtigen politischen Verhältnissen als besonders wichtig erscheint.

[25] Ilija Trojanow, Nach der Flucht, Frankfurt a. M. ^{2}2017, Pos 71.

In Ruth C. Cohns beruflichen Anfängen, sowohl in Amerika als auch in Europa, spielten die jeweils anderen, die Fremden und Ausgegrenzten eine entscheidende Rolle. Von Anfang an suchte sie nicht das „Wir" der homogenen, harmonischen Gruppe: In Amerika organisierte sie Workshops für schwarze und weiße Eltern und Lehrer*innen; in Europa nahm die Jüdin, die vor den Gräuel des Holocausts geflohen war, Söhne und Töchter ehemaliger Nazis bewusst in ihre Gruppen auf. Unter Hinweis auf ihr – Gegensätze verbindendes und friedensstiftendes – Wirken erhielt sie von Bundespräsident Richard von Weizsäcker 1992 das Große Verdienstkreuz der Bundesrepublik Deutschland. Als sie an der Universität Hamburg bereits 1979 Ehrendoktorin wurde, erinnerte der Laudator Schulz von Thun daran, dass die Geehrte zwei Tage früher angereist war, als sie davon gehört hatte, dass es einen bereits lange andauernden Konflikt zwischen Studierenden und Lehrenden gab, der zum Boykott des Fachbereichs geführt hatte. Ruth C. Cohn wollte kein Ehrendoktorat entgegennehmen, ohne das „Wespennest" kennenzulernen, das den Kontext, den Globe, der Feier darstellte. In getrennten Gruppen für Studierende und Lehrende, die sie spontan organisiert hatte und in einer „Begegnungsgruppe" der Streitparteien versuchte sie zu vermitteln. „Für mich hat sie damit eindrucksvoll klargemacht, dass TZI sich zuständig weiß für die Realprobleme an Ort und Stelle und nicht nur etwas ist für gruppendynamische Psycho-Inseln"[26], sagte Schulz von Thun. Auch die Verleihung des Ehrendoktorats in Bern (1994)[27] stand unter dem Thema ihres begegnungsfördernden Engagements.

Die politische Dimension Ruth C. Cohns, die sich insbesondere gegen Ausgrenzungen jeglicher Art stellte, kommt auch in ihrem lyrischen Werk zum Ausdruck, das sie von Kindheit an bis ins hohe Alter begleitete.[28] „Ohne-Heimat-und-Adresse" heißt ein Gedicht, das sich wohl mit Ruths eigener Erfahrung als Migrantin verbindet.

> Sie waren geflohn
> nach Ohne-Heimat-und-Adresse
> Geflohn vor spaltlosen Mauern
> und vor dem hohlen Lachen

---

[26] Friedemann Schulz von Thun, Laudatio auf Ruth Cohn. Anläßlich der Verleihung der Ehrendoktorwürde durch den Fachbereich Psychologie der Universität Hamburg am 30. November 1979. Manuskript, 1.

[27] Helga Herrmann, Verleihung der Ehrendoktorwürde der Universität Bern an Ruth C. Cohn – 3. Dezember 1994. Ein Erlebnisbericht, in: Themenzentrierte Interaktion. themecentered interaction 9 (1995) 1, 5–8.

[28] Bei unserem soeben getätigten Archivaufenthalt (Dezember 2018) fanden wir zwei Gedichte aus 2004, die sie offensichtlich noch als 92-Jährige geschrieben hatte.

der Mensch-Zerbrecher,
Geflohn vor solchen deren Sinn und Sinne
vor-getötet worden waren
und so, ausgehöhlt,
kaum wissen konnten
was sie taten
(und tun).

Die Geflohnen kamen ins „gelobte Land“
wo gläubig Richtende
– mit Heimat und Adresse
und Teleskopenaugen –
ihre Würfelbecher
voller Paragraphen schüttelten,
um die fremden Nächsten
abzuschätzen, abzuschütteln.

Keiner der Geflohnen wagte
seinen Unschuld-Stein durchs Glas zu werfen:
den verlornen Heimatpass.

Manche Richter weinten
später. Daheim.
Denn sie wußten, was sie taten
(und tun).[29]

Angesichts der Fluchtbewegungen, der globalisierten Gleichgültigkeit und der Abschottung der reichen Länder der Erde und speziell Europas, ist das Gedicht aktueller denn je. Die deutsch-jüdische Migrantin identifizierte sich seit ihrem Weggang aus Deutschland zeitlebens mit den Fremden. Z. Baumans Beschreibung trifft auch auf Ruth C. Cohn zu:

> Aus der Sicht der Einheimischen ist das Wesen des Fremden die Heimatlosigkeit. Anders als ein Ausländer ist der Fremde nicht einfach ein Neuankömmling, eine Person, die zeitweilig an einen fremden Ort versetzt ist. Er ist ein ewiger Wanderer, der immer und überall heimatlos ist, ohne Hoffnung darauf, jemals „anzukommen“.[30]

[29] Cohn, … zu wissen dass wir zählen…, 43: III S. 113.

[30] Zygmunt Bauman, Moderne und Ambivalenz. Das Ende der Eindeutigkeit, Hamburg ^{4}2017, 131.

Sich angesichts eines emotional aufgeladenen Heimatdiskurses, der nicht selten die gesellschaftlichen Ausschließungstendenzen beflügelt, jener unbeheimateten Frau zu erinnern, die nach ihrer zweifachen Flucht nach eigenen Aussagen nie wieder eine Heimat haben wird, außer in den Herzen der Menschen, fordert heraus. H. Herrmann, die Ruth C. Cohn besonders in deren letzten Lebensphase sehr nahe war und in deren Haus sie auch verstorben ist, schreibt im „Porträt“:

> Daß unter diesen schützenden, zum Leben befähigenden Vernarbungen auch heute noch sensibel reagierende Schmerzpunkte liegen, spüre ich immer dann, wenn ich Tränen in Ruths Augen sehe, wenn die Worte Heimat oder Heimatlosigkeit fallen. Ihre erste Europareise nach dem Krieg. Sie fährt nach Berlin – allein –, sucht ihr ehemaliges Elternhaus auf. Beim Verlassen bleibt sie vor der Türe stehen. Wo früher weicher Rasen war, ist jetzt ein Parkplatz. Ihre Schuhe sind naßgetropft. 'Es hat doch gar nicht geregnet', denkt sie und spürt plötzlich Tränen, die über ihr Gesicht laufen. Es weinte und floß aus ihr heraus. Mir fällt ihr Satz ein: 'Ich werde nie wieder eine Heimat haben, außer in den Herzen von Menschen.'[31]

Ruth C. Cohn hat aus ihren eigenen Erfahrungen der Flucht und bleibenden Heimatlosigkeit mit ihrem Konzept der TZI eine Möglichkeit geschaffen, den vielfachen Ausgrenzungen und Gewalttendenzen eine Alternative gegenüberzustellen, die heute dringlicher ist denn je.

[31] Helga Herrmann, Ruth C. Cohn – Ein Porträt, in: C. Löhmer – R. Standhardt (Hg.), TZI. Pädagogisch-therapeutische Gruppenarbeit nach Ruth C. Cohn, Stuttgart 1992, 19–36, hier 22.

Auf der Gedenktafel für die Migrantin, die anlässlich ihres 100. Geburtstages am 27. August 2012 in Berlin-Charlottenburg, Mommsenstraße 55, wo sie bis zur ihrer Emigration 1933 gelebt hatte, enthüllt worden war, kann man lesen:

Hier wohnte bis 1933
die Psychoanalytikerin und Pädagogin
RUTH COHN
27.8.1912–30.1.2010
Geprägt von ihren Erfahrungen unter der NS-Diktatur
und ihrem Leben in der Emigration
begründete sie im amerikanischen Exil die
„Themenzentrierte Interaktion“ (TZI)
Sie war eine der einflußreichsten Vertreterinnen
der humanistischen Psychologie
Gefördert vom Ruth Cohn Institute for TCI – international[32]

In die Pflastersteine vor ihrem Geburtshaus sind „Stolpersteine“ eingegossen, die an andere jüdische Hausbewohner erinnern, die im Holocaust getötet wurden.

1.3. Lebendig schreiben

Während ich an diesem Buch arbeite bin ich im selben Alter, in dem die „couragierte Migrantin“, mit der ich mich hier neu[33] auseinandersetze, ihr bekanntes Werk „Gelebte Geschichte der Psychotherapie“[34] geschrieben hat. In den mehrfachen Entwürfen zu diesem Buch und den vielen hand-

[32] Die Laudatio von Hansfried Nickel anlässlich der Gedenktafelenthüllung gibt Einblick in das Leben von Ruth Cohn und ist über https://www.ruth-cohn-institute.org/ruth-cohn.html als pdf zugänglich.

[33] Vgl. die bisherigen Auseinandersetzungen in: SCHARER, Thema, Symbol, Gestalt; MATTHIAS SCHARER – BERND JOCHEN HILBERATH, Kommunikative Theologie. Eine Grundlegung, Mainz ²2003, 123–171; BERND JOCHEN HILBERATH – MATTHIAS SCHARER, Kommunikative Theologie. Grundlagen – Erfahrungen – Klärungen, Ostfildern 2012, 63–111; ZEKIRIJA SEJDINI – MARTINA KRAML – MATTHIAS SCHARER, Mensch werden. Grundlagen einer interreligiösen Religionspädagogik und -didaktik aus muslimisch-christlicher Perspektive, Stuttgart 2017, 85–94; MATTHIAS SCHARER, Theme-Centered Interaction by Ruth C. Cohn: An Introduction, in: S. MEYERHUBER – H. REISER – M. SCHARER (Eds.), Theme-Centered Interaction in Higher Education. A didactic approach for sustainable and living learning, Berlin 2019, 57–95.

[34] RUTH C. COHN – ALFRED FARAU, Gelebte Geschichte der Psychotherapie. Zwei Perspektiven, Stuttgart ¹⁵2016.

schriftlichen Kommentaren, die sich im Ruth Cohn Nachlass finden und die weiter untersucht werden sollten, kann ich die Mühe nachfühlen, die ihr das Schreiben des umfangreichen Werkes bereitete. In einem der mehrfach korrigierten Vorentwürfe klagt sie:

> Warum ist es so schwer, lebendig zu schreiben? Lebendig zu lesen? Von innen her zu schreiben, von dem, was mir hier und jetzt über eine bestimmte Sache bedeutsam ist, und zu hoffen oder zu glauben, dass einige von Euch Lesern darin etwas finden können, was auch Euren Anliegen entspricht? [...] [Mein Schreiben] hat damit zu tun, dass ich an die Möglichkeit der Humanisierung unserer selbst, persönlich und als Menschheit glaube.[35]

Kritisch gegenüber dem objektivierenden Schreiben, mit dem sie vor allem während ihrer Gastprofessur an der Clark University (1973) konfrontiert wurde, klagt sie in ihrem „log-book“:

> It's the writing for ‚science‘ that deadnes[s] me [...] while I have so much trouble with the kind of books that quote and define without flesh and blood.[36]

Ihre Alternative ist ein Schreibstil, in dem sie als Person mit ihren Erlebnissen und Erfahrungen vorkommt. Das ist für ihre Zeit – zumindest in wissenschaftlichen Kreisen – revolutionär und ist es in manchen Bereichen bis heute noch. Wenn die Person der Schreiberin/des Schreibers mit den eigenen Erlebnissen, Erfahrungen und Interessen im Text erkennbar und spürbar wird, weil sie/er sich mit Ich-Aussagen einbringt, sehen manche die Objektivität gefährdet. Obwohl der Philosoph J. Habermas bereits vor Jahren darauf verwiesen hat, wie eng „Erkenntnis und Interesse“[37] miteinander verbunden sind, ist in wissenschaftlichen Publikationen und Sachbüchern das anonymisierte Schreiben immer noch üblich, das eigene Interessen eher verbirgt als offenlegt.

Ich weiß mich in diesem Buch dem Schreibstil Ruth C. Cohns verbunden, ohne ihn kopieren zu wollen. Geprüfte Zitate, die vielfach aus der Feder der Migrantin stammen, sind mit meinen eigenen Interpretationen und der

[35] Ruth C. Cohn (o. J.), Lebendiges Mit-Teilen (Lebendiges Schreiben, lebendiges Lesen; experientielles Lesen/Schreiben), Entwurf. Humboldt Universität Berlin (HUB), Universitätsarchiv (UA), Nachlass Cohn (NL Cohn), Nr. 28, Blatt 148 f.

[36] Ruth C. Cohn, First notes on Clark University Stay January–May 1973, HUB, UA, NL Cohn, Nr. 50, Blatt 341, Eintragung vom 20. 1. 1973.

[37] Vgl. Jürgen Habermas, Erkenntnis und Interesse. Mit einem neuen Nachwort, Frankfurt a. M. [13]2001.

kritischer Zeitgenoss*innen verwoben; sie erhalten dadurch eine subjektive Interpretation, der ich mir bewusst bin und für oder gegen die sich meine Leser*innen auch positionieren können. Lebendig Schreiben, Lehren und Lernen, in kleinen und großen Gruppen kommunizieren, Menschen begleiten, das waren für die Psychoanalytikerin und Pädagogin bewährte Wege, wie sie ihre „Gesellschaftstherapie“ und „Gesellschaftspädagogik“[38] zur Humanisierung der Welt entwickelt und ausgeübt hat. Dabei blieb sie nie neutrale Beobachterin:

> [Es drängte mich] Einfluß zu haben auf das Besserwerden in mir selbst und in der Berufsausübung (Patienten, Studenten), daß die Grausamkeit abnimmt, daß das Gut-Miteinander-Auskommen zunimmt, daß das, was man heute Selbstverwirklichung nennt, die kreative Note, die Eigenart im Menschen, gefördert wird.[39]

In diesem Sinne schließe ich mich meiner „Gewährsfrau“ an und bin mir bewusst, dass die Zeit drängt, das gesellschaftspolitische Erbe der deutsch-jüdischen Migrantin im Kontext unserer gegenwärtigen politischen, kulturellen und weltanschaulich-religiösen Entwicklungen neu ins Bewusstsein zu rufen und zu bedenken.

1.4. In Widersprüchen leben

Eine lebendige Erinnerung an Ruth C. Cohn und „ihre“ TZI darf nicht darüber hinwegsehen, dass sie selbst immer wieder in den Widerspruch zu ihrem philosophisch-transzendentalen Ansatz und der politischen Intention ihres Konzepts gekommen ist. Gerade sie musste erfahren, wie schwierig es in einer von Pragmatismus beherrschten Welt ist, den eigenen Anschauungen und Intentionen treu zu bleiben:

> Ich habe, als WILL [dt. Werkstatt Institut Lebendiges Lernen] in New York gegründet wurde, geheult wie ein Schlosshund, weil mir meine Kollegen den philosophischen und den transzendentalen Ansatz aus dem Prospekt streichen wollten, für den ich TZI erfunden hab. Ich hab es geschehen lassen und hatte damals das Gefühl, dass ich mich verkauft habe. Das ist auch heute

[38] Siehe FN 11.

[39] RUTH C. COHN, Vom Sinn des Lebens und Lernens in der heutigen Zeit. Ein Interview mit Ruth C. Cohn – Gesprächspartner: Elmar Osswald, in: R.C. COHN, Es geht ums Anteilnehmen … Perspektiven der Persönlichkeitsentfaltung in der Gesellschaft der Jahrtausendwende, Freiburg i. Br. [1983] 1989, 55–62, hier 56.

noch so. Im Grunde ist für mich TZI die Möglichkeit, Einfluss auf Massen zu nehmen. Und ich sehe es auch heute noch als politisches Konzept und politische Methode. ... Irgendwie weiß ich nicht, wie ich das schreiben könnte, was ich wirklich meine.[40]

Auch heute, wo wir Ruth C. Cohns schriftliches Werk – mit Ausnahme der umfangreichen Quellen im schriftlichen Nachlass Ruth C. Cohns – kennen, stellt sich die Frage: Konnte sie ihren Ansatz und ihre politische Intention genügend verdeutlichen? War es ihr möglich, das politische Konzept, die politische Methode, mit der sie „Einfluß auf Massen" nehmen wollte, und für das sie TZI „erfunden" hatte, genügend zu realisieren? D. Boyarin sah das „Workshop Institute for Living-Learning" (WILL) 1988 noch als „Laboratory for Political Life"[41]. Hat sich die ursprünglich politische Intention der TZI wirklich durchgesetzt? Und wo steht die von Ruth C. Cohn ausgelöste Bewegung angesichts der um sich greifenden Angst vor „Fremden", des Fremdenhasses und der europa- ja weltweiten Abschottungspolitik heute? Ist angesichts der Weltlage in der Nachfolgeorganisation, dem Ruth Cohn Institute for TCI-international, vom „Laboratorium für das politische Leben" noch etwas zu spüren?

Ruth C. Cohn sah selbst die Hindernisse, die sie immer wieder vom eingeschlagenen Weg abgebracht hatten. Es sind die unterschiedlichen Erwartungen, die der TZI aus pragmatischen Interessen entgegengebracht werden und die das Eigentliche verstellen können:

> Und alles andere, [...] würde für mich nur sinnvoll sein, wenn ich es als politisches Manuskript schriebe. Ich mache immer wieder Ansätze dazu. [...] Im Schreiben kommen mir immer wieder die Schullehrer [...] oder was man erwartet dazwischen.[42]

Im Zusammenhang mit Ruth C. Cohns tiefen Überzeugungen taucht die Frage auf, inwiefern ihr Welt- und Menschenbild einschließlich dessen, was die menschliche Erfahrung überschreitet, also ihres Transzendenzbezuges,[43] der TZI immanent oder von ihr ablösbar ist. Helmut Reiser hat in einem

---

[40] Ruth C. Cohn, Notizen mit Kari, 11.12.1977, HUB, UA, NL Cohn, Nr. 117, Blatt 23.

[41] Vgl. Daniel Boyarin, The Workshop Institute for Living-Learning as a Laboratory for Political Life, in: Themenzentrierte Interaktion. theme-centered interaction 2 (1988) 1, 33–37.

[42] Cohn, Notizen mit Kari, Blatt 23.

[43] Vgl. Ruth C. Cohn, Das innere Jenseits, in: R.C. Cohn (Hg.), Von der Psychoanalyse zur themenzentrierten Interaktion. Von der Behandlung einzelner zu einer Pädagogik für alle, Stuttgart [1975] [16]2009, 224–232.

sorgfältig recherchierten Aufsatz zu „Werte, Sinn und Glaube bei Ruth Cohn und in der TZI“ auf den „unaufhebbaren Widerspruch“ hingewiesen, „dass die TZI sich einerseits als offen und anschlussfähig für unterschiedliche Weltanschauungen, politische Überzeugungen und Religionen empfiehlt, aber andererseits der philosophische Hintergrund der TZI auf der Spiritualität Ruth Cohns ruht und nur in diesem Zusammenhang verstanden werden kann.“[44] Interessanterweise zeigt sich für mich dieser Widerspruch, der in säkularistischen Kontexten bestehen mag, im mehrreligiösen Indien nicht. Gerade die Allverbundenheit und ganzheitlich-transzendentale Verwurzelung der TZI, die in der Welt- und Menschensicht ihrer Gründerin deutlich wird, ermöglicht Menschen aus unterschiedlichen Weltanschauungen und Religionen einen lebendigen Zugang, indem sie Fragen nach deren eigenen Wurzeln öffnet (vgl. 7. Kapitel).

Auf Grund eines möglichen Widerspruchs zwischen der universellen Offenheit der TZI und der Gebundenheit an die subjektive Weltanschauung Ruth C. Cohns plädiert Reiser für Unterscheidungen: Auf der einen Seite stünden dann die auf einer „pantheistischen“ Religiosität beruhenden Wertvorstellungen Ruth C. Cohns, für welche die Allverbundenheit, die Selbstleitung jedes einzelnen Menschen und die Achtung der Autonomie des Anderen zentral sind, und auf der anderen Seite die kulturell und ethisch-weltanschaulich-religiös verschieden möglichen Begründungen dieser Wertebasis durch einzelne Menschen, die sich auf das TZI-Konzept einlassen. In dieser Unterscheidung sieht sich Reiser von Ruth C. Cohn selbst bestätigt. In einem Studienbrief zur TZI formulierten H. Reiser und A. Dlugosch: „Diese religiösen Fragen gehen über die Ethik an sich und die ethischen Grundlagen der TZI hinaus. R.C. deklariert ihre Überlegungen als persönliche Mitteilungen, so wie sie ihre These eines organismischen Wertesinns … als ihre persönliche Hypothese versteht und nicht zugehörig zur TZI.“[45] Ruth C. Cohn kommentierte diese Passage des Studienbriefes folgendermaßen: „und nicht dem Konzept der TZI *als notwendig* zugehörig.“[46]

Gleichzeitig ist für das TZI-Konzept bleibend gültig, dass die menschen- und weltzugewandte anthropologisch-ethische Grundhaltung und das Methodische des Konzeptes ineinander verschränkt sind. Wie die „Ethik“ der TZI begründet und interpretiert wird kann verschieden sein, wie man an

---

[44] Helmut Reiser, Werte, Sinn und Glaube bei Ruth Cohn und in der TZI (Teil 1). Ein unaufhebbarer Widerspruch in der TZI, in: Themenzentrierte Interaktion. theme-centered interaction 30 (2016) 2, 63–70.

[45] Reiser, Werte, Sinn und Glaube bei Ruth Cohn und in der TZI (Teil 1), 67 f.

[46] Reiser, Werte, Sinn und Glaube bei Ruth Cohn und in der TZI (Teil 1), 68.

P. Boldt's Beitrag zu einer „dynamische[n] Ethik“[47] der TZI erkennen kann. Gleichzeitig zeigt sich die tiefe Verbundenheit von Weltsicht und Ethik u. a. auch darin, dass Ruth C. Cohn die „Theme-centered Interactional Method (TIM)“, wie TCI in Amerika ursprünglich hieß, in „Theme-centered Interaction (TCI)“ umbenannt hatte. Sie wollte damit dem Missbrauch Einhalt gebieten, die TZI als Methode[48] zum Leiten von Gruppen, abgelöst von der konstituierenden Wertehaltung, zu verwenden.

1.5. Kritisch erinnern

Im Zusammenhang mit Ruth C. Cohns Weltanschauung, ihrem postulierten Wertesinn und dem (lebenslangen) Wandel im Hinblick auf ihr Transzendenz- bzw. Glaubensverständnis, sind bei weitem nicht alle Fragen geklärt. Obwohl von Ruth C. Cohn selbst[49] und von vielen anderen[50] versucht wurde, TZI so transparent wie möglich zu beschreiben, bleibt der Diskurs vor allem über das politische Verständnis der TZI, ihres bleibenden Zusammenhangs mit der Weltanschauung Ruth C. Cohns und ihren Möglichkeiten und Grenzen in der Gegenwart, bis heute aufrecht. Dieser Diskurs ist dem Konzept inhärent, denn TZI ist weder nur ein fertiges Rezept wie man Menschen führen, noch nur eine praktikable Methode, wie man Gruppen leiten kann, obwohl sie zentrale Kompetenzen in diesen Bereichen vermittelt. Es ist zu hoffen, dass die Öffnung des schriftlichen Nachlasses Ruth C. Cohns in Berlin mit seinen neuen Forschungsmöglichkeiten einen weiteren Impuls zur kritischen Erinnerung schafft. Zusätzlich zur Registrierung der zahlreichen Dokumente im Archiv haben wir versucht, einen Gesamtkatalog der TZI- und TZI-nahen Literatur zu erstellen, der in der jeweils

[47] Peter Boldt, TZI – eine dynamische Ethik, in: Themenzentrierte Interaktion. theme-centered interaction 24 (2010) 2, 90–95.

[48] Vgl. Ruth C. Cohn, Stil und Geist der themaorientierten interaktionellen Methode, in: C.J. Sager – H. Kaplan (Hg.), Handbuch der Ehe-, Familien- und Gruppentherapie, München 1973, Band 3, 1097–1137.

[49] Vgl. u. a. Ruth C. Cohn, Themenzentrierte Interaktion. Kein „Regelsystem“; keine „Leitlose Gruppe“. Eine passionierte Richtigstellung, in: Wege zum Menschen 27 (1975) 11/12, 486–489; Cohn – Farau, Gelebte Geschichte der Psychotherapie, 334–374; Paul Matzdorf – Ruth C. Cohn, Das Konzept der Themenzentrierten Interaktion, in: C. Löhmer – R. Standhardt (Hg.), TZI. Pädagogisch-therapeutische Gruppenarbeit nach Ruth C. Cohn, 39–92.

[50] Vgl. Mina Schneider-Landolf – Jochen Spielmann – Walter Zitterbarth (Hg.), Handbuch Themenzentrierte Interaktion (TZI). / Handbook of Theme-Centered Interaction (TCI), Göttingen dt. ^{3}2014, engl. 2017; Helmut Reiser, Vorschlag für eine theoretische Grundlegung der Themenzentrierten Interaktion, in: Themenzentrierte Interaktion. theme-centered interaction 28 (2014) 2, 69–77.

aktuellen Ausgabe auf der Homepage des RCI-international abrufbar ist.[51] Auch das sollte weitere Forschungen unterstützen.

Im Zusammenhang mit den möglichen Einsichten, die sich in den Forschungen am Ruth Cohn Nachlass zeigen werden, komme ich auf jenes Dilemma zurück, das zwischen Ruth C. Cohns Weltsicht und Weltanschauung, der daraus folgenden politischen Intention der TZI und den pragmatischen Notwendigkeiten sie zu verbreiten, besteht. Meiner Ansicht nach gibt es zwischen der konzeptuellen Ausrichtung der TZI – wie sie Ruth C. Cohn vertreten hat – und ihrer methodisch-didaktischen Verwertbarkeit eine gewisse Spannung. Diese vergrößert sich in einer Bildungsgesellschaft, die auf Effizienzsteigerung und schnelle, messbare Erfolge ausgerichtet ist.[52] Das Dilemma, in dem Ruth C. Cohn selbst stand, hat sich also auf die TZI übertragen und inzwischen verschärft. Es scheint mir wichtig zu sein, das Dilemma zu kennen und für sich selbst und mit anderen einen verantwortlichen Weg zu suchen, damit umzugehen. Entweder-oder-Lösungen waren Ruth C. Cohn jedenfalls fremd.

Ich persönlich neige der Option zu, dass die philosophisch-transzendentale Verwurzelung und die politische Grundintention der TZI, die in Ruth C. Cohns Denken und Handeln zweifellos verankert sind, angesichts der gegenwärtigen gesellschaftlichen Entwicklungen neu ins Bewusstsein gebracht werden sollten. Dabei geht es nicht darum, zu „dogmatisieren“, wie TZI zu verstehen und zu lehren ist. Die „Leitidee des RCI“[53], mit dem das Ruth Cohn Institute for TCI-international wirbt, ist mir persönlich in Anbetracht der gegenwärtigen politisch-gesellschaftlichen Herausforderungen zu unverbindlich. „TCI – the art of leading / Die Kunst des Leitens“, wie der Slogan auf der RCI-Homepage heißt, blendet jedenfalls Intentionen aus, welche auf die gesellschaftliche Bedeutung und gesellschaftspolitische Wirksamkeit der TZI hindeuten.

So offen sich das TZI-System auch darstellt und so sehr es auf das Miteinander von Menschen unterschiedlichster Kulturen und politischer Überzeugungen, mit ihren je spezifischen weltanschaulich–religiösen und ethischen Werten ausgerichtet ist, ist sein „Erfolg“ nicht in erster Linie durch Effizienzkriterien der gegenwärtigen Bildungsgesellschaft zu bestimmen,

---

[51] https://www.ruth-cohn-institute.org/erweiterte-bibliographie.html

[52] Vgl. Margit Ostertag, Von Ruth Cohn und Paulo Freire lernen. Annäherungen an eine bildungstheoretisch fundierte Hochschuldidaktik, in: Tilly Miller – Margit Ostertag (Hg.), Hochschulbildung. Wiederaneignung eines existentiell bedeutsamen Begriffs, Oldenburg 2017, 123–133.

[53] Walter Zitterbarth – Georg Engel, Wie entstand die Leitidee des RCI „The Art of Leading“? Interview mit Georg Engel, in: Themenzentrierte Interaktion. theme-centered interaction 29 (2015) 1, 59–64.

die in Europa stark von der Bologna Mentalität geprägt sind.[54] So könnte eine standardisierte Kompetenzorientierung der TZI, wie sie an Schulen und Universitäten derzeit erwünscht ist, schnell „wie Streichhölzer im Heuschober"[55] wirken. Die Ruth C. Cohn zeitlebens beschäftigende Frage, wem die TZI dient, könnte sich gegen das Konzept selbst richten. Denn die Auseinandersetzung darüber, ob Bildung zu einer vertieften Humanität oder in eine „globale Immunität" hineinführt, wie Masschelein/Simons[56] mit Recht befürchten, geht an die Substanz des TZI Verständnisses.

Im Kontext neoliberaler Marktwirtschaft könnte eine verkürzt verstandene TZI letztlich dazu beitragen, dass sich Kants Impuls zur reflexiven Selbstverantwortung des Menschen in eine Aufforderung verwandelt, sein Humankapital „produktiv" zu nützen. Plötzlich ginge es nicht mehr um die Ermutigung, sich seines eigenen Verstandes zu bedienen und ohne Leitung eines anderen, also selbstverantwortlich, Entscheidungen zu treffen, sondern um den Einsatz des „Humankapitals" um jeden Preis, um die Unproduktivität zu überwinden. An Stelle der Mündigkeit würde die unternehmerische Produktivität zur Maxime für das Handeln werden. Davor warnend formulieren Masschelein/Simons wie sich Kants Ermutigung zur reflektierten Selbstverantwortung in einer auf „globale Immunität" ausgerichteten, ökonomisierten Welt in Selbstausbeutung wandeln kann:

> Unternehmerisch sein ist der Ausgang des Menschen aus seiner selbst verschuldeten Unproduktivität. Unproduktivität ist das Unvermögen, sich seines menschlichen Kapitals ohne Leitung eines anderen zu bedienen. Selbstverschuldet ist diese Unproduktivität, wenn die Ursache derselben nicht am Mangel an Humankapital, sondern am Mangel an Entschlossenheit und Mut liegt, sich seines Humankapitals ohne Leitung eines anderen zu bedienen.[57]

So bedenkenswert sich die bereits ausgeführte These Reisers erweist, dass die spezifische spirituell-religiöse Orientierung Ruth C. Cohns, nicht – wie sie

[54] Vgl. Sandra Bischoff, Themenzentrierte Hochschuldidaktik – Eine Antwort auf Bologna. Dissertation an der Universität Kiel, 2016, 296 S. http://macau.uni-kiel.de/receive/dissertation_diss_00020194.
Sandra Bischoff, Themenzentrierte Hochschuldidaktik – Eine Antwort auf Bologna. Zusammenfassende Darstellung der gleichnamigen Dissertation, in: Themenzentrierte Interaktion. theme-centered interaction 32 (2018) 1, 7–18.

[55] Cohn – Farau, Gelebte Geschichte der Psychotherapie, 370.

[56] Jan Masschelein – Maarten Simons, Globale Immunität oder Eine kleine Kartographie des europäischen Bildungsraums. Aus dem Niederländischen von A. Klinzmann und M. Ragg, Zürich 2012.

[57] Masschelein – Simons, Globale Immunität, 84 f.

selbst kommentiert – „dem Konzept der TZI *als notwendig* zugehörig" gelten kann, so ist in einer Welt, die längst von den neuen „Göttern" des neoliberalen Marktes beherrscht wird, sorgfältig nach dem Welt- und Menschenverständnis und der Wertebasis zu fragen, die der TZI inhärent sind und ohne die sie ihr Charakteristikum verlieren würde. Die religiöse Suche Ruth C. Cohns (vgl. 7.6.) kann dafür anregend sein, weil anthropologische und ethische Fragen in der Weltanschauung bzw. in der religiösen Einstellung und Praxis von Menschen verankert sind. Auch wenn es der TZI entspricht, dass diese völlig unterschiedlich sein können, ist die Auseinandersetzung mit ihnen in der gegebenen Vielfalt bedeutsam.

Wenn ich mit TZI arbeite, geht es mir nicht in erster Linie darum, ein „wirksames Arbeitsinstrument"[58] zur Leitung von Gruppen und Organisationen zu vermitteln, so wichtig das in einer TZI-Ausbildung auch ist. Das Spezifikum der TZI, das sie von ähnlichen Ansätzen unterscheidet, scheint mir in der untrennbaren Zusammengehörigkeit von philosophisch-anthropologisch-ethischen Bezügen und einer lebendigen Praxis zu liegen. Ich erlebe, speziell in der Arbeit mit „Jungen Erwachsenen" und in interkulturellen Kontexten immer häufiger, welche Anziehungskraft eine optionale Ausrichtung der TZI hat, wenn es darum geht, Stellung gegen den gesellschaftlichen Mainstream zu beziehen, Partei für die unabdingbare Würde aller Menschen zu ergreifen und Verantwortung für politisch-gesellschaftliche Veränderungsprozesse zu übernehmen. Dabei würde Ruth C. Cohn selbst vor einer Fixierung auf ihre Person und vor allem vor der Musealisierung ihres Erbes warnen, weil das Selbstentscheidung, Selbstverantwortung und notwendige Entwicklungen einschränken könnte. Ihr, die sich stets gegen die Anmutung gewehrt hatte, eine „Gura" zu sein[59] und die in der Kommunikation mit Menschen in der Regel das Du dem Sie vorgezogen hatte, um Hierarchisierungen zu vermeiden[60], waren Nachfolgeallüren suspekt.

Der vielfache Rückgriff auf Ruth C. Cohn, der in diesem Buch geschieht, will also keiner besonderen „Verehrung" der deutsch-jüdischen Migrantin das Wort reden oder gar eine Normierung der TZI in Gang setzen. In unserer gegenwärtigen politisch-gesellschaftlichen Situation halte ich allerdings eine kritische Erinnerung an das Leben und an die Intentionen dieser Frau und ihrer „Erfindung" für hilfreich. Sie fordert mich dazu heraus, genauer darauf

---

[58] Vgl. Bernhard Lemaire, TZI und Gesellschaft – ein therapeutisches Verhältnis? in: Themenzentrierte Interaktion. theme-centered interaction 31 (2017) 2, 88–93, hier 92.

[59] Vgl. Ruth C. Cohn, „Die Gura lehne ich ab!" Ein Interview mit Ruth C. Cohn – Gesprächspartner: Horst Heidbrink, in: Gruppendynamik 23 (1992) 3, 315–325.

[60] Vgl. Ruth C. Cohn, Das „Du" und das „Sie". Ein Leserbrief, in: R.C. Cohn, Es geht ums Anteilnehmen …, 88–89.

zu achten, was es in den verschiedensten, vor allem politisch-gesellschaftlichen, kulturellen und weltanschaulich-religiösen Kontexten bedeutet, mit TZI zu arbeiten und im Sinne der Erweiterung der Bewusstseins- und Handlungskompetenz von Menschen Einfluss zu nehmen. Der Weg zu den Quellen ist ja immer ambivalent: Er kann in einen nostalgischen oder kämpferischen Fundamentalismus hineinführen und die Zukunft durch ein krampfhaftes Festhalten am „Alten“ verbauen. Die Quellen können aber auch in einer bisher unbekannten Frische neue Perspektiven eröffnen.

Die TZI wirkt weiter und breitet sich in neue kulturelle Räume hinein aus: Ein Beispiel ist Indien mit seiner reichen und vielfältigen kulturellen und weltanschaulich-religiösen Welt. Wenn ich dort mit TZI arbeite, dann ist mir ein Aufsatz des ersten TZI-Lehrers in Indien, Thomas Abraham[61] stets im Bewusstsein: Bei der Verbreitung der TZI in andere Kulturen hinein geht es nicht um eine „adoption“/„Adoptierung“, sondern um eine wechselseitige „co-relation“; eine Korrelation, in der die TZI Lehrenden, die in den Anfängen aus Deutschland, der Schweiz und Österreich kamen, ebenso lernen, wie die indischen Teilnehmer*innen. Lebendiges Lernen gestaltet sich nie einseitig; es ist immer wechselseitig und wechselseitig kritisch; dies erfordert eine offene, anerkennende, ja „ehrfürchtige“ Haltung der/dem jeweils anderen gegenüber, wer immer sie/er sein mag.

1.6. Überblick gewinnen

Zum Abschluss dieses einführenden Kapitels gebe ich einen groben Überblick, was Sie, liebe Leserin/lieber Leser, in den nächsten Kapiteln erwartet. H. Reisers kreative Rezeption des TZI-Systems, die er im Hinblick auf eine konsistente pädagogische Theoriebildung vornimmt[62], hat mich dazu angeregt, die TZI-Elemente der gesellschaftspolitischen, interkulturellen und transreligiösen Intention dieses Buches folgend, zu beschreiben und spezifisch zu ordnen. In 6.9. versuche ich die Vernetzungen, die dieses Buch strukturieren, auch graphisch darzustellen.

[61] Thomas Abraham, TCI and Indian Wisdom: Towards a Concordance, in: International Journal of Theme-Centred Interaction 2006, 17–29; Thomas Abraham, TCI in India: An Indian's response to its relevance – an analysis of the concept and its application, in: Themenzentrierte Interaktion. theme-centered interaction 20 (2006) 1, 55–64.

[62] Reiser, Vorschlag für eine theoretische Grundlegung; Helmut Reiser, Was wächst, verändert sich. Theoretische Orientierungen in der Lehre der TZI in den Jahren 1984 bis 2010, in: Themenzentrierte Interaktion. theme-Centered Interaction 27 (2013) 2, 77–85; Helmut Reiser, TZI als professionelles pädagogisches Konzept, in: M. Schneider-Landolf – J. Spielmann – W. Zitterbarth (Hg.), Handbuch Themenzentrierte Interaktion, 209–212.

- Im Anschluss an die Kurzbeschreibung der Intentionen dieses Buches im 1. Kapitel, konfrontiert das 2. Kapitel mit einer Überzeugung Ruth C. Cohns, die sie mit ihrem Freund und Kollegen A. Farau teilte: Die Hitlerisierung ist mit Hitler nicht zu Ende, sondern ist ein andauernder Vorgang bis heute. Mit dieser markanten Position erhält sie in neueren Forschungen durchaus Zustimmung.
- Naturgemäß geht es in einem gesellschaftlich anteilnehmenden TZI-Buch um den Kontext, in dem wir leben, also um den Globe. Dieser wird im 3. Kapitel, sowohl unter seinen gegenwärtigen politischen Herausforderungen als auch in seiner grundsätzlichen Bedeutung für Ruth C. Cohn und die TZI diskutiert.
- Mit der Einführung in das Verständnis von Courage bzw. einem couragierten Handeln im 4. Kapitel, wird ein Element in die TZI eingeführt, das ihre gesellschaftliche Wirksamkeit und den Impuls zum Handeln inmitten umgehender Ängste betont. Der Titel des Buches weist bereits darauf hin.
- Die Herausforderung zum couragierten Leben im politischen Kontext trifft zunächst auf den einzelnen Menschen (Ich) in seiner Autonomie und Bezogenheit bzw. Allverbundenheit (1. Axiom), Wertebezogenheit (2. Axiom) und bedingten Freiheit zu handeln (3. Axiom). Die Diskussion um die politische Relevanz der TZI entzündet sich am Chairperson-Postulat. So ist das 5. Kapitel letztlich auf die Klärung des (gesellschaftspolitischen) Engagements im Kontext von Selbstentscheidung, Selbstverantwortlichkeit und Freiheit ausgerichtet.
- Dem folgt das 6. Kapitel, in dem ich die Entstehung der TZI mit einigen zentralen Lebensabschnitten Ruth C. Cohns in Zusammenhang bringe und die TZI-Axiome, die bisher noch nicht explizit ausgewiesen wurden, erläutere. Daran schließen sich Hinweise auf das Arbeitsprinzip der TZI und auf die sogenannten „Hilfsregeln" an. „Fremde/Andere" wird als möglicher zusätzlicher TZI-Faktor eingeführt.
- Im 7. Kapitel vertiefe ich das „Element" des Fremden/Anderen, das mir für eine gesellschaftsrelevante TZI-Konzeption mit interkultureller und transreligiöser Aufmerksamkeit unverzichtbar erscheint. Weil Ruth C. Cohn durch ihre Migration selbst eine Fremde war, die keine Heimat hatte, außer in den Herzen der Menschen, verweist dieses Element auf ihre eigene Lebensgeschichte und auf die Herkunft der TZI aus dem Exil. In der Auseinandersetzung mit Fremden/Anderen spielt gegenwärtig Religion, vor allem in Gestalt des Islam, eine zentrale Rolle. So stelle ich – auch weil ich mich ein Berufsleben lang damit befasst habe – eine Verbindung zur „Religion" Ruth C. Cohns und zum eigenen theologisch-religiösen Wandel her. Diese Auseinandersetzung scheint mir im Hin-

blick auf neu aufkommende Fundamentalismen gesellschaftlich bedeutsam zu sein.

- Die Frage nach der Ambivalenz- und Ambiguitätstoleranz als politischer und kultureller Grundkompetenz, die eng mit der Konfliktfähigkeit verbunden ist, und die durch die/den Anderen/Fremden zentral ins Spiel kommt, trifft auf das Wir und seine Dynamik, als einem Kernelement der TZI, im 8. Kapitel. Auch wenn sich das sogenannte Störungspostulat nicht ausschließlich auf das Wir bezieht, spielt es in diesem Zusammenhang eine wichtige Rolle. Das Konzept der partizipierenden Leitung diskutiere ich u. a. im Zusammenhang mit Fragen nach dem Unverfügbaren, mit dem Leiter*innen konfrontiert sind.
- Den „Es-Faktor" bzw. das Thema behandle ich im 9. Kapitel. Im Hinblick auf die gesellschaftliche Bedeutung der Themenzentrierung scheinen mir sowohl die mehrfachen sprachlichen Brüche der Migrantin selbst, als auch die gegenwärtigen Auseinandersetzungen um Sprache in der sogenannten Integrationsdebatte interessant zu sein.
- Mit der Idee, dass eine gesellschaftspolitisch anteilnehmende und damit auch interkulturell und transreligiös bewusste TZI einen „Spielraum für alle" darstellt, der die von Institutionen und Zwecken erfüllten Ersten und Zweiten Räume aufbricht und ihnen mit dem „Dritten Raum" eine signifikante Alternative gegenüber oder zur Seite stellt, schließe ich das Buch mit dem 10. Kapitel.

Am Ende der einzelnen Kapitel dieses Buches formuliere ich „vertiefende und weiterführende Themen", die – wenn sie mit jeweils eigenen, der Situation angemessenen Worten – reformuliert werden, zu eigenen Überlegungen oder zum Austausch in kleineren oder größeren Gruppen führen können.

Vertiefende und weiterführende Themen

- „… zu wissen dass wir zählen…" (Ruth C. Cohn): Welche Ereignisse, Erfahrungen, Bilder, Szenen kommen mir/uns bei diesem Gedicht in den Sinn?
- Was an der „Reise", die der Autor ankündigt, trifft möglicherweise auf meine/unsere spezifischen Interessen? Was interessiert mich/uns nicht?
- Was weiß ich/wissen wir über die deutsch-jüdische Migrantin Ruth C. Cohn und was will ich/wollen wir wissen?
- Die politisch-gesellschaftliche Situation in meinem Heimatland, in der EU, in den USA und weltweit: Was beschäftigt mich/uns speziell?
- Welche Erfahrungen habe ich/haben wir bereits mit TZI gemacht? Worauf bin ich/sind wir neugierig? Was interessiert mich/uns nicht?

- Falls ich/wir TZI-Erfahrungen habe[n]: Wie „politisch“ ist die TZI in meinen/unseren Augen und nach meinen/unseren Erfahrungen?
- Welche Interessen verbinde ich/verbinden wir mit dem geistigen Nachlass Ruth C. Cohns im Berliner Archiv? Worauf bin ich/sind wir neugierig?

2. „Hitlerization“ – damals und heute?

Krieg: „Öffne Dich …“

Öffne Dich und nimm mein Sehnen
Dich zu beten als Gebet.
Hör aus Trümmern, Trotz und Tränen
noch die Stimme, die Dich fleht.

Ahnst Du, Schöpfer, was wir tragen,
eh' die Angst sich Fahnen schmiegt,
und, weil Spiegel zu viel sagen,
Spiegel-los dem Haß erliegt.

Achtest nicht die Opferflammen
bis die Hand den Schlag verübt!
Wer so schuf, kann nicht verdammen
den, der nicht nur liebend liebt.

Hast Du nicht mit Feuerbomben
eingeäschert, was so bat?
Luftschutzkeller — Katakomben -
zeugen Deine Schöpfertat!

Öffne Dich und hör nach innen,
wie's nach Dir von aussen schreit -
Gott, wer baut, der muß beginnen
mit dem Fluch, der Dir verzeiht.
(Ruth C. Cohn)[63]

Ruth C. Cohn konfrontiert uns mit einer Befürchtung, die manchen absurd erscheinen mag: Dass Hitler nicht nur mit dem Nationalsozialismus und der Schoah als einer der gewaltvollsten historischen Ereignisse in der Menschheitsgeschichte verbunden war, sondern dass die „Hitlerization“ eine permanente Bedrohung der Menschheit darstelle. Die „Hitlerzeit ohne Hitler“ beträfe auch uns in der gegenwärtigen politischen und gesellschaftlichen Situation.

[63] Cohn, … zu wissen dass wir zählen…, 91: I.

2.1. Warum es nicht zu Ende ist

Bereits als Jugendliche vor ihrer Emigration in die Schweiz 1933, hatte Ruth C. Cohn (neben dem „Kapital“ von Karl Marx) Hitlers „Mein Kampf“ gelesen[64]. Sie war sich der möglichen Tragödie, welche die Nazidiktatur und der Zweite Weltkrieg auslösen würden, frühzeitig bewusst. Viele ihrer deutsch-jüdischen Mitbürger*innen konnten sich zu dieser Zeit noch nicht vorstellen, was tatsächlich kommen werde und schließlich über die jüdische Bevölkerung hereingebrochen ist: Vertreibung und Tod. Nach ihrer Emigration in die Schweiz musste Ruth miterleben, wie in Deutschland massenweise Menschen ins KZ kamen und getötet wurden, darunter jüdische Verwandte und Freunde. In Erinnerung an diese Erfahrungen schreibt sie:

> Das Grauen der Zeit erlebte ich sehr tief. Daß ich in Zürich leben konnte, erschien mir als ein seltsam schicksalhaftes Geschenk.[65]

Nach dem Ende der Nazidiktatur war sie sich in der Einschätzung, dass wir in einer „Hitlerzeit ohne Hitler“ leben, mit ihrem jüdischen Freund Alfred Farau (1904–1972) einig. Ruth hatte ihn im amerikanischen Exil kennengelernt. Sie trafen sich regelmäßig und tauschten sich über aktuelle politische Ereignisse aus. Über den Tod von A. Farau hinaus blieb Ruth mit dessen Frau befreundet, wie eine Reihe von Briefen im Nachlass belegen. Schließlich nahm sie das „geistige Erbe“ von Farau, das in vielen Notizen und unfertigen Texten vorlag, in ihr Buch „Gelebte Geschichte der Psychotherapie“ auf, was ihr erhebliche Mühe bereitete. Vor allem war es der vom Verlag vorgeschlagene Buchtitel, der nicht ihrer eigentlichen Intention entsprach. Sie wollte nicht nur einen Aufsatz, sondern ihr wichtigstes Buch „politisch“ benennen: „Die Couch ist zu klein“, sollte es heißen. In der Ablöse von der Psychoanalyse und der Individualtherapie hin zu einer gesellschaftlich wirksamen Form mit Menschen zu arbeiten, sah sie immer deutlicher ihre eigentliche Berufung. Letztlich ging es ihr darum, gegen eine neuerliche Hitlerisierung zu kämpfen und zu arbeiten. Das war eine der Triebfedern ihres engagierten und couragierten Lebens. In einer bisher unbekannten Rede sagte sie:

> I can see three stages of development in what I would call the „Hitlerization“ of our world. The first is the incubation time which leads from World War I to Hitler's' rise to power. Two: the twelve years of his personal dictatorship.

[64] Cohn – Farau, Gelebte Geschichte der Psychotherapie, 462.
[65] Cohn – Farau, Gelebte Geschichte der Psychotherapie, 213.

> Three: ladies, and gentlemen, is the world we are living in. The general mental attitude producing him, permitting him, keeping him in power, has penetrated the feelings, thoughts, and actions of billions of people, including the thinking ones. It's a Hitler-time without Hitler. He is not needed any longer. It works by its own gravity in free and incessant fall.[66]

Aus der engagierten Stellungnahme Ruth C. Cohns gegen die Wahl des amerikanischen Präsidenten Ronald Reagan[67] können wir sehen, dass die Warnung vor „Hitler in uns" nicht allein an die deutsche Geschichte und das Nazi-Regime gebunden war. Um bei Ruth Cohns Wortwahl zu bleiben, würde sie gegenwärtig vermutlich vor der „Trumpization", oder – mit Blick auf Deutschland – vor dem/der „AfD-ler*in" – mit Blick auf Österreich – vor dem/der „FPÖ-ler*in" in uns warnen.

Ist Ruth C. Cohns Sorge über eine „Hitler-time without Hitler" übertrieben? Dass sich etwas Ähnliches wie der Holocaust wiederholen könnte befürchteten nicht nur Ruth C. Cohn und ihr Freund Alfred Farau. Auch der Historiker T. Snyder, der in den letzten Jahren ein umfassendes Werk zum Holocaust geschrieben hat, mahnt: „Eine Geschichte des Holocaust muss gegenwärtig sein, sie muss uns erfahren lassen, was aus der Zeit Hitlers in unseren Köpfen und Leben geblieben ist. […] Die Kombination aus Ideologie und Umständen, wie sie im Jahr 1941 bestand, wird sich exakt nicht so wiederholen, aber etwas Ähnliches könnte durchaus geschehen."[68] Ph. Blom, der aus der „Geschichte der Kleinen Eiszeit von 1570–1700"[69] Einsichten auf heute überträgt, weist uns Menschen in den westlichen Gesellschaften darauf hin, dass Menschen- und Freiheitsrechte sowie demokratische Entscheidungsprozesse, wie wir sie für selbstverständlich halten, keineswegs selbstverständlich sind. „Um so wichtiger ist es, dass wir verstehen, wie historisch und sozial kontingent und wie verwundbar diese Ideale sind. Viel mehr als unsere gelebte Realität sind sie noch immer ein Traum, den viele Menschen teilen, die Geschichte, die unsere Gesellschaft sich erzählt, unsere besondere Form der Transzendenz."[70]

Der polnisch-jüdische Philosoph und Soziologe Zygmunt Bauman (1925–2017), dessen Denken ähnlich wie das von H. Arendt, in vielem dem

---

[66] Ruth C. Cohn, HUB, UA, NL Cohn, Nr. 28, Blatt 279.

[67] Vgl. Ruth C. Cohn, Ronald Reagan, Age 73 – A Contemporary's Reflection 1984, HUB, UA, NL Cohn, Nr. 10, Blatt 67–90.

[68] Timothy Snyder, Black Earth. Der Holocaust und warum er sich wiederholen kann, München 2015, 13.

[69] Philipp Blom, Die Welt aus den Angeln. Eine Geschichte der Kleinen Eiszeit von 1570 bis 1700 sowie der Entstehung der modernen Welt, verbunden mit einigen Überlegungen zum Klima der Gegenwart, München 2017.

[70] Blom, Die Welt aus den Angeln, 257.

von Ruth C. Cohn nahe ist, schreibt über den Widerstand, den viele Menschen haben, die Lehren aus dem Holocaust zu akzeptieren, weil sie diesen für eine einmalige historische Episode halten, der in seiner Grundstruktur überwunden ist.

> Der verbreitetste dieser Versuche ist die Interpretation des Holocaust als einer spezifisch jüdischen Angelegenheit: als Höhepunkt der langen Geschichte der Judaeophobie, die weit in die Antike zurückreicht, und bestenfalls als Resultat ihrer modernen Form, des Antisemitismus in seiner rassistischen Variante. Diese Interpretation übersieht eine wesentliche Diskontinuität zwischen selbst den heftigsten Ausbrüchen der prämodernen Judaeophobie und der sorgfältig geplanten und durchgeführten Operation, die Holocaust genannt wird; sie geht auch über die Tatsache hinweg, daß – wie Hannah Arendt schon vor langer Zeit nachgewiesen hat – (wenn überhaupt etwas) nur die Auswahl der Opfer, nicht die Natur des Verbrechens aus der Geschichte des Antisemitismus abgeleitet werden kann; ja, sie verkürzt die wesentlichen Streitfragen der Natur des Verbrechens auf die Frage der einzigartigen Eigenschaften der Juden oder der Beziehungen zwischen Juden und Nicht-Juden.[71]

Für Bauman gibt es einen engen Zusammenhang zwischen der „Vorstellung der Nazis von einer harmonischen, ordentlichen, uniformen Gesellschaft“, die sich in der „Nach-Aufklärungsgeschichte“ längst im öffentlichen Bewusstsein festgesetzt hatte, und der Moderne:

> Weder die nazistische noch die kommunistische Vision standen im Widerspruch zu dem kühnen Selbstvertrauen und der Hybris der Moderne. Sie boten lediglich an, das besser zu tun, wovon andere moderne Mächte träumten, was sie vielleicht sogar versuchten, aber nicht erreichten.[72]

Die Moderne ist für Bauman „zwar nicht die hinreichende Ursache des Genozids, aber ihre notwendige Bedingung.“

> Die Fähigkeit, menschliches Handeln in großem Maßstab zu koordinieren, eine Technologie, die es erlaubt, in großer Entfernung von dem Objekt des Handelns wirksam zu agieren, eine minutiöse Arbeitsteilung, die einerseits einen spektakulären Fortschritt des Expertenwissens und andererseits ein Schwinden der Verantwortlichkeit zur Folge hat, das Anhäufen von Wissen,

---

[71] Bauman, Moderne und Ambivalenz, 39.
[72] Bauman, Moderne und Ambivalenz, 39.

das dem Laien unverständlich ist und damit die Autorität der Wissenschaft erhöht, das von der Wissenschaft geförderte geistige Klima instrumenteller Rationalität, die erlaubt, sozialtechnologische Entwürfe allein in Bezug auf ihre technische Machbarkeit und die Verfügbarkeit „unterbeschäftigter" Ressourcen zu begründen und zu rechtfertigen [...], sind die integralen Attribute der Moderne.[73]

2.2. „Mein Kampf" auf dem Dachboden

Ruth C. Cohns wiederholte Warnungen vor „Hitler in uns" wecken Erinnerungen an meine eigene Kindheit und Jugendzeit. Auf dem Dachboden meines Elternhauses fand ich in einem alten Karton Adolf Hitlers „Mein Kampf"[74]. So wie die Bibel in (beinahe) jedem protestantischen Haus zu finden war und der Katechismus in den katholischen, so gehörte wohl „Mein Kampf" während der „Hitlerzeit" in jede Familie, ob sie nationalsozialistisch eingestellt war oder nicht. Warum ist das Buch in meinem „katholischen" Elternhaus nicht nach dem Krieg vernichtet worden, frage ich mich? Zufall? Absicht? Erinnerung an eine Zeit, die „nicht nur schlecht" war, wie mein Vater zu sagen pflegte. Seine Erinnerungen an den Krieg, an den Russlandfeldzug, waren nicht nur schrecklich. Obwohl er auf dem Weg an die Front an einem plötzlichen Blinddarmdurchbruch beinahe verstorben wäre, über Monate, zuerst in Krementschuk, später in Ostberlin im Lazarett lag und schwer kriegsversehrt zurückkam, hatte die Erinnerung an den Krieg durchaus eine anziehende Seite für ihn. Immer zu Weihnachten las meine Mutter aus den Briefen vor, die mein Vater aus dem Lazarett geschrieben hatte. Es war wohl die bewegteste Zeit und vielleicht auch beziehungsreichste Zeit ihres Lebens. So konnte mein Vater selbst dem Naziregime noch Positives abgewinnen: In seinen Augen setzte Hitler der großen Arbeitslosigkeit und dem Währungsverfall in der Zwischenkriegszeit ein Ende. Alle konnten und mussten arbeiten.

In der vierten Klasse Grundschule bekam ich einen Klassenlehrer, der wegen seiner Nähe zum NS Regime mit einem Berufsverbot belegt worden war und nun wiedereingestellt wurde. Bei ihm war das Schulgebet, das damals noch üblich war, eine Disziplinierungsübung am Beginn des Tages, die wir machen mussten, aus der er sich aber heraushielt. Ministrant zu sein

[73] Bauman, Moderne und Ambivalenz, 88.

[74] Adolf Hitler, Mein Kampf. Zwei Bände in einem Band (773.–774. Auflage), München 1942.

wurde vom Spott begleitet. Im Sportunterricht exerzierten wir wie beim Militär.

Als Student, besonders nachdem ich – nicht unbedingt zur Freude meines Vaters, der mich lieber als Kleinbauer gesehen hätte – Theologie und Geschichte zu studieren begonnen hatte, nahmen meine kritischen Auseinandersetzungen mit dem Nationalsozialismus und damit auch mit meinem Vater an Vehemenz zu. Ich erinnere mich noch lebhaft an den Film über den Kriegsdienstverweigerer „Jägerstätter" von Axel Corti, der – wie auch Adolf Hitler – in der Nähe meines Heimatortes geboren und schließlich in Berlin von den Nazis hingerichtet wurde. Dieser Film und das spätere Ringen der katholischen Kirche, den „Gewissensmärtyrer" selig zu sprechen, der gegen den Rat seines Bischofs den Kriegsdienst verweigert hatte, löste starke Emotionen – auch bei meinem Vater – aus. „Wo wären wir hingekommen, wenn das alle getan hätten!", „Da wären wir alle, die wir in den Krieg gezogen sind, dumm gewesen!", waren Argumente, die ich oft hörte und die in der Regel zum Streit in der Familie führten.

Herausgefordert durch Ruth C. Cohns Analyse über „Hitler in uns" und den von Z. Bauman behaupteten Zusammenhängen des nationalsozialistischen Regimes mit typischen Entwicklungen der Moderne frage ich mich, wieviel von der allgemeinen geistigen Einstellung, die den „Führer" hervorbringt und die ihn an der Macht hält, in die Gefühle, Gedanken und Handlungen von Millionen von Menschen, einschließlich der denkenden, eingedrungen ist? Auch in meine?

Mit großer Wachsamkeit die gegenwärtigen politisch-gesellschaftlichen Vorgänge zu verfolgen und den kritischen Blick, den uns unsere Geschichte lehrt nicht zu verlieren, ist ein Gebot der Stunde. Auf dem Parteitag 1935 wetterte Hitler, dass „mehr als eine Milliarde Reichsmark auf die genetisch Behinderten verwandt werde; man kontrastiere dies mit den 776 Millionen, die für die Polizei ausgegeben werden oder den 713 Millionen, die für lokale Verwaltungen ausgegeben werden, und man sieht, was für eine Last und unüberbietbare Ungerechtigkeit dieses dem normalen, gesunden Mitglied der Bevölkerung auferlegt."[75] Wenn ich hier aus einer Rede Hitlers zitiere, in der er die „Geldverschwendung" für genetisch Behinderte, den mangelnden Ausgaben für die Polizei und lokale Verwaltungen gegenüberstellt, dann will ich heutigen Politiker*innen, die einseitig Ausgaben für Soziales und Integration den zunehmenden Sicherheitsbedürfnissen der Bevölkerung gegenüberstellen, nicht nationalsozialistisches Gedankengut unterstellen. Dennoch sind die Verlagerungen der budgetären Schwerpunkte bedenkenswert, wenn Sozialausgaben und Ausgaben für die Integration von

[75] Zitiert aus: Bauman, Moderne und Ambivalenz, 59.

Flüchtlingen gekürzt und immer höhere Ausgaben für die Polizei und den Grenzschutz gefordert werden.

Es sind aber nicht so sehr konkrete Aktionen. Es ist eine nationalistische, rassistische, letztlich totalitäre, auch bestimmte Weltanschauung und Religionen ausgrenzende Haltung (attitude), die „Hitler" immer wieder neu hervorbringt. Dieser zutiefst unmenschlichen Haltung stellt die deutsch-jüdische Migrantin die genau gegenteilige gegenüber. Sie ist im Titel eines ihrer Bücher so zusammengefasst: „Es geht ums Anteilnehmen ..."[76]. Martina Emme, die im Zusammenhang mit ihrer Arbeit „Der Versuch, den Feind zu verstehen"[77], ein Interview mit Ruth C. Cohn gemacht und vor allem auch die politische Dimension der TZI bearbeitet hat, sieht speziell im dialogischen Empathieverständnis eine zentrale Kategorie der TZI. Es mündet tatsächlich im Versuch, auch „den Feind zu verstehen", wie das Ruth C. Cohn etwa in ihrer offenen und anteilnehmenden Haltung gegenüber Töchtern und Söhnen von Nationalsozialisten vorgelebt hat.

2.3. Eine Gesellschaftsanalyse – zwei Wege

Zurück zu Ruth C. Cohn und ihrem Freund A. Farau, der mit ihr die Anschauung teilte, ja sie in ihr verstärkt hatte, dass eine permanente Hitlerisierung im Gange sei. Dabei trauerte sie im Nachhinein um ihren 1972 verstorbenen Freund, dessen geistiges Erbe sie in ihr Buch „Gelebte Geschichte der Psychotherapie" aufnahm, durchaus „mit Wut". In einem „Brief" an ihn, den sie fünf Jahre nach dessen Tod geschrieben hatte, machte sie ihrem Ärger und ihrer zeitweisen Überforderung mit seinem „geistigen Erbe" Luft. Der folgende Ausschnitt aus dem „Brief an Fred" lässt die spontane Emotionalität Ruths erkennen:

> Ich habe aus Büchern und aus meiner Praxis und von meinen Kollegen erfahren, daß man nicht nur traurig trauert, sondern auch mit Wut. Ich habe selbst nie zuvor bewußt solche Wut erlebt. – Ich war nicht wütend auf meine Eltern, als sie starben, noch über den Tod von Freunden. Du, aber du, der Du aus dem Nebel über den Eisbergen zu mir herüberschaust, Du machst mich wütend! Du, der Du Wochen, Monate, Jahre, Jahrzehnte Wissen und Gedanken sammeltest und immer alles Wesentliche, speziell das Negative, vor

---

[76] Ruth C. Cohn, Es geht ums Anteilnehmen ... Perspektiven der Persönlichkeitsentfaltung in der Gesellschaft der Jahrtausendwende, Freiburg i. Br. 1989.

[77] Martina Emme, „Der Versuch, den Feind zu verstehen": ein pädagogischer Beitrag zur moralisch-politischen Dimension von Empathie und Dialog, Frankfurt a. M. [2]1999.

> allen anderen Menschen erfaßtest, Du, der Du ein großes Werk der Psychologie der Zukunft anfingst zu schreiben – ich glaube vor dreißig Jahren -, Du sammeltest, sammeltest, sammeltest – und zurück blieb ein Zimmer voller Kästen, Schubladen, Mappen mit fast unlesbaren nur für Dich geordneten Notizen – Zettelchen und Zettelchen und Zettelchen. [...] Und hier nun ist Dein Werk bei mir angekommen. [...] Du hast es mir ja selbst gesagt – Du erlagst Deiner eigenen Bitterkeit –; daß Du in Dachau noch an die Rückkehr zu einer Güte der Menschlichkeit geglaubt hast. In den Emigrationsjahren und durch die „Hitlerisierung" des Menschen brach für Dich die Hoffnung und damit Deine Welt zusammen.[78]

Zwei Menschen, Ruth C. Cohn und Alfred Farau, die sich sehr nahestanden und deren Schicksal als jüdische Migranten in Vielem ähnlich war, kommen zu gänzlich unterschiedlichen Lebensauffassungen und Weltsichten. Beide sind sie davon überzeugt, dass „Hitler in uns" eine fortwährende Bedrohung der Menschheit darstellt, die mit dem Naziregime nicht zu Ende ist. Der Wiener Jude Alfred Farau, einer der ersten Schüler des Begründers der Individualpsychologie Alfred Adler, der aus dem KZ in Dachau entkommen und 1939 in die USA emigrieren konnte, bleibt den Rest seines Lebens verbittert; das, obwohl er es in den USA vom Tellerwäscher zum Dekan des Viktor Adler Instituts bringt. Ruth C. Cohn, die Berliner Jüdin, die auch von widrigen Lebensumständen wie Migration, Armut, Krankheit und Trennungen von Partnern eingeholt wird, ist der Zukunft zugewandt und wird zur „Gesellschaftstherapeutin". Übrigens schrieben beide auch Gedichte.[79]

2.4. Globalisierung der Gleichgültigkeit

Gegenwärtig holt uns das Thema Flucht und Asyl ein: Auch wenn der Faschismus in der Form des Nationalsozialismus, der so viele Menschen in die Flucht trieb, Geschichte ist, schaffen heute nicht nur Naturkatastrophen, Kriege und Gewaltsysteme, sondern auch die globalisierte, neoliberale Wirtschaft ausgeschlossene und „unbrauchbare" Menschen.[80] Das trifft nicht nur auf sogenannte Wirtschaftsflüchtlinge, sondern auch auf immer mehr Menschen in den europäischen Ländern zu. Die Armutsfalle schlägt

[78] Cohn – Farau, Gelebte Geschichte der Psychotherapie, 200.

[79] Vgl. Alfred Farau, Wo ist die Jugend, die ich rufe? New York: Willard Publishing Company, dt. Erstausgabe 1946.

[80] Vgl. Papst Franziskus, Die Freude des Evangeliums. Das Apostolische Schreiben „Evangelii gaudium" über die Verkündigung des Evangeliums in der Welt von heute, Freiburg i. Br. 2013, 95–102.

auch für die „Unbrauchbaren" in Europa und in anderen „reichen" Ländern zu.

Dazu kommt: Abertausende sind aus unterschiedlichsten Gründen auf der Flucht. Inzwischen werden sie in den reichsten Ländern der Erde fast ausschließlich als Bedrohung gesehen, vor der man sich schützen und die Grenzen dicht machen muss. Die Menschen zählen nicht. Wie Papst Franziskus es immer wieder anmahnt, entwickelt sich, nicht zuletzt im Zusammenhang mit der neoliberalen Wirtschaft eine

> Globalisierung der Gleichgültigkeit [...]. Fast ohne es zu merken, werden wir unfähig, Mitleid zu empfinden gegenüber dem schmerzvollen Aufschrei der anderen, wir weinen nicht mehr angesichts des Dramas der anderen, noch sind wir daran interessiert, uns um sie zu kümmern, als sei all das eine uns fern liegende Verantwortung, die uns nichts angeht.[81]

Auch für Elie Wiesel, der Ausschwitz überlebt hatte und zum großen Mahner gegen die Unmenschlichkeit wurde, steht fest: „Das Gegenteil von Liebe ist nicht Hass, sondern Gleichgültigkeit."[82] Trojanow schreibt aus eigener Erfahrung:

> Schlimmer als schief angesehen zu werden: gar nicht gesehen zu werden. Du musst verstehen, ich bin unsichtbar, einfach weil die Menschen sich weigern, mich zu sehen. Am Tag der Einreise setzt dichter Nebel ein. Die Einheimischen können ihn nur hören, und das gereicht dem Geflüchteten, dessen ist er sich in seiner Blindheit bewusst, nicht zum Vorteil. Wenn er an den Schalter tritt, verliert er das Gesicht. Im Alptraum verwandelt sich sein Gesichtsausdruck in einen Fingerabdruck.[83]

Der „Globalisierung der Gleichgültigkeit" stellt Ruth C. Cohn das Anteilnehmen gegenüber. Das Besondere an Ruth ist, dass sie neben der sorgfältigen Analyse der jeweiligen politisch-gesellschaftlichen, ökonomischen und ökologischen Umstände, gemeinsam mit anderen Menschen konkrete Wege gegangen ist, die aus scheinbar unlösbaren Dilemmata herausführten. Dabei verfiel sie nicht der Hybris der Moderne, alle Fragen wissenschaftlich lösen oder die ganze Welt retten zu können. Doch selbst in den finstersten Zeiten der Nazidiktatur war sie davon überzeugt, dass kein Mensch völlig

[81] Papst Franziskus, Die Freude des Evangeliums, 96 f.

[82] Vgl. Reinhold Boschki, Elie Wiesel – Ein Leben gegen das Vergessen: Erinnerungen eines Weggefährten, Ostfildern 2018.

[83] Trojanow, Nach der Flucht, Pos 301.

ohnmächtig ist und begrenzt Widerstand leisten und etwas zum Guten verändern kann: „Ich bin nicht allmächtig; ich bin nicht ohnmächtig; ich bin partiell mächtig“, formuliert sie in einem ihrer Hauptwerke.[84]

Die Teilmacht, die wir haben, endet möglicherweise dort, wo sich Menschen in einer extremen äußeren und inneren Zwangslage befinden, was u. a. bei schwer traumatisierten Menschen, die fliehen mussten, der Fall sein kann. Trotz Migrantenschicksal gewinnt bei Ruth C. Cohn nicht die Verbitterung über das erlittene Unrecht, sondern eine zukunftsoffene, couragierte Haltung die Oberhand in ihrem Leben.

Vertiefende und weiterführende Themen

- Auf welche Einstellungen und Erfahrungen treffen die von Ruth C. Cohn und Alfred Farau vertretenen Anschauungen einer andauernden Hitlerisierung bei mir/bei uns?
- Worin stimme ich/stimmen wir der These von der notwendigen Erinnerung an den Holocaust zu? Was lehne ich daran ab? Worin bin ich skeptisch?
- Welche Erinnerungen an den Zweiten Weltkrieg und an das Naziregime werden in meiner Familie tradiert? Worüber wurde/wird nicht geredet?
- Was verbinde ich/verbinden wir mit der Aussage von Papst Franziskus über eine „globalisierte Gleichgültigkeit?“
- Was bedeutet für mich/für uns Anteilnehmen konkret?
- Worin hilft mir Ruth C. Cohns Einsicht: „Ich bin nicht allmächtig; ich bin nicht ohnmächtig; ich bin partiell mächtig“?

[84] Cohn – Farau, Gelebte Geschichte der Psychotherapie, 359.

3. Die Angst geht um – im „Globe“ Flüchtiger Moderne

The energy eaten up by anxiety
may be so tremendous
that there is not enough energy left
for the person to overcome it.
(Ruth C. Cohn)[85]

„Angst? Das ist eine unsichtbare Weltmacht, ein Grundgefühl der Gegenwart“[86], so kündigen sich die Salzburger Hochschulwochen 2018 an. „Von allen Dämonen, die sich in den offenen Gesellschaften unserer Zeit eingenistet haben, ist die Angst wohl der hinterhältigste,“ schreibt Z. Bauman.[87]

3.1. Angst ist menschlich

Angst ist eine menschliche Realität, die sich vielgestaltig zeigen kann. Sie ist ein Grundgefühl im Menschen, das – wie das Wort schon andeutet – mitunter mit einem Gefühl der Enge einhergeht, die man in der Regel auch körperlich spüren kann. Grundsätzlich ist die Angst aber ambivalent: In manchen Fällen schützt sie den Menschen vor Übergriffen. Sie kann auch auf einen Entwicklungsweg, einen „Geburtsprozess“ hindeuten.[88] In anderen Fällen wiederum raubt sie ihm die Energie und kann bis in die Erstarrung hineinführen.

Zu allen Zeiten hatten Menschen, neben Freuden und Hoffnungen, auch Ängste: Ein starkes Sorgen um das Überleben, um den Arbeitsplatz, um Gesundheit und Lebensglück, um den Erhalt der Umwelt, um ein „gutes Leben“ ganz generell, kann in die Angst hineinführen, wenn die Lebensbedingungen bedroht sind. Angst bezieht sich nicht nur auf konkrete Situationen, auf Objekte und Personen; sie kann auch unbestimmt sein.

Das Spektrum an Ängsten ist sehr groß. Immer geht es um eine Verunsicherung im Gefühlsleben. Nach F. Riemann[89] kann man, je nach Persönlichkeitstyp, verschiedene „Grundängste“ unterscheiden, die sich als Angst vor Veränderung, vor Endgültigkeit, vor Nähe oder vor Selbstwer-

---

[85] Cohn, „Courage – The Goal of Psychotherapy“, Blatt 124 (S. 10).
[86] Flyer zu den Salzburger Hochschulwochen 2018, 2.
[87] Zygmunt Bauman, Flüchtige Zeiten. Leben in der Ungewissheit, Hamburg ^{3}2016, 43.
[88] Diesen Gedanken hat Kristin Fumagalli eingebracht.
[89] Vgl. Fritz Riemann, Grundformen der Angst. Eine tiefenpsychologische Studie, München ^{39}2009.

dung auswirken können. Ängste können sich nach S. A. Warwitz[90] in einfachen Unsicherheiten, die sich als Beklommenheit, Scheu oder Zaghaftigkeit äußern, bis zu krankhaften Zuständen wie Zwangsvorstellungen, Paniken oder Psychosen zeigen. Sie können als generelle Lebensangst oder als konkrete Angst erlebt werden und sich bis in den Wahn hineinsteigern. Angst wird von Menschen aber nicht nur negativ erlebt. Sie kann – etwa in der Erwartung eines „Kicks" – gesucht werden. Menschen wollen den Wendepunkt zwischen Anspannung und Befreiung erleben.

Evolutionsgeschichtlich hat die Angst die Funktion, die Sinne in einer gefährlichen Situation zu schärfen, um mit einem bestimmten Verhalten zu reagieren. Dabei geht es um das angemessene Ausmaß der Angst, das Menschen weder blockiert noch sie untätig bleiben lässt. Unterschiedliche körperliche Reaktionen wie erhöhte Aufmerksamkeit, Muskelanspannung, geweitete Pupillen, empfindsameres Hör- und Sehvermögen, schnellere Atmung oder auch Atemnot, gehemmte Blasen-, Magen- und Darmtätigkeit oder Schweißausbrüche können die Angst ausdrücken. Jeder Mensch bringt eine für ihn typische Angstdisposition von Geburt an mit. Ausdruck dafür ist etwa das „Fremdeln" von sehr jungen Kindern, wenn ihnen Menschen begegnen, die sie noch nicht kennen. Solche können mitunter auch nahe Verwandte sein, wenn diese selten in das Blickfeld eines Kindes treten. Die angeborenen oder früh erlernten Ängste können sich im Laufe des Lebens erheblich verändern.

3.2. Kollektives „Fremdeln"

Bei der Angst, die gegenwärtig „umgeht", könnte man auch von einem „kollektiven Fremdeln" sprechen, das aber nicht Kinder, sondern erwachsene Menschen erfasst. Es ist wechselseitig zwischen den Einheimischen und Fremden. Trojanow zeigt die Perspektive der Angst des Fremden auf, vor allem wenn er Flüchtling ist:

> Gelegentlich begegnet der Flüchtling Menschen, die Angst vor ihm haben. Er würde sie gern berühren, ihren Arm ergreifen oder seine Hand auf ihre Schulter legen, und ihnen zuflüstern: Aber ich bin doch derjenige, der Angst hat. Ich bin vor einer Angst geflohen, der man nicht entkommen kann. Ich

[90] Siegbert A. Warwitz, Formen des Angstverhaltens, in: S.A. Warwitz, Sinnsuche im Wagnis. Leben mit wachsenden Ringen. Erklärungsmodelle für grenzüberschreitendes Verhalten, Hohengehren [2]2016, 34–39.

bin derjenige, der alles verloren hat. Ich bin allem schutzlos ausgeliefert. Nicht einmal euer Vermögen ist so sehr gefährdet wie mein Leben.[91]

Bei „Einheimischen“ hingegen lösen Fremde „...gerade deshalb oft Ängste aus, weil sie ‚fremd‘ sind – also auf furchterregende Weise unberechenbar und damit anders als die Menschen, mit denen wir tagtäglich zu tun haben und von denen wir zu wissen glauben, was wir von ihnen erwarten können“[92], schreibt Z. Bauman. Grundsätzlich kann man

> ... dem Engagement, das der Fremde zeigt, der Loyalität, die er verspricht, der Hingabe, die er demonstriert, nicht trauen: Sie haben das Sicherheitsventil der leichten Flucht, um das die meisten Einheimischen den Fremden oft beneiden, das sie aber selten selbst besitzen.[93]

Je stärker sich der gegenwärtige Trend ausbreitet, zu nationalstaatlichen Prinzipien zurückzukehren, den „Nativismus“ als Bevorzugung der Einheimischen vor den Einwanderern zu fördern, welche in ethischer, sprachlicher, kultureller und religiöser Hinsicht scheinbar homogen sind, umso größer wird die Angst vor den Fremden. Würde der Nationalstaat sein Ziel erreichen, „...gäbe es in der Lebenswelt der in Einheimische verwandelten Bewohner, die ihrerseits wiederum in Patrioten verwandelt worden sind, keine Fremden mehr. Es gäbe nur Einheimische, die Freunde sind, und die Fremden, die wirkliche oder mögliche Feinde sind.“[94] Doch kein Nationalstaat hat dieses immanente Ziel jemals völlig erreicht.

> Die Fremden weigerten sich, sich sauber in ‚wir‘ und ‚sie‘, Freunde und Feinde, einteilen zu lassen. Ärgerlicherweise beharrten sie in ihrem Eigensinn auf ihrer Unbestimmtheit – ihre Anzahl und ihre besorgniserregende Kraft schien mit der Intensität der Anstrengung zur Dichotomisierung zu wachsen. Es war, als wären die Fremden ‚Industrieabfälle‘, die mit jedem Anwachsen der Produktion von Freunden und Feinden an Umfang zunehmen; ein Phänomen, das durch ebenden Assimilationsdruck entstand, der dazu gedacht war, es zu zerstören. Der unverhohlene Angriff auf die Fremden mußte von Beginn an durch einen riesigen Aufwand an Techniken unterstützt, verstärkt und ergänzt werden, die ein langfristiges, vielleicht

---

[91] Trojanow, Nach der Flucht, Pos 191.

[92] Zygmunt Bauman, Die Angst vor den anderen. Ein Essay über Migration und Panikmache, Berlin 2016, 13.

[93] Bauman, Moderne und Ambivalenz, 103.

[94] Bauman, Moderne und Ambivalenz, 110.

permanentes Zusammenleben mit Fremden ermöglichen sollten. Und das geschah auch.[95]

Obwohl sich die meisten Politiker*innen in Europa formell zur Europäischen Union bekennen, sind insbesondere im Hinblick auf den Umgang mit den Fremden nationalstaatliche Tendenzen unverkennbar. Auch wenn es fatal wäre, Politiker*innen in ihrem Verhältnis zu den Bürger*innen mit einer Eltern-Kind-Beziehung zu vergleichen, die den fremdelnden Kindern Sicherheit und Vertrauen gibt, bleibt die Frage nach Vertrauen und Sicherheit gebenden Instanzen in der Gesellschaft bestehen. An Stelle von Vertrauen werden – vor allem aus wahltaktischen Motiven – Ängste befördert und speziell von Politiker*innen eigennützig missbraucht. Dabei ginge es um das sensible Potenzial emotionaler Sicherheit, die ein Grundbedürfnis aller Menschen ist und die allzu leicht aufs Spiel gesetzt werden kann.

Die politische und mediale Konzentration auf die „'Migrationskrise', die Europa angeblich überwältigt und das Leben, wie wir es kennen, führen und schätzen, dem Untergang zu weihen droht"[96], schafft neue Ausschlussdynamiken und Sündenböcke. Eine Art von „moralischer Panik" entsteht als eine „weitverbreitete Angst, dass ein Übel das Wohl der Gesellschaft bedroht"[97]. Im Gegenzug zu den Berichten über Flüchtlingstragödien und sogenannte Grenzsicherungsbemühungen, mit denen es Politikern, etwa mit dem Slogan von der „Schließung der Balkanroute" gelungen ist, Wahlen zu gewinnen, „verbraucht" sich die „moralische Panik [...] hinter dem Schleier des Vergessens."[98] Die Angst, die umgeht, beeinflusst nicht nur Menschen im aktuellen Interaktionsgeschehen; sie beeinträchtigt die politisch-soziale, gemeinschaftliche wie auch individuelle Handlungsfähigkeit von Menschen generell. Nicht selten wird das Stimulieren der Ängste auch durch pseudo-religiöse Floskeln, wie dem Kampf um ein „christliches" Europa, zusätzlich untermauert. Abenteuerliche Berichte zur sogenannten „Migrationskrise", die in den Medien, in Tweets und politischen Reden regelmäßig verbreitet werden, forcieren die generellen Ängste und Befürchtungen, die in einer globalisierten „Weltrisikogesellschaft"[99] von vorneherein vorhanden sind.

---

95 Bauman, Moderne und Ambivalenz, 110.

96 Bauman, Die Angst vor den anderen, 7.

97 Bauman, Die Angst vor den anderen, 7.

98 Bauman, Die Angst vor den anderen, 8.

99 Ulrich Beck, Weltrisikogesellschaft: Auf der Suche nach der verlorenen Sicherheit, Frankfurt a. M. [5]2017.

3.3. Hass und Gewalt

Die umgehende Angst kann sich bis in die Gewalt hinein steigern, wenn die Anderen dämonisiert werden.[100] Das breitet sich inzwischen nicht nur in „rechten, rechtsnationalen und rechtspopulistischen Milieus (wie AfD, Front National, PEGIDA, FPÖ)“[101] aus. „Vielmehr handelt es sich bei diesen Praktiken um ein verbreitet und gängig zur Verfügung stehendes und in Anspruch genommenes Muster der Selbst-, Welt- und Fremddeutung.“[102] Die Dämonisierung der Anderen, hinter der eine ausschließlich negative Bedeutung des „Daimon“ steht, kann durchaus als Wiederkehr rassistischer und kolonialer Argumentationsfiguren gesehen werden. Unter dem Deckmantel scheinbar rationaler Diskurse, etwa über den Einbruch von Migrant*innen in das Sozialsystem, werden kolonial-rassistische Ansichten von der Unzivilisiertheit der Fremden, die längst aufgeklärt schienen, wieder salonfähig.

Die Trägerin des Friedenpreises des Deutschen Buchhandels 2016, Carolin Emcke, schreibt engagiert und gekonnt „Gegen den Hass.“[103] Sie spricht dabei nicht nur von einzelnen Flüchtlingen, denen zunehmender Hass entgegenschlägt, sondern von „unscharfe[n] Kollektive[n] als Adressaten des Hasses“ gegen die „nach Belieben diffamiert und entwertet, gebrüllt und getobt“ wird: „die Juden, die Frauen, die Ungläubigen, die Schwarzen, die Lesben, die Geflüchteten, die Muslime oder auch die USA, die Politiker, der Westen, die Polizisten, die Medien, die Intellektuellen.“[104] Sie alle können zu Opfern eines kollektivierenden Hasses werden, der die einzelnen betroffenen Menschen unsichtbar macht, damit der Hass nicht vom menschlichen Mitgefühl „gestört“ wird und sich ungezügelt ausbreiten kann.

Was sehen vom Hass getriebene Menschen, fragt Emcke, wenn weinende Kinder oder sich umarmende Frauen, die in einem Flüchtlingsbus sitzen, vom Volk angehalten und am Bezug einer Flüchtlingsunterkunft gehindert werden? Um zu verstehen, warum in solchen Situationen der Hass des Volkes, als das sich die Blockierer verstehen, die Oberhand gewinnt, analysiert sie das Video von Clausnitz, einem kleinen Ort in Sachsen, das die Ankunft einer kleinen Gruppe von Migrant*innen zeigt. Für Emcke gibt es

[100] Vgl. Maria do Mar Castro Varela – Paul Mecheril (Hg.), Die Dämonisierung der Anderen. Rassismuskritik der Gegenwart, Bielefeld 2016 (eBook transcript, zitiert aus Leseprobe).

[101] Castro Varela – Mecheril, Die Dämonisierung der Anderen, 8.

[102] Castro Varela – Mecheril, Die Dämonisierung der Anderen, 8.

[103] Carolin Emcke, Gegen den Hass, Frankfurt a. M. [4]2016.

[104] Emcke, Gegen den Hass, 12.

neben den Migrant*innen im Bus drei Akteure, die an dem Szenario beteiligt sind: Die Gruppe der Blockierer des Busses, die Zuschauer und die Polizei. Im Hinblick auf die hasserfüllten Blockierer muss man wissen, dass die Flüchtlingsunterkunft, in welche die Flüchtenden gebracht werden sollen, eine ehemals intakte Fabrik ist, die stillgelegt wurde. Gilt der Hass gegenüber den Migrant*innen womöglich zunächst der Werksleitung und den Politiker*innen, welche verursacht und zugelassen haben, dass vielen Menschen in diesem Ort und in der Umgebung die Existenzgrundlage entzogen wurde?

Doch der Hass trifft nicht die Verantwortlichen für den wirtschaftlichen Niedergang, sondern die wenigen Frauen und Kinder, die im Bus sitzen und in die Flüchtlingsunterkunft gebracht werden sollen. Sie werden von den hasserfüllten Blockierern in „einer Art Jagd, zu der sich die, die daran teilnehmen, berechtigt fühlen“[105] erlegt. Dabei spielen die stummen Zuschauer, die sich den hassenden Randalierern nicht in den Weg stellen und sie zu Vernunft und Einsicht zu bringen versuchen, eine den Hass unterstützende Rolle. Darüber hinaus geht Emcke davon aus, dass der Hass der Blockierer nicht spontan entsteht, sondern durch viele Instanzen, die sich nie zum offenen Hass gegen Andere und Fremde bekennen würden, von langer Hand befördert wird: Angefangen bei Hasspostings, die über soziale Medien verbreitet werden, bis hin zu einer ausschließenden Sprache, reichen die offenen und sublim-verborgenen Zubringer des Hasses und der Spaltung der Gesellschaft. Die Polizei als dritter Akteur greift jedenfalls nicht gegen die Blockierer ein. Sie wird aber sofort aktiv, als unter den Geflüchteten Unruhe und leichter Widerstand entsteht.

Einlinige politische Strategien, die im Schließen und Abdichten von Grenzen, im wechselseitigen Abschotten und im Bauen von „Mauern statt Brücken“ und „schalldichte[n] Echokammern statt auf leistungsfähige[r] Verbindungen für eine ungestörte Kommunikation“ die Lösung sehen, führen „nirgendwo anders hin als in das Brachland des gegenseitigen Misstrauens, der Entfremdung und der Verschärfung der Lage. Eine derart selbstmörderische Politik, die kurzfristig für ein scheinbares Wohlbefinden sorgt (indem sie die Herausforderung außer Sichtweite jagt), sammelt Sprengstoff für zukünftige Explosionen.“[106]

---

105 Emcke, Gegen den Hass, 53.
106 Bauman, Die Angst vor den anderen, 23.

3.4. Das Ressentiment der Flüchtigen Moderne

Den Begriff der „Flüchtigen Moderne“[107], den ich in diesem Buch häufig verwende, hat Z. Bauman geprägt. Für ihn gibt es eine Entwicklung von der „Festen Moderne“[108] hin zur aktuellen „Flüchtigen Moderne“[109]. Kapitalismuskritik[110], Kritik an der Idee des Nationalstaates und ein kritisches Verhältnis zu den Konsequenzen der Globalisierung sind wichtige Aspekte seiner soziologischen Forschung. Für ihn ist ein charakteristisches Merkmal des Lebens in der Flüchtigen Moderne das „Ressentiment gegenüber Fremden – jenen Menschen also, die, gerade weil sie unbekannt und daher schwer auszurechnen und verdächtig sind, lebendige und greifbare Verkörperungen der verhaßten und gefürchteten Flüchtigkeit der Welt darstellen. Sie bieten sich geradezu als Sündenböcke an, in denen man das Schreckgespenst einer aus den Fugen geratenen Welt symbolisch vernichten kann.“[111] Besondere Ablehnung schlägt den Flüchtlingen, Asylwerber*innen und mittellosen Migrant*innen entgegen, die aus armen Regionen kommen. „Sie sind, wie Bertolt Brecht einst formulierte, ‚die Vorboten finsterer Zeiten‘. Wenn sie an unsere Türen klopfen, erinnern sie uns daran, daß unsere Sicherheit und unser luxuriöser Lebensstil keineswegs gesichert und daß Ruhe und Frieden stets bedroht sind.“[112]

Ressentiments gegenüber Anderen und Fremden, speziell gegenüber Migrant*innen und damit zusammenhängende Ängste, welche die Flüchtige Moderne kennzeichnen, stellen in der Sprache der TZI einen zentralen Aspekt jenes „Globe“ dar, in dem Menschen speziell in Europa heute leben. Aber was ist bei Ruth C. Cohn und in der TZI mit dem Globe gemeint und welche Bedeutung hat seine Berücksichtigung im Blick auf unsere gegenwärtigen gesellschaftspolitischen Herausforderungen?

3.5. Der „Globe“ bei Ruth C. Cohn und in der TZI

Der „Globe“ ist bei Ruth C. Cohn und in der TZI der spezifische Begriff für die Welt, die uns umgibt, die in unseren Interaktionen auf uns wirkt und uns beeinflusst und auf die wir wiederum Einfluss haben. Zunächst ist in der TZI

---

107 Zygmunt Bauman, Flüchtige Moderne, Frankfurt a. M. [8]2017.

108 Vgl. Zygmunt Bauman, Leben in der Flüchtigen Moderne, Berlin 2007, 35; 174; 217; 236; Bauman, Flüchtige Zeiten, 102.

109 Vgl. Bauman, Flüchtige Moderne.

110 Zygmunt Bauman, Retten uns die Reichen? Freiburg i. Br. 2015.

111 Bauman, Leben in der Flüchtigen Moderne, 14.

112 Bauman, Leben in der Flüchtigen Moderne, 14.

die Außenwelt einer interaktionellen Gruppe gemeint, die mit ihren familiären, beruflichen, hierarchischen, ökologischen usw. Bezügen „auch immer in der Gruppe wirksam“[113] ist. Das englische Wort „globe“, das in der deutschen Übersetzung wörtlich „Globus“ meint, ist dem Wortsinn nach heute etwa im Adjektiv „global“ oder im Substantiv „Globalisierung“ gebräuchlich. Es ist also ein weltumspannendes Phänomen gemeint. Dem entspricht auch der lateinische Ursprung des Wortes, das den „globus“, die Erdkugel in seiner geographischen Form, bezeichnet.

Im „TZI-Traum“ von Ruth C. Cohn (vgl. 6. Kapitel) war der Globe, neben dem Ich, jedem einzelnen Menschen, dem Wir, der Interaktion zwischen den Menschen und dem Es, dem sachlichen Anliegen, der Aufgabe, die ansteht, eine der Tangenten in der gleichseitigen Pyramide bzw. im Tetraeder[114] der Interaktionsfaktoren. Die Kommunikation und das Lernen von Menschen geschieht, wenn es lebendig ist, in einer „dynamischen Balance“ dieser Faktoren, die alle gleich wichtig sind. In Ruth C. Cohns späteren Darstellungen, die heute in der TZI üblich sind, umschließt der Globe wie eine mehrdimensionale Kugel, oder – wie M. Kroeger es ausdrückt – wie „Zwiebelschalen“[115] die Faktoren menschlicher Interaktion und ist in seiner ständigen Wechselwirkung – wie gesagt – selbst ein entscheidender Faktor des themenzentrierten Interaktionsgeschehens.

Wenn man die „Zwiebelschalen“, welche den Globe symbolisieren, genauer in den Blick nimmt, dann gehören dazu nicht nur weltumspannende Phänomene, sondern auch partikulare. M. Kroeger sieht folgende „Schalen“ der Globe-Zwiebel, die in einer interaktionellen Gruppe wirksam werden können:

- Die lebensweltlich-soziale Welt der Teilnehmer*innen einer Gruppe insoweit sie in deren Befindlichkeit hineinwirkt.
- Die soziale und politische Umwelt wie die eines Dorfes, einer Stadt, eines Landes, der EU usw.
- „[...] die Ausweitung der weiteren Zwiebelschalen auf den Gesamtglobus unserer Erde und dann den gesamten Kosmos und mit ihm die ganze Natur unserer Erde und über sie hinaus, deren ‚minitrillionster‘ Anteil (nach Ruths Formulierung) wir sind ...“[116]

[113] Cohn – Farau, Gelebte Geschichte der Psychotherapie, 355.

[114] Barbara Langmaack, Einführung in die themenzentrierte Interaktion: Das Leiten von Lern- und Arbeitsgruppen erklärt und praktisch angewandt, Weinheim u. a. [5]2011, 53.

[115] Matthias Kroeger, Ruth Cohns Globe-Verständnis und unsere Aufgaben, in: Themenzentrierte Interaktion. theme-centered interaction 27 (2013) 1, 62–78, hier 63.

[116] Kroeger, Ruth Cohns Globe-Verständnis, 65.

Der Globe wurde für Ruth C. Cohn immer wichtiger, je älter sie wurde. „[...] die Globe-Themen [...] wurden in besonderer Weise, ja fast ausschließlich ihre Leidenschaft und ihre Aufgabe."[117] Das kann ich auch auf Grund der vielen Dokumente bestätigen, die sich diesbezüglich in ihrem Nachlass finden. Die Auseinandersetzungen mit dem Globe auszuwerten und sie mit den jeweiligen gesellschaftlichen Entwicklungen der Zeit in Verbindung zu bringen, wäre ein interessantes Forschungsthema. Im Zusammenhang mit der Vorbereitung auf den Kongress der Ärzte für die Verhütung des Atomkriegs 1987, schreibt Ruth C. Cohn u. a.: „Es ist unsere besondere Aufgabe am Ende des 20. Jahrhunderts, nicht nur für Ernte und Samen besorgt zu sein, sondern auch für den Erdboden selbst. Dazu gehört für mich heute die Arbeit für den Frieden und für die Erhaltung der Natur. Es geht um das Leben des Planeten und um das Überleben der Menschheit."[118]

M. Kroeger warnt vor den Folgen, die eine Vernachlässigung des Globe in der TZI gerade im Hinblick auf ihre politisch-gesellschaftliche und weltanschauliche Relevanz hat: „Immer wieder werden politische Themen vernachlässigt, Fragen unseres kosmischen Eingebundenseins belächelt, werden religiöse Fragen und Bedürfnisse wie nicht existent übergangen [...]."[119] Das Einbeziehen des Globe ermöglicht „mehr politische Lebendigkeit."[120] Gleichzeitig plädiert Kroeger für eine „dosierte, aber regelmäßige Konfrontation mit den Implikationen des Globe."[121] Ihm geht es um eine „maßvolle und freilassende Thematisierung und die Freiheit für jede/jeden zu entscheiden, wie nah sie/er den Globe an sich heranlässt. [...] Überschreitet man einen bestimmten Pegel der Thematisierung, erreicht man das Gegenteil: Verrücktwerden/-machen [...] oder Widerstand und Verleugnung."[122] In einem Gespräch hat mir M. Kroeger erzählt, wie befreiend für ihn, den zeitweise politisch Hochengagierten, der konsequente und gleichzeitig auf Selbstentscheidung gründende Umgang mit dem Globe war, den Ruth C. Cohn vermittelte.

---

[117] KROEGER, Ruth Cohns Globe-Verständnis, 62.

[118] RUTH C. COHN, Von der Bedrohung zum Handeln. Kongreß der Ärzte für die Verhütung des Atomkriegs (IPPNW) Deutsche Region, 6.–8. März 1987, Essen, HUB, UA, NL Cohn, Nr. 19, Blatt 1a. Vgl. auch: PETER BARTH, Forschungsinstitut für Friedenspolitik – Gegenexperten arbeiten für den Frieden, in: Themenzentrierte Interaktion. theme-centered interaction 3 (1989) 1, 3–10.

[119] MATTHIAS KROEGER, Anthropologische Grundannahmen der Themenzentrierten Interaktion, in: C. LÖHMER – R. STANDHARDT (Hg.), TZI, 119.

[120] REINER BERNSTEIN, Den Globe einbeziehen. Plädoyer für mehr politische Lebendigkeit, in: Themenzentrierte Interaktion. theme-centered interaction 4 (1990) 2, 22–26, hier 22.

[121] KROEGER, Anthropologische Grundannahmen der Themenzentrierten Interaktion, 119.

[122] KROEGER, Ruth Cohns Globe-Verständnis, 71.

Niemals darf der Globe nur von seiner problematischen Seite her thematisiert werden, wozu *„die politische Umwelt als Globe-Aspekt“*[123] generell neigt. Es geht ja gerade nicht darum, Menschen in eine individuelle und politisch-gesellschaftliche Lähmung hinein zu führen. Genau das Gegenteil wird angezielt: TZI will aus Stagnation und Lähmung herausführen und den Raum für eigenverantwortliches Handeln öffnen. Dazu ist aber eine nüchterne Analyse des Globe unausweichlich. H. Reiser verweist auf die Möglichkeit einer „konstruktivistische[n] Sichtweise des Globe“[124].

D. Stollberg weist mit Recht darauf hin, dass der Globe immer ambivalent ist, Licht und Schatten enthält. „Wo es hell ist, gibt es auch dunkle Ecken; wo Gutes geschieht – neue Projekte, Ideen, Kooperation, Humanität etc. –, lauern schon Missbrauch, Missverständnis, Neid, Rivalität, Unmenschlichkeit usw. Diese Vielgesichtigkeit der Realität zu leugnen, weil nicht sein kann, was nicht sein darf, ist gefährlich, aber zunächst angenehmer als der Blick auf die Schattenseiten schöner Zwischenmenschlichkeit und idyllischer Natur [...].“[125] Die bleibende Ambivalenz jedes Globe mag dazu führen, dass er in der themenzentriert-interaktionellen Arbeit mitunter ausgeblendet wird oder zumindest nicht jenes Gewicht erhält, das ihm Ruth C. Cohn in ihrem Konzept der TZI beigemessen hat.

3.6. Wie offen ist die Welt?

Wir Menschen bewegen uns ständig in verschiedenen Globen. Wie eng oder weit, wie bestimmt oder offen wir die Grenzen unserer Welt halten, ist für jeden Menschen verschieden. In einer durch elektronische Medien bestimmten Kommunikationswelt erscheint die ganze Welt wie ein globales Dorf; der Kommunikation sind scheinbar keine Schranken gesetzt. Gleichzeitig wird der Verlust von Intimität und Zusammengehörigkeit im globalen Kommunikationsdorf vielfach spürbar.[126] Die Vorstellung von

[123] Kroeger, Ruth Cohns Globe-Verständnis, 65.

[124] Helmut Reiser, Eine konstruktivistische Sichtweise des Globe, in: Themenzentrierte Interaktion. theme-centered interaction 24 (2010) 1, 56–65.

[125] Dietrich Stollberg, „Wer den Globe nicht kennt, den frisst er“. Zur Bedeutung des Umfeldes in der themenzentriert-interaktionellen Arbeit, in: A. von Kanitz u.a., Elemente der Themenzentrierten Interaktion (TZI). Texte zur Aus- und Weiterbildung, Göttingen 2015, 33–45, hier 34.

[126] Vgl. Matthias Scharer, „Living Communicating“ in the midst of total/totalitarian Communication. An anthropological-theological challenge, in: J. Thayil – A. Vonach (Eds.), Democracy in an Age of Globalization, Innsbruck 2015, 9–20; Matthias Scharer – Gerlinde Geffers, Tot oder lebendig? Kommunikation in digitalen Medien. Matthias

einer dynamischen Balance des Globe mit den übrigen Interaktionsfaktoren verhindert sowohl eine distanzlose Allerweltkommunikation als auch den Rückzug in das Schneckenhaus der Privatheit.

Wenn der Globe wie Ruth C. Cohn ihn beschrieben hat, „vom nächsten bis zum fernsten Umfeld“[127] reicht, dann öffnet sie damit einen Horizont, der schwer eingrenzbar und präzise fassbar ist. Die ganze Welt, die empirisch fassbare und die nicht fassbare, ist Globe. Bei Ruth C. Cohn besteht die Welt nicht nur aus dem Faktischen, wie es in der modernen Wissenschaft der Fall ist; deren Ziel ist es ja, eine begrifflich klare Ordnung zu schaffen, um Zwiespältigkeit, Mehrdeutigkeit und Vielsinnigkeit so weit wie möglich einzuschränken und womöglich auszuschließen. Der Globe im Verständnis von Ruth C. Cohn ist ausdrücklich durch Ambivalenz und Ambiguität gekennzeichnet. Er besteht nicht nur daraus was wir zählen, messen und wägen und was wir definieren können. Der Globe weitet sich in das Kosmische und Transzendente hinein aus, wo unsere Ordnungen und Definitionen versagen. Das ist für einen ausschließlich empirisch denkenden Menschen schwer zu begreifen, ja ärgerlich.

Gleichzeitig mit der systematischen Ausblendung von Einsichten, die den empirisch-faktischen Horizont der Welt und des Lebens transzendieren, können wir einen neuen Trend in der Wissenschaft, vor allem auch in der Medizin, feststellen, mit dem der holistische Mensch ins Zentrum der Aufmerksamkeit rückt.[128] Ruth C. Cohn wäre vermutlich vom Buch des Wiener Mediziners und Theologen Johannes Huber begeistert gewesen, wenn dieser schreibt:

> Alles passiert nach einem großen Plan, alles hängt zusammen, alles ist eins. Der Holismus sieht den Menschen nicht bloß als körperliches Wesen, das mit ein paar Gefühlen garniert ist, sie versucht, ihn in der Gesamtheit zu verstehen. Die Seele, das Vorher, das Danach. Ja, die moderne Medizin setzt sich heute schon über Begriffe wie Raum und Zeit hinweg, wagt sich auf unbekanntes Terrain, stellt Fragen, die in der Wissenschaft vor Kurzem noch auf gerümpfte Nasen und verdrehte Augen gestoßen sind. Was war vor unserem diesseitigen Leben? Was davon hat man wie vererbt bekommen? Was kommt

---

Scharer im Gespräch mit Gerlinde Geffers, in: Themenzentrierte Interaktion. theme-centered interaction 29 (2015) 2, 30–39.

[127] Ruth C. Cohn, Der Globe – vom nächsten bis zum fernsten Umfeld, in: R.C. Cohn – Ch. Terfurth (Hg.), Lebendiges Lehren und Lernen: TZI macht Schule, Stuttgart [5]2007, 144–173, Titel.

[128] Vgl. Johannes Huber, Der holistische Mensch. Wir sind mehr als die Summe unserer Organe, Wien 2017.

danach? Was hinterlässt man als Vermächtnis? Bleibt überhaupt etwas? Und vor allem: Wie kann man das alles verstehen?[129]

Huber zitiert, im Zusammenhang mit der Resistenz der Wissenschaft gegenüber einer holistischen Sichtweise der Welt und des Lebens, den bekannten Philosophen P. Sloterdijk: „'In den Fakultäten galten bislang allein die harten Fakten als existent – in Zukunft muss man sich mit den harten Nicht-Fakten zurecht finden.'"[130] Ruth C. Cohns Weltsicht der Allverbundenheit könnte sich demnach auch in wissenschaftlicher Hinsicht als zukünftig herausstellen.

Ein Globe-Verständnis, bzw. ein TZI-Verständnis generell, das die Allverbundenheit wegen ihrer Undefinierbarkeit und mangelnden Präzision prinzipiell ausschließt, hätte tiefe Auswirkungen darauf, was in der Themenzentrierten Interaktion gilt, anerkannt oder ausgeschlossen ist. Und es hätte auch politisch-gesellschaftliche Konsequenzen. Die Ambiguitätstoleranz, die für ein Leben mit Fremden und Anderen unverzichtbar ist, würde sich drastisch reduzieren. Menschen und Gegebenheiten, die undefinierbar, fremd und anders, weil nicht in die gesellschaftliche Ordnung integrierbar erscheinen, könnten aus dem Bewusstsein verschwinden. Trojanow schildert aus der Perspektive von Betroffenen die ambivalente Erfahrung von Geflüchteten:

> Täglich kehrt der Geflüchtete ins Anderssein ein. In sein Alltagsasyl. Bis aus der Einkehr eine Heimkehr wird. Ins Sonderliche. Die Irrungen und Wirrungen eines Menschen, der sich aussondert, selbst wenn er von niemandem ausgeschlossen wird, weil er eine unbändige Sehnsucht empfindet, einer unter vielen zu sein. Nicht aufzufallen wie ein wunder Daumen. Nichts ist so schwer zu begreifen und so schwer zu erklären wie das Gefühl des Fremdseins.[131]

Aus der Perspektive von Sesshaften geschieht bei den Geflüchteten zwischen „Herkunft und Ankunft" [...] „eine bedrohliche Verrückung der Ordnungen, entsteht ein schwer überwindbarer Mangel. Ergo ist der Flüchtling ein Opfer, das unweigerlich Forderungen stellen, ein gefräßiges Kind, dessen Appetit wachsen wird. Wären die Flüchtlinge weniger Opfer, erschienen sie weniger bedrohlich."[132] Ob Ruth C. Cohn die große Bedeutung ihres viel-

[129] Huber, Der holistische Mensch, 9.
[130] Huber, Der holistische Mensch, 9.
[131] Trojanow, Nach der Flucht, Pos 181 (Zitat ohne Quellenangabe).
[132] Trojanow, Nach der Flucht, Pos 633–635.

sinnigen Globe-Verständnisses geahnt hat, müssen weitere Forschungen zeigen.

Jedenfalls wendet sich Ruth C. Cohn in einem der „Wendezeit Workshops" gegen jede Form der Ausblendung und Verschleierung von Weltwirklichkeit. Gleichzeitig öffnet sie aber immer wieder den Blick auf das Anerkennen und Anerkanntsein hin, in dem letztlich die Hoffnung und Dankbarkeit aufleuchtet:

> Ängste, Verzweiflung, Trauer, Resignation entsprechen den Vorgängen, in denen wir leben oder über die wir wissen. Verschleierungen sind tödlich. Wenn wir die Augen und das Herz öffnen, müssen wir leiden angesichts des uns umgebenden oder in uns wohnenden Grauens. Zugleich geschieht es oft, daß durch dieses Leiden hindurch Hoffnungslichter auftauchen. Das innere Zulassen des Schlimmsten kann unsere Energien freilegen, die sonst in der Abwehr von Gefühlen verlorengehen. Es gibt nur kleine Schritte. Und es gibt nur „Mehr werden". Doch das „nur" ist ein „Trampelpfad" der Hoffnung.[133]

Für Z. Bauman bildet das abgespaltene Ambivalente, das sich u. a. in der Existenz der Fremden zeigt, sozusagen den „Müll" der Moderne. Die Fremden verweigern sich der eindeutigen Zuordnung, ob sie nun lediglich als zählbare Objekte gesehen oder noch dazu jeglicher Anteilnahme beraubt werden. Doch die moderne Ordnung und die Ambivalenz sind wie Zwillinge. Beide sind sie „gleichermaßen Produkte der modernen Praxis".[134]

> Beide teilen sich die typisch moderne Kontingenz, die Grundlosigkeit des Seins. Ambivalenz stellt unstrittig die genuinste Beunruhigung und Sorge für die Moderne dar, da sie, anders als andere Feinde, geschlagen und versklavt, mit jedem Erfolg der modernen Mächte an Stärke zunimmt. Es ist ihr eigenes Versagen, das die Aufräumaktivität als Ambivalenz konstruiert.[135]

Die dauerhafte Ausblendung der abgespaltenen Ambivalenz in den Fremden und Anderen geht langfristig ins Leere.

---

[133] Ruth C. Cohn, Wissenschaftler und andere – was kann ich /was können wir für den Frieden sein und tun? Ein Großgruppenworkshop innerhalb des Internationalen Kongresses der Naturwissenschaftler „Ways out oft the Arms Race" (Wege aus dem Wettrüsten), Hamburg 1986, HUB, UA, NL Cohn, Nr. 11, Blatt 181–226, (S. 25–115), hier S. 36.

[134] Bauman, Moderne und Ambivalenz, 34.

[135] Bauman, Moderne und Ambivalenz, 34.

Es wird sich auf Zukunft hin lohnen, ähnlich wie die Verbindung von Ruth C. Cohns Weltsicht mit dem Denken von J. W. von Goethe[136], M. Buber[137], A. Schweitzer[138], P. Freire[139] oder auch mit P. Ricoeurs Werk „Wege der Anerkennung“[140] bereits mehr oder minder tief bearbeitet wurden, Abgrenzungen und Verbindungen etwa zu H. Arendts oder Z. Baumans Denken zu untersuchen.

3.7. Allverbundenheit und weltanschaulich-religiöse Überzeugungen

Der Gedanke von der grundsätzlichen Offenheit und Universalität des Globe, der von den konkretesten persönlichen Situationen und Lebensbedingungen sozusagen bis in den „Himmel“ hineinreicht, hat viel mit der Allverbundenheit zu tun, die bei Ruth C. Cohn zentral ist. In ihrem berühmten Aufsatz „The Beyond Within“[141], den übrigens die Inder besonders lieben, weil Ruth darin aus der Bhagavad Gita (Chapter VIII) zitiert und von einer transzendentalen Offenheit der Welt und des Menschen ausgeht, stellt sie das Bewusstsein für die kleinen und großen Zusammenhänge in unserer globalen Welt her; auch für solche, die über das faktisch Gegebene hinausgehen.

> What I want to say is this: *only the fusing power of knowledge and intuition bring sense into sensuals; only the binding power of faith brings meaning into sensual and intellectual data. Is knowledge really as safe as scientists think or*

---

[136] Walter Schiffer, „Goethe wurde mein Lehrer“ (Ruth C. Cohn)“, in: Themenzentrierte Interaktion. theme-centered interaction 28 (2014) 2, 48–58.

[137] Vgl. u. a. Helmut Reiser, Ruth Cohn und Martin Buber, in: H. Aschaffenburg u. a. (Hg.), Gruppenarbeit themenzentriert. Entwicklungsgeschichte, Kritik und Methodenreflexion, Mainz 1987, 38–46; Matthias Scharer, Ruth C. Cohns Themenzentrierte Interaktion (TZI) in der interreligiösen Begegnung, in: Th. Krobath – A. Shakir – P. Stöger (Hg.), Buber begegnen. Interdisziplinäre Zugänge zu Martin Bubers Dialogphilosophie, Wuppertal 2017, 100–118.

[138] Schiffer, Walter, „Ehrfurcht gebührt allem Lebendigen“ – Ruth C. Cohn und Albert Schweitzer, in: Themenzentrierte Interaktion. theme-centered interaction 26 (2012) 1, 36–45.

[139] Vgl. Silvia Hagleitner, Mit Lust an der Welt – in Sorge um sie: Feministisch-politische Bildungsarbeit nach Paulo Freire und Ruth C. Cohn, Mainz 1996; Ostertag, Von Ruth Cohn und Paulo Freire lernen.

[140] Vgl. Paul Ricoeur, Wege der Anerkennung: Erkennen, Wiedererkennen, Anerkanntsein, Frankfurt a. M. [2]2006; Pascal Jung, Anerkennung. Paul Ricoeurs Beitrag zu einem ökumenischen Schlüsselbegriff, Ostfildern 2019 (= Kommunikative Theologie, Band 20).

[141] Ruth C. Cohn, The Beyond Within, in: VOICES 8 (1972) 3, 78–83.

> *faith as insecure as the „knowers" assert?* [...] Many faithful people believed long ago that mankind would perish because of its sinfulness; our scientists (or were they pseudo-scientists)? Laughed about such prediction. Now the „knowers" start to believe that the earth may die because of our carelessness (equaling sin). The early believers „knew" by faith – not by knowledge – that killing others means total destruction. Now we know details of final death: phosphates in oceans, feeding poisons to soil, air water and chemicals to sun-and-earth-deprived plants and animals, and nuclear splitting of our globe. The poets and prophets in their beliefs were earlier to recognize where mankind chose to go than their scientific computing brothers who were blind to our Transcendental Bonding.[142]

Die Allverbundenheit, die Ruth C. Cohn in ihrem Globe-Verständnis impliziert und die, M. Kroeger folgend, nur um den Preis einer pragmatischen Reduktion der TZI aufgegeben werden kann, die sie (wieder) „zu einer bloßen Handlungs- und Leitungsmethode"[143] werden ließe, hängt mit ihrer spirituell-religiösen Weltsicht zusammen (vgl. 7.6.).

Wenn wir in einer funktionalen Welt, wie sie etwa N. Luhmann[144] entwirft, nach der „Funktion" von Religion fragen, dann würden wir das weltanschaulich-spirituell-religiöse Potential des Menschen, falls es überhaupt zählt, in der Sprache der TZI wohl eher dem Ich, der einzelnen Person und ihrer biographischen Entwicklung, vielleicht auch noch dem Wir, wenn es um gemeinschaftliche religiöse Vollzüge geht, zuschreiben; in kirchlichen oder religionenbezogenen Kontexten könnte es auch zu einem Anliegen, einer Aufgabe werden; in der TZI-Sprache also zu einem Es. Für die „Welt" und ihr Verstehen sind ausschließlich empirische Analysen zuständig, welche die Fakten erheben. Dass der Globe, die „Welt" in der wir leben und die uns in unseren Interaktionen sowohl subjektiv als auch intersubjektiv beeinflusst, etwas mit der Allverbundenheit und Transzendenz zu tun haben könnte, dieser Gedanke liegt in einer funktionalen Welt ferne. Diese ungewöhnliche Verbindung zwischen der Faktizität der Welt und einer weltanschaulichen Perspektive mag ein weiterer Grund für Tendenzen sein, den Globe auf das Faktische zu reduzieren bzw. die Perspektive der Allverbundenheit der subjektiven Religiosität und Spiritualität Ruth C. Cohns zuzuschreiben, die aber nicht bindend zum Konzept selber gehöre, sondern Ausfluss ihrer „pantheistischen" Religiosität sei. Die TZI muss doch offen

[142] Cohn, The Beyond Within, 80 f.

[143] Kroeger, Ruth Cohns Globe-Verständnis, 75.

[144] Vgl. Niklas Luhmann, Funktion der Religion, Frankfurt a. M. 2004.

für Menschen aus allen Weltanschauungen und spirituellen wie religiösen Überzeugungen und Praktiken sein!

Die Perspektive der Allverbundenheit, die Ruth C. Cohn gerade auch im Zusammenhang mit ihrem Globe-Verständnis so wichtig ist, muss meiner Ansicht nach nicht unbedingt explizit religiös im theologischen Sinn verstanden werden. Selbst wenn sie aus den spirituell-religiösen Bezügen Ruth C. Cohns entspringen mag, die sie mitunter unter dem Begriff „Pantheismus" subsumiert, ist zu beachten, dass der Pantheismus eher keine spezifische Religion als eine allgemeine Weltanschauung darstellt, die sich nicht nur bei Goethe findet, den Ruth C. Cohn sehr verehrt hat, sondern sich – was bisher kaum beachtet wurde – mit mystischen Traditionen unterschiedlicher Religionen verbindet. Man wird den islamisch-sufistischen Mystiker Ibn Arabi (1165–1240) mit seiner Koranexegese zwar nicht als Pantheisten bezeichnen, wie das mitunter getan wird. Doch seine Sicht von der Allverbundenheit kommt Ruth C. Cohns religiöser Denkweise zumindest sehr nahe. In Sure 2:115 des Korans heißt es z. B. „Gottes ist der Osten und der Westen. Wohin ihr euch auch wenden möget, dort ist das Antlitz Gottes. Gott umfasst und weiß alles."[145] Ähnliche Aussagen finden sich in den Psalmen der hebräischen Bibel oder bei christlichen Mystiker*innen wie Hildegard von Bingen oder Johannes vom Kreuz. Eine tiefgehende Untersuchung zu Ruth C. Cohns Verständnis der Allverbundenheit, deren mögliche Bezüge zu unterschiedlichen Religionen und Weltanschauungen und vor allem deren Verbindung mit mystischen Traditionen der Religionen, die jedenfalls die hinduistisch-buddhistischen Traditionen einschließen müsste, fehlt bisher. Sie wäre im Hinblick auf das transreligiöse und das mystische Potential von Ruths religiöser Weltsicht höchst aufschlussreich. In einem Workshop in Indien, in dem ich „religiöse" Texte von Ruth C. Cohn verwendete, sagte die hinduistische Mitleiterin spontan: „She was a mystic!" Das gibt mir bis heute zu denken.

Vorläufig kann gelten: Die Allverbundenheit kann als eine Weltanschauung gesehen werden, der Menschen aus unterschiedlichen Religionen und Traditionen insbesondere dann folgen können, wenn sie deren mystische Bezüge nicht ausblenden. Insofern werden religiöse oder säkulare Fundamentalisten mit der Allverbundenheit kaum etwas anfangen können. Wer jedoch die Ambivalenz und Ambiguität der Welt und des Lebens in ihre/seine Weltsicht einschließt, welche die Moderne in der Regel verschleiert, kann einen neuen Zugang zu Ruth C. Cohns Allverbundenheit als einer ganzheitlichen und nicht gespaltenen Sicht der Welt und des Lebens gewinnen.

---

[145] Adel Theodor Khoury, Der Koran, Gütersloh [4]2007, 13.

3.8. Allverbundenheit als Öffnung für die Vielheit des Lebens

Die Allverbundenheit, wie Ruth C. Cohn sie sieht und von der sie in ihrem offenen Globe-Verständnis ausgeht, bedeutet also nicht, dass ihr humanistischer Ansatz zu einer Religion mutiert. Es geht auch nicht darum, dass ein Ultimates, Gott oder eine Gottheit einen spezifischen Platz innerhalb des TZI-Systems erhält, wie das mein Freund und erster indischer TZI-Graduierte Thomas Abraham vermutet.[146] Abraham illustriert seine Sicht u. a. damit, dass in Indien jeder Workshop mit einem Gebet startet. Mein Argument gegen eine Hereinnahme von Gott/dem Ultimaten/einer „Supreme Power" in das TZI-System ist theologisch begründet: Gott als der/die ganz andere, als bleibendes Geheimnis des Menschen und der Welt, ist nicht Teil eines menschlichen Interaktions- und Kommunikationssystems,[147] welches die TZI zweifellos darstellt. Zumindest für Menschen, die den monotheistischen Traditionen von Judentum, Christentum und Islam nahe stehen, wäre eine undifferenzierte Vermischung zwischen der humanistisch begründeten TZI, der sich Menschen aus allen humanen, religiösen und nicht religiösen Traditionen anschließen können und ihrem spezifischen Gottesglauben mit Recht suspekt.

Speziell für Menschen aus den christlichen Konfessionen stellt es schon immer eine besondere Herausforderung dar, wie sie das Ineinander von menschlicher und göttlicher Wirklichkeit denken und bekennen können. So haben die Christen über Jahrhunderte darum gerungen, wie sie angesichts ihres Bekenntnisses zur Gott-Menschlichkeit Jesu Christi an ihrem Glauben an den Einen und Einzigen Gott, der ewiges Geheimnis ist und den sie mit Juden und Muslimen teilen, festhalten können. Die weise theologische Formel, die das Konzil von Chalkedon (451) letztlich für dieses Problem gefunden hat, heißt: Die göttlich-menschliche Wirklichkeit in Jesus Christus ist „ungetrennt und unvermischt". Sie gehören untrennbar zusammen und sind gleichzeitig unterschieden, also unvermischt.

Nachdem die TZI nicht nur in der Theologie, sondern auch in der kirchlichen Praxis vielfach rezipiert wurde,[148] habe ich im Geburtstagsheft für Ruth C. Cohn 2002 einen theologisch gewagten Vorschlag unterbreitet,

---

[146] Vgl. Matthias Scharer, A PLACE FOR GOD IN THE TCI WORLD VIEW. Within or Beyond the TCI system? Reflection on Thomas Abraham's correlation between TCI and Indian Wisdom, in: Indian Journal of Theme-Centred Interaction 8 (2012), 33–39.

[147] Vgl. Matthias Scharer, Kommunikation, in: B. Porzelt – A. Schimmel (Hg.), Strukturbegriffe der Religionspädagogik. Festgabe für Werner Simon zum 65. Geburtstag und anlässlich seiner Pensionierung, Bad Heilbronn 2015, 98–103.

[148] Matthias Scharer, TZI in der kirchlichen Praxis, in: C. Löhmer – R. Standhardt (Hg.), TZI, 312–325.

wie ein Verhältnis zwischen einer ausschließlich humanistisch-innerweltlich begründeten TZI und einem religiösen Bekenntnis, wie dem christlichen, aussehen könnte.[149] In meinem Beitrag greife ich auf die oben erwähnte Chalkedon-Formel „ungetrennt und unvermischt“[150] zurück, die auch in der Entwicklung der Kommunikativen Theologie wichtig ist, die TZI im theologischen Zusammenhang kritisch rezipiert.[151] Diese aufgreifend bleibt die TZI „unvermischt“ ein humanistisch und nicht religiös-theologisch begründeter Ansatz der Interaktion und Kommunikation, der aber gleichzeitig, also sozusagen „ungetrennt“, mit Erfahrungen und Einsichten verbunden werden kann, die für den Weltanschauungs- und Glaubenszugang von Menschen aus unterschiedlichen Traditionen wichtig sind. Selbstverständlich hat die Chalkedon Formel im TZI Kontext nichts mit der theologischen Aussage über Jesus Christus zu tun; wohl aber kann sie helfen, das humanistische Erbe der TZI von weltanschaulichen und religiösen Traditionen klar zu unterscheiden, ohne diese davon abzutrennen bzw. auszublenden. Meiner Ansicht nach bewegt sich Ruth C. Cohns Glaubens- und Weltsicht ständig in dieser Ambivalenz.

---

[149] Matthias Scharer, „Der Geist weht, wo er will“. Zur spannungsreichen Beziehung zwischen Kirche(n) und TZI, in: Themenzentrierte Interaktion. theme-centered interaction 16 (2002) 1 (Sonderheft Ruth C. Cohn), 70–80.

[150] Die Formel heißt wörtlich: „…ein und derselbe ist Christus, der einziggeborene Sohn und Herr, der in zwei Naturen unvermischt, unveränderlich, ungetrennt und unteilbar erkannt wird, wobei nirgends wegen der Einung der Unterschied der Naturen aufgehoben ist, vielmehr die Eigentümlichkeit jeder der beiden Naturen gewahrt bleibt und sich in e i n e r Person und e i n e r Hypostase vereinigt;“ (Heinrich Denzinger – Peter Hünermann, Kompendium der Glaubensbekenntnisse und kirchlichen Lehrentscheidungen, Freiburg [37]1991, 302).

[151] Vgl. u. a. Matthias Scharer, Gott entdecken anstatt vermitteln. Theologische Hermeneutik themenzentrierter Interaktion, in: Themenzentrierte Interaktion. theme-centered interaction 7 (1993) 2, 41–51; Matthias Scharer, Die Rolle der TZI in einer „Kommunikativen Theologie“. Konzept und Modell, in: Themenzentrierte Interaktion. theme-centered interaction 15 (2001) 1, 33–41; Scharer – Hilberath, Kommunikative Theologie. Eine Grundlegung; Forschungskreis Kommunikative Theologie, Selbstvergewisserung unserer Kultur des Theologietreibens (= Kommunikative Theologie – interdisziplinär 1/1), Wien 2007; Matthias Scharer – Bernd Jochen Hilberath, the practice of COMMUNICATIVE THEOLOGY. an introduction to a new theological culture, New York 2008; Matthias Scharer, Von der Themenzentrierten Interaktion (TZI) zur Kommunikativen Theologie: Ein Weg in die Weite, in: M. Scharer – B.E. Hinze – B.J. Hilberath (Hg.), Kommunikative Theologie: Zugänge – Auseinandersetzungen – Ausdifferenzierungen / Communicative Theology: Approaches – Discussions – Differentiation, Wien 2010, 27–42; Hilberath – Scharer, Kommunikative Theologie. Grundlagen – Erfahrungen – Klärungen; Matthias Scharer, Kommunikative Theologie, in: M. Schneider-Landolf – J. Spielmann – W. Zitterbarth (Hg.), Handbuch Themenzentrierte Interaktion, 217–221; Matthias Scharer, Kommunikative Theologie als Lernprozess, in: H.F. Rupp (Hg.), Lebensweg, religiöse Erziehung und Bildung. Religionspädagogik als Autobiographie Bd. 5, Würzburg 2014, 277–291.

Aus meiner Erfahrung heraus kann eine indische, afrikanische, lateinamerikanische oder europäische TZI-Gruppe, wenn es der Kultur und den Teilnehmer*innen angemessen ist, religiös-spirituelle Rituale und Vollzüge integrieren, die aber niemanden zum Mitmachen zwingen. Der TZI-Prozess muss so gestaltet sein, dass Menschen mit anderen Weltanschauungen oder Traditionsbezügen nicht implizit oder explizit ausgeschlossen und über die Fixierung auf bestimmte Weltanschauungen oder religiöse Traditionen zu Fremden gemacht werden.

Da der weltanschauliche und religiöse Ausdruck, wenn er tief genug geht, kein primär kognitiver, sondern ein symbolisch–performativer ist, können nach meiner Erfahrung in transreligiösen TZI-Gruppen Einsichten Gestalt gewinnen, die in eine tiefe Anteilnahme und eine hohe Achtung des weltanschaulich-religiös jeweils Anderen und Fremden hineinführen. Demgegenüber kann ein unbedachter Einsatz religiös-spiritueller Rituale, vor dem H. Reiser mit Recht warnt,[152] zum Ausschluss von Menschen führen, die ein solches symbolisch-performatives Geschehen mit ihrer eigenen Überzeugung nicht vereinbaren können. Der Umgang mit Weltanschauung und Religion in der themenzentriert-interaktionellen Kommunikation bedarf einer hohen Sensibilität und interreligiösen bzw. interweltanschaulichen Kompetenz, die Weltanschauungs- und Religionskonflikte nicht ausblendet, sondern durch deren Thematisierung eine Chance für die Bearbeitung gibt. Je mehr der Globe in seiner universalen Offenheit geachtet wird, umso konfliktreicher aber auch tiefgehender wird die Interaktion und Kommunikation zwischen Menschen.

Ich denke in diesem Zusammenhang an eine indische Gruppe und an eine Gruppe in Österreich. In der indischen Gruppe haben wir uns nach tiefgehenden Auseinandersetzungen mit Themen, welche die eigene Religion und die der Anderen betroffen haben, zunächst dafür entschieden, das islamische Freitagsgebet gemeinsam zu vollziehen. Daran anschließend entstand das Bedürfnis in der Gruppe, der Muslime, Hindus und einige Christen angehört hatten, am Samstag einen tieferen Bezug zum Glaubensvollzug der hinduistischen Kolleg*innen zu bekommen. Wir waren in einen kleinen Hindu-Tempel eingeladen und machten die Rituale mit. Am Sonntag wollten alle einen christlichen Gottesdienst mitfeiern, was wir schließlich in einer evangelisch-christlichen Gemeinde taten. Obwohl Indien vielreligiös ist, war es für die Teilnehmer*innen ein Ersterlebnis, in dieser Form ihre religiöse Alltagspraxis mit religiös Fremden zu teilen. Ein

[152] Vgl. Helmut Reiser, Werte, Sinn und Glaube bei Ruth Cohn und in der TZI (Teil 2). Ein unaufhebbarer Widerspruch in der TZI, in: Themenzentrierte Interaktion. theme-centered interaction 31 (2017) 1, 60–65.

lebendiger Lernprozess *in* den jeweiligen Religionen und nicht *über* sie[153] wurde möglich. Gerade der rituelle Zugang zu den verschiedenen religiösen Traditionen machte es möglich, auch tiefe religiöse Verletzungen zu thematisieren und zu erleben, wie auf dieser Ebene eine unvermutete Verständigung, vor allem der Frauen in der Gruppe, über Religionsgrenzen hinweg, entstand.

In einem Kurs in Wien, den u. a. der erste muslimische Graduierte aus Indien, Hafiz Mohamad, mitleitete, erweiterte sich das weltanschaulich-religiöse Spektrum um Teilnehmer*innen, die sich humanistisch, agnostisch oder atheistisch verstanden und über tiefsinnige Texte und Rituale ihre Weltanschauung einbrachten. Wenn ich in Indien, in afrikanischen und lateinamerikanischen, aber auch in manchen europäischen Kontexten mit themenzentriert-interaktioneller Aufmerksamkeit mit Menschen arbeite, dann bin ich – obwohl (oder gerade weil) ich christlicher Theologe bin – herausgefordert, den humanistischen, agnostischen und atheistischen Weltanschauungen eine besondere Stimme zu geben, weil sie mitunter als nichtexistent oder unethisch ausgeblendet werden. Wie ich im 9. Kapitel noch zeigen werde, hat die TZI die Möglichkeit und meiner Ansicht nach auch die Verantwortung, den ausgeblendeten Themen, die gegenwärtig vor allem auch Weltanschauungen und Religionen oder z. B. auch den Gewaltverdacht gegenüber den monotheistischen Religionen betreffen, wie ihn J. Assmann aufwirft,[154] eine Sprache zu verleihen.

Menschen binden sich in TZI-Kontexten also nicht an eine neue Religion oder Weltanschauung; auch nicht an die Ruth C. Cohns. Gleichzeitig impliziert die transzendentale Verankerung der TZI bei Ruth C. Cohn, dass die diesbezüglichen Fragen und Themen nicht ausgeblendet, sondern bearbeitet werden müssen. So suche ich in Seminaren mit muslimischen Studierenden nach typisch islamischen Anschauungen und Begründungen, die das philosophisch-transzendentale Verständnis, das mit der TZI-Haltung und mit dem Globe-Verständnis verbunden ist, aus ihrer Sicht begründen können. Suchprozesse in weltanschaulich und religiös möglichst inhomogenen Gruppen, bieten eine besondere Chance, wechselseitige Vorurteile abzubauen, dass die jeweils anderen eine unzureichende oder „mindere" Weltanschauung hätten. In diesem Zusammenhang ist für mich interessant, dass auch H. Reiser auf das mögliche Missverständnis hinweist,

[153] Matthias Scharer, „Learning (in/through) Religion" in der Gegenwart der/des Anderen. Unfall und Ernstfall öffentlicher Bildung, in: Österreichisches Religionspädagogisches Forum 22, (2014), 93–102.

[154] Jan Assmann, Monotheismus und die Sprache der Gewalt, Wien ^{6}2006.

das seine kritischen Einwände gegenüber Religion im TZI-Kontext ausgelöst haben könnten:

> Allerdings will ich meine früheren Äußerungen verbessern, weil sie missverstanden wurden: Fragen nach der Religion, so schrieb ich sinngemäß, sollen in TZI-Kursen nur dann eine Rolle spielen, wenn sie entweder im Thema angekündigt wurden oder sich aus der Interaktion ergeben – wie alle anderen wichtigen Themen des Lebens auch. Ich setze heute hinzu: Fragen der Religion und der Religiosität sind so wichtig, dass sie ohne den Geruch von Weihrauch oder Räucherstäbchen angeboten werden sollten für jede Person, gleichgültig ob sie oder er sich fühlt als Agnostiker oder Pantheist, Christ oder Moslem, Hindu oder Buddhist – wer sollte es sonst machen, wenn nicht wir?[155]

3.9. Den „Flucht-Globe" neu in den Blick nehmen

Nach diesem religions-theologischen Ausflug in das Verständnis der Allverbundenheit und deren Konsequenzen für den Globe, kehre ich wieder, keineswegs zusammenhangslos mit dem Vorangehenden, zur bedrängenden Realität zurück, in der wir vor allem angesichts der Auseinandersetzung um Migration leben. Baumans Analysen zum fremdenfeindlichen „Globe", der besonders den aktuell Flüchtenden auf den Kopf fällt, erinnert mich an ein Ereignis, das Ruth C. Cohn in einem alten Manuskript aus den 1960iger Jahren erzählt. Sie ist auf dem Rückflug aus Frankfurt. Dort hat sie einen ihrer ersten Workshops in Deutschland geleitet. Frühe Bilder aus dem Elternhaus in Berlin kommen ihr zu Bewusstsein. Die letzte Sitzung des Workshops hat sie zu Tränen gerührt und beschäftigt sie auf dem Rückflug weiterhin. Das Thema der Einheit war: „'Die Bewaeltigung thes [des] Abschieds – Heute, Gestern, Morgen' (The working through of farewell – today, yesterday, tomorrow)."[156]

Die Auseinandersetzung in der Gruppe ruft Erinnerungen an die Flucht 1933 aus Hitlerdeutschland wach. Schmerzlich wird ihr bewusst:

[155] Reiser, Werte, Sinn und Glaube bei Ruth Cohn und in der TZI (Teil 2), 64.

[156] Ruth C. Cohn, Beginnings – Farewells – Beginnings. (From Prejudice to Awareness. A Living-Learning Process in Sketches), in: VOICES 6 (1970) 1, 6–12; Ruth C. Cohn, BEGINNINGS – FAREWELLS – BEGINNINGS (From Prejudice to Awareness. A Living-Learning Process in Sketches), 1960–1971, Manuscript, HUB, UA, NL Cohn, Nr. 7, Blatt 261–267, S. 199–205.

Der Schmerz der heutigen Trennung schien den Schmerz des Abschiedes von meiner Familie und Freunden im Jahre 1933 auszusprechen – den Schmerz, den ich nie voll in mir hatte aufkommen lassen: das Aufgeben meiner Sprache, meiner Heimat, meiner Kindheit und der Kultur meiner Eltern und des Landes, in dem ich geboren war – und mit diesen Abschieden hatte ich fast unbewußt einen Teil meiner selbst verlassen.[157]

Wie konnte sie in Deutschland, aus dem sie vor Jahrzehnten geflohen war, wieder Boden unter den Füßen gewinnen? Ihr wurde klar: Das erlittene Leid, das Ressentiment gegenüber Juden als Fremde war in Europa nur mit neuen Freunden zu überstehen. Franz Heigl und Annelise Heigl-Evers, die sie bereits aus ihrem ersten Aufenthalt in Wien kannte, waren solche Freunde: Sie müssen jüdisch sein, schießt es Ruth durch Kopf und Herz. Doch sie weiß, dass die beiden keine Juden sind. Das Jüdischsein, das weder in ihrem kosmopolitischen Elternhaus, noch als Studentin in der Schweiz, noch im Schmelztiegel der New Yorker Freunde eine große Rolle gespielt hat, gewinnt plötzlich Bedeutung. Jetzt wo ihr das ganze Drama des Ressentiments gegenüber ihrer Religion und ihrem Volk nochmals nahe gekommen ist und sie an die Flucht 1941 in plombierten Eisenbahnwaggons durch Frankreich und an die Odyssee durch Spanien nach Lissabon und schließlich in die USA denken muss, wird ihr bewusst, warum sie die deutschen Freunde zu Juden gemacht hat. Wer durch Flucht oder durch Ausgrenzung alles verloren hat, schreit nach einer tiefen Solidarität, die ihr/ihm fremde Menschen geben können, wenn sie Zugehörigkeit vermitteln.

Ruth erinnert sich an eine Afroamerikanerin aus einer „schwarzen und weißen Konfrontationsgruppe, die plötzlich aufschrie: ‚Whatever anyone says: Ruth is black!'"[158]

Ich hatte den Ausspruch dieser schwarzen Frau verstanden. Sie konnte sich nicht gestatten, mir nahe zu sein, solange ich weiß war. – ‚Hans und Hilde sind jüdisch'. Ich hatte sie jüdisch gemacht um meines Liebens willen. Ich machte sie unarisch, undeutsch, um ihnen nahe sein zu können.[159]

[157] Cohn, Von der Psychoanalyse zur themenzentrierten Interaktion, 221.
[158] Cohn, Von der Psychoanalyse zur themenzentrierten Interaktion, 222.
[159] Cohn, Von der Psychoanalyse zur themenzentrierten Interaktion, 222.

3.10. Den Ernst der Lage erfassen

„Wer den Globe nicht kennt, den frißt er“[160], ist eine vielzitierte Warnung Ruth C. Cohns.[161] Sie formuliert diese, wie wir auch aus dem vorangehenden Beispiel schließen können, auf dem Hintergrund der Schoah. Dahinter steckt die bittere Erfahrung, dass viele „staatsloyale Juden“[162] beim Auftreten Hitlers den Globe nicht kannten oder zumindest nicht wahrhaben wollten. Sie hatten es einfach nicht für möglich gehalten, was den meisten Juden in Deutschland und Europa tatsächlich widerfahren ist.

Auch im heutigen Europa hatten vor einigen Jahren die meisten Menschen noch nicht geahnt, wie sich der verbale und tatsächliche Ausschluss von Flüchtlingen entwickeln wird. In einem Leserbrief und im Theologischen Feuilleton „feinschwarz.net“ bezog ich mich im April 2016 auf die Situation in Österreich. Bereits damals fand ich den Gebrauch von Metaphern wie „Festung Europa“ durch Politiker*innen besorgniserregend. Inzwischen hat sich die Lage in Österreich und in Europa insgesamt radikal verschärft. Man darf ungestraft von der „Konzentration“ von Flüchtlingen in Anhaltelagern, ja sogar von „Menschenfleisch“ sprechen, wenn es um die Abwehr von Flüchtlingen geht. Eine Fülle neuer Begriffe verschleiert die tatsächliche Situation.

2016 schrieb ich:

> Wenn ich die Rede von der „Festung Europa“ höre, die sich speziell die österreichische Innenministerin angeeignet hat, steht mir jedes Mal Hohensalzburg vor Augen. Wer hätte sich vor einigen Jahren auch nur im Traum ausmalen können, dass irgendwann einmal das moderne Europa mit dieser Touristenattraktion aus fernen Zeiten verglichen wird. Die österreichischen Politikerinnen und Politiker schaffen es! Sie bringen sogar zustande, Rechtsgutachten zum Verbot der Festlegung von Flüchtlingsobergrenzen so zu interpretieren als wären die Österreicherinnen und Österreicher bereits in die Festung geflohen, weil draußen Chaos und Unsicherheit herrschten. Niemand mehr sei vor fremden Asylanten sicher, welche die Festung wie im Sturm erobern wollen. Angesichts der umfassenden Bedro-

[160] Cohn – Farau, Gelebte Geschichte der Psychotherapie, 355.

[161] Vgl. u. a. Dietrich Stollberg, „Wer den Globe nicht kennt, den frisst er“. Zur Bedeutung des Umfeldes in der themenzentriert-interaktionellen Arbeit, in: Themenzentrierte Interaktion. theme-centered interaction 20 (2006) 1, 28–39; Stollberg, „Wer den Globe nicht kennt, den frisst er“, 2015.
Manfred Statzer, „Wer den ‚Globe‘ nicht kennt, den frißt er“, in: Themenzentrierte Interaktion. theme-centered interaction 9 (1995) 1, 91–97.

[162] Stollberg, „Wer den Globe nicht kennt, den frisst er“, 2015, 34.

> hung durch Fremde muss man jedenfalls deren minimale finanzielle Absicherung soweit kürzen, dass sie zur Obdachlosigkeit verdammt werden. Wie kann man übrigens eine Zuwendung, die sich „Mindestsicherung" nennt, noch unterschreiten?
>
> Das Freund-Feind Schema, die Wir-Ihr Ideologie, die bisher das traurige „Privileg" extrem rechter Parteien waren, sind nun in die Mitte der Parteien gerückt. Metaphern wie „Ende des Durchwinkens", Mauerbau usw., die vor einem Jahr von (fast) allen SPÖ-PolitikerInnen strikt abgelehnt und bei ÖVP-PolitikerInnen zumindest umstritten waren, werden von den bisherigen Parteien der Mitte ohne Umschweife litaneimäßig wiederholt und den Menschen eingetrichtert. Was das bedeutet kann sich jede und jeder ausmalen, die/der sich nur ein wenig das geistige Klima im aufkommenden Nationalsozialismus vor Augen führt. Damals wurden antisemitische Reden Schritt für Schritt hoffähig. Man musste sich auf einmal vor der Überfremdung durch Juden und andere Nicht-Arier, die bis dahin als staatstragende MitbürgerInnen galten, schützen. Der Schritt zu deren Vernichtung war nicht weit.
>
> Ich will den Teufel nicht an die Wand malen. Doch die Siegesposen, mit denen die problematischen – und vor internationalen Gerichten sicherlich nicht haltbaren – Interpretationen von Gutachten zur Flüchtlingsobergrenze und zur Reduzierung von Sozialleistungen für Flüchtlinge medial vermittelt werden, ist abstoßend. Einen Ausnahme- oder Notzustand für Österreich zu konstruieren wäre geradezu lächerlich, wenn es nicht auf dem Rücken von betroffenen Menschen ausgetragen würde. Tatsächlich ist es zunehmend gefährlich, in Österreich zu leben: Nicht wegen der Bedrohung durch schutzsuchende Flüchtlinge, sondern wegen österreichischer Politikerinnen und Politiker, für die man sich schämen muss.[163]

Gerade weil der Sesshafte dem Nomaden die Freiheit neidet, niemals aber den Platz mit ihm tauschen würde,[164] gilt es in den nächsten Kapiteln angesichts der umgehenden Angst und Ruth C. Cohns vielsinnigem Globe-Verständnis, das in der Allverbundenheit wurzelt, nach den Anliegen und Aufgaben zu fragen, zu welchen uns die gegenwärtige Welt herausfordert. Trojanow macht uns aufmerksam: „Veränderung ist Bewegung. Der Geflüchtete verkörpert Bewegung. Er bringt Veränderung in die Gesellschaft."[165] Das Denken und Fühlen der deutsch-jüdischen Migrantin kann neue Perspektiven eröffnen.

---

[163] Matthias Scharer, Festung Europa. Leserbrief in der Langform veröffentlicht in: www.feinschwarz.net/?s=scharer, 2016.

[164] Vgl. Trojanow, Nach der Flucht, Pos 657–658.

[165] Trojanow, Nach der Flucht, Pos 643–644.

Vertiefende und weiterführende Themen

- „Die Angst geht um“: Welche Erfahrungen verknüpfe ich damit und was widerspricht der Annahme von „umgehenden Ängsten“?
- Angst, der „hinterhältigste Dämon“ (Bauman) und/oder die Begleiterin eines Geburtsprozesses? Welche Bilder werden in mir/uns wach?
- In Ambivalenzen leben und kommunizieren – was bedeutet das? Was macht es schwer, was macht es leicht?
- „Nichts ist so schwer zu begreifen und so schwer zu erklären wie das Gefühl des Fremdseins.“ (I. Trojanow) Woran erinnert mich diese Aussage?
- Wenn Menschen hassen – wo erlebe ich/erleben wir das und wie gehe ich/gehen wir damit um?
- „The poets and prophets in their beliefs were earlier to recognize where mankind chose to go than their scientific computing brothers who were blind to our Transcendental Bonding.“ (Ruth C. Cohn): Worin teile ich/ worin widerspreche ich Ruths Einsicht?
- Mein nächster und mein fernster Globe: Was trennt sie, was verbindet sie?
- „Wer den Globe nicht kennt, den frißt er“ (Ruth C. Cohn): Welche diesbezüglichen Erfahrungen kommen mir/uns in den Sinn?
- „Alles passiert nach einem großen Plan, alles hängt zusammen, alles ist eins.“ (Huber): Worin teile ich die These/worin widerspreche ich der Sicht des „ganzheitlichen“ Mediziners und Theologen?
- Worin/Wodurch weiß ich mich „allverbunden“ und was widerspricht dieser Erfahrung?

4. Couragiert handeln angesichts von Furcht und Angst

Courageous people may find
solutions to many problems
which cannot be found if we are
anxiously and rigidly stuck
in old concepts and patterns.
(Ruth C. Cohn)[166]

Dieses Kapitel beginnt und endet in Indien, wo ich in der Regel mehrere Wochen im Jahr mit TZI in interkulturellen und mehrreligiösen Gruppen arbeite. Mit Indienerfahrungen verbinde ich auch Ruth C. Cohns – bisher weitgehend unbekannte – Festrede zur „Courage", die den Titel des Buches angeregt hat.

4.1. Veränderter Globe

„When Globes are Changing: What do Ruth C. Cohns original Writings mean in her and our World? We empower ourselves for future." Das war das Thema eines Seminars, das ich gemeinsam mit Nishi Mitra und Georg vom Berg als „Advanced TCI Training" am Tata Institute for Social Science (TISS) in Mumbai leitete. Wie können weitgehend unbekannte Texte von Ruth C. Cohn aus den 1950iger Jahren[167] Menschen heute ermutigen und Kraft für ein couragiertes Handeln geben? Ich werde das an einem Schlüsseltext zeigen, den wir verwendet haben: An Ruth C. Cohns Rede mit dem Titel „Courage – The Goal of Psychotherapy. Speech given to the members and friends of the Theodor Reik Clinic at the Plaza Hotel 1957." Diese Rede half auch mir, mit einer bedrohlichen Erfahrung des Ausschlusses, die ich in Indien gemacht habe, couragiert umzugehen.

Das Wort „courage" – so erzählt Ruth C. Cohn in ihrer Rede – sei ihr plötzlich zugefallen ohne dass sie es gesucht hätte. Es hatte sie „gezwungen" (forced me) darüber genauer nachzudenken. Der genauere Umstand, in der ihr „Courage" in den Sinn gekommen war, war die Vorbereitung eines „Geburtstagsfestes" der Theodor Reik Clinic, an der ihr geschiedener Mann

[166] Cohn, „Courage – The Goal of Psychotherapy", Blatt 129 (S. 15).

[167] Ruth C. Cohn, Masturbation & Love 1952, HUB, UA, NL Cohn Nr. 8, Blatt 250–255; Ruth C. Cohn, AN APPROACH TO PSYCHOSOMATIC ANALYSIS, in: PSYCHOANALYSIS, Journal of Psychoanalytic Psychology, Vol. 3 (1955) 2, HUB, UA, NL Cohn, Nr. 10, Blatt 88–94.

und kurzfristig auch sie selbst gearbeitet hatten. Also ein emotional hoch besetzter Ort, an dem sie am 14. Jänner 1957 die Festrede hielt.

Was geht in Ruth C. Cohn vor? Auf der einen Seite genießt sie offenbar die festliche Stimmung: „The spirit of the party was optimistic and jubilant."[168] Auf der anderen Seite macht sie sich bewusst, was in der Welt im Moment geschieht. Der fernere Globe holt sie ein: Die Israelis haben im sogenannten Sieben-Tage-Krieg die Grenzen ihres kleinen Landes überschritten und den Sinai besetzt. In Ungarn und in anderen Ländern Osteuropas erheben sich Menschen gegen das autoritäre sowjetische Regime. Die aufständischen Ungarn wurden von der sowjetischen Übermacht brutal niedergeschlagen.[169]

Viele von Ruth C. Cohns jüdischen Kolleg*innen und Freund*innen jubeln vor allem wegen des israelischen Befreiungsschlages. Ruth aber erlebt die Situationen als höchst ambivalent. Obwohl sie sich als Jüdin über den Sieg der Israelis freuen könnte, kann sie es nicht: „I could not feel hope or joy."[170] Die Gefahr eines Dritten Weltkrieges steht ihr bedrohlich vor Augen. Gerade als sie dieser „Schatten" erfasst, hört sie die jubelnde Stimme eines Kollegen, der die Geschichte von David und Goliath aus der hebräischen Bibel mit dem Sieg der Israelis verbindet: Wieder geht es um die tapfere Attacke des kleinen Israel gegen den übermächtigen Feind. David kämpft wieder gegen Goliath. Ruth C. Cohn aber holt ihr historisches Bewusstsein ein. Es sagt ihr: Ob der Kleine gegen den Großen oder die Großen gegeneinander kämpfen: Kriege erzeugen immer wieder neue Kriege. Das Trauma des Krieges sitzt tief.[171]

Der ferne und gleichzeitig so bedrängende Globe des Sieben-Tage-Krieges verbindet sich mit Ruths persönlichem Schicksal. Sie überlegt: Wie würde sie einen Dritten Weltkrieg überleben? Woher bekäme sie die Courage ihn durchzustehen, wenn die Bomben auf Manhattan fielen, bevor sie irgendeine Entscheidung getroffen hätte? Was würde sie tun? Würde sie bleiben, weil sie hier gebraucht wird, oder würde sie versuchen, mit ihrer Familie zu fliehen? Was würde sie ihren Klient*innen sagen? Wer würde die Courage haben, in einer solchen Situation Entscheidungen zu treffen: Zu

---

[168] Cohn, „Courage – The Goal of Psychotherapy", 1.

[169] An den Ungarnaufstand knüpfen sich persönliche Erinnerungen: Ich war 1956 zehn Jahre alt. Als Österreicher erinnere ich mich noch an die vielen ungarischen Flüchtlinge, die über die Grenze kamen und damals aufgenommen und in aller Selbstverständlichkeit integriert wurden. Ganz im Gegenteil zu heute, wo Politiker*innen fast aller Parteien Angst vor den Fremden schüren und die Grenzen des Landes und Europas immer noch dichter machen wollen.

[170] Cohn, „Courage – The Goal of Psychotherapy", 1.

[171] Cohn, … zu wissen dass wir zählen …, 55 (Gedicht original deutsch: Zürich 1940).

sterben? Von Feuer und Gas gefoltert zu werden? Durch Hunger und Krankheit zu gehen?

Während ihr das alles durch den Kopf geht, zieht sie plötzlich und unvermutet das Wort „Courage“ in den Bann. Was bedeutet es Courage zu haben? Und sofort kommt ihr die eigene Biographie in den Sinn: War es couragiert 1933 als junge Studentin Deutschland zu verlassen und allein in ein fremdes Land zu gehen? Das war nicht couragiert, urteilt sie. Sie wollte vor dem schrecklichen und nicht übersetzbaren Wort fliehen: „Juda verrecke.“[172] Sie hatte gesehen, wie jüdische Geschäfte zerstört und zertrampelt wurden. „Ich wollte leben“, schreibt sie. Ruth C. Cohn war überzeugt, dass Hitler die Juden vernichten werde. Möglicherweise lag ihre Courage darin, wahrzuhaben, was mit den Juden in Europa geschehen würde. Ältere jüdische Menschen wollten das nicht wahrhaben. Aber sie war jung, war Studentin. Es war leichter, für eine Jugendliche das Land zu verlassen als für ältere Menschen, die an Beruf, Familie, ein Haus, eine bestimmte Lebensweise gebunden waren.

4.2. Was ist Courage?

Jetzt will sie wissen, was Courage ist, was hinter diesem Wort steckt. Wie kaum an einem anderen Text kann man in Ruth C. Cohns Courage-Rede so gut nachvollziehen, wie sie dachte und wie sie sich inmitten eines herausfordernden Globe Orientierung für ihr Handeln schaffte und zu neuen Einsichten kam. Es lohnt sich ihren Erkenntnisweg kurz nachzuzeichnen.

Zunächst denkt sie an Erzählungen aus der Tradition, in denen es ihrer Meinung nach um couragiertes Handeln geht. Möglicherweise weil sie die „jubilierende Rede“ ihres Kollegen gehört hatte, fällt ihr die biblische Gestalt des Hirtenjungen David ein, der seine Brüder auf dem Schlachtfeld besucht. Dort provoziert der Riese Goliath Israels Soldaten, einen aus ihren Reihen auszuwählen, der stellvertretend für das ganze Heer mit ihm kämpft. Doch keiner meldet sich. Die Angst vor dem Riesen ist bei den Soldaten übergroß. Da meldet sich, gegen den Willen seiner Brüder, der kleine Hirtenjunge David beim König. Er habe die wilden Tiere besiegt, die seine Schafe angegriffen hätten. Warum sollte er nicht – mit Gottes Hilfe – diesen Riesen besiegen. Die Rüstung, die ihm der König anziehen will, ist für den kleinen Jungen viel zu groß und unbeweglich. So stellt er sich, vom Riesen tief verachtet, mit der Steinschleuder dem Kampf, wie er auch den Kampf mit

[172] Cohn, „Courage – The Goal of Psychotherapy“, Blatt 116 (S. 2).

den wilden Tieren geführt hatte. Und er gewinnt. Ein kleiner Stein aus der Schleuder Davids tötet den Riesen.[173] David hatte Courage.

Eine zweite couragierte Gestalt ist für Ruth C. Cohn Wilhelm Tell, der schweizerische Volksheld, der gegen den fremden Landvogt opponiert und sich schließlich auf dessen Angebot eingelassen hat, mit Pfeil und Bogen einen Apfel vom Kopf seines eigenen Kindes zu schießen. Worin zeigt sich seine Courage? Vielleicht, dass seine Hand beim Zielen auf den Apfel nicht zittert, während sein Herz in tiefer Furcht um das Leben des kleinen Walter Tell bangt? Ruths Aufmerksamkeit wendet sich dem kleinen Tell zu und sie übersetzt ein Stück aus Schillers Drama, wie es Walter Tell auf English gesagt haben könnte: „Father cannot fail; he shoots unfailingly a flying bird for no good cause. Why should he not from closer distance shoot an apple when his child's life is at stake?"[174] Hatte der Bub Courage? Vielleicht mehr als der Vater und seine erwachsenen Freunde, die Furcht zeigten, während der Junge furchtlos war.

Auf ihrem Weg zu erkunden, was Courage ist, gibt sich Ruth C. Cohn mit den tradierten Erzählungen nicht zufrieden. Sie braucht „Daten" von heute. Sie muss Menschen fragen, sehr unterschiedliche Menschen, was für diese Courage bedeutet: Ein „high school girl", einen Jungen mit zwölf Jahren, einen früheren „Sergeant" und jetzigen College Absolventen.

Heute würden wir sagen: Sie erweitert ihre Horizonte und ihren Erfahrungsraum in hermeneutisch-wissenschaftlicher Tradition und praktiziert systematisches Verstehen von Fremden.

Schließlich – und das war für den Erkenntnisgewinn in ihrer Zeit höchst unüblich – befragt sie sich selbst nach der Courage in ihrem eigenen Leben. Als Erstes kommt ihr die „Ausreise" (departure) aus Deutschland in die Schweiz in den Sinn, die am 31. März 1933, einen Tag vor dem ersten Judenboykott in Deutschland stattfand. Die Ausreise als Studentin in die Schweiz verbindet sie, wie bereits gesagt, nicht mit couragiertem Handeln. Wohl aber, was sie auf der Reise erlebt: Der Zug ist mit Flüchtlingen total überfüllt. Sie wissen nicht, ob der Zug beim Überfahren der Grenze gestoppt wird. Alle erwarten eine totale Kontrolle der sogenannten „Kriminellen", die auf der Liste der Nazis stehen. Einige von Ruths jüdischen Freunden sind dabei. Für sie ist es streng verboten, Wertgegenstände und Geld ins Ausland mitzunehmen. Sie führen aber Geld mit sich, für den Fall, dass sie nicht nach Deutschland zurückgeschoben werden und ausreisen können. Ruth C. Cohn gilt nicht als politischer Flüchtling, sondern als Studentin. Deshalb kann sie Geld für ihr Studium bei sich haben. Weil sie in geringerer Gefahr als ihre

173 Vgl. 1 Sam 17, 1–58

174 Cohn, „Courage – The Goal of Psychotherapy", Blatt 119 (S. 5).

Kolleginnen und Kollegen ist, geben ihr diese ihr Geld zur Verwahrung. Sie hat große Furcht, je näher sie der Grenze kommen und sie überlegt alle Möglichkeiten, wie sie mit dem Geld der möglichen Kontrolle durch die Nazis entkommen kann.

Plötzlich sieht sie durch das Fenster des Abteils einen „exotic-looking" jungen Mann. „Flirtend" signalisierte er ihr, sie möge zu ihm kommen. Und Ruth C. Cohn geht zu ihm. In gebrochenem Deutsch sagt er: „Fräulein, warum haben sie so traurige Augen? Ich will traurige Augen glücklich machen. Kann ich irgendetwas für das Fräulein tun?"[175] Er zeigt Ruth C. Cohn eine volle Geldtasche und fremde Ausweispapiere. Er sei der Attaché von .... (das Land nennt sie vermutlich absichtlich nicht). Blitzschnell schießt es Ruth C. Cohn durch den Kopf: Wenn er wirklich der Attaché dieses Landes ist, können ihm die Nazis nichts anhaben. Aber vielleicht ist er ein Spion der Nazis? Ruth versucht sich zu vergewissern. Sie spricht mehr als eine Stunde mit dem Mann und kommt – klopfenden Herzens – schließlich zur Überzeugung, dass der Mann nicht lügt. Kurz vor der Grenze händigt sie ihm das Kuvert mit dem Geld aus. Sie sagt, dass es Briefe von ihrem verstorbenen Vater beinhalte, die sie nicht in die Hände der Nazis geben wolle. Würde er das Kuvert sicher über die Grenze bringen? In der Schweiz gibt ihr der Attaché mit großer Freude den Briefumschlag zurück. Sie sieht ihn nie wieder. Ruth kommt zur Einsicht: Nicht die Flucht aus Hitlerdeutschland war couragiert, sondern das Vertrauen in diesen wildfremden Mann.

4.3. Sich im Bewusstsein des Risikos entscheiden

Nachdem Ruth C. Cohn alle „Stories", die tradierten und die gegenwärtigen, gesammelt hatte, suchte sie nach Gemeinsamkeiten und Unterschieden im Hinblick auf das Verständnis von Courage. Dabei kam sie – entgegen der landläufigen Meinung, dass Courage ein furchtloses Handeln wäre – zum Ergebnis, dass (eventuell mit Ausnahme von David, der auf Gott vertraute) couragierte Menschen sich der Gefahr bewusst sind, in die sie sich durch ihr couragiertes Handeln begeben. Ein couragierter Mensch lebe durchaus in der Furcht vor dem Risiko; er sei aber relativ frei von Angst.

Ruth C. Cohn unterscheidet also zwischen Furcht und Angst, die für das couragierte oder nichtcouragierte Handeln eine entscheidende Rolle spielen. Angst sei nicht Furcht vor der unmittelbaren Gefahr, sondern eine „hang-

[175] Cohn, „Courage – The Goal of Psychotherapy", 4. Englisch Original: „Fraulein, tell me why such sad eyes – I want to make sad eyes happy – can do anything for Fraulein – have money, do anything, I am the attaché of … country", Blatt 118 (S. 4).

over fear"[176], eine „überhängende", andauernde Furcht, die aus früherer, realer oder phantasierter Gefahr entstanden sei. Angst sei wie eine „bag"[177], eine Tasche, ein Rucksack voller Furcht, die Menschen aus früheren Ereignissen mit sich tragen. Angst sei die permanente Last auf den Schultern, das „Wenn aber" oder „Könnte sein" eines bedrohlichen Katastrophenszenarios, das seine Wurzeln in frühen Gefühlen von Ungeschütztheit, Schuld und Scham habe.

Die andauernde Furcht, die Angst, kann vor konkret weniger gefährlichen Risiken bestehen, die sich zu einem Ballon von Ängsten aufblasen. Angstbesetzte Menschen brauchen zum couragierten Handeln viel mehr Energie als Menschen mit weniger Ängsten. Ruth expliziert das am Beispiel der bekannten Furcht bzw. Angst vor Prüfungen. Von außen könne man nie beurteilen, ob jemand einer bestimmten Situation couragiert begegne. Man müsse die Werte, Ziele und den Glauben eines Menschen kennen, denen er vertraut. Courage ist die Fähigkeit, sich angesichts eines Risikos bewusst zu entscheiden. „To make choices under risk"[178], so fasst Ruth C. Cohn ihr Verständnis von Courage präzise zusammen.

4.4. A strong purpose

Courage als Entscheiden und Handeln im Risiko, das die aktuelle Furcht nicht ausblendet, kommt aus einem „strong purpose". Was „purpose" in diesem Zusammenhang bedeutet, lässt sich nicht leicht übersetzen. Ruth denkt dabei an Selbstvertrauen, Realitätssinn und Wertorientierung; auch an weltanschaulich-religiöse Orientierungen und Überzeugungen, die stärker sind als die Furcht, die das Risiko begleitet. Couragierte Menschen haben Beweggründe für ihr risikoreiches Handeln, die sie vielleicht nicht immer explizit aufweisen können, die sie aber in ihrem Leben tragen. Das „Beyond within", die Allverbundenheit und der transzendentale Grund, in die Menschen verwurzelt sind, kommt im couragierten Handeln zum Tragen, wie immer sie weltanschaulich bzw. religiös begründet sind.

Was manche Menschen Feigheit nennen, ist nach Ruth C. Cohns Theorie kein Laster, sondern das Handicap eines unglücklichen Menschen, das in frühen Ängsten, in „hang-over fears", in Repressionen und Rigidität wurzelt. Im Zusammenhang mit Fluchterfahrungen zahlloser Menschen heute zählt wohl auch die spezifische Ungewissheit, in der Flüchtende leben,

[176] Cohn, „Courage – The Goal of Psychotherapy", Blatt 121 (S. 7).
[177] Cohn, „Courage – The Goal of Psychotherapy", Blatt 121 (S. 7).
[178] Cohn, „Courage – The Goal of Psychotherapy", Blatt 121 (S. 7).

zu jenen Handicaps, die couragiertes Handeln behindern können. Bauman schreibt dazu:

> Das Andere ist die Ungewißheit, jener Ursprung und Archetyp aller Furcht. Entsprechungen für das „Andere der Ordnung" sind: Undefinierbarkeit, Inkohärenz, Widersinnigkeit, Unvereinbarkeit, Unlogik, Irrationalität, Mehrdeutigkeit, Verwirrung, Unentscheidbarkeit, Ambivalenz.[179]

Die Energie, die durch die Furcht, Angst oder Ungewissheit verbraucht wird, kann so groß sein, dass nicht mehr genug da ist, um sie zu überwinden.

Indem Courage eine der wertvollsten Fähigkeiten im Alltag ist, müssen, Ruth C. Cohn folgend, speziell Kinder dabei unterstützt werden, sie zu entwickeln. Das beginnt schon sehr früh: Ein Baby kann durch grelles Licht oder Lärm bedroht werden, genauso wie durch Hunger oder Schmerzen. Wichtig ist, dass die Bezugsperson das Schreien des Babys hört und es wieder beruhigt. Mit der Zeit merkt das Baby, dass es durch sein Schreien das Unwohlsein beeinflussen und seine Situation verändern kann. Das ist wunderbar. Es entsteht das Gefühl: Ich kann etwas erreichen. Einige Monate später erkennt das Baby, dass das Erreichen nicht nur durch es selber kommt, sondern dass es verbunden mit einer Mutter oder einer anderen Bezugsperson ist, die auf das Schreien und die anderen Zeichen antwortet. In dieser Phase entwickelt sich das Gefühl: Ich bin angenommen, ich bin geliebt. Das bringt die Fähigkeit hervor, auch sich selbst zu lieben.

Andersherum kann die Unterdrückung neuer Gedanken bei Kindern eine Ursache für einen intellektuellen Mangel an Courage sein. Auch die frühen Karrierewünsche mancher Eltern und gesellschaftliche Trends, denen Kinder schwer widerstehen können, können die Courage lähmen. In diesem Zusammenhang kann man mit Th. Bauer mit Recht fragen:

> Was etwa zwingt Eltern in relativ wohlhabenden Gesellschaften zur mehr als zweifelhaften Strategie, ihre Kinder schon von frühester Kindheit an zu wohlgeschmierten Rädchen im kapitalistischen Verwertungssystem zu formen anstatt sie frei spielen, malen und musizieren zu lassen?[180]

Von Beginn des Lebens an gibt es auch angstmachende und frustrierende Erfahrungen, mit denen der Mensch umzugehen lernt. Courage ist auf Selbstbewusstsein und Vertrauen gegründet und verdrängt die Realität

---

[179] Bauman, Moderne und Ambivalenz, 20.

[180] Thomas Bauer, Die Vereindeutigung der Welt. Über den Verlust an Mehrdeutigkeit und Vielfalt. [Was bedeutet das alles?], Stuttgart ^{3}2018, 88.

nicht. Versäumnisse und Frustrationen werden in einer konstruktiven Weise bewältigt. Entmutigung entsteht sowohl, wenn das Kind überversorgt wird und seine eigenen Fähigkeiten nicht entwickeln kann, als auch, wenn es unterversorgt ist und sich nicht sicher genug fühlt. In diesem Zusammenhang ist auch Gehorsam zu sehen. Gehorsam ist eine beschützende Einrichtung und daher eine Basis für die Entwicklung von Courage. Wenn Erwachsene diesen Schutz missbrauchen und das Kind nicht die Fähigkeit entwickeln kann, selbstständig Probleme zu durchdenken, wird die Courage untergraben. Wenn ein Kind sich nicht frei bewegen, klar sehen und unabhängig denken kann, lernt es nicht, sich zu entscheiden; es wird zu einer Marionette, die an Fäden hängt und Kommandos ausführt. Durch die ganze Kindheit hindurch helfen couragierte Eltern dem Kind, eigenständige Entscheidungen zu fällen.

Gerade im Schulsystem werden Kinder immer wieder dazu gedrängt, sich an andere anzupassen, die eigenen Werte aufzugeben oder in ein Schwarz-Weiß-Denken zu verfallen, obwohl die meisten Kinder wissen, was richtig oder falsch ist. Erwachsene sollten diesen Wunsch nach Anpassung verstehen, ohne das Kind zu einem Konformisten werden zu lassen. Am besten kann man dem Konformismus mit Fragen beikommen, welche die absoluten Positionen relativieren und andere Perspektiven zugänglich machen. So können in Kindern Werte jenseits von Konformität und Anpassung gebildet werden. Wir alle brauchen Courage, um gegen eine Gesellschaft zu arbeiten, die uns mehr an die Realität anpassen will, als dass sie uns und unseren Kindern den Möglichkeitssinn für eine neue Gesellschaft öffnet. Angst, Rigidität und Engstirnigkeit sind Signale für einen Verlust an Courage. In Ruth C. Cohns Augen hat Psychotherapie die Aufgabe, verlorene oder unterdrückte Courage wiederzuentdecken oder weiter zu entwickeln.

4.5. „Hasst du nun alle Inder*innen?"

Der indische Kontext, in dem ich mit Ruth C. Cohns Courage Text gearbeitet habe, führt mich zurück zum eigenen Erleben. Es war 2015: Wie die Jahre davor will ich im Jänner wieder nach Indien. Ich bin zur Leitung von Workshops eingeladen. Indische Kolleginnen und Kollegen warten darauf, im Rahmen einer Co-Leitung eine „Empfehlung" für die TZI-Ausbildung erarbeiten zu können. Diesmal habe ich auch wieder die Ehre, bei der 15th Annual Conference von RCI-India, die Key-Note-Speech zu halten. Alles ist arrangiert. Die Reise ist gebucht; ich habe das indische Visum in der Tasche. Ich werde – wie schon so oft – während der Nacht in Bangalore landen, mein Gepäck in Empfang nehmen und sofort wieder für den Flug nach Cochin, einem Flughafen in Kerala im Süden Indiens, einchecken. Mein indischer Freund und TZI-Kollege Thomas Abraham wird mich am Flughafen in Cochin erwarten und bei sich beherbergen, bis der erste Workshop beginnt.

In Bangalore gut gelandet gehe ich zum Einreiseschalter. Mit einem Dienstpass der Republik Österreich ausgestattet, den ich als UNI-Professor noch habe, kann ich den Diplomateneingang benutzen, bei dem nur ein Mensch vor mir wartet. In wenigen Minuten werde ich Indien offiziell betreten. Doch nachdem der indische Beamte die Nummer meines Reisepasses in den PC eingegeben hatte, begann er auf dem Bildschirm zu lesen. Er liest lange. Schließlich bringt er mich zu den „authorities" der Einreisebehörde. Dort muss ich einige Stunden warten. Ich weiß, dass mein Gepäck ausgecheckt wurde und dass es unbeaufsichtigt bei der Gepäcksabholung steht. Ich bin mir bewusst, dass mein Anschlussflug nach Cochin in einigen Stunden starten wird. Aber die Beamten haben keine Eile. Sie recherchieren am Computer, sie telefonieren und holen schließlich, „höhere" authorities, die mich befragen sollen. Die Fragen bewegen sich um die Absicht meines Aufenthalts. Vor allem fragen die Behörden immer wieder, mit wem ich bei meinem letzten Aufenthalt vor einem Jahr Kontakt gehabt hätte und warum ich schon wieder hier sei. Ich berichte von den Kontakten zu meinen indischen Freunden; darunter sind auch nicht wenige Muslime. Im letzten Jahr hatte ich beim Workshop, den ich auf der Conference geleitet hatte, einen jungen Muslim als Co-Leiter. Wir hatten die Ergebnisse unseres Workshops öffentlich, vor ca. 200 Menschen, präsentiert. Wer hatte sich unter diese vielen Menschen, die mit TZI arbeiten, gemischt? Das politische System in Indien ist seit dem neuen Präsidenten autoritärer geworden. „Indien den Hindus" war die Parole einer Parlamentsabgeordneten, von der man unlängst in den Zeitungen lesen konnte. Ich bin katholischer Theologe, der durch seinen Einsatz für die Errichtung einer Islamischen Religionspädagogik an der Universität Innsbruck auch dort viele muslimische Freundinnen und Freunde hat. Ist das der Grund für mein Verhör? Solche Fragen und Ahnungen schwirren mir durch den Kopf. Später – im Gespräch mit dem österreichischen Botschafter in Indien nach meinen Einreiseschwierigkeiten im darauffolgenden Jahr – stellt sich heraus, dass mein Verdacht nicht unbegründet war und ich möglicherweise auf einer, wie der Botschafter es ausdrückte, „geheimen Schwarzen Liste" stand.

Ich gebe den Behörden die Telefonnummer von Thomas Abraham, den sie anrufen und befragen können. Wieder folgt eine längere Wartezeit. Ich frage, ob ich die österreichische Botschaft in Delhi oder das österreichische Außenministerium oder wenigsten Thomas Abraham, der am Flughafen wartet anrufen dürfe. Aber Telefonieren wird mir verwehrt. Ich werde auch ständig bewacht. Nach wiederum einigen Stunden – es ist inzwischen höchste Zeit für das Einchecken zum Anschlussflug – kommt ein junger Officer mit meinem Pass und meinem Flugticket in der Hand. Er ersucht mich höflich, ihm zu folgen. Ich atme erleichtert auf. Er wird mir helfen, mein Gepäck ausfindig zu machen und noch schnell für den Inlandsflug einzuchecken. Thomas Abraham wird nicht umsonst auf mich warten.

Der junge Officer bringt mich in immer tieferliegende Gänge des Flughafens. Am Ende bin ich mit ihm allein. Ich merke: Hier geht es nicht zur Gepäckausgabe. Er hat mich zu einem inoffiziellen Ausgang geführt, wo ich ganz allein kontrolliert werde. Ich fürchte mich. Was machen sie mit mir? Ich frage den jungen Mann, was gerade geschieht. Jetzt – wo wir allein sind – gibt er mir endlich Auskunft: Ich werde des Landes verwiesen. Die Einreisebehörde hätte meine Rückführung angeordnet. Mein Gepäck sei bereits für den Rückflug eingecheckt. Mein Flugticket sei auf den Rückflug umgebucht.

Zur Furcht mischt sich Zorn, den der junge Mann offensichtlich spüren kann und der ihn sehr unsicher macht. Ich bleibe stehen und gehe keinen Schritt weiter. Ich frage ihn: Warum muss ich zurück nach Europa, wo ich doch einen gültigen Pass und ein gültiges Visum besitze? Er weiß es nicht. Seine hilflose Antwort ist: Die authorities haben es beschlossen. Der Zorn darüber, dass sie mich abschieben wollen, ohne einen Grund zu nennen und dazu noch mein von mir privat gekauftes Ticket verwenden, ist im Moment stärker als die Furcht bei Widerstand möglicherweise in einem indischen Gefängnis zu landen. Couragiert beharre ich darauf, jemanden von der Behörde sprechen zu können und zwar sofort. So einfach lasse ich mich nicht abschieben, obwohl mir klar ist, dass ich mich im Moment schutzlos in einem rechtsfreien Raum bewege, was ich in dieser Weise in meinem bisherigen Leben noch nie erlebt hatte.

Weil der Officer merkt, dass er mit mir seinen Auftrag nicht ausführen kann und ich ihm nicht weiter folgen würde, greift er zu einer Lüge: Er verspricht mir, mich zu den authorities zu bringen, wenn ich ihm folge. Doch am Ende dieser langen unterirdischen Gänge ist nicht die Behörde, die mich ausgewiesen hatte, sondern der direkte Zugang zum Flugzeug, das schon Verspätung hat und auf mich wartet. Es ist dieselbe Lufthansamaschine, die mich hergebracht hat. Ich leiste Widerstand, will das Flugzeug auch deshalb nicht betreten, weil ein so unmittelbarer Rückflug einige Stunden nach der Landung, für mich lebensgefährlich sein könnte. Seit meiner Lungenembolie muss ich bei langen Flügen vorsichtig sein.

Hilfesuchend wende ich mich an das Lufthansa Personal. Doch von dort kommt keinerlei Unterstützung: „Wir wissen nicht, warum Sie abgeschoben werden. Sie werden in der indischen Botschaft in Wien die Gründe erfahren," sagt der Beamte der Lufthansa. Mein Widerstand bricht zusammen.

Ich werde gezwungen, das Flugzeug zu betreten und lasse es mit mir geschehen. Eingezwängt zwischen zwei fettleibigen Indern überstehe ich lebend und ohne ein Auge zu schließen den Rückflug nach Frankfurt. Lähmung, Angst und eine spontane Ablehnung meiner beiden indischen Sitznachbarn, die mit meiner Abschiebung nichts zu tun haben, begleiten mich.

Am Morgen lande ich in Frankfurt. Den Rückflug nach Linz haben die indischen Behörden offensichtlich erst für die Abendmaschine bekommen. Mit zwölf Stunden Warten am Flughafen und einer tiefen inneren Müdigkeit endet die Tour. Erst jetzt kann ich meine Frau verständigen, dass ich in der Nacht zurückkommen werde, und Thomas Abraham, der zweimal am Flughafen in Cochin vergeblich (mit seinen Enkeln) auf mich gewartet hatte. Seine erste Reaktion auf das Geschehene in unserem Skype-Gespräch ist die Frage: „Do you hate all Indians now?“ Sie kommt bei mir an: Werde ich fortan alle Inder, auch meine indischen Freundinnen und Freunde hassen? Ich schreibe eine Mail an Thomas Abraham: Sag' den vielen indischen Kolleginnen und Kollegen auf der Annual Conference, dass ich ausgewiesen wurde, aber dass ich solidarisch mit ihnen bin, im Kampf gegen ein solches politisches System, unter dem auch sie leiden.

Die Beschwerden, die ich am Flughafen und später schriftlich bei der Lufthansa einbringe, werden nicht einmal beantwortet. Ein wenig mehr kann ich mich nun in abgeschobene Flüchtlinge einfühlen, obwohl meine Rückkehr in einen relativ rechtssicheren Staat und nicht in ein Land voller Gewalt und Risiko für Leib und Leben den entscheidenden Unterschied zu ihrem Schicksal bildet.

4.6. Furcht und Angst entkoppeln

In den nächsten Tagen und Wochen spüre ich, dass sich die Abschiebung traumatisch in mir festzusetzen beginnt. Die konkrete Furcht aus dem Ereignis wandelt sich immer mehr zur Angst, ständig überwacht und verfolgt zu werden. Ich blicke um, wenn mir fremdländische Menschen folgen. Ich schließe meine Wohnung auch während des Tages ab, was ich vorher nie getan hatte. Ich bin viel vorsichtiger im Umgang mit E-Mails und generell mit meiner digitalen Kommunikation geworden. Und doch bewegt mich ein Gedanke: Ich will es – gegen alle guten Ratschläge vieler Menschen – nochmals versuchen, nach Indien zu kommen. Meiner Frau, die natürlich auch Furcht vor meinem Vorhaben hat, verdanke ich, dass sie mich gewähren lässt, ja mich letztlich unterstützt. Sie hat offensichtlich Courage!

Zu allem kommt eine Einladung zu einem muslimisch-christlichen Kolloquium in Abuja und einem anschließenden Kongress im Süden von

Nigeria. Bezüglich der Abuja-Reise, die nahe bei der geplanten Indienreise 2016 liegt, die eine ist vor, die andere nach Weihnachten, spreche ich mit einem österreichischen Botschaftsbeamten, der gerade aus Abuja zurückgekommen ist. Er schildert mir in den schlimmsten Farben die Gefahren und will mich unbedingt von dieser Reise abhalten: In Abuja könne man sich nur im Panzerwagen und mit schusssicherer Weste vom Flughafen in die Innenstadt bewegen, was sich beim Besuch als völlig übertrieben herausstellte. Aber im Moment stand ich vor der Frage: Was will ich? Wofür entscheide ich mich? Was ist stärker in mir: Die Angst vor dem Fremden oder das Vertrauen, dass alles gut gehen wird?

In meinem Entscheidungsdilemma suchte ich jene Person auf, bei der ich seit vielen Jahren in Team- und Einzelsupervision gewesen war und zu der ich bis heute tiefes Vertrauen habe, weil ich von ihrer hohen therapeutischen und supervisorischen Kompetenz überzeugt bin. Ich brauchte für das, was in mir vorging, vor allem für die in mir sich festsetzende Reise- und Fremdenangst, eine Außensicht und eine kompetente therapeutische Begleitung. Im Nachhinein betrachtet war diese ausgezeichnet und – in nur einer Doppelstunde – in hohem Ausmaß hilfreich.

Sehr schnell führte mich die Supervisorin/Therapeutin, als ich ihr von den angstmachenden unterirdischen Gängen am indischen Flughafen und der nachfolgend aufkommenden Angst vor Verfolgung erzählte, in meine Kindheit zurück. Ich bin in einem kleinen Bauernhaus aufgewachsen, das bezeichnender Weise den Hausnamen „Sparberger" trug. Das Kindheitserleben in einem einfachen Bauernhaus, nahe bei den Tieren, sehe ich heute als große Chance für die Begegnung mit Menschen von den „grassroots"[181], denen ich in Indien, Afrika und Lateinamerika begegnet bin. Doch das Landleben hatte auch seine Schattenseiten, die sich in der Therapie mit dem traumatischen Erleben bei der Abschiebung in Indien verbanden.

Schon als sehr junges Kind musste ich aus einem dunklen und kalten Keller für die Erwachsenen in einem Steinkrug Most (alkoholisches Apfel-/Birnengetränk) holen, was mir jedes Mal Angst bereitete. In Indien hatte mich der junge Officer in den „Keller" des Flughafens geführt. Ich war über mich selbst erstaunt und auch stolz auf mich, dass ich als Erwachsener in diesem rechtsfreien Keller eines fernen Landes noch die Courage hatte, Widerstand zu leisten und auf die Rechtfertigung durch die authorities zu

[181] Vgl. Thomas Abraham, TCI goes to the Grassroots, in: Indian Journal of Theme – Centred Interaction March (2009) 5, 59–65; Thomas Abraham – Matthias Scharer, TCI Goes to the Grassroots. Workshop with Participants from Nigeria, Marocco, Taiwan, India, Germany and Austria, in: M. Juen – G. Prüller-Jagenteufel – J. Rahner – Z. Sejdini (Hg.), Anders gemeinsam – gemeinsam anders? In Ambivalenzen lebendig kommunizieren, Ostfildern 2015, 167–172.

insistieren. Aber durch die Lüge des Officers und nicht zuletzt durch die Schutzlosigkeit, der mich der Mitarbeiter der Lufthansa auslieferte, wurde mein Widerstand gebrochen. Die Folge war eine – das ist mir nach der Beschäftigung mit Ruth C. Cohns Rede zur Courage und durch die qualifizierte supervisorisch-therapeutische Begleitung klargeworden – eine „hang-over fear", die sich mit meinem Kindheitserleben verband und die sich zu einem „bag of fear" auswuchs, das zukünftig auf meinen Schultern lasten sollte.

Als mir das klar wurde, wusste ich, dass ich alles tun werde, um diese Angst loszuwerden, die mich um die vielen schönen und interessanten Erfahrungen bringen würde, die ich mit fremden Menschen und in fremden Ländern bisher hatte. Das Lustprinzip gewann die Oberhand, das mir sagte, ich dürfe mir mein zukünftiges Leben durch die Fremdenangst nicht verderben lassen. Furcht in risikoreichen Situationen zu haben, ist nicht vermeidbar. Doch die Angst vor dem Fremden wollte ich loshaben. Das gelang vor allem auch dadurch, dass ich mich noch in der therapeutischen Sitzung entschied, sowohl nach Abuja zu fliegen, um am muslimisch-christlichen Dialog in Nigeria und am dortigen Kongress teilzunehmen, als auch wieder nach Indien zu gehen.

Letzteres geschah unter größten Schwierigkeiten. Wegen der Probleme im Jahr zuvor bekam ich das Visum erst zwei Tage vor der geplanten Abreise durch Interventionen des österreichischen Außenministeriums. Bei der Einreise nach Indien, für die ich durch die Befürwortung des Rektors der Innsbrucker Universität wegen des Vorfalls 2015 auch als Emeritus nochmals einen Dienstpass bekommen hatte, geschah dasselbe wie das Jahr zuvor. Ich musste zu den Einreisebehörden und landete schließlich im Flugzeug der Swiss Air, mit dem ich diesmal gekommen war; wiederum sollte ich den erzwungenen Rückflug antreten. Aber die therapeutische Bearbeitung meiner Ängste hatte mich in meiner Courage gestärkt. Selbstverständlich hatte ich Furcht vor der neuerlichen Abschiebung. Aber bereits auf dem Weg zum Flugzeug, auf dem mich eine junge indische Beamtin bewachte, rief ich, ohne lang nach Erlaubnis zu fragen, das österreichische Außenministerium an. Dabei hatte ich unwahrscheinliches Glück: In Wien hob jener Beamte ab, der meinen „Fall" bearbeitet hatte und daher bestens kannte. Er alarmierte sofort die indische Botschaft in Wien, speziell den Konsul, der mir nach langen Verhandlungen doch das Visum ausgestellt hatte.

Als ich das Flugzeug betrat fragte ich lautstark, wer hier mein Überleben auf dem Flug zurück nach Europa garantiere. Ich erzählte kurz über meine gesundheitlichen Schwierigkeiten. Das nahm die couragierte Chef-Stewardess der Swiss Air auf und sagte: „Unter diesen Umständen können wir Sie nicht nach Europa mitnehmen; wir haben keinen Arzt an Bord und wir überfliegen Länder, wo auch bei einer Notlandung keine ärztliche Versorgung gewährleistet ist.“ Daraufhin begann der indische Kollege, der das wiederum bereits verspätete Flugzeug abfertigen sollte, mit der Frau laut zu streiten. Ich müsse sofort den Sitzplatz einnehmen. Die indischen Behörden hätten meine Rückführung beschlossen. In diesem Moment läutete mein Telefon, das ich eingeschaltet gehalten hatte. Der indische Konsul in Österreich war dran. Er bat mich, mein Handy dem indischen Kollegen zu geben. Doch dieser war so wütend, dass er es, obwohl ich ihm sagte, dass sein Kollege in Österreich dran wäre, nicht annahm.

Nachdem auch die Stewardess auf ihrem Standpunkt beharrte, mich nicht mitnehmen zu wollen und das Flugzeug immer mehr verspätet wurde, ließ mich der indische Beamte aus dem Flugzeug. Ich würde mit dem nächsten Flugzeug zurück transportiert. Außerhalb des Flugzeugs beruhigte sich der Beamte etwas. Nun war er bereit, mit seinem indischen Kollegen in Österreich zu telefonieren. Dieser konnte ihn offensichtlich überzeugen, dass meine Ausweisung nicht gerechtfertigt wäre. Ein Arzt wurde geholt, der mich wegen meiner gesundheitlichen Schwierigkeiten ins Krankenhaus bringen wollte, was ich aber verweigerte. Nach mehreren Stunden bangen Wartens durfte ich einreisen. Bei der Ausreise hatte ich allerdings ähnliche Schwierigkeiten.

Zur Ehrenrettung der indischen Behörden will ich noch sagen, dass besagter indischer Konsul inzwischen ins Ministerium nach Delhi zurückberufen wurde. Nach meinen neuerlichen Schwierigkeiten bei der Einreise 2016, über die er entsetzt war, hatte er mir versprochen, meinen Fall in Indien zu sanieren, was er offensichtlich auch tat. 2017 und 2018 konnte ich ohne Schwierigkeiten ein- und ausreisen und ich konnte u. a. das Seminar an der TISS leiten, das den Rahmen für dieses Kapitel abgegeben hat. Die ungehinderte Ein- und Ausreise im Jänner 2017 und März 2018 hat die „hang-over fear“ – so fühle ich es – endgültig beseitigt und ich kann mich wieder, zwar in manchen risikoreichen Situationen nicht furchtlos, aber nicht mehr angstbesetzt, couragiert fremden Situationen und Menschen zuwenden, was einen enormen Zugewinn an Lebensqualität bedeutet.

Gleichzeitig nehme ich bei mir selber zunehmend wahr, was Trojanow im Hinblick auf Menschen schreibt, die Fremden öfter zur Seite stehen:

> Jene, die ihm [dem Fremden] öfter helfen, die ihm zur Seite stehen, so als ginge seine Mühsal sie beide etwas an, haben irgendwann einmal Schwierigkeiten, die Gesetze des eigenen Landes zu verstehen.[182]

[182] Trojanow, Nach der Flucht, Pos 448–449.

Ich bin kein häufiger Facebook Nutzer. In der Regel benütze ich es, wenn mir der „Kragen platzt" und ich ein politisches Statement verbreiten muss, das mein Unverständnis über neue österreichische Gesetzesentwicklungen manifestiert, wie das im Zusammenhang mit der Kürzung der Mindestsicherung der Fall war:

> Wie lange werden sich die Österreicher*innen von dieser Bundesregierung noch an der Nase herumführen lassen? Da wird ein Bedrohungsszenario über eine neue Flüchtlingsroute, an der geschlossenen Balkanroute vorbei (auf die speziell der Bundeskanzler stolz ist), aufgebaut. Im selben Moment wird gesagt, dass für Panik kein Grund sei; aber die Regierung selbst macht Panik. Dies alles, um am darauffolgenden Tag eine Mindestsicherung zu beschließen und der Bevölkerung zu verkaufen, die nicht wenige Menschen in Österreich in die Armutsfalle treiben wird. Kinderreiche Familien und Asylsuchende werden besonders betroffen sein. Dies alles soll die inhaltsleere Politik der Bundesregierung kaschieren, die sich bei ihrer Klausur deutlich zeigen würde. Wie lange werden wir das noch ertragen und uns für dumm verkaufen lassen?[183]

Wenn es gelingt, Furcht, die sich in der Begegnung mit fremden Menschen und in fremden Situationen verständlicherweise einstellen kann, von einer generellen Fremdenangst zu entkoppeln, dann befreit das dazu, angesichts von erkannten Risiken couragiert zu handeln. Die (wieder)gewonnene Courage kann auch in eine Ambiguitätstoleranz hineinführen, die sich mit engstirnigen und immer restriktiveren Regelungen und Gesetzen nicht mehr zufriedengeben kann, die vor allem Flüchtlinge aber auch an den Rand gedrängte und verarmte Bevölkerungsgruppen betreffen. Warum soll ein Lehrling aus Afghanistan, der (nach Jahren des Wartens) keinen positiven Asylbescheid erhalten hat, jedoch seine Lehre ausgezeichnet absolviert und in Österreich gut integriert ist, tatsächlich abgeschoben werden? Die Berufung auf das bestehende Gesetz ist in einem solchen Fall kaum plausibel; dies vor allem auch dann nicht, wenn sich couragierte Menschen bewusst sind, dass der abgeschobene Jugendliche als ausgebildeter „Heimkehrer" – Trojanow nennt ihn treffender einen „Fremdkehrer" – nie mehr dort daheim sein wird, woher er geflüchtet ist. Seine Flucht hat alles verändert:

> Täglich erinnert der Fremdkehrer die Festgewurzelten daran, dass es Alternativen gab zum Kuschen, zum Erdulden, zum Kopf-Einziehen; zur Gülle,

[183] Matthias Scharer, Facebook Eintrag vom 28.5.2018.

> der sie sich ergeben haben. Sonntäglich stört er die Friedhofsruhe der Scheinlebenden. Es braucht Kraft, nirgendwo willkommen zu sein.[184]

Das „Courage-Kapitel", das ein zentrales politisches Anliegen Ruth C. Cohns aufgreift, hat mich tief in das eigene Erleben hineingeführt. Es hat mir – und vielleicht auch Ihnen als Leser*in – den Blick dafür geöffnet, dass Furcht und Angst zwar verständlich sind und ernst genommen werden müssen, dass es aber – zumindest für viele Menschen – auch Möglichkeiten gibt, mit der Furcht konstruktiv umzugehen und sich und andere aus der Angstfixierung zu befreien. TZI wäre dazu eine Möglichkeit.

In der Auseinandersetzung mit den immer restriktiveren gesetzlichen Bestimmungen vor allem im Zusammengang mit Migration, hilft, sich bewusst zu machen, dass selbst demokratische Entscheidungen niemals beanspruchen können,

> [...] die alleinige Wahrheit, sondern lediglich die wahrscheinlich bessere Lösung zu sein, und dies auch nicht in alle Ewigkeit, sondern nur so lange, bis eine andere Entscheidung getroffen wird. Immer sind mehrere Lösungen denkbar, und es ist keineswegs gesagt, dass eine getroffene Entscheidung die beste ist, zumal viele Entscheidungen durch sachfremde Erwägungen wie parteipolitisches Taktieren oder Lobbying beeinflusst werden. [...] Könnte es also nicht der Fall sein, dass gerade der Widerwille, Uneindeutigkeit auszuhalten, und der Wunsch, „authentisch" regiert zu werden, zur Erosion der Demokratie in Europa und anderswo beiträgt? Beispiele für diese These liefern Brexit-Britannien, Ungarn, Polen und der Aufstieg populistischer Parteien in anderen Ländern.[185]

Vertiefende und weiterführende Themen

- Welche couragierten Menschen fallen mir/uns ein und was macht sie zu solchen?
- „Verzeih mir, Gott, mein Mund geht schwer. Die Bombe schlug die Seele leer." (Ruth C. Cohn) – Wie würde ich/würden wir heute klagen?
- Furcht und Angst in meinem Leben: Was ist in meinen Ängsten miteinander verquickt? (Wie) kann ich/können wir die konkrete Furcht von der Angst trennen?
- Was stärkt/motiviert mich in konkreten Situationen couragiert zu handeln?

---

[184] Trojanow, Nach der Flucht, Pos 714–717.
[185] Th. Bauer, Die Vereindeutigung der Welt, 84.

- Jene, die Fremden zur Seite stehen, haben irgendwann einmal Schwierigkeiten, die Gesetze des eigenen Landes zu verstehen (nach Trojanow). Welche Erfahrungen verbinde ich/verbinden wir mit dieser Behauptung
- (Wie) kann man zur Courage erziehen?

5. Misch' dich ein und mach' kein Postulat daraus

Menschsein bedeutet nicht, sinnlos in die Welt geworfen zu sein,
sondern Sinn zu finden in der Verwirklichung des individuellen Selbst,
das ein Teil der Gemeinschaft aller ist. […]
Wir können erfinden, wählen und entscheiden
und uns zum bewußten Veränderer von Gegebenheiten in dieser Welt machen.
Dies bedeutet Lust und Last.
Es führt zur Frage: „Wie will ich/wollen wir verändern?
Und welches sind meine/unsere Maßstäbe der Entscheidung?"
Diese Maßstäbe nennen wir Werte.
(Ruth C. Cohn)[186]

Wir leben gegenwärtig in einer anderen politisch-gesellschaftlichen Situation als Ruth C. Cohn 1957 in Amerika, wo die Angst umging, dass aus dem „Kalten Krieg" ein heißer Weltkonflikt werden könnte. In unserem Globe der Flüchtigen Moderne geht die Angst vor den Fremden und Anderen um. Das verständliche „Fremdeln", die konkrete Furcht vor dem Fremden, die auch Erwachsene ergreifen kann, wird zu einer „bag of fear", wenn sie sich mit früheren oder mit gegenwärtigen, politisch und medial gesteuerten Ängsten verbindet. Was bedeutet in diesem Kontext, Vielheit couragiert zu leben? Welche starken Motive sind es, die Menschen dazu bewegen können, sich von der (verständlichen) Furcht nicht lähmen zu lassen und couragierte Entscheidungen für ein Leben in Vielheit zu treffen? Fordert die TZI mit ihrer anteilnehmenden Wachheit und Empathie[187] für ein gutes Leben aller Menschen und die ganze Kreatur und ihrem Widerstand gegen totalitäre Systeme jeder Art,[188] so etwas wie ein politisches Programm[189] ein? Ein

---

[186] Cohn – Farau, Gelebte Geschichte der Psychotherapie, 443.

[187] Vgl. Emme, „Der Versuch den Feind zu verstehen".

[188] Vgl. Ruth C. Cohn, „Ich fühle mich heute wie 1932 in Deutschland" – Gesprächspartner: Lukas Hartmann, Zytglogge 12 (1986) 112, 1–2; Ruth C. Cohn, Vom Widerstand gegen Gewalt. Gesprächspartner Lukas Hartmann (1986), in: R.C. Cohn, Es geht ums Anteilnehmen …, 165–176; Ruth C. Cohn, Gedanken zum Leben – Politisches in unserer Zeit. Gespräch mit Dorothee Meili 21. 1. 1987, in: R.C. Cohn, Es geht ums Anteilnehmen …, 103–112; Ruth C. Cohn, Zwischen Resignation und Hoffnung: Wie finde ich / finden wir Friedensfähigkeit und Mut zum Handeln angesichts der nuklearen Bedrohung?, in: R.C. Cohn – I. Klein (Hg.), Großgruppen gestalten mit Themenzentrierter Interaktion. Ein Weg zur lebendigen Balance zwischen Einzelnen, Aufgaben und Gruppe, Mainz 1993, 52–83.

[189] Uwe Fasshauer, Anmerkungen gegen eine Überbetonung des Spirituellen in der TZI, in: Themenzentrierte Interaktion. theme-centered interaction 2 (2005) 9, 23–28; Manfred Krämer – Walter Zitterbarth, Ist TZI politisch? Ein Kontroversgespräch zwischen Manfred Krämer (am 23. 4. 2005 verstorben) und Walter Zitterbarth während einer Re-

Programm, das unter allen Umständen und zu jeder Zeit von jeder/jedem couragierte Aktionen verlangt? Gerade das ist der TZI fremd, wenngleich sie sich von Anfang an politisch versteht, insofern sie Menschen „zur Tat befreit“, wie das im Titel des gesellschaftspolitischen Sammelbandes zur TZI-Gruppenarbeit[190] auch anklingt.

Um das grundsätzliche Selbstverständnis der TZI, politisch zu sein, richtig einordnen zu können, ist die Unterscheidung von politisch in einem weiteren und einem engeren Sinn angebracht.[191] Wie wir bereits gesehen haben, gibt es für Ruth C. Cohn keine „unpolitische“ TZI.[192] Politisch, im Sinne gesellschaftlicher Wirksamkeit zu sein, gehört zu ihrem eigenen Selbstverständnis und dem der TZI.[193] Damit können auch politische Aktionen im engeren Sinne verbunden sein, wenn sich couragierte Menschen dafür entscheiden.[194] In diesem Kapitel geht es um notwendige Differenzierungen, die aus dem „Entweder-oder“ zwischen politischer Aktion und selbstentschiedener Nicht-Beteiligung herausführen und die Bedeutung der Chairpersonship für die Klärung des politischen Engagements im weiteren und im engeren Sinne ins Zentrum rücken.[195]

Bei Ruth C. Cohn ist das Politische mit ihrem grundsätzlichen Verständnis vom Menschen, der Teil der Gemeinschaft aller ist, eng verbunden. Trotz der entmenschlichenden Zerstörungswut der Nationalsozialisten, mit welcher Ruth C. Cohn als junge Frau konfrontiert war und trotz ihrer Befürchtung, dass „das alles“ weitergeht und in immer neuen Facetten wiederkehren wird, verfällt sie nicht in den fatalistischen europäischen Existentialismus, demgemäß wir Menschen ins Dasein geworfen sind und ei-

---

daktionssitzung in Berlin am 6.11.2004, in: Themenzentrierte Interaktion. theme-centered interaction 20 (2006) 1, 8–15.

[190] Standhardt – Löhmer (Hg.), Zur Tat befreien.

[191] Darauf hat mich Margit Ostertag in ihrer Rückmeldung aufmerksam gemacht.

[192] Ruth C. Cohn, Über die Bedeutung des Politischen und Kosmischen für mein Denken. Ein Gespräch mit Hilarion Petzold, in: Integrative Therapie 11 (1985), 264–272.

[193] Vgl. Ruth C. Cohn – Friedemann Schulz von Thun, Wir sind Politiker und Politikerinnen – wir alle!: Ein Gespräch über mögliche Hilfen von TZI und Kommunikationslehre, in: R. Standhardt – C. Löhmer (Hg.), Zur Tat befreien, 30–62; Manfred Krämer, Ruth Cohn im Gespräch mit Manfred Krämer am 12./13. Januar 2002, in: Themenzentrierte Interaktion. theme-centered interaction 16 (2002) 1, 16–29.

[194] Cohn, Von der Bedrohung zum Handeln; Cohn, Vom Widerstand gegen Gewalt; Achim Battke, Mitten im Grauen der Welt … kleine Schritte. Eine Annäherung an die Ethik der TZI, in: Themenzentrierte Interaktion. theme-centered interaction 6 (1992) 2, 67–77; Gerhard Breidenstein, Die globale Krise. Symptome, Diagnosen, Heilungskräfte, in: R. Standhardt – C. Löhmer (Hg.), Zur Tat befreien, 170–183; Ruth C. Cohn, „Wir können noch sehr viel tun“. Gesprächspartner: Burkhard Treude (1980), in: R.C. Cohn, Es geht ums Anteilnehmen …, 118–126.

[195] Vgl. Erica Brühlmann-Jecklin, Das Mögliche tun. Ruth C. Cohn. Gespräche und Begegnungen, Oberhofen am Thurnersee 2010.

gentlich nichts tun können, um Sinn zu finden und Verantwortung zu übernehmen. Im Gegenteil: Die Migrantin setzt der vermeintlichen Sinnlosigkeit der Welt und des Lebens, dem Ins-Dasein-Geworfen-Sein, die Möglichkeit einer Selbstverwirklichung entgegen, die sich nicht egozentrisch vom Anderen abgrenzt, sondern die auf eine interaktionelle und universale Bezogenheit und transzendentale Ausgerichtetheit des Menschen hin offen ist. Dabei hebt sie nicht ab und übersieht die unmittelbaren individuellen und gesellschaftlichen Gegebenheiten keineswegs. Die „Lust an der Welt" und die „Sorge um sie"[196] sind untrennbar miteinander verbunden. Sie führen zu einer ethischen Verantwortung und zeigen die Notwendigkeit einer Wertorientierung, die dem Menschen in seiner Allverbundenheit sozusagen „organismisch" mitgegeben ist.

Wie aber finde ich persönlich die Orientierung inmitten der vielfachen gesellschaftlichen und persönlichen Herausforderungen, in denen ich stehe? Mit Ruth C. Cohn können wir sagen:

> Leite dich selbst bewußt:
> sieh nach innen, wie es in dir aussieht,
> was du möchtest und sollst,
> und nach außen, was es dort gibt,
> und entscheide zwischen allen Gegebenheiten,
> was und wie du etwas tun willst.[197]

Der Blick nach innen und nach außen gelingt mitunter besser, wenn ich Menschen um mich herumhabe, mit denen ich mich offen austauschen kann. Doch auch wenn mir diese Menschen noch so vertraut sind, kann mir keiner von ihnen die notwendigen Entscheidungen abnehmen. Sogenannte „gute Ratschläge" wirken in der Regel eher als „Schläge" als dass sie mir wirklich zu Selbstverantwortung und Selbstentscheidung verhelfen. Hilfreiche Gruppen geben entsprechend Raum, zu mir zu kommen und bei mir zu sein und spontan mit anderen zu kommunizieren, damit die Selbstklärung qualifizierter geschehen kann. TZI Seminare, Workshops, Austauschtreffen, Peergroups u. a. sind solche Räume.

Um konkreter sehen zu können, wie eine Gruppe am Klärungsprozess um das Politische in der TZI arbeitet, lade ich Sie, liebe Leser*innen ein, zur Fortsetzung unseres Themas, in eine der jährlich stattfindenden Frühjahrswerkstätten des Ruth Cohn Instituts Österreich zu kommen, in der es

---

[196] Vgl. Hagleitner, Mit Lust an der Welt.

[197] Ruth C. Cohn, Pädagogisch-therapeutische Interventionen (Bausteine), in: R.C. Cohn, Von der Psychoanalyse zur themenzentrierten Interaktion, 176–215, hier 214.

um das Thema geht: „Misch Dich ein!? ICH im Spannungsfeld zwischen Verantwortung und Überforderung in einer komplexen Welt."[198]

5.1. In der Frühjahrswerkstatt des RCI-Österreich

Eine engagierte Peergruppe, Menschen, die auf dem Weg zum TZI-Diplom über einen längeren Zeitraum miteinander arbeiten, hatten die Tagung ausgezeichnet vorbereitet und geleitet. Sie hatten es verstanden, die Gruppe durch einen ausbalancierten Prozess zu führen, der – nach einer kurzen Vorstellrunde – jede/jeden Einzelne*n von uns über Bilder, Texte, Videos usw. mit dem zwiespältigen Globe konfrontierte, in dem wir leben: Auf der einen Seite wurden die zunehmenden gesellschaftlichen Ausgrenzungen, Terror, Hass, Gewalt, ökologische Probleme bewusst gemacht. Über Fotos und Videos wurden auch konkrete Politiker*innen sichtbar, welche die Angst der Menschen etwa vor Fluchtbewegungen oder „dem Islam" für ihre politische Propaganda nutzen. Es wurde gezeigt, wie sie über die „Angstmache" immer mehr Bürgerrechte einschränken. Auf der anderen Seite sahen wir Dokumente, die auf neue Solidaritäten[199] aufmerksam machten und die ein kritisches Bewusstsein gegenüber dem Aufkommen illiberaler Demokratien und identitärer Bewegungen dokumentierten. Man konnte auch Religionsführer wie Papst Franziskus sehen, die weit über die Kirchen und Religionsgemeinschaften hinaus neue Hoffnung auf ein menschliches Miteinander in der Einen Welt vermitteln.

Das darauffolgende Gruppenplenum zeigte, wie sehr den Einzelnen das „Spannungsfeld zwischen Verantwortung und Überforderung in einer komplexen Welt"[200] bewusst geworden war und unter die Haut ging. Eine große Betroffenheit über die herausfordernden gesellschaftlichen Situationen im Kleinen und im Großen wurde spürbar. Ratlosigkeit darüber, was konkret zu tun sei und einige erste Ideen und Beispiele, wie wir mit konkreten Situationen umgehen könnten, kamen auf und wurden besprochen.

[198] Die Frühjahrswerkstatt fand 10.-12.3.2017 in Salzburg statt.

[199] Vgl. Ruth C. Cohn, Wir brauchen Signale des Entsetzens. Berner Zeitung, Kulturforum 1987; Michael Landau, Da sein für Menschen auf der Flucht. Das Engagement der Caritas im Umfeld von Aufnahme, Betreuung und Integration, in: Theologisch-praktische Quartalschrift 165 (2017) 4–11; Bernstein, Den Globe einbeziehen.

[200] Untertitel der TZI-Werkstatt

5.2. Braucht es ein „politisches“ TZI-Postulat?

Anschließend konfrontierten uns die Leiter*innen mit einer Debatte, die in TZI Kreisen nie zum Stillstand gekommen ist: Wie politisch ist die TZI und wie unvermittelt sind mit ihr couragierte politische Aktionen angesagt? Die Frage nach der gesellschaftspolitischen Bedeutung der TZI und dem damit verbundenen politischen Engagement,[201] gehört nach Meinung von H. Rei-

[201] Vgl. dazu auch die in der Bibliografie unter Top 5 angeführte Literatur.
HANS BALLHAUSEN – ANNEDORE SCHULTZE, Das gesellschaftstherapeutische Anliegen der TZI, in: C. LÖHMER – R. STANDHARDT (Hg.), TZI, 125–143; RUTH RAUCH-SCHUMACHER – MONIKA STOCK-MEIER – RUTH-GABY VERMOT-MANGOLD (1992), TZI in der politischen Arbeit, in: C. LÖHMER – R. STANDHARDT (Hg.), TZI, 326–341; MARTHA FEHLKER, Der gesellschaftliche Hintergrund als 'Globe': Notwendige Perspektiven in der Leitung von Gruppen nach der Themenzentrierten Interaktion, in: K. HAHN (Hg.), Kompetente LeiterInnen. Beiträge zum Leitungsverständnis nach TZI, Mainz 2001, 29–48; MICHAEL HARTMANN, Eliten und Macht, in: Themenzentrierte Interaktion. theme-centered interaction 22 (2008) 2, 48–56; GÜNTER HOPPE, „Misch Dich ein! Greif ein!“ Ein drittes Postulat für die TZI?, in: R. STANDHARDT – C. LÖHMER (Hg.), Zur Tat befreien, 65–76; HELMUT JOHACH, Auf dem Marsch durch die Institutionen oder: Wieweit kann TZI die Gesellschaft verändern?, in: R. STANDHARDT – C. LÖHMER (Hg.), Zur Tat befreien, 77–98; HELMUT JOHACH, Historische und politische Grundlagen, in: M. SCHNEIDER-LANDOLF – J. SPIELMANN – W. ZITTERBARTH (Hg.), Handbuch Themenzentrierte Interaktion, 27–32; GERNOT KLEMMER, Themenzentrierte Interaktion als therapeutisch-pädagogisches und politisches Handeln in Schule und Hochschule, in: R.C. COHN – CH. TERFURTH (Hg.), Lebendiges Lehren und Lernen, 105–114; MANFRED KRÄMER, TZI und Politik, in: Themenzentrierte Interaktion. theme-centered interaction 15 (2001) 2, 23–34; HEINRICH KROBBACH, TZI als Konzept politischer Bildung – Plädoyer für eine produktive Partnerschaft, in: Themenzentrierte Interaktion. theme-centered interaction 20 (2006) 1, 16–27; LEMAIRE, TZI und Gesellschaft – ein therapeutisches Verhältnis?; CORNELIA LÖHMER, Am Anfang war der Globe. Die Themenzentrierte Interaktion unter besonderer Berücksichtigung ihrer politischen Dimension, in: R. STANDHARDT – C. LÖHMER (Hg.), Zur Tat befreien, 17–29; ELISABETH MIESCHER, TZI in einer politischen Partei, in: R. STANDHARDT – C. LÖHMER (Hg), Zur Tat befreien, 131–145; HELGA MODESTO, Demokratisches Verhalten in der TZI-Gruppe: Eine Herausforderung an die chairperson, in: Themenzentrierte Interaktion. theme-centered interaction 4 (1990) 1, 48–57; ANITA OCKEL – RUTH C. COHN, Das Konzept des Widerstandes in der themenzentrierten Interaktion. Vom psychoanalytischen Konzept des Widerstandes über das TZI-Konzept der Störung zum Ansatz einer Gesellschaftstherapie, in: WILL-EUROPA: N.C. KORTE – E. MIESCHER – H. ROCH (Hg.), Lebendig Lernen. Grundfragen der themenzentrierten Interaktion. Euro-Info, Sondernummer, Arlesheim 1984, 5–33; HELMUT REISER, „Politisch leben“ mit TZI, in: Themenzentrierte Interaktion. theme-centered interaction 10 (1996) 2, 26–39; MATTHIAS SCHARER, Panackachira – a symbol of socially conscious revitalization of TCI India and International. Companions on the way to the Grass Roots, in: Indian Journal of Theme-Centered Interaction (TCI), (2010) 6/7, 95–104; MATTHIAS SCHARER, „Third Spaces“ – Räume für die interreligiöse Begegnung an „generativen“ Themen. Gewaltprävention durch Themenzentrierte Interaktion nach Ruth C. Cohn, in: M. DATTERL – W. GUGGENBERGER – C. PAGANINI (Hg.), Gewalt im Namen Gottes – ein bleibendes Problem? (= theologische trends 25), Innsbruck 2016, 71–90; ANNEDORE SCHULTZE, Das gesellschafts-politische Anliegen der TZI, in: R. STANDHARDT – C. LÖHMER (Hg.), Zur Tat befreien, 114–130; DIETRICH STOLLBERG, Politische Implika-

ser, gleich wie die Frage nach der „Religion", zu den bleibend kontroversen Themen im Kontext von Ruth Cohns Ansatz. Das zeigt sich in Diskussionen, in denen die gegensätzlichen Standpunkte deutlich zum Ausdruck kommen.[202]

In eine der vielen diesbezüglichen Auseinandersetzungen um die gesellschaftspolitische Relevanz der TZI hatte Ruth C. Cohn selbst noch eingegriffen: In die Diskussion mit Günter Hoppe über ein drittes, gesellschaftspolitisches Postulat.[203] Hoppe war schockiert über unmenschliche gesellschaftliche Entwicklungen wie die Zunahme von Gewalt im öffentlichen und privaten Bereich. Er sah speziell in der übermäßigen Außen-Abhängigkeit von Menschen und dem damit zusammenhängenden Machtmissbrauch durch Eliten „eine große gesellschaftliche und politische Gefahr", die nur durch den „Zuwachs echter Autonomie" begrenzt werden könne.[204] „Adornos Feststellung ‚Die einzig wahrhafte Kraft gegen Auschwitz ist Autonomie' (aus ‚Erziehung nach Auschwitz' 1966) ist nicht veraltet"[205], schreibt Hoppe. Aus all diesen Gründen sollte es seiner Meinung nach im TZI-Konzept neben dem Chairperson-Postulat und dem Postulat, dass sich Störungen und Betroffenheiten in interaktionellen Prozessen Vorrang nehmen, ein „drittes" Postulat geben. Ein Postulat habe, anders als die wertenden Annahmen der TZI, die in den Axiomen formuliert sind, einen stärker auffordernden Charakter. Postulate gäben auch praktische Hinweise für den Umgang mit sich selbst und anderen. Deshalb sollte nicht nur unser Selbst, sondern auch unser Globe zum Thema in unserer TZI-Aneignungsarbeit werden. Nicht nur unsere innere, sondern auch unsere äußere Welt, der Globe, impliziere eine entsprechende Aufforderung, also ein Postulat, das explizit formuliert werden müsse. Schließlich bezögen sich die beiden bisherigen TZI Postulate, das Chairperson-Postulat und das Störungspostulat auf „Selbstverwirklichung als Gegenbewegung gegen Selbstentfremdung" und „Wir-Verwirklichung als Gegenbewegung gegen

---

tionen der TZI, in: Themenzentrierte Interaktion. theme-centered interaction 26 (2012) 1, 26–35; Rose Stotz, Einmischen, aber wie? – Gewaltfreies Handeln und TZI, in: R. Standhardt – C. Löhmer (Hg.), Zur Tat befreien, 99–113; Karl Trojer, Kann TZI einen wesentlichen Beitrag zu zeitgemäßerem politischem Handeln bieten? oder: Zukunft mitgestalten – aus dem Glauben an die Sinnhaftigkeit allen Lebens, in: Themenzentrierte Interaktion. theme-centered interaction 3 (1989) 2, 3–9; Yitzchak Zieman, Völkerverständigung durch TZI, in: Themenzentrierte Interaktion. theme-centered interaction 16 (Sonderheft Ruth C. Cohn) (2002) 1, 161–168.

[202] Vgl. Reiser, Werte, Sinn und Glaube bei Ruth Cohn und in der TZI (Teil 2).

[203] Ruth C. Cohn, Verantworte dein Tun und dein Lassen, persönlich und gesellschaftlich: Offener Brief an Günter Hoppe, in: Themenzentrierte Interaktion. theme-centered interaction 8 (1994) 2, 85–87.

[204] Hoppe, „Misch Dich ein! Greif ein!" Ein drittes Postulat für die TZI?, 1994, 68.

[205] Hoppe, „Misch Dich ein! Greif ein!" Ein drittes Postulat für die TZI?, 1994, 68.

Wir-Entfremdung“[206]. Wo aber war ein Postulat, das eine Gegenbewegung gegenüber der Globe-Entfremdung auslöste? Hoppe schlug folgende Formulierung für ein drittes TZI-Postulat vor:

> Setz Dich mit Deiner äußeren Welt (Deinem Globe) auseinander. Misch Dich ein! Greif ein! Was Du im Sinne der Humanisierung verändern kannst, verändere![207]

Die Realisierung von „Chairpersonship und Störungsvorrang [...] an inhumanen Strukturen und Kraftentfaltung des Globe“[208] scheitere nämlich und führe häufig in die Resignation und nicht in einen Änderungswillen hinein. Für Hoppe ist die „unmittelbare politische Kraft der TZI [...] zu gering. TZI-Kundige sind oft erschreckend unpolitisch. Dadurch ist die TZI in Gefahr, zu einer politischen Anpassungsmethode zu verkommen.“[209]

5.3. Verantworte dein Tun individuell und gesellschaftlich

In einem offenen Brief[210] antwortete Ruth C. Cohn – unterstützt von ihrer Freundin Helga Herrmann – Günter Hoppe. Sie erinnerte zunächst an das gemeinsame Gespräch, das die drei am Hasliberg im Haus von Ruth geführt hatten. Alle drei waren sich offensichtlich darin einig, dass sich die gesellschaftspolitischen Herausforderungen für die Menschen ständig verschärfen.

> *Helga's und meine Gefühle waren kongruent mit Deiner Leidenschaft:* Wann können wir zusammen oder einzeln dazu beitragen, zu einer aktivierenden Wachheit zu kommen gegen den ethischen Mord, der die Basis ist für den Mord am Leben? Was tun gegen die Gleichgültigkeit, Passivität, Mutlosigkeit, die zu der immer stärker werdenden steinernen Mauer gegen die Erneuerung humaner Lebensweisen führt?[211]

---

206 Hoppe, „Misch Dich ein! Greif ein!“ Ein drittes Postulat für die TZI?, 1994, 68.
207 Hoppe, „Misch Dich ein! Greif ein!“ Ein drittes Postulat für die TZI?, 1994, 69.
208 Hoppe, „Misch Dich ein! Greif ein!“ Ein drittes Postulat für die TZI?, 1994, 69.
209 Hoppe, „Misch Dich ein! Greif ein!“ Ein drittes Postulat für die TZI?, 1994, 69.
210 Vgl. Ruth C. Cohn, Verantworte dein Tun und dein Lassen, persönlich und gesellschaftlich: Offener Brief an Günter Hoppe (1994). Hier zitiert aus Anja von Kanitz u. a. (Hg.), Elemente der Themenzentrierten Interaktion, 29–32.
211 Cohn, Verantworte dein Tun und dein Lassen, persönlich und gesellschaftlich, 85.

So sehr sich die drei Menschen über die gesellschaftliche Analyse und die Notwendigkeit gesellschaftspolitischen Handelns einig waren, so sehr lehnten Ruth und Helga das dritte Postulat, wie es Hoppe vorgeschlagen hatte, ab. Warum? Das fragten wir uns auch auf der Frühjahrswerkstatt des RCI-Österreich, wo uns die Auseinandersetzung mit dem gegenwärtigen gesellschaftspolitischen Globe herausforderte, als TZI-ler*innen couragierte Aktionen zu setzen. Hatte nicht Ruth C. Cohn selbst die TZI als eine Gesellschaftspädagogik und Gesellschaftstherapie verstanden und mit ihr eine klare politische Option gegen alle menschenfeindlichen Tendenzen verbunden? Ging es ihr nicht im amerikanischen Exil von Anfang an um die Auseinandersetzung mit Problemen, die durch Rassentrennung, Armut und andere gesellschaftliche Krisen verursacht waren? Wollte nicht Ruth C. Cohn mit der „neuen“ Gesellschaftstherapie, der Themenzentrierten Interaktion, genau gegen das ankämpfen, was Hoppe und auch die beiden Frauen als zunehmende gesellschaftliche Probleme identifiziert hatten?

Obwohl ich die Auseinandersetzung zwischen Günter Hoppe und Ruth C. Cohn um ein drittes Postulat bereits früher gelesen hatte, kam sie mir in dieser Frühjahrswerkstatt bedrängend nahe. Warum hatte sich Ruth dagegen gesträubt, ein drittes Postulat einzuführen, das unmittelbar zum politischen Eingreifen im Sinne der Humanität auffordert, wie es Hoppe vorgeschlagen hatte? Wollte sie einfach nur am damals schon sehr bekannten TZI-System der drei Axiome, zwei Postulate und vier Faktoren festhalten und daran nichts mehr verändern?[212] Oder gab es andere Argumente für ihren Widerstand?

5.4. Warum das Chairperson-Postulat „genügt“

Ruth C. Cohn macht im Antwortbrief an G. Hoppe selbst einen Vorschlag, wie ein mögliches drittes Postulat formuliert sein könnte; schließlich hatte sie in früheren Veröffentlichungen die Möglichkeit für ein drittes Postulat auch angedacht. Wichtig war ihr vor allem die innere Verbundenheit aller TZI-Elemente aufrecht zu halten:

[212] Dass Ruth C. Cohn gegenüber Veränderungen vor allem auch in der graphischen Darstellung „ihres“ Konzepts skeptisch war, zeigte sich u. a. auf dem internationalen Austauschtreffen (1995) in Wien, auf dem wir durch eine Verlängerung der unteren Tangente des TZI Dreiecks andeuten wollten, dass es ein „Weiter“ über die TZI hinaus geben könnte: Hartmut Raguse, Von der Psychoanalyse zur Themenzentrierten Interaktion und weiter … oder vielleicht auch wieder zurück?, in: Themenzentrierte Interaktion. theme-centered interaction 9 (1995) 2, 31–43.

> Die Axiome der TZI, uralt, doch systemisch neuzeitlich zusammengefaßt, sind Weg-weisend. Sie sind der existentielle und ethische Kompaß für Menschenwürde und Lebenswürde. Die zwei Postulate (das Störungspostulat und das Chairpersonpostulat) weisen auf die Verwirklichung der Humanität durch Bewußtwerdung und Bewußtseinserweiterung hin. (Ich habe in früheren Veröffentlichungen oft von einem dritten Postulat gesprochen: „Nimm und gib, wie es deiner eigenen Verantwortlichkeit entspricht". Ich habe dies dritte Postulat später ausgelassen, weil es im Chairpersonpostulat enthalten ist.)[213]

Ruth wehrte sich also nicht grundsätzlich gegen die Einführung eines dritten Postulats. Was sie ablehnte war das „Greif ein!", die Aktion um jeden Preis und unter allen Umständen. Die Formulierung und Begründung, die sie G. Hoppe für ein mögliches drittes Postulat vorgeschlagen hätte, lautete:

> *„Verantworte dein Tun und dein Lassen – persönlich und gesellschaftlich."* In dieser Form wäre sowohl die Allgemeingültigkeit als auch die „Freiheit in bedingenden Grenzen" erhalten. Und dies wären Mindestforderungen für ein Postulat. Das Wie und das Was für mich, für Dich oder für irgend jemand darf nicht durch andere oder ein Postulat entschieden werden.[214]

Zum dritten Postulat ist es nie gekommen. Doch die Resignation gegenüber dem politisch-gesellschaftlichen Globe, die G. Hoppe auch bei bewusst lebenden Menschen beobachtet hatte und gegen die scheinbar auch themenzentriert-interaktionelle Prozesse wie sie gegenwärtig angelegt sind, wenig ausrichten können, wächst. Meiner Ansicht nach trifft seine Analyse, dass die TZI unpolitischer, im Sinne expliziter gesellschaftspolitischer Engagements, geworden sei, heute mehr denn je zu. Das durchaus verständliche Bemühen, die TZI gegenüber ähnlichen Konzepten konkurrenzfähig zu halten und sie „marktgerecht" zu platzieren, fördert nicht unbedingt ein couragiertes gesellschaftspolitisches Handeln im engeren Sinn, das sich naturgemäß bei möglichen Auftraggebern nicht nur Freunde macht. So sehr Ruth C. Cohn auch das gesellschaftspolitische Engagement für notwendig gehalten hat, führt in ihrer Sicht kein Weg daran vorbei, die Selbstentscheidung und Selbstverantwortung jedes einzelnen Menschen, die seine Freiheit innerhalb der jeweiligen bedingenden Grenzen einschließt, uneingeschränkt zu achten und niemanden zu einer politischen Aktion zu verpflichten, der sie/er auch innerlich nicht völlig zustimmen kann. Die kon-

---

[213] Cohn, Verantworte dein Tun und dein Lassen, persönlich und gesellschaftlich, 85 f.
[214] Cohn, Verantworte dein Tun und dein Lassen, persönlich und gesellschaftlich, 86.

kreten Situationen und Herausforderungen sind für Menschen sehr verschieden:

> Es gibt eine lebensfördernde Stille, meditativ oder beschaulich, es gibt eine Zeit, sich in wissenschaftliche Arbeit zu vertiefen, einem kranken Familienmitglied zu helfen, sich selbst zur Gesundheit zu führen etc. „Misch dich ein", speziell zur Behinderung oder Verhinderung von Gewalt und Gewalttaten, ist, wie bei fast allen Rezepten, die zu Taten aufrufen, zumindesten Frage-würdig. [...] Wie ein Er oder eine Sie lebt, muß dieser Mensch gemäß seiner Bewußtheit, seinen Werten, seiner Einsicht über die gesellschaftlichen Folgen individuell entscheiden.[215]

5.5. Chairpersonship in der TZI

In der Auseinandersetzung zwischen G. Hoppe, R. C. Cohn und H. Herrmann über ein drittes „politisches" TZI-Postulat hat sich bereits ansatzweise geklärt, was mit „Chairperson", einem Kernstück des TZI-Verständnisses, gemeint ist. Die Chairperson ist nach Ruth C. Cohn und der TZI jene Instanz im Menschen, welche seine Selbstverantwortung, Selbstentscheidung und Selbstverwirklichung, seine Autonomie, bei gleichzeitiger Bezogenheit und bedingter Freiheit, den jeweiligen Lebensphasen und Globebedingungen angemessen, trägt. Die Chairperson ist also das „Ich-Bewusstsein", die „Ich-Funktion" des Menschen schlechthin, die er weder entdecken noch wahrnehmen muss, weil sie von vorneherein zum Menschsein gehört. Sie ist seine Einmaligkeit, die mit der gegebenen Vielheit in einem paradoxen Verhältnis steht, wie H. Arendt sagen würde. Jeder Mensch kann ursprünglich und grundsätzlich davon ausgehen, dass sie/er Chairperson ist. Jede und jeder von uns ist die Chairperson ihrer/seiner selbst.[216]
Das Chairperson-Postulat heißt im Wortlaut:

> *Sei dein eigener Chairman/Chairwoman, sei die Chairperson deiner selbst.*[217]

[215] COHN, Verantworte dein Tun und dein Lassen, persönlich und gesellschaftlich, 86 f.

[216] Vgl. JENS G. RÖHLING, Chairperson-Postulat, in: M. SCHNEIDER-LANDOLF – J. SPIELMANN – W. ZITTERBARTH (Hg.), Handbuch Themenzentrierte Interaktion, 95–100, hier 99.

[217] Ruth C. Cohn erklärt die Herkunft des Begriffs in folgender Weise: Der Begriff „Chairman" war im damaligen amerikanischen Sprachgebrauch eindeutig bestimmt. Der Chairman übernimmt die Verantwortung für die Gruppenleitung, ohne sich selber als neutral ausschließen zu müssen. „Sei dein eigener Chairman" war eine unmittelbar einleuchtende Aufforderung. Heute ist „chairman" ein antiquiertes Wort, und „chairperson", durch das es ersetzt wurde, hat nicht denselben traditionell bekannten Klang. – Trotzdem halte ich das Fremdwort „chairperson" auch heute noch für günstiger als eine deutsche Übersetzung wie

Dies bedeutet:
- Sei dir deiner inneren Gegebenheiten und deiner Umwelt bewusst.
- Nimm jede Situation als Angebot für deine Entscheidungen. Nimm und gib, wie du es verantwortlich für dich selbst und andere willst.[218]

Ruth C. Cohn spricht von einem Postulat insofern, weil die Chairpersonship grundsätzlich für jeden Menschen gilt und gleichzeitig eine Lebensherausforderung darstellt. Ich gebe J. Röhling Recht, dass die „Erfahrung der Nazi-Diktatur [...] für Cohn das wichtigste Motiv für das Chairperson-Postulat"[219] war. Ein früher Kooperationspartner von Ruth Cohn, E. Osswald, schreibt: „*Die TZI ist die Antwort auf die Herrschaftsform des Nationalsozialismus (Werthaltungen/Moral, Menschenbild, Weltbild, Kommunikationsformen und -muster).* Mit der Denkweise der TZI wird einem die lebensverachtende Grauenhaftigkeit des Nationalsozialismus erst richtig bewußt, *und* ohne Kenntnis des Nationalsozialismus ist die TZI schwer zu verstehen."[220] Dies trifft auf das Chairperson-Postulat in besonderer Weise zu. In einer Situation, in der so viele Menschen ihre Entscheidungen und ihre Verantwortung auf das System oder auf Autoritäten abgeschoben haben, weil sie gehorchen „mussten", war die Selbstverleugnung als Chairperson augenscheinlich. Gerade in dieser Frage würden sich wiederum interessante Verbindungen zwischen Ruth C. Cohn und Hannah Arendt (Eichmann Prozess) zeigen, die genauer untersucht werden sollten. Als wichtige Vermittlungstexte könnten die Briefe zwischen Ruth und der Frau ihres verstorbenen Freundes, Sybille Farau, gelten, in denen das Verhältnis zu Israel eine Rolle spielt. Wie P. Boldt neuerdings aufgezeigt hat, ergeben sich auch bedenkenswerte Verbindungen zwischen den Chairperson-Postulat und neurobiologischen Einsichten speziell was den freien Willen des Menschen betrifft.[221]

Mit der Chairperson hatte Ruth C. Cohn auch „... die Übung des Abwägens von Sollen (d.h. Ethos und Moral), Möchten (der eigene Wunsch) und Müssen (die Realität) im Blick."[222]

---

etwa „Sei dein(e) eigene(r) Führer(in), dein(e) eigene(r) Leiter(in), Vorsteher(in), Steuermann oder Steuerfrau" u. ä. Eher noch : „Sei deine eigene Leitperson" oder „Bestimme dich selbst" – nur daß keine dieser Wendungen den Charakter eines emotionalen Slogans hat.

[218] Cohn – Farau, Gelebte Geschichte der Psychotherapie, 358.

[219] Röhling, Chairperson-Postulat, 96.

[220] Elmar Osswald, Was habe ich bei TZI gelernt? in: R.C. Cohn – Ch. Terfurth (Hg.), Lebendiges Lehren und Lernen, 11.

[221] Peter Boldt, Das Chairperson-Postulat Ruth Cohns und die Neurobiologie – TZI und der freie Wille, in: Themenzentrierte Interaktion. theme-centered interaction 26 (2012) 1, 46–59.

[222] Röhling, Chairperson-Postulat, 96.

> Höre auf deine inneren Stimmen – deine verschiedenen Bedürfnisse, Wünsche, Motivationen, Ideen; brauche all deine Sinne – höre, sehe, rieche, nimm wahr. Gebrauche deinen Geist, dein Wissen, deine Urteilskraft, deine Verantwortlichkeit, deine Denkfähigkeit. Wäge Entscheidungen sorgfältig ab. Niemand kann dir deine Entscheidungen abnehmen. Du bist die wichtigste Person in deiner Welt, so wie ich in meiner. Wir müssen uns untereinander klar aussprechen können und einander sorgfältig zuhören, denn dies ist unsere einzige Brücke von Insel zu Insel.[223]

Von Kanitz weist darauf hin, dass „das Chairperson-Postulat [...] ohne den in den Axiomen festgehaltenen Gedanken der Interdependenz und der Mitverantwortung für seine Umwelt als Freibrief zur Selbstverwirklichung auf Kosten anderer missverstanden und praktiziert werden [kann]."[224] Für Ruth C. Cohn ist die Selbstwahrnehmung immer mit der Wahrnehmung des Anderen verbunden, ohne dass ich mich jedoch selbst vergesse oder aufgebe.

> Übe dich, dich selbst und andere wahrzunehmen, schenke dir und andern die gleiche menschliche Achtung, respektiere alle Tatsachen so, daß du den Freiheitsraum deiner Entscheidungen vergrößerst. Nimm dich selbst, deine Umgebung und deine Aufgabe ernst.[225]

Ich finde es aufschlussreich, wie im vielreligiösen Indien das Chairperson-Postulat verstanden wird. Hier wäre eine Selbstverwirklichung auf Kosten anderer besonders problematisch.

Th. Abraham bringt das Postulat mit Implikationen aus Hinduismus, Buddhismus, Christentum und Islam in Verbindung, wenn er schreibt:

> Chairpersonship is not self-assertion against other people's interests and needs. Let us see what Hinduism, Buddhism and Christianity and Islam have got to say in this regard.
> *In Mahabharata* (5: 1517) it is said: „This is the sum of *Dharma:* do not do to others what would cause pain if done to you." This is the parallel of the golden rule of Christianity, which says „In every thing, do to others as you would have them do to you; for this is the law and prophets." (Mathew 7; 12) In Buddhism, the rule is „Treat not others in ways that you yourself would find hurtful" (The Buddha, Uadona-Varge 5.18).

---

[223] Cohn, Von der Psychoanalyse zur themenzentrierten Interaktion, 164.

[224] Anja von Kanitz, Einführung zu den Axiomen und Postulaten, in: M. Schneider-Landolf – J. Spielmann – W. Zitterbarth (Hg.), Handbuch Themenzentrierte Interaktion, 78–85, hier 79.

[225] Cohn – Farau, Gelebte Geschichte der Psychotherapie, 358 f.

In Islam it is „Avoid doing to others that which, if done to you, will hurt you" (Holy quaran). The exercise of chairpersonship along with the value of compassion leads to the exercise of these golden rules where we discover the maximum possible autonomy with in a frame of interdependence.[226]

Das Bewusstsein, Chairperson zu sein löst die Ambivalenzen und Ambiguitäten, in denen wir uns in der Flüchtigen Moderne vorfinden, nicht einfach auf. Vielmehr ermöglicht es uns darin zu leben, ohne die Entscheidungs- und Handlungsfähigkeit zu verlieren. Man kann das Chairperson-Postulat in Verbindung mit den Axiomen als Ermutigung und Ermächtigung sehen, in Ambivalenzen lebendig zu kommunizieren.[227] Es macht bewusst, dass es für den Menschen inmitten vielfältiger Ambivalenzen nicht darum geht, eine einsinnige, ambiguitätsfreie Welt herstellen zu wollen, die für totalitäre Strukturen anfällig ist.

Die äußere wie die innere Vielheit bedroht unsere Chairpersonship nicht, sie ist ihr Reichtum.

In der Humanistischen Psychologie ist das Konzept innerer Vielheit weit verbreitet: Fritz Perls nutzt es therapeutisch; gleichzeitig mit Cohn hat auch Eric Berne seine Vorstellung der „Ich-Zustände" entwickelt: Das „Sollen" könnte man mit seinem „Eltern-Ich", das „Möchten" mit dem „Kind Ich" und das „Wollen" mit dem „Erwachsenen- Ich" in Verbindung bringen, auch wenn diese Analogie nicht exakt aufgeht.[228]

Nur wer sich in weltanschaulichen oder religiösen Fundamentalismen bzw. totalitären Ideologien verfängt, versucht, die innere Vielheit zu verdrängen oder gar abzutöten. Sie wird als „Versuchung" gebrandmarkt, weil sie letztlich den fanatischen Kampf behindert und den Menschen darin schwächt, die totalitäre Ideologie notfalls auch mit Gewalt zu verbreiten. Mich in der Allverbundenheit wahrnehmend und in der inneren Vielheit annehmend, verändere ich die Perspektive: Nicht mehr das Entweder-oder, das Freund-Feind-Schema leiten mich. Je mehr der Andere und Fremde ins Spiel kommt, umso eher zerfallen die fixierten Schemata. Es löst aber gleichzeitig die größtmögliche gesellschaftliche Verunsicherung aus, wenn

---

[226] Thomas Abraham, TCI and Indian Wisdom: Towards a Concordance, in: M.A. Kuebel – Th. Abraham, LIVING LEARNING. A Reader in Theme-Centred Interaction, Kottayam ²2009, 274.

[227] Vgl. Maria Juen – Gunter Prüller-Jagenteufel – Johanna Rahner – Zekirija Sejdini (Hg.), Anders gemeinsam – gemeinsam anders? In Ambivalenzen lebendig kommunizieren (= Kommunikative Theologie 18), Ostfildern 2015.

[228] Röhling, Chairperson-Postulat, 97.

es die einfachen Muster von Freund und Feind nicht mehr gibt. Wenn Menschen nicht mehr als Sündenböcke ausgeschlossen werden können, um den eigenen Zusammenhalt zu stärken. Was gilt dann noch? Woran kann man sich noch halten? Z. Bauman schreibt:

> Gegen diesen behaglichen Antagonismus, dieses von Konflikten zerrissene Zusammenspiel von Freunden und Feinden rebelliert der *Fremde*. Die Bedrohung, die er mit sich bringt, ist erschreckender als die, die man vom Feinde fürchten muß. Der Fremde bedroht die Vergesellschaftung selbst – die *Möglichkeit* der Vergesellschaftung.[229]

Im Menschen als Chairperson wächst im Erleben und Akzeptieren seiner inneren Vielheit die Courage, auch mit den Risiken der gesellschaftlichen Vielheit konstruktiv umzugehen, selbst wenn traditionelle Ordnungssysteme durchkreuzt werden und nicht mehr halten; also am Risiko zu wachsen. Das Chairperson-Postulat schützt vor der lähmenden Ohnmacht, die viele Menschen angesichts einer offenen Gesellschaft ergreift. Die Teilmächtigkeit, die mit der Chairperson verbunden ist, fördert die Risikobereitschaft in einer Welt mit „umgehenden" Ängsten gut leben zu können. Angesichts von Gewalt und Terror müssen wir aber auch anerkennen, dass wir nicht nur partiell mächtig, sondern auch partiell ohnmächtig sind.

Die vielsinnige Chairperson-Metapher ist auch von anderen Kommunikationskonzepten übernommen worden. Das bekannteste ist die Kommunikationspsychologie von Schulz von Thun, der in einer großen Nähe zu Ruth C. Cohns Ansatz steht.[230] Schulz von Thun spricht vom Inneren Team, das von einem „Oberhaupt" geleitet wird, das vielfache Aufgaben und Funktionen wie Kontrolle, Moderation, Integration, Konfliktmanagement zu erfüllen hat. Das „Oberhaupt" ist auch nach außen zuständig, damit das „authentisch handelnde und kommunizierende Subjekt" möglich wird. Speziell die politische Dimension der Chairperson, die bei Ruth C. Cohn deutlich hervortritt, ist im Konzept des Inneren Teams weniger ausgeprägt.[231]

---

[229] Bauman, Moderne und Ambivalenz, 95.

[230] Vgl. u. a. Friedemann Schulz von Thun – Roswitha Stratmann, On the Psychology of Civil Courage. A Theme-centered Interactive Teaching Experiment: Reflections on the Process and Insights into the Subject, in: S. Meyerhuber – H. Reiser – M. Scharer (Eds.), Theme-Centered Interaction (TCI) in Higher Education, 131–155.

[231] Vgl. Friedemann Schulz von Thun, Miteinander reden 3. Das „Innere Team" und situationsgerechte Kommunikation. Kommunikation, Person, Situation, Reinbeck bei Hamburg [26]2017.

5.6. Wie politisch ist die Chairperson?

Indem sich eine Reihe von Autor*innen[232] – mich eingeschlossen – ein entschiedeneres politisches Engagement der TZI im engeren Sinn wünschen würden, weil sie ein solches dem Erbe Ruth C. Cohns für entsprechend halten, ist in jeder Situation neu zu fragen, was politisches Handeln heißt und wie es konkret aussieht. Das Verständnis des Menschen als Chairperson spielt dafür eine große Rolle. Ist das Bewusstwerden des Menschen als Chairperson, wie es speziell auch die Intention themenzentriert-interaktioneller Gruppenarbeit ist, bereits politisch? Oder bedeutet TZI-gerechtes Handeln, sich immer aktiv in den gesellschaftspolitischen Diskurs einzumischen und inhumane Strukturen aktiv zu verändern?
Von Kanitz macht die Auseinandersetzung deutlich, wenn sie schreibt:

> Während einige die Stärkung der Chairperson bereits als politisch betrachten, verstehen andere darunter das aktive Einmischen in gesellschaftspolitische Diskussionen und die aktive Veränderung von als inhuman angesehenen Strukturen.[233]

Ruth C. Cohn ist jedenfalls davon ausgegangen, dass „jede Tat, die ich tue, ob ich mich ernähre oder ob ich lehre, [...] politisch [ist], weil alles mit allem verbunden ist."[234] Ihr Verständnis davon, was politisch ist, hängt eng mit der Allverbundenheit zusammen (vgl. 3.7. und 3.8.). Jeder Mensch ist als „(mini-trillionster Anteil der Erdbewohner) immer untrennbar mit dem Geschehen auf der Welt verbunden und damit auch zu einem mini-trillionsten Anteil mit verantwortlich."[235] Im Chairperson-Postulat realisiert der Mensch seine Selbstbestimmung, seine Selbstbewusstheit und seine Selbstverantwortlichkeit, ohne sich von äußeren Idealen oder Autoritäten bestimmen zu lassen. Insofern gilt auch: Je bewusster ich mich selbst leite, umso eher bin ich auch fähig, andere zu leiten und gesellschaftlich wirksam zu werden. Chairpersonship ist immer in einer Bewegung nach innen, intrapersonal, und nach außen, interpersonal, zu verstehen.

[232] Vgl. Hoppe, „Misch Dich ein! Greif ein!" Ein drittes Postulat für die TZI?, 1993. Hoppe, „Misch Dich ein! Greif ein!" Ein drittes Postulat für die TZI?, 1994; Johach, Auf dem Marsch durch die Institutionen; Krämer, TZI und Politik; Klemmer, Themenzentrierte Interaktion als therapeutisch-pädagogisches und politisches Handeln.

[233] Anja von Kanitz, 3. Axiom: pragmatisch-politisches Axiom, in: M. Schneider-Landolf – J. Spielmann – W. Zitterbarth (Hg.), Handbuch Themenzentrierte Interaktion, 90–94, hier 93.

[234] Cohn – Schulz von Thun, Wir sind Politiker und Politikerinnen – wir alle!, 42.

[235] von Kanitz, 3. Axiom: pragmatisch-politisches Axiom, 93.

Ein weites Politikverständnis wie Ruth C. Cohn es vertritt, fällt praktisch mit der interpersonalen Wirksamkeit der Chairperson in dem Sinne zusammen, dass jede Tat, die ich selbstentschieden und selbstverantwortlich tue, politisch ist. Der Streit, ob und wie politisch sich die TZI versteht, ist bei einem solchen Politikverständnis jedenfalls positiv entschieden. Die Auseinandersetzung kann also nur über das politische Handeln im engeren Sinn bzw. im Hinblick auf ein systemisches Politikverständnis gehen, wie es etwa N. Luhmann vertritt. Wie in der Auseinandersetzung um ein drittes, „politisches" Postulat sichtbar wurde, appelliert Ruth C. Cohn auch im Hinblick auf politisches Handeln im engeren Sinn an die Chairperson jeder und jedes einzelnen. Von ihr selbst kennen wir zahlreiche Beispiele wo sie sich für politische Aktionen entschieden hat.

Unter einem völlig anderen Blickwinkel wird die Chairperson in der Auseinandersetzung mit Entwicklungen in Richtung von superintelligenten Maschinen und Maschinenmenschen politisch bedeutsam.[236] Maschinen sollen dem Menschen Entscheidungen abnehmen, was die Vielheit radikal reduzieren und einen Prozess der Vereindeutigung, der „Entambiguisierung" einleiten würde. Denn der Mensch wäre erstmals nicht mehr das einzige urteilsfähige Wesen. Eine Wahrheitsinstanz, die als ihm überlegen angesehen wird, könnte ihn verdrängen. Gerade im Hinblick auf die Effizienz eindeutige Entscheidungen ohne Wenn und Aber treffen zu können, und Ambivalenzen und Ambiguitäten zu vermeiden, könnte der Mensch an den Rand gedrängt werden, weil die intelligente Maschine schneller und leistungsfähiger ist und unendlich mehr Möglichkeiten einkalkulieren kann, als es dem menschlichen Gehirn möglich ist. Th. Bauer schreibt zur politischen Dimension von superintelligenten Maschinen, die er bereits jetzt im Silicon Valley ortet:

> Die Ambiguitätsfeindlichkeit des Kapitalismus würde triumphieren, denn mit exponentiell wachsender Geschwindigkeit zerstört der allein an Privatinteressen orientierte Geist von Silicon Valley die Grundprinzipien des europäischen Humanismus und dessen Überzeugung von der autonomen Erkenntnis und der freien Entscheidung ebenso wie die aus diesen Maximen abgeleiteten Schlussfolgerungen: das Prinzip der Verantwortung und das Recht der Gesellschaften, gemeinsam über ihr Geschick zu bestimmen. Wenn Maschinen über Wahrheit entscheiden, kann man endlich ambiguitätsfrei in Gleichgültigkeit dahinleben.[237]

[236] Vgl. Christoph Engemann – Andreas Sudmann, Machine Learning – Medien, Infrastrukturen und Technologien der Künstlichen Intelligenz, Bielefeld 2018.
[237] Th. Bauer, Die Vereindeutigung der Welt, 92 f.

Noch „erfolgreicher" würde in dieser Logik der Zusammenschluss menschlicher und maschineller Gehirne funktionieren, also „der schwitzende, authentische, ambiguitätsfreie Maschinenmensch, der selbstoptimiert im kapitalistischen Verwertungsprozess völlig effektiv funktioniert"[238]. Nach Z. Bauman würden damit die moderne Praxis und Politik und der moderne Intellekt ihrem Ziel des modernen Lebens näherkommen, das darin bestehe, Ambivalenz auszulöschen. Die Intoleranz der modernen Praxis zeige sich ja gerade darin, alles, was nicht genau definierbar sei zu unterdrücken und letztlich zu eliminieren.

> Taxonomie, Klassifikation, Inventar, Katalog und Statistik sind vorherrschende Strategien der modernen Praxis. Moderne Meisterschaft besteht in der Macht zu trennen, zu klassifizieren und zuzuteilen – im Denken, in der Praxis des Denkens und im Denken der Praxis. Paradoxerweise ist aus diesem Grund die Ambivalenz der größte Schmerz der Moderne und die beunruhigendste ihrer Sorgen.[239]

Doch „kulturelle Entfaltung ist Bewegung ohne Geländer."[240] In diesem Sinne drängt sich nicht nur ein intra- und interpersonales Verständnis der Chairperson, sondern ein politisches geradezu auf, das sich der Humanität verpflichtet weiß.

Vertiefende und weiterführende Themen

- „Menschsein bedeutet nicht, sinnlos in die Welt geworfen zu sein, sondern Sinn zu finden in der Verwirklichung des individuellen Selbst, das ein Teil der Gemeinschaft aller ist." (Ruth C. Cohn) – Was von dieser Menschen- und Weltsicht teile ich? Worin bin ich anderer Meinung?
- „Wie will ich/wollen wir verändern? Und welches sind meine/unsere Maßstäbe der Entscheidung?" (Ruth C. Cohn)
- „Die Axiome der TZI … sind der existentielle und ethische Kompaß für Menschenwürde und Lebenswürde." (Ruth C. Cohn) – Wie will ich/wollen wir diesen Kompass darstellen? (Zeichnen, Malen, Pantomime, Standbild usw.) – siehe dazu auch Kapitel 6.
- Wie finde ich mich im Moment zwischen den unterschiedlichen persönlich-privaten und gesellschaftlichen Herausforderungen vor? Wo schlägt mein Herz?

---

[238] Th. Bauer, Die Vereindeutigung der Welt, 94.
[239] Bauman, Moderne und Ambivalenz, 33.
[240] Trojanow, Nach der Flucht, Pos 645–646.

- Wenn ich im Streit um ein drittes Postulat beteiligt gewesen wäre: Welche Position hätte ich eingenommen und welche würde ich heute einnehmen?
- Was an der Argumentation, „dass das Chairperson-Postulat genügt“, um politisch zu handeln, kann ich nachvollziehen bzw. teile ich, was nicht?
- In welchen Situationen erlebe ich mich am deutlichsten als Chairperson? In welchen ist das Gegenteil der Fall?
- Auf welche meiner weltanschaulichen bzw. ethischen Einsichten trifft das Chairperson-Postulat am deutlichsten? Welchen widerspricht es? Welche verändert es?
- Welche Verbindungen zwischen dem Chairperson-Postulat und anderen Weltanschauungen und Religionen sehe ich?
- Wie gehe ich mit meiner inneren Vielheit um? Was bedrängt/bedroht mich daran? Was macht mich freier?
- „Du bist die wichtigste Person in deiner Welt, so wie ich in meiner.“ (Ruth C. Cohn) – Wie können wir uns verständigen?
- In welchen Zusammenhängen habe ich mich mit künstlicher Intelligenz und „Maschinenmenschen“ auseinandergesetzt? Was fasziniert und was bedroht mich?

6. Das Ganze im Blick: Eine Zusammenschau

Ich möchte Menschen, die all dieses Leid nicht wollen, ermutigen,
nicht zu resignieren und sich ohnmächtig zu fühlen,
sondern ihre Vorstellungskräfte und Handlungsvermögen einzusetzen,
um sich solidarisch zu erklären und zu verhalten,
solange wir selbst noch autonome Kräfte in uns spüren. –
Das ist das Eigentliche, was ich mit TZI möchte.
(Ruth C. Cohn)[241]

Wer das Leben von Ruth C. Cohn und die TZI kennt, kann dieses Kapitel ruhig überblättern. Es hat im Hinblick auf die politische, interkulturelle und transreligiöse Ausrichtung dieses Buches kaum einen neuen Erkenntniswert. Dieses Kapitel dient der Erinnerung an jene TZI-Elemente, die bisher noch nicht ausführlich behandelt wurden und auch in den nächsten Kapiteln nicht mehr weiter expliziert werden. Insofern verhilft es Leser*innen, die mit Ruth C. Cohn und der TZI bisher nicht vertraut waren, zu einem systematischeren Einblick in das „Ganze". Am Ende des Kapitels versuche ich in einer Graphik die Zusammenschau der Elemente.

In manchen Einführungen in die TZI wird die Haltung, die sich im Konzept der deutsch-jüdischen Migrantin ausdrückt, in den drei Axiomen und zwei Postulaten verortet, während sich die Methode vor allem in den vier Faktoren (Ich, Wir, Es, Globe), in deren Dynamischer Balance, im partizipativen Leitungsverständnis und in den sogenannten Hilfsregeln finden soll. Wie frühe Texte von Ruth C. Cohn zeigen,[242] hat sie die „humanistischen Prinzipien" jeweils integrativ mit der Psychotherapeutischen- oder Gruppenpraxis verbunden. Deshalb kann ich der Zuordnung einzelner TZI-Elemente *entweder* zur Haltung *oder* zur Methode wenig abgewinnen. Auch hier gilt das Sowohl-als-auch. Sind nicht gerade in der Auswahl, im Verständnis und in der Balance der TZI-Faktoren von Ich, Wir, Es und Globe wesentliche Aspekte des Welt- und Menschenbildes und der Ethik der TZI verankert? Haben nicht auch speziell die Postulate, aber auch die Axiome, die ich in diesem Kapitel zusammenfassend erläutern werde, methodische Implikationen? Deshalb wähle ich, wenn ich das „Ganze" der TZI in den Blick nehme, nicht die vielfach übliche Darstellungsform von drei

[241] Cohn – Farau, Gelebte Geschichte der Psychotherapie, 374.

[242] Ruth C. Cohn, ON HUMANISTIC PRINCIPLES IN PSYCHOTHERAPY AND GROUPLEADING, in: THE JOURNAL OF CLINICAL ISSUES IN PSYCHOLOGY, VOL. 2 Nr. 3, October 1970, 24–25.

Axiomen[243], zwei Postulaten[244], vier Faktoren[245], der Dynamischen Balance[246], der partizipierenden Leitung[247], der Leitung mit Themen und Strukturen[248] und einiger Hilfsregeln[249]. Das „TZI-Haus", mit dem P. Matzdorf das TZI-System dargestellt hat[250], und das – wie M. Schneider-Landolf anmerkt[251] – bereits seit den 1980iger Jahren wegen seiner Eingängigkeit als Lehrmaterial kursierte, scheint mir im Zusammenhang der Wechselseitigkeit der TZI-Elemente „zu klein" zu sein. Vor allem kommen in der Darstellung – wie Matzdorf selbst schreibt – die wichtigen systemischen Verbindungen nicht zum Ausdruck, die aber einen wesentlichen Kern von TZI treffen, der sie von anderen Konzepten unterscheidet.

Bei all den vielen Aspekten und Perspektiven, die ich in diesem Buch aufgreife und die ich schon aus Platzgründen nicht immer in gebührender Tiefe bearbeiten kann, ist mir wichtig, immer wieder die Grundintention der

243 Vgl. von Kanitz, Einführung zu den Axiomen und Postulaten, 78–85; Uwe Fasshauer, 1. Axiom: existentiell-anthropologisches Axiom, in: M. Schneider-Landolf – J. Spielmann – W. Zitterbarth (Hg.), Handbuch Themenzentrierte Interaktion, 80–85; Peter Vogel, 2. Axiom: ethisches Axiom, in: M. Schneider-Landolf – J. Spielmann – W. Zitterbarth (Hg.), Handbuch Themenzentrierte Interaktion, 86–89.

244 Vgl. Sara G. Hoffmann, Störungspostulat, in: M. Schneider-Landolf – J. Spielmann – W. Zitterbarth (Hg.), Handbuch Themenzentrierte Interaktion, 101–106; Röhling, Chairperson-Postulat.

245 Vgl. Hermann Kügler, Vier-Faktoren-Modell der TZI, in: M. Schneider-Landolf – J. Spielmann – W. Zitterbarth (Hg.), Handbuch Themenzentrierte Interaktion, 107–114; Walter Lotz, Ich, in: M. Schneider-Landolf – J. Spielmann – W. Zitterbarth (Hg.), Handbuch Themenzentrierte Interaktion, 115–119; Mina Schneider-Landolf, Wir, in: M. Schneider-Landolf – J. Spielmann – W. Zitterbarth (Hg.), Handbuch Themenzentrierte Interaktion, 120–127; Martina Emme – Jochen Spielmann, ES, in: M. Schneider-Landolf – J. Spielmann – W. Zitterbarth (Hg.), Handbuch Themenzentrierte Interaktion, 128–133; Walter Nelhiebel, Globe, in: M. Schneider-Landolf – J. Spielmann – W. Zitterbarth (Hg.), Handbuch Themenzentrierte Interaktion, 134–140.

246 Vgl. Jochen Spielmann, Dynamische Balance, in: M. Schneider-Landolf – J. Spielmann – W. Zitterbarth (Hg.), Handbuch Themenzentrierte Interaktion, 141–146.

247 Vgl. Regina Hintner – Theo Middelkoop – Janny Wolf-Hollander, Partizipierend Leiten, in: M. Schneider-Landolf – J. Spielmann – W. Zitterbarth (Hg.), Handbuch Themenzentrierte Interaktion, 183–188.

248 Vgl. Mina Schneider-Landolf, Thema, in: M. Schneider-Landolf – J. Spielmann – W. Zitterbarth (Hg.), Handbuch Themenzentrierte Interaktion, 157–163; Irene Klein, Struktur, in: M. Schneider-Landolf – J. Spielmann – W. Zitterbarth (Hg.), Handbuch Themenzentrierte Interaktion, 164–169.

249 Vgl. David Keel, Hilfsregeln, in: M. Schneider-Landolf – J. Spielmann – W. Zitterbarth (Hg.), Handbuch Themenzentrierte Interaktion, 195–200.

250 Paul Matzdorf, Das TZI-Haus. Zur praxisnahen Grundlegung eines pädagogischen Handlungssystems, in: R.C. Cohn – Ch. Terfurth (Hg.), Lebendiges Lehren und Lernen, 332–387, hier: 339.

251 Mina Schneider-Landolf, System der TZI, in: M. Schneider-Landolf – J. Spielmann – W. Zitterbarth (Hg.), Handbuch Themenzentrierte Interaktion, 67–77, hier: 70.

im Exil von der deutsch-jüdischen Migrantin entwickelten TZI ins Bewusstsein zu rufen. Sie verbindet sich mit einem wachen Bewusstsein gegenüber Ausgrenzung, Menschenverachtung, Resignation und Ohnmacht und einer tiefen Solidarität mit allen Menschen, vor allem auch den Fremden/Anderen. Sich „solidarisch zu erklären und zu verhalten, solange wir selbst noch autonome Kräfte in uns spüren“[252], war eine zentrale Motivation für Ruth C. Cohns couragiertes Handeln, das in der Entwicklung der TZI als Haltung und Praxis konkret wird. Insofern sind in der TZI Leben[253], Haltung und Praxis unentschränkbar miteinander verbunden.

6.1. Gewohnte Zugänge

In der Beschäftigung mit der TZI begegnen wir zunächst einem einfachen und plausiblen Interaktionsmodell, in dem sich eine humanistische Auffassung vom Menschen und der Welt ausdrückt. Dieses Konzept, das Haltung und Praxis integriert, ist in allen Bereichen anwendbar, in denen Menschen leben und kommunizieren: Angefangen bei sogenannten Primärgruppen, in die wir hineingeboren sind oder hineinwachsen, bis zu den vielfältigen sekundären Gruppen, die uns beruflich oder privat im Laufe des Lebens begegnen. Wie ich mit diesem Buch zeigen will, helfen die TZI-Perspektiven auch zu einer kritischen Gesellschaftsanalyse, die u. a. Ausblendungen und versäumte Möglichkeiten in politischen, interkulturellen und trans-weltanschaulichen bzw. trans-religiösen Bereichen aufdecken können. Insofern sind sie nicht nur in der TZI-Gruppenarbeit, sondern auch etwa bei der Vorbereitung von Vorträgen (vgl. 9.9.) hilfreich.

Menschen aus unterschiedlichen Kulturen, mit verschiedenen weltanschaulichen oder religiösen Überzeugungen haben sich auf den Weg gemacht, um sich mit Hilfe von TZI ein tieferes Bewusstsein für menschengerechtes, couragiertes und solidarisches Handeln zu schaffen und/oder sich durch eine TZI-Zusatzausbildung Kompetenzen zur Bewältigung beruflicher und privater Herausforderungen anzueignen. Ruth C. Cohn war der Überzeugung, dass TZI nicht als eigener Beruf ausgeübt werden könne, sondern dass die TZI-Haltung und Praxis Menschen in ihren jeweiligen Berufen oder in ihrem Privatleben zusätzlich qualifizieren würde.

Innerhalb der WILL- bzw. TZI-Bewegung zeigte sich mehr und mehr auch der Bedarf für eine TZI-Ausbildung, die am „Markt“ der Qualifika-

[252] Cohn – Farau, Gelebte Geschichte der Psychotherapie, 374.

[253] Vgl. Heidi Greving, Ruth C. Cohn, in: M. Schneider-Landolf – J. Spielmann – W. Zitterbarth (Hg.), Handbuch Themenzentrierte Interaktion, 18–23.

tionen bestehen kann und die in der Regel als Fort- und Weiterbildung in unterschiedlichsten Bereichen angeboten wird. Sie wird vom Ruth Cohn Institute for TCI-international und von seinen regionalen Mitgliedsvereinen verantwortet und geschieht gegenwärtig auf zwei Levels:

- Grundausbildung: sie führt zum TZI-Zertifikat;
- Aufbauausbildung: sie führt zum TZI-Diplom.

Daneben gibt es unterschiedliche Spezialisierungen wie Supervision, Coaching u. a., die auf der TZI aufbauen.

Da es in TZI-Ausbildungen immer um eine enge Verbindung von Lebensauffassungen, Haltung und Praxis geht, wechseln in der Grundausbildung sogenannte Persönlichkeits- mit Methodenkursen. Die Aufbauausbildung ist stärker berufsfeldbezogen: Hier gibt es ein spezialisiertes Kurssystem und eine verpflichtende Peer-Gruppe, in der TZI praktiziert und supervidiert wird. Die TZI-Qualifikationen werden in einem dialogischen Prozess zwischen Auszubildenden, Ausbildungsgruppen und TZI-Lehrenden erreicht. Über die TZI-Ausbildungen hinaus besteht die Möglichkeit, sich als Lehrbeauftragte*r des Ruth Cohn Institute for TCI-international zu qualifizieren (Graduierung) und damit TZI weltweit lehren zu können. Ich praktiziere das seit mehr als 25 Jahren in unterschiedlichen kulturellen und weltanschaulich-religiösen Kontexten.

Die TZI kann man also auf sehr verschiedenen Wegen, auf unterschiedlichen Niveaus und in vielfältigen Feldern „lernen" und praktizieren. Das „Erlernen" der TZI ist mit jenem Anspruch, der als „Living Learning / Lebendes Lernen", oder wie es im Deutschen meist ausgedrückt wird, „Lebendiges Lernen" verbunden. Lebendig Lernen geschieht nicht nur in Gruppen, die naturgemäß im Rahmen der TZI-Ausbildung sehr wichtig sind. Lebendig Lernen können Menschen auch über Texte, über ein Buch; besonders auch dann, wenn sie sich mit anderen Menschen über das Gelesene austauschen. Vor der Herausforderung, das Lesen und den Austausch anzuregen, stehe ich als Autor.

In diesem Buch geht es mir von Anfang an nicht darum, den zahlreichen TZI-Einführungen[254] und Studientexten[255] noch welche hinzuzufügen.

---

[254] Vgl. u. a. Ruth C. Cohn, Living-Learning Encounters: The Theme-Centered Interactional Method, in: L. Blank – G.B. Gottsegen – M.G. Gottsegen (Eds.), Confrontations. Encounters in self and interpersonal awareness, New York 1971, 245–271; Ruth C. Cohn, Zur Grundlage des themenzentrierten interaktionellen Systems. Axiome, Postulate, Hilfsregeln, in: R.C. Cohn, Von der Psychoanalyse zur themenzentrierten Interaktion; Cohn, Themenzentrierte Interaktion. Kein „Regelsystem"; keine „Leiterlose Gruppe", 486–489; Cohn, Es geht ums Anteilnehmen…; R.C. Cohn – Ch. Terfurth (Hg.), Lebendiges Lehren und Lernen; Cohn, Von der Psychoanalyse zur themenzentrierten Interaktion; Hartmut Grün, 9 relevante Aspekte der TZI. Ein TZI-Kompass für „Ortsfremde", in: A. von Kanitz u. a. (Hg.), Elemente der Themenzentrierten Interaktion, 19–28; Matthias Kroeger, The-

Vielmehr will ich zeigen, dass und wie am Leben und Werk Ruth C. Cohns eine gesellschaftspolitische Innovation mit interkultureller und transreligiöser Relevanz sichtbar wird, die speziell in den Dilemmata der Flüchtigen Moderne, mit ihren Barrieren und Ängsten gegenüber Anderen und Fremden und den grundsätzlichen Problemen mit einer ambiguen Gesellschaft, von erheblicher Bedeutung ist. Dabei geht es darum, zu einer kritischen, eigenständigen und gegenwartsbezogenen Auseinandersetzung mit Ruth C. Cohn und der TZI anzuregen. Dies gerade deshalb, weil sich das Selbstverständnis jedes Menschen als Chairperson, das ein Grundparadigma in Ruth C. Cohns Ansatz darstellt (vgl. 5.5.), einer blinden „Nachfolge" grundsätzlich verweigern muss.

Wer TZI nicht bloß als Leitungs- und Gruppenknowhow versteht, sondern sich mit ihr auf eine Dynamik des Menschseins in Solidarität in einer offenen, vielsinnigen und vielfältigen Gesellschaft einlässt, begibt sich in einen Aneignungsprozess, der darauf abzielt, selbstbewusst, selbstbestimmt und selbstverantwortlich mit Anderen in der Einen Welt zu leben, zu kommunizieren und Verantwortung zu übernehmen, weil alles mit allem verbunden ist. Auf diesem Hintergrund treffen ziel- bzw. kompetenzorientierte TZI-Beschreibungen auf eher intentionsorientierte. Letztere machen die große Vision der Migrantin bewusst. Beide ergänzen einander und haben ihren Sinn und ihr Recht. J. Spielmann versucht eine zielorientierte Beschreibung:

> TZI ist ein umfassendes, ganzheitliches Handlungskonzept mit dem Ziel, Situationen, in denen Menschen miteinander arbeiten, lernen und leben, bewusst, human und humanisierend zu gestalten. Dabei liegt der Fokus meist

---

menzentrierte Seelsorge: Über die Kombination Klientzentrierter und Themenzentrierter Arbeit nach Carl R. Rogers und Ruth C. Cohn in Theologie und schulischer Gruppenarbeit, Stuttgart [4]1989; Mary Anne Kuebel – Thomas C. Abraham (Eds.), Living learning: A Reader in Theme-Centered Interaction, Kottayam 2009; Mary Anne Kuebel – Thomas C. Abraham (Eds.), Living Learning. Text Book for Theme-Centred Interaction (TCI), Kottayam, 2016; Langmaack, Einführung in die themenzentrierte Interaktion; Cornelia Löhmer – Rüdiger Standhardt (Hg.), TZI – die Kunst, sich selbst und eine Gruppe zu leiten. Einführung in die Themenzentrierte Interaktion. Mit einem Gespräch von Ruth C. Cohn und Friedemann Schulz von Thun, Stuttgart, [2]2018; Matzdorf – Cohn, Das Konzept der Themenzentrierten Interaktion; Reiser, Vorschlag für eine theoretische Grundlegung; Helmut Reiser, Von der überlieferten Struktur der TZI zu einer aufgabenbezogenen Erweiterung in Schritten. Graduiertenkonferenz in Springe/Hannover 12.–15. November 2015; Schneider-Landolf – Spielmann Zitterbarth (Hg.) Handbuch Themenzentrierte Interaktion; Dietrich Stollberg, Lernen, weil es Freude macht. Eine Einführung in die Themenzentrierte Interaktion, München 1982.

[255] Anja von Kanitz u. a. (Hg.), Elemente der Themenzentrierten Interaktion. Vgl. auch die in der Bibliografie unter Top 3 angeführte Literatur.

> auf dem Leitungshandeln in Gruppen, Teams, Gremien und Organisationen. TZI ermöglicht eine differenzierte Wahrnehmung von Situationen und eine zielgerichtete Steuerung und Begleitung von sozialen Prozessen. Dazu gehören Aufgaben wie Planung, Leitung, Intervention, Reflexion, Analyse und Diagnose. Ziel ist, Arbeits- und Lernprozesse so zu gestalten, dass optimale Ergebnisse erzielt werden können, indem sowohl die gemeinsame Aufgabe, die Interaktionen zwischen allen Beteiligten als auch die individuellen Interessen und die Rahmenbedingungen berücksichtigt werden.[256]

Daneben stehen intentionsorientierte Kurzfassungen, was TZI ist und was sie will.
Ruth C. Cohn schreibt:

> TZI war für mich von Anfang an der Ausdruck einer Idee, daß es doch so etwas geben müsse, was wir mitten im Grauen der Welt tun könnten, ihm etwas entgegenzusetzen – kleine Schritte, kleine winzige Richtungsänderungen. [...] Ich hatte den Wunsch, eine Bewußtwerdung – wie die Analyse sie einzelnen Menschen ermöglichte – vielen Leuten zugänglich zu machen und vor allem Kinder und Eltern zu erreichen. [...] Ich habe damals nicht geglaubt und glaube auch heute nicht, daß menschliche Grausamkeit ein unbekämpfbares Naturgesetz ist, sondern eher eine noch nicht gebrochene Kette von Frustrierung und Dagegen-Ausschlagen. [...] Ich glaube nicht, daß es Naturgesetz ist, daß Flüchtlinge ins Meer gestoßen werden müssen und Millionen von Kindern auf der Straße verhungern sollen.[257]

Die TZI ist keine „deutsche Methode“ wie das manche Inder*innen fälschlicherweise wahrnehmen und wie es ihnen vielleicht mitunter vermittelt wurde. Sie erscheint ihnen in einem „deutschen Gewand“, weil deutschsprachige TZI-Lehrende in Indien gearbeitet haben und dabei bereits die Differenzierung in Schweizer, Deutsche und Österreicher schwerfällt. Zwischen dem „europäisch-deutschen Gewand“, in dem sich die TZI heute überwiegend zeigt und am Ruth Cohn Institute for TCI-international mit seinen Mitgliedsvereinen organisiert ist, und der Grundintention der Migrantin zu unterscheiden, scheint mir im Hinblick auf die internationale, transkulturelle und transweltanschauliche bzw. transreligiöse Öffnung des

[256] Jochen Spielmann, Was ist TZI?, in: M. Schneider-Landolf – J. Spielmann – W. Zitterbarth (Hg.), Handbuch Themenzentrierte Interaktion, 15 f.

[257] Anita Ockel – Ruth C. Cohn, Das Konzept des Widerstands in der themenzentrierten Interaktion. Vom psychoanalytischen Konzept des Widerstandes über das TZI-Konzept der Störung zum Ansatz einer Gesellschaftstherapie, in: C. Löhmer – R. Standhardt (Hg.), TZI, 177–206, hier 178.

Konzepts wichtiger denn je zu sein. Deshalb erinnere ich in diesem Vernetzungskapitel nochmals an biographische Zusammenhänge aus dem Leben Ruth C. Cohns, die sich unmittelbar in der Entwicklung der TZI niedergeschlagen haben.[258]

6.2. Ruth Charlotte Hirschfeld, die Berlinerin

Wir erinnern uns, dass Ruth Charlotte Cohn, geborene Hirschfeld, am 27. August 1912 in Berlin-Charlottenburg, Mommsenstraße 55 zur Welt kam und dort in einer bürgerlich-liberalen jüdischen Familie eine für diese Zeit „normale" Kindheit erlebte. Ihre Mutter war Pianistin, ihr Vater relativ erfolgreicher Geschäftsmann. H. Herrmann schreibt über das Berlinerische, das sie an der Migrantin wahrnahm, aber auch über die Verletzungen, welche das „Verteufelt- und nicht Gewolltwerden" als Jüdin, bei ihr hinterlassen haben.

> Ich nehme Ruth weitaus mehr als Berlinerin wahr als sie sich selbst. Oft spüre ich ihr Distanziertsein, Nicht-Identifiziertsein, ihr Nicht-Heimatgefühl, wenn es um ihre Geburtsstadt geht. Umso mehr bin ich überrascht und genieße es, in unterschiedlichsten Situationen 'echt Berlinerisches' bei ihr durchblitzen zu sehen: Da ist die Schnelligkeit der Sprache, der Tonfall ihrer Stimme, die Originalität der Formulierungen, der 'Mutterwitz' bis hin zur 'Berliner Schnauze'. Manchmal versuche ich mir vorzustellen, was es für Ruths Beziehung zu Berlin bedeuten mag, daß der Name ihrer Geburtsstadt sowohl mit der Unbefangenheit des dort Aufgewachsenseins verbunden ist als auch mit dem Verteufelt- und nicht Gewolltwerden, der tödlichen Bedrohung für sich selbst und die Menschen, die sie liebte ('... alle, die ich dort kannte, sind nicht mehr da...'). Wie tief mögen diese Verletzungen in die Liebe zur Heimatstadt eingedrungen sein?[259]

Von Früh an wollte Ruth Lyrikerin werden und schrieb Gedichte[260]; leider konnte ich nur wenige davon in dieses Buch aufnehmen. Nebenbei suchte sie nach einem „realistischen" Beruf und begann, dem Rat erwachsener Freunde folgend, im Sommersemester 1931 in Heidelberg Nationalökono-

---

[258] Zu einem „Dialog" zwischen Ruth C. Cohns Biographie und gegenwärtigen gesellschaftlichen Fragen vgl. MATTHIAS SCHARER, Couragiert inmitten der Angst. Ruth C. Cohn – Eine Therapeutin gegen totalitäres Denken, Ostfildern 2020.

[259] HERRMANN, Ruth C. Cohn – Ein Porträt, 22.

[260] Vgl. u. a. RUTH C. COHN, ... inmitten aller Sterne ..., in: F. Paulsen (Ed.), New York 1949–^{2}1952; COHN, ... zu wissen dass wir zählen...

mie zu studieren, um Journalistin zu werden. „Daß mir dieses Metier nicht lag, hatte ich schon nach wenigen Semesterwochen in Heidelberg erkannt!“[261] Sie lernte dort den Goetheexperten Gundolf[262] kennen und entdeckte ihre Liebe zu Goethe und seinem Denken, die sie zeitlebens begleitete.[263] Ruth ging nach Berlin zurück und erkannte durch die Bekanntschaft mit einer Analytikerin – der Mutter ihres damaligen Freundes – ihren Berufswunsch, nämlich Psychoanalytikerin zu werden. Mit einem jüdischen Freund und Kollegen erlebte sie die ersten Attacken durch die Nazis an der Universität.

6.3. Das Schweizer Exil und die Psychoanalyse

Ruth Charlotte Hirschfelds Vater war bereits 1930 verstorben. Am 31. März 1933, einen Tag vor dem ersten Judenboykott in Deutschland, ging Ruth als Studentin nach Zürich ins Exil (vgl. 4.2.). Wie konnte sie dort überleben? Das „Testament“ des Vaters [...] „und die deutschen Auswanderungsgesetze machten es mir unmöglich, mehr als einen Bruchteil meines Erbes mitzunehmen. Es reichte jedoch dazu, mein Studium zu finanzieren und uns und einigen anderen Leuten zur Ausreise zu verhelfen.“[264]

Hans Helmut Cohn schloss in der Schweiz sein Medizinstudium ab. Ruth durfte keines ihrer Studien abschließen, weil sie ab 1936, wo sie ihre deutsche Staatsbürgerschaft als Jüdin verlor, nur als Studentin weiterhin das Aufenthaltsrecht in der Schweiz hatte.

> Als die Flüchtlingswelle größer wurde und als ich 1936 meine deutsche Staatsbürgerschaft als Jüdin im Ausland verlor, war ich nicht als Flüchtling, sondern als Studentin in der Schweiz registriert. Als solche hatte ich nur so lange Anrecht auf Aufenthalt, wie ich studierte. Daher mußte ich mein Studium so einrichten, daß ich nicht doktorieren würde, ehe ich das Land verlassen wollte und konnte. So fügte ich meinen 'eigentlichen Fächern', Psychologie, Philosophie und Literatur, außer Medizin noch Theologie und Pädagogik hinzu, ohne zu doktorieren.[265]

[261] Cohn – Farau, Gelebte Geschichte der Psychotherapie, 211.

[262] Friedrich Gundolf (1880–1931), geboren als Friedrich Leopold Gundelfinger, war ein deutsch-jüdischer Literaturwissenschaftler in Heidelberg. Sein wichtigstes Werk ist „Goethe“ (1916). Einer seiner Schüler war Joseph Goebbels, der spätere Propaganda-Minister Hitlers.

[263] Die vielbenutzte und heute abgegriffene Goethe Ausgabe war Ruth C. Cohn so wichtig, dass sie diese zu allen Stationen ihrer Migration mitgenommen und schließlich wieder nach Europa zurückgebracht hat.

[264] Cohn – Farau, Gelebte Geschichte der Psychotherapie, 212.

[265] Cohn – Farau, Gelebte Geschichte der Psychotherapie, 212.

Noch in der Schweiz heiratete Ruth C. Hirschfeld Hans Helmut Cohn. Seit dem trug sie dessen Nachnamen. Hans Helmut hatte inzwischen eine Stelle als Arzt angenommen:

> Wir heirateten, um die Eltern meines Freundes vor dem sicheren Tod in den Gaskammern zu schützen.[266]

Briefe aus dieser Zeit, die im Nachlass aufbewahrt sind, zeugen von der spannungsreichen und schwierigen Beziehung zwischen den beiden von Beginn an.

Die wichtigsten Erfahrungen Ruth C. Cohns in der Schweizer Zeit drehten sich um die eigene Psychoanalyse. TZI ist von der Psychoanalyse wesentlich beeinflusst und Ruth C. Cohn sah sich lebenslang als Psychotherapeutin, obwohl sie sich in manchen Bereichen von der Psychoanalyse auch absetzte.

> Zwischen 1933 und 1939 lag ich sechsmal in der Woche – wie es damals üblich war – je eine Fünfzig-Minuten Stunde lang auf der Couch. Der Analytiker hinter mir hörte mir geduldig zu. Er war jung und sehr attraktiv. Das wußte ich nur, weil ich ihn beim Eintreten und Weggehen an der Tür sah, wenn er mir die Hand gab.[267]

Fasziniert erzählt sie von der Analyse, die ihr einen tiefen Einblick in die seelischen Zusammenhänge von der Kindheit bis in ihre gegenwärtige Lebenssituation ermöglichte. Und doch blieb ein Unbehagen bestehen:

> Obwohl ich mehr lernte über mich und andere Menschen, als ich für möglich gehalten hätte, wurden ein Schmerz, eine Sehnsucht in mir immer heftiger – eine Sehnsucht nach etwas Unbestimmtem, das ich finden müßte. – Oft war ich verzweifelt. Manchmal tröstete mich mein Analytiker, der sich ebenso wie ich um die Beendigung der Analyse bemühte, daß wir 'es' schon noch finden würden. 'Es' brauche eben seine Zeit. Das ließe sich nicht ändern. – Was war dieses unbekannte 'Es'? Das Urtrauma das aus dem Meer des Unbewußten eines Tages auftauchen und alle Rätsel lösen würde?[268]

Nach sechs Jahren wurde der Analytiker zum Militärdienst eingezogen, sodass die Analyse abgebrochen werden musste, ohne „das Eigentliche"

[266] Cohn – Farau, Gelebte Geschichte der Psychotherapie, 215.
[267] Cohn – Farau, Gelebte Geschichte der Psychotherapie, 214.
[268] Cohn – Farau, Gelebte Geschichte der Psychotherapie, 215.

gefunden zu haben. Auch während der Analyse konnte sie den Anweisungen des Analytikers nicht folgen; sie sollte keine großen Entscheidungen treffen und die politischen Ereignisse in Deutschland außen vor lassen: Sie heiratete jedoch und erlebte das Drama des Holocaust, das sich in Deutschland abspielte, sehr nahe mit. 1940 kam Tochter Heidi zur Welt. Im Jahr darauf emigrierte die Familie, geschockt durch die (falsche) Nachricht, dass die deutschen Truppen in der Schweiz einmarschiert seien, mit einem der letzten Transporte nach Amerika. H. Herrmann schreibt im Porträt:

> Bilder aus der Schweizer Zeit: Mit ihrem Mann Hans; Weihnachten 1939 als Schwangere; Februar 1940 mit der neugeborenen Tochter im Arm; die Tochter Heidi stillend, mit jenem Ausdruck von Versammeltheit und Nach-innen-Gekehrtsein, wie ich ihn oft bei stillenden Müttern beobachtet habe. Die Bilder ein Jahr danach – Heidi strahlend und lachend auf dem Arm der Eltern – fielen in jene Zeit, wo entfernt geglaubte tödliche Bedrohung unmittelbar zu werden scheint: Das Heulen der Sirenen kündete den Einmarsch der deutschen Armee an. Auch wenn es später Fehlalarm hieß, diese Worte Ruths zeugen von der erlebten Todesangst: 'KZ? Folter? Ermordet werden? Suizid begehen? Das Töchterlein verstecken, das Angebot einer christlichen Schweizer Frau annehmen, daß sie das Kind aufziehen wird? Doch die Nazis könnten sehr leicht herausfinden, daß dies ein jüdisches Kind, unser Kind ist. Sie könnten es quälen und ermorden. Sollen wir es davor schützen und töten?'[269]

6.4. Zwischen Verzweiflung und Hoffnung

Obwohl sich die Nachricht, dass die deutsche Armee in die Schweiz einmarschiert war, als Fehlermeldung erwies, emigrierten die Cohns 1941 in die USA. Ruth erinnert sich:

> Wir fuhren in plombierten Eisenbahnwagen durch das unbesetzte Frankreich und erreichten nach einer Odyssee von Aufregungen und Schwierigkeiten in Lissabon eines der letzten Schiffe, das nach Ausbruch des Krieges den Ozean überquerte.[270]

[269] Herrmann, Ruth C. Cohn – Ein Porträt, 27 f.
[270] Cohn – Farau, Gelebte Geschichte der Psychotherapie, 217.

Wenige Wochen später entsteht das Gedicht „Eva“, ein Gedicht der Dankbarkeit. Über viele Jahre war es für Ruth das eine, wirklich schöne Gedicht, das sie von Kindheit an schreiben wollte.

Eva
Herr, tief wie Täler ruhn die Falten
des Mantels über Deinen Knien.
Gib mir die Kraft, mich daran festzuhalten,
die ich nur Rippe Deines Bildes bin.

Dein Flammenschwert verglühte und verrostet
an jener Pforte, die zur Erde führt.
Ich habe, Herr, nur von der Frucht gekostet,
weil ich Dich selbst so süß in ihr gespürt.

Ich danke Dir, Du hast in weisem Lenken
den Fluch gewendet und mich tief geehrt.
Mein Leib schwillt an, Dir jene Frucht zu schenken,
die mir im Paradies so streng verwehrt.

Und meine Brüste weiten sich und blühen
dem Kinde zu, das Du in mir erkannt.
Birg in den Falten über Deinen Knien
Inmitten aller Sterne meines Knaben Hand.[271]

Ruth C. Cohn kam als ausgebildete Psychoanalytikerin in Amerika an. Dennoch lebte sie „[...] in der Unsicherheit einer Nicht-Medizinerin und eines acht Jahre lang staatenlos – davon sieben Jahre lang 'papierlos' – gewesenen Flüchtlings ohne Anspruch auf Einbürgerung.“[272] Die ersten Jahre in Amerika waren für Ruth sehr schwer. H. Herrmann findet kaum Fotos aus dieser Zeit. Die Emigration in die Staaten war – wie bei den meisten Migrant*innen – Flucht und Hoffnung zugleich. Wenn ich in Ruths Notizen aus dieser Zeit lese, bin ich tief davon berührt, wie sie mit den vielen Schwierigkeiten leben, ja überleben konnte:

- Als Nicht-Medizinerin bekam die qualifizierte Psychoanalytikerin keine Berufserlaubnis am New Yorker Psychoanalytischen Institut; es wurde ihr geraten mit Kindern zu arbeiten und eine diesbezügliche Ausbildung zu machen.

[271] Cohn, ...zu wissen dass wir zählen ..., 24: I *S. 107.
[272] Cohn – Farau, Gelebte Geschichte der Psychotherapie, 244.

- Die Beziehung zu ihrem Mann wurde zunehmend schwieriger. Hans Helmut bekam eine Stelle in einer öffentlichen psychiatrischen Klinik; Ruth durfte dort Tests mit Patienten machen und mit Kindern arbeiten. Nach einem Jahr verließ sie die Klinik. Während die Beziehung am Zerbrechen war, wurde sie nochmals schwanger. 1944 kam ihr Sohn Peter zur Welt. 1946 wurde sie von Hans Helmut geschieden. Es war nicht die einzige Trennung von einem Partner in ihrem Leben. 1963 – also noch im amerikanischen Exil – wurde sie von G.A. Woltman geschieden, mit dem sie ab 1950 zusammengelebt hatte.

Nach der Trennung von ihrem ersten Mann standen ihr beide Großmütter in der Sorge um die kleinen Kinder zur Seite, während Ruth versuchte, eine psychotherapeutische Praxis in New York einzurichten.

> Meine psychotherapeutische Praxis war in den folgenden Jahren weitgehend durch Existenzfragen und die Geburt meines zweiten Kindes bestimmt. Es war zwischen mir und meinem Mann zur Trennung gekommen. Ich wollte in New York praktizieren, kannte aber fast niemanden, der mir Patienten schicken könnte. Ich versuchte, mir Verbindungen zu schaffen. Welche bekannten europäischen Flüchtlingsanalytiker könnten und würden einer nicht-ärztlichen Psychoanalytikerin Patienten überweisen?[273]

Häufige Krankheiten und ihre Rolle als Alleinerziehende stürzten sie in tiefe Krisen. Die Armutsfalle, die viele Migrant*innen auch heute erreicht, berührte sie auch persönlich:

> Oft dachte ich über den Zusammenhang zwischen Armut und Krankheit nach und was sich daraus für die Psychologie und Pädagogik ableiten ließ: Ich dachte, daß es schon für mich schwierig genug war – was machen dann erst „ungelernte", alleinstehende Frauen in einer solchen Lage? Wie viele Mütter lebten so und noch sehr viel schlimmer, ganz ohne Hilfe und ohne einen erlernten Beruf?[274]

Beim Lesen in den Dokumenten aus dieser Zeit frage ich mich oft: Was ließ die Migrantin überleben, eine neue Zukunft aufbauen und vor allem ein Konzept entwickeln, das für so viele Menschen und Gruppen hilfreich

---

[273] Cohn – Farau, Gelebte Geschichte der Psychotherapie, 228.
[274] Cohn – Farau, Gelebte Geschichte der Psychotherapie, 230.

werden sollte?[275] Die Forschung an den Quellen wird klarer ans Licht bringen, was sie nicht nur überleben, sondern auch leben ließ. Ich kann hier nur aus dem bisherigen Wissen in gebotener Kürze einige Aspekte zusammenfassen:

- Zunächst war die Arbeit an der Bank Street School „rettend", wo sie – nach der Abfuhr als Psychoanalytikerin – ein progressives Lehrertraining absolvierte: „*Lebendiges Lernen:* Diesen Begriff hatte ich damals noch nicht gefunden, auch nicht von anderen gehört. Rückschauend weiß ich, daß für mich Bankstreet die Quelle Lebendigen-Lernens gewesen ist: den Spuren des Interesses des Kindes folgen."[276]
- Das Zusammentreffen mit dem bekannten Wiener Psychoanalytiker Theodor Reik (1948), an dessen Ausbildungsinstitut (National Psychological Association for Psychoanalysis–NPAP) sie Leiterin des Ausbildungskomitees wurde, war ein nächster Schritt in die Zukunft. Hier besteht auch die Verbindung zu ihrer Rede, die sie 1957 an der Theodor Reik Clinic hielt und die ich im 4. Kapitel ausführlich dargestellt habe: „Courage – The Goal of Psychotherapy."
- Für ihre weitere Entwicklung als Psychotherapeutin war wichtig, dass sie mit Harry Stack Sullivan's Denken vertraut wurde, dem sie über therapeutische Erfahrungen bei Ruth Foster nahekam. Sie lernte dabei eine offene Form der Psychotherapie kennen, die auf zwischenmenschlichen Beziehungen gründete.
- Aus Begegnungen mit Jakob L. Moreno wurden ihr Achtsamkeit auf die Körpersignale und eine kreative Weise der Gruppenarbeit wichtig, wie sie im Psychodrama praktiziert wurden.
- Schließlich war sie in ständigem Austausch mit den Vertreter*innen der Humanistischen Psychologie, von denen sie – wie die Tafel an ihrem Geburtshaus zeigt – eine der bedeutendsten war. Wichtige Kolleg*innen im amerikanischen Exil waren: G. Bach, V. Guze, F. Perls, E. Polster, C. Rogers, V. Satir, J. Warkentin und C. Whitaker.
- Am nächsten standen ihr Fritz und Laura Perls mit ihrer Gestalttherapie und Carl Rogers mit der Klientenzentrierten Psychotherapie. Mit gutem Grund hat M. Kroeger im ersten deutschsprachigen TZI Buch, der Themenzentrierten Seelsorge[277], die Konzepte von Rogers und Cohn in einem Buch verbunden.

---

[275] Vgl. Ruth C. Cohn, und wie fandest du deinen Weg? – Gesprächspartnerin: Eva Mezger, in: R.C. Cohn, Es geht ums Anteilnehmen …, 153–164.

[276] Cohn – Farau, Gelebte Geschichte der Psychotherapie, 327.

[277] Kroeger, Themenzentrierte Seelsorge.

6.4.1. Die Couch war zu klein

Die persönliche und gesellschaftliche Welt, der „Globe", in dem Ruth C. Cohn im amerikanischen Exil lebte, wandelte ihr Therapieverständnis von der Subjektorientierung der Psychoanalyse zu einem humanisierenden gesellschaftspädagogischen Konzept. Nicht mehr die/der Einzelne für sich, sondern jede/jeder in ihrer/seiner Eingebundenheit und gesellschaftlichen Bezogenheit rückte für Cohn in den Vordergrund: Für die ausgebildete Psychoanalytikerin wurde „die Couch zu klein"[278].

> Die Couch war zu klein. Die neue Welt der Erkenntnis psychodynamischer Gesetzlichkeiten könnte wohl zu einer Bewußtseins-erweiternden humanisierenden Pädagogik führen - aber wie? 30 Jahre lang habe ich im geschichtlichen Prozeß persönlicher und geistiger Interaktionen an einem systematischen Versuch gearbeitet, der pädagogisch-therapeutische Elemente in den Unterricht und in anderen Kommunikationsgruppen einbeziehen könnte.[279]

Von 1965–1966 absolvierte Ruth C. Cohn eine gestaltpädagogische Ausbildung bei Fritz Perls, von der sie für ihr eigenes Konzept viel profitierte.[280] Auch im Nachlass zeigt sich, dass sie ihre ersten Kurse in Europa als Gestaltkurse anbot. Probleme hatte Ruth allerdings mit Perls's Auffassung von der unbedingten Autonomie des Menschen, welche seine Bezogenheit und Verantwortung nicht ausdrücklich implizierte. Im sognannten „Gestaltgebet" schreibt Perls:

> Ich tu, was ich tu; und du tust, was du tust.
> Ich bin nicht auf dieser Welt, um nach deinen Erwartungen zu leben,
> Und du bist nicht auf dieser Welt, um nach den meinen zu leben.
> Du bist du, und ich bin ich,
> Und wenn wir uns zufällig finden, - wunderbar.
> Wenn nicht, kann man auch nichts machen.[281]

---

[278] Vgl. Ruth C. Cohn, From Couch to Circle to Community. Beginnings of the theme-centered interactional method, in: H. M. Ruitenbeek (Ed.), Group Therapy Today, New York 1969, 256–267.

[279] Cohn, Von der Psychoanalyse zur themenzentrierten Interaktion, 7.

[280] Vgl. Helmut Johach, Ruth Cohn und die Gestalttherapie - eine nicht ganz einfache Beziehung, in: Themenzentrierte Interaktion. theme-centered interaction 26 (2012) 1, 16–25.

[281] Fritz S. Perls, Gestalt-Therapie in Aktion, Stuttgart [3]1979, 13.

Für Ruth C. Cohn ist die Begegnung zwischen Menschen nicht zufällig, wie Perls es ausdrückt. Sie ist durch unsere universelle Bezogenheit vorgegeben und impliziert Verantwortung für die Welt, die es zu ergreifen gilt, damit Zukunft möglich wird. Sie formuliert:

> Ich will tun, was ich tu. Ich bin ich.
> Du willst tun, was du tust. Du bist du.
> Die Welt ist unsere Aufgabe. Sie entspricht nicht unseren Erwartungen.
> Jedoch, wenn wir uns für sie einsetzen, wird diese Welt schön sein.
> Wenn nicht, wird sie nichts sein.[282]

Ein wichtiger Weg zur Gesellschaftsveränderung ist für Ruth C. Cohn Bildung in einem weiten Sinn.[283] Da es im Englischen den Bildungsbegriff nicht gibt und Ruth C. Cohn auch keiner expliziten Bildungstheorie folgt, spricht sie in diesem Zusammenhang immer von „Learning". Dabei geht es nicht um „Totes", sondern um „Lebendiges Lernen". „Living Learning", ein Begriff den Ruths Kollege Norman Liberman[284] geprägt hat, wird zum Synonym für TZI. Weder ein autoritärer Lehrstil, wie er an vielen Schulen und Universitäten damals noch üblich war, noch ein Laissez-faire-Umgang zwischen Lehrer*innen und Schüler*innen, wie er an manchen amerikanischen Schulen propagiert und in der sogenannten „antiautoritären Pädagogik"[285] auch in Europa bekannt wurde, waren für Ruth C. Cohn angemessene Bildungswege. Für sie war „zu wenig geben", wie sie es den Autoritären vorwarf, „Diebstahl"; „zu viel geben", wie sie es bei den Laissez-faire-Befürwortern und Antiautoritären kennengelernt hatte, war aus ihrer Sicht allerdings „Mord"[286]. Zwischen diesen Extremen gehe es in Erziehung

---

[282] Ruth C. Cohn, Die Selbsterfahrungsbewegung: Autismus oder Autonomie?, in: Gruppendynamik (1974), 5/3, 160–171, hier 164.

[283] M. Ostertag stellt bildungstheoretische Zugänge zur TZI differenziert dar (Margit Ostertag, Unterwegs zu einer Pädagogik der Verständigung. Bildungstheoretische Zugänge zur Themenzentrierten Interaktion (TZI), in: Dialogische Erziehung (2018) 1/2, 36–46).

[284] Vgl. Norbert Korte, „Ich bin traurig… traurig über jeden in TZI, der ihn nie kennen gelernt hat" – aus einem Gespräch mit Ruth C. Cohn über Norman Liberman, der im September 2000 in New York verstarb, in: Themenzentrierte Interaktion. theme-centered interaction 16 (Sonderheft Ruth C. Cohn) (2002) 1, 37–38.

[285] Vgl. Alexander S. Neill, Theorie und Praxis der antiautoritären Erziehung: Das Beispiel Summerhill, Reinbek b. Hamburg 1980.

[286] Vgl. Ruth C. Cohn, „Zuwenig geben ist Diebstahl – zuviel geben ist Mord". Gesprächspartner: Otto Herz (1981), in: R.C. Cohn, Es geht ums Anteilnehmen …, 142–152; Ruth C. Cohn, „Zuwenig geben ist Diebstahl – zuviel geben ist Mord". Gespräch mit Ruth C. Cohn – Gesprächspartner: Otto Herz, in: betrifft: erziehung 14 (1981) 1, 22–27.

und Bildung vielmehr darum, „sich zur eigenen Autorität und gleichzeitig Fehlbarkeit [zu] bekennen“[287].

Nicht nur der bereits erwähnten Bankstreet School, an der sie ihr Lehrerin-Training absolvierte, sondern vor allem den eigenen Kindern, schrieb sie ihre Einsichten in menschliche Beziehung und Pädagogik zu:

> Niemand hat mir über menschliche Beziehungen und Pädagogik mehr beigebracht als meine Kinder. Vom Tage ihrer Geburt, bei Heidi bis zu ihrer Heirat, bei Peter bis zu seinem Eintritt ins College, waren sie für mich zugleich geliebte Beziehungen und die wichtigste Aufgabe meines Lebens.[288]

Es wird aufschlussreich sein, in Ruth C. Cohns Nachlass die vielen Briefe zu bearbeiten, die über ihr Verhältnis zu den eigenen Kindern und zu ihren Enkeln Auskunft geben. Obwohl sie immer wieder beklagte, als Alleinerzieherin den Kindern nicht gerecht werden zu können, verweist der folgende Text auf eine sehr einfühlsame und anteilnehmende Mutter:

> [...] den Spuren des Interesses des Kindes folgen, vom Gitterbett zum Fußboden, vom Fußboden zur Schwelle, von der Schwelle zu einem anderen Fußboden, dorthin, wo die Füße der Mutter stehen und darüber ihre Knie; und dann der Tisch und der gefährliche Herd; von der Küche zur Wohnungstür, zur Straße – mit ihrem Lärm von vielen Autos, Omnibussen, Bauarbeiten – zu Spielplätzen, Eisenbahnen, Subways, zum Flughafen. Stationen des Weges von *einem* Hier-und-Jetzt zum nächsten, zum nächsten, zum nächsten. [...] Denn im Hier-und-Jetzt des Erlebens liegt der Ausgangspunkt jeden Lernens, das nicht aufgepfropft wird, sondern lebendig mit Leib, Seele, Intellekt und Geist erfaßt werden kann.[289]

Aus den persönlichen Erfahrungen mit ihren Kindern zieht Ruth einen generellen Schluss zum Eltern-Kind Verhältnis:

> Eltern und Kinder sind gegenseitig Lehrende und Lernende. Wenn Konfliktlösungen in Offenheit, Demut und Liebe gesucht werden, sind Fehler auf beiden Seiten kein Unglück. Innere und äußere Realitätssicht und Werte, nicht Gewalt, dienen als Hilfsmittel im Dialog.[290]

---

[287] Ruth C. Cohn, „Sich zur eigenen Autorität und Fehlbarkeit bekennen“. Gesprächspartner Albert Biesinger und Thomas Schreijäck, in: R.C. Cohn, Es geht ums Anteilnehmen ..., 127–141, hier 127.

[288] Cohn – Farau, Gelebte Geschichte der Psychotherapie, 331.

[289] Cohn – Farau, Gelebte Geschichte der Psychotherapie, 327.

[290] Cohn – Farau, Gelebte Geschichte der Psychotherapie, 332.

Es sind also die eigene Psychoanalyse, Erfahrungen aus persönlichen Begegnungen und Beziehungen, aus Studium und Praxis neuerer psychotherapeutischer und pädagogischer Ansätze und die wache Anteilnahme am politischen Geschehen, die Ruth C. Cohn darauf vorbereiten, das Arbeitsprinzip der TZI zu „träumen".

6.4.2. Der klärende Traum – die „Geburtsstunde" der TZI

Der Globe, in dem Ruth C. Cohn die TZI „entdeckt" hat, war ein sogenannter „Gegenübertragungsworkshop", den sie 1955 für junge Kolleg*innen leitete.[291] Übertragung ist ein Begriff, der aus ihrer psychoanalytischen Praxis stammt. Um den Zusammenhang zwischen Übertragung, Gegenübertragung und der „Geburt" von TZI deutlich zu machen, muss ich kurz auf den Konnex von Übertragung und Gegenübertragung eingehen.

Das psychoanalytische Konzept der Übertragung, das dem der Projektion nahe kommt, geht davon aus, dass wir in der Begegnung mit Menschen, unsere Gefühle, Wünsche und Sehnsüchte, die aus dem Erleben mit frühen Bezugspersonen, vor allem mit den Eltern oder aus anderen wichtigen Begegnungen oder Ereignissen kommen, auf andere Menschen übertragen, d.h. eine „Als-ob-Beziehung" herstellen. Im psychoanalytischen Setting trifft diese Übertragung auf die Analytikerin bzw. den Analytiker. Lange Zeit hatte man sich vorgestellt, dass Analytiker*innen wie eine neutrale Wand fungieren und die Übertragungen einfach aufnehmen, um sie mit der Klientin/dem Klienten zu bearbeiten. Dass auch die Analytikerin/der Analytiker auf die Klientin/den Klienten überträgt, war nicht im Bewusstsein.

Ruth C. Cohn hatte in ihrer Psychoanalyse im Schweizer Exil diese einseitige Übertragungserfahrung, die sich zu einer Übertragungsneurose auswachsen kann, immer wieder gemacht. Die Fixierung ihrer Übertragung auf den – scheinbar neutralen – Psychoanalytiker beschäftigte sie noch lange Zeit nachher. Ihr Analytiker verwandelte sich erst in einen greifbaren Menschen, als er ihr aus seinem Militärdienst Briefe schrieb und sie überraschend am Wochenbett nach der Geburt von Heidi besuchte. Erst jetzt sah sie in ihm einen attraktiven Mann, als den sie ihn vorher kaum sehen konnte, weil das distanzierende psychoanalytische Setting es nicht zuließ. Nach dem Abbruch der Analyse, veränderte sich das Verhältnis zu ihm grundlegend:

[291] Ruth C. Cohn, Gegenübertragung – ein psychoanalytisch-interaktioneller Workshop mit Psychoanalytikern, in: R.C. Cohn, Von der Psychoanalyse zur themenzentrierten Interaktion, 33–63.

> Persönliche Briefe kamen von meinem Analytiker, der zuvor orthodox „abstinent" gewesen war, das heißt, nie etwas von sich erzählt und fast nie eigene Gefühle zum Ausdruck gebracht hatte. Er schrieb Briefe über seine Erlebnisse als Arzt und Grenzsoldat, über seine Einstellung zu dieser Aufgabe und den Problemen der Zeit.
> Ein zweites Wunder geschah, als mein erstes Kind geboren wurde. Sein Urlaub fiel in diese Zeit, und er besuchte mich mit einem großen Fliederstrauß am Wochenbett. [...] Er war sichtlich bewegt und sagte mir, warum die Geburt eines Kindes ihn persönlich so anrührte – jetzt, in dieser Zeit und in seiner Situation.[292]

Noch menschlicher wurde der Kollege für Ruth, als er ihr auf einem psychoanalytischen Kongress, an dem beide teilnahmen, gestand, wie sehr auch er als Analytiker durch das einseitige Übertragungssetting gehandicapt war. Aus dem Erleben der eigenen Analyse und aus der vorher geschilderten Veränderung des psychoanalytischen Konzepts auf eine offenere Form der Interaktion, in der auch der Körper einbezogen war, lässt sich Ruths C. Cohns Einsicht verstehen, dass zwischen Klienten und Therapeuten immer auch Gegenübertragung geschieht. Ein Workshop mit jungen Therapeut*innen wird regelrecht zum Modell eines TZI-Workshops: Das „Thema" ist die Gegenübertragung. Speziell, dass Ruth als Leiterin nach der Themeneinführung einen eigenen Fall einbringt und sich in dieser Weise als „partizipierende Leiterin" zeigt, stimuliert Autonomie und Interdependenz, Sensibilität und Intuition.[293]

> The countertransference workshop revealed itself as the theme-centered interactional model. Countertransference was the Theme. Interaction took place as the group's constructive process of dealing with countertransference problems. The philosophy of stimulating autonomy and interdependence through participant leadership became explicit. Training of sensitivity and intuition occurred as unexpected by-products. Conceptual learning, creative search, abandoning pre-conceived and antiquated theories and techniques were accomplished without strained purpose.[294]

---

[292] Cohn – Farau, Gelebte Geschichte der Psychotherapie, 216.

[293] Vgl. Michael Lipps, Mit Gefühl und Verstand. Über die Bedeutung der Intuition in der Themenzentrierten Interaktion, in: Themenzentrierte Interaktion. theme-centered interaction 24 (2010) 1, 66–75.

[294] Ruth C. Cohn, Widening Circles, in: VOICES. The Art and Science of Psychotherapy, 7 (1971) 1, 23–25, hier 24.

Dass Ruth auf dem Gegenübertragungsworkshop TZI „träumte“ und damit eine Möglichkeit fand, das zu lehren, was sie intuitiv in der Psycho- und Gruppentherapie und vor allem auch in nichttherapeutischen Gruppen bereits praktiziert hatte, ist nicht erstaunlich. Doch lassen wir sie selbst erzählen:

> Eines Nachts (…) träumte ich von einer gleichseitigen Pyramide. Im Aufwachen wurde mir sofort klar, daß ich die Grundlage meiner Arbeit „erträumt“ hatte. Die gleichseitige Traumpyramide bedeutete mir: Vier Punkte bestimmen meine Gruppenarbeit. Sie sind alle vier miteinander verbunden und gleich wichtig. Diese Punkte sind:
> - die Person, die sich selbst, den andern und dem Thema zuwendet (= Ich);
> - die Gruppenmitglieder, die durch die Zuwendung zum Thema und ihre Interaktion zur Gruppe werden (= Wir);
> - das Thema, die von der Gruppe behandelte Aufgabe (= Es);
> - das Umfeld, das die Gruppe beeinflußt und von ihr beeinflußt wird – also die Umgebung im nächsten und weitesten Sinn (= der Globe).[295]

[295] Cohn – Farau, Gelebte Geschichte der Psychotherapie, 343 f.

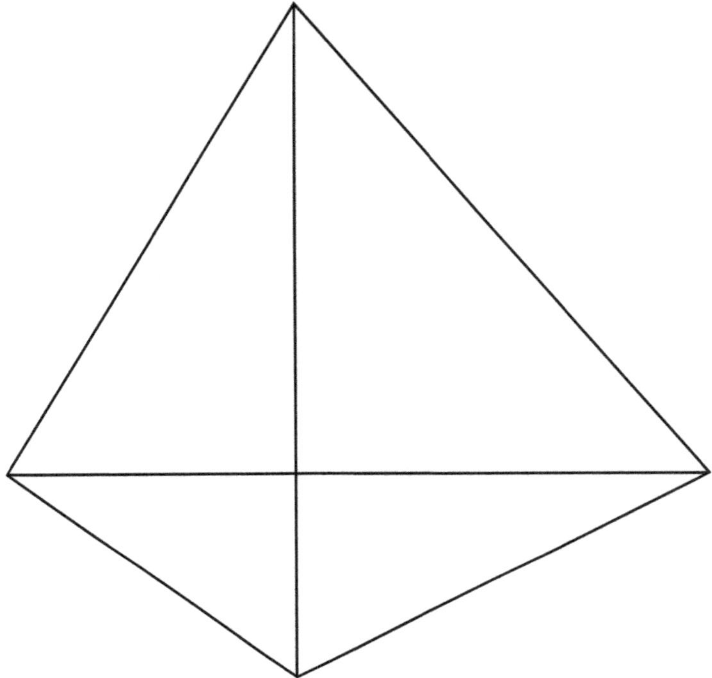

Abb. 1

Aus der „Traumpyramide", die ein Tetraeder war (Abb. 1), wurde das berühmte freibewegliche gleichseitige Dreieck in der Kugel (Abb. 2), das bis heute das Arbeitsprinzip und das Signet für TZI bildet.

Neben den vier Faktoren, die sowohl durch die Eckpunkte der Pyramide als auch durch das Dreieck in der Kugel dargestellt werden, wird das (formulierte) Thema (vgl. Kap. 9) in der Mitte der Figur zentriert. Damit wird angedeutet, dass es um eine „themenzentrierte" Interaktion geht, in der das konkrete Thema aus jedem der vier Faktoren kommen kann bzw. aus der dynamischen Balance der Faktoren entsteht.

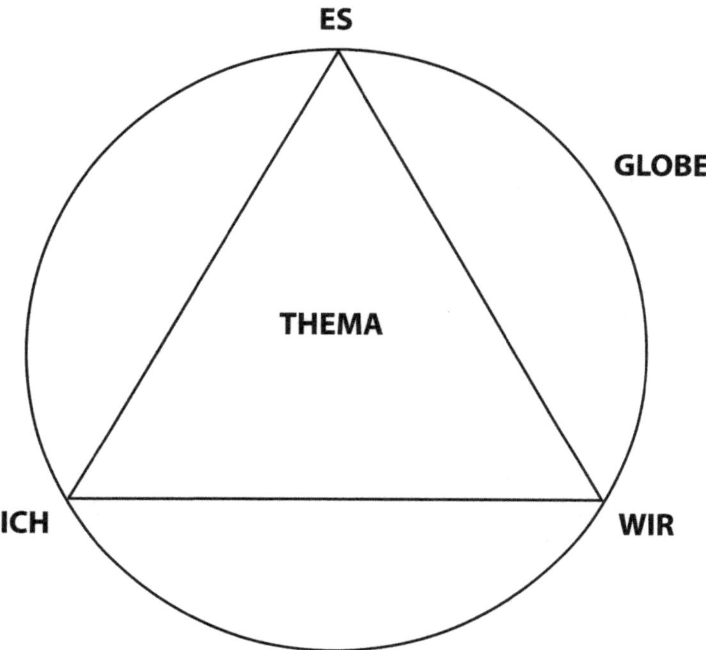

Abb. 2

6.5. Philosophie, Haltung und Werte der TZI

Wie ich bereits betont habe (vgl. 1.4.), wehrte Ruth C. Cohn jeden Versuch ab, die TZI auf eine Methode oder Technologie zur Leitung von Gruppen zu reduzieren. Der Begriff „TZI-Methode“, der immer wieder verwendet wird, ist jedenfalls missverständlich. In der Auseinandersetzung um das Chairperson-Postulat im 5. Kapitel (vgl. 5.4.–5.6.) wurde deutlich, wie eng die Axiome, Postulate und die Arbeitsweise der TZI miteinander verflochten sind. Das wird sich auch bei der ausführlicheren Darstellung des sogenannten „Störungsprioritätspostulats“ (vgl. 8.2.) zeigen. Grundsätzlich sind in der TZI Weltbild, Haltung, Werte und die konkrete Praxis nicht voneinander zu trennen. Da die TZI-Axiome zwar bereits benannt, aber immer nur implizit behandelt wurden, stelle ich sie im Folgenden im Überblick dar. Die TZI Postulate, die auch wesentlich zu den TZI-Grundlagen gehören, werden hier nicht nochmals speziell behandelt.

6.5.1. Erstes, existentiell-anthropologisches Axiom

Die TZI basiert auf einem ganzheitlichen, relationalen Menschen- und Weltbild. In ihrer Perspektive ist jeder Mensch ein autonomes, abhängiges und universal bezogenes Wesen, das zeitlebens vor der Herausforderung steht, Autonomie und (Inter)Dependenz so miteinander zu verbinden, dass Selbstbewusstsein, Selbstentscheidung und Selbstverantwortung (Chairpersonship) gefördert werden. Eigenständigkeit, Abhängigkeit und Bezogenheit sind dialektisch miteinander verschränkt: „Ich bin um so autonomer, je mehr ich die Welt bewußt in mich einlasse."[296] Wachsendes Selbstbewusstsein hat wachsendes Weltbewusstsein zufolge und umgekehrt. Das erste Axiom lautet im Original:

> *Der Mensch ist eine psycho-biologische Einheit und ein Teil des Universums.* Er ist darum gleicherweise *autonom und interdependent.* Die Autonomie des einzelnen ist um so größer, je mehr er sich seiner Interdependenz mit allen und allem bewußt wird.[297]

Im ersten Axiom wird „die dialektische Gegensatzeinheit von Autonomie und Interdependenz durch Bewusstheit in eine Synthese überführt"[298], schreibt Reiser. Helmut Reichert macht darauf aufmerksam, dass der Gegenpol zur Autonomie, die Dependenz, nicht zugunsten der Interdependenz aus dem Bewusstsein verschwinden darf, weil sie zum Menschen gehört.[299] Grundsätzlich geht es bei Ruth C. Cohn eher um ein zyklisches Denken, das mit Gegensätzen, Ambivalenzen, Ambiguitäten und Paradoxien rechnet.

Aus der dialektischen Gegensatzeinheit von Autonomie und (Inter) Dependenz ergibt sich ein spezifisches Kultur- und Gesellschaftsverhältnis: Die Resonanz auf die Welt im Sinne eines wachen Anteilnehmens[300] verweigert sich der weithin geltenden Zugriffs- und Expansionslogik. Sie ereignet sich von frühester Kindheit an in der Spannung von Eigenständigkeit, Abhängigkeit und universaler Bezogenheit, die auf Transzendenz hin offen ist.[301] Individuelle Entwicklung geschieht, in dem sich der Mensch der

[296] Cohn – Farau, Gelebte Geschichte der Psychotherapie, 357.

[297] Cohn – Farau, Gelebte Geschichte der Psychotherapie, 356.

[298] Reiser, Vorschlag für eine theoretische Grundlegung, 71.

[299] Vgl. Helmut Reichert, Dialektik – ein Grundzug der TZI, in: Themenzentrierte Interaktion. theme-centered interaction 33 (2019) 1, 35–45; Helmut Reichert, Denkmuster, unveröff. Manuskript 2021.

[300] Vgl. Cohn, Es geht ums Anteilnehmen.

[301] Vgl. Andrea Luiking, Soziale Erfahrung ist offen nach oben – eine religionsphilosophische Betrachtung der Anthropologie von Georg Simmel und Ruth Cohn im Vergleich, in: Themenzentrierte Interaktion. theme-centered interaction 34 (2020) 2, 159–167.

Dialektik von Autonomie und (Inter)Dependenz im eigenen Lebenszusammenhang, im gesellschaftlichen Kontext und im Ganzen der Welt und des Lebens immer bewusster wird und sich ihr stellt. Über die Themenzentrierung wird nicht nur die persönliche Entwicklung und die Interaktion mit Anderen bearbeitbar; über sie kommt „die Welt" herein.

> Das Spannungsfeld zwischen den Polen der Selbstbestimmung bzw. Selbstständigkeit und gegenseitiger Abhängigkeit/Beeinflussung wird in der TZI als anthropologische Grundkonstante gesehen. Persönliche, individuelle Entwicklung geschieht immer in Beziehung zu anderen Menschen und in Bearbeitung von Themen (Aufgaben).[302]

In der Bearbeitung von Anliegen und Aufgaben als generative Themen (vgl. Kap. 9) zeigt sich jene konstruktive Antwort des Menschen, die ihm aus der (unverfügbaren) Resonanz auf die Welt möglich wird. In der Dialektik von Tun und Lassen verfüge ich weder „allmächtig" über die Welt und ihre Herausforderungen, noch bin ich ihnen „ohnmächtig" – sozusagen schicksalhaft – ausgeliefert: „Ich bin partiell mächtig" (vgl. 2.4.).

6.5.2. Zweites, ethisches Axiom

Zwischen der Chairperson als Verantwortungs- und Entscheidungsinstanz und der grundsätzlichen Auseinandersetzung um Humanes und Inhumanes, um Wachsen „und Vergehen"[303], steht das „ethische" Axiom. Es heißt im Wortlaut:

> *Ehrfurcht gebührt allem Lebendigen und seinem Wachstum.* Respekt vor dem Wachstum bedingt bewertende Entscheidungen. Das Humane ist wertvoll, Inhumanes ist wertbedrohend.[304]

Auf einem späteren Internationalen Austauschtreffen wurde dem „Wachsen" das „Reifen und Vergehen" beigestellt, um deutlich zu machen, dass es beim ethischen Axiom nicht um eine Wachstumsideologie geht, die Ruth C. Cohn ferne lag. Dennoch gibt das relativ unpräzise formulierte Axiom auch weiterhin Anlass zu Diskussionen. Sie beziehen sich u. a. auf die schwierige

[302] FASSHAUER, 1. Axiom: existentiell-anthropologisches Axiom, 80.
[303] Vgl. WALTER ZITTERBARTH, TZI und Ethik, in: Themenzentrierte Interaktion. themecentered interaction 15 (2001) 2, 102–104.
[304] COHN – FARAU, Gelebte Geschichte der Psychotherapie, 357.

Frage, was human und damit schützenswert sei und was nicht. Ruth C. Cohn gibt darauf keine theoretische Antwort, sondern nennt konkrete Beispiele:

> Human sein bedeutet zum Beispiel, keine Lebewesen zu quälen und nie mehr von ihnen zu töten, als zur Lebenserhaltung und -förderung (speziell der Menschen) nötig ist; wobei der Begriff des Tötens auch das Abtöten von seelischen und geistigen Fähigkeiten einbezieht.[305]

Ruth setzt sich im Zusammenhang mit dem „ethischen" Axiom mit den Fragen auseinander, ob es ein absolutes Gut und Böse gibt, das dem Menschen vorgegeben ist und wie es um die Erkenntnis- und Entscheidungsfähigkeit des Menschen steht. Sie wendet sich gegen die Vorstellung vom absoluten Guten und Bösen und meint, dass ethische Werte einerseits „unabdingbar" und andererseits „prozessabhängig" sind:

> Ich kann nur *meine* Wahrheit sagen und nicht *deine*. Doch ich glaube, daß es gar keine verschiedenen Aspekte des Ethos geben könnte, wenn sie sich nicht auf die Realität eines unabdingbaren Zentrums beziehen würden.[306]

Ruth C. Cohn vertritt die Hypothese eines „angeborenen", „organismischen Werte-Sinns", den zu entfalten eine Überlebensfrage der Menschheit ist und der dem Menschen als autonom-interdependentem Subjekt entspricht.

> Ich halte es für möglich, daß eine Werte-Sinn-Entwicklung nicht nur mit evolutionärer Langsamkeit, sondern mit einem transformativen Quantensprung geschehen kann. Wenn die jüdisch-christliche und die humanistische Ethik Werte der Güte und Menschlichkeit lehren und dennoch durch Jahrtausende lächelnde Pessimisten beteuern, die menschliche Natur, die das Recht des Stärkeren vertritt, lasse sich nicht ändern, dann möchte ich dagegenstellen: Die Tatsache, daß etwas bis heute so gewesen ist, bedeutet nicht, daß es immer so bleiben muß […] Tiere mögen Ahnen unserer ethischen Potenz sein; sie mögen Ethik „ahnen". […] Doch zwischen ihnen und uns besteht ein qualitativer Unterschied, der uns Freiheit und Verantwortung, Musik und Ethos anbietet und uns der Aufgabe überläßt, Gemeinschaft zu bilden oder uns zu zerstören.[307]

---

[305] Cohn – Farau, Gelebte Geschichte der Psychotherapie, 357.
[306] Cohn – Farau, Gelebte Geschichte der Psychotherapie, 467.
[307] Cohn – Farau, Gelebte Geschichte der Psychotherapie, 469 f.

6.5.3. Drittes, pragmatisch-politisches Axiom

Das pragmatisch-politische Axiom steht m. E. zwischen der Chairperson und dem Globe. Es mahnt die bedingenden inneren, aber auch die äußeren Grenzen an, die es einerseits aufmerksam wahrzunehmen gilt, die aber auch erweiterbar sind.

> *Freie Entscheidung geschieht innerhalb bedingender innerer und äußerer Grenzen; Erweiterung dieser Grenzen ist möglich.*
> Ausführung: Freiheit im Entscheiden ist größer, wenn wir gesund, intelligent, materiell gesichert und geistig gereift sind, als wenn wir krank, beschränkt oder arm sind und unter Gewalt und mangelnder Reife leiden.[308]

Gemäß diesem Axiom besitzt der Mensch eine bedingte Freiheit zu entscheiden und sein Leben eigenständig zu gestalten. Wesentlich ist dabei, dass die Grenzen veränderbar sind. Verantwortlich handelt der Mensch gerade dann, wenn er um die universale Bedingtheit der Freiheit weiß, aber den inneren und äußeren Freiheitsspielraum nutzt. Wertebewusstsein sowie Handlungs- und Verantwortungsfähigkeit jedes Menschen, die durch Philosophie, Haltung und Praxis der TZI gestärkt werden, sollen Menschheitskatastrophen verhindern. Die Frage, ob aus dem pragmatisch-politischen Axiom eine direkte oder indirekte Verpflichtung zum politischen Handeln abzuleiten ist, wird in der TZI kontrovers diskutiert.[309]

6.6. Kompass und Arbeitsprinzip der TZI

In der Traumpyramide Ruth C. Cohns und der in ein gleichseitiges Dreieck mit einer die Ecken tangierenden Kugel umgewandelten TZI-Graphik wird die Gleichwertigkeit der TZI-Faktoren ICH, WIR, ES und GLOBE betont. Sie bewegen sich in „Dynamischer Balance" zueinander, welche die längerfristige Fixierung auf einen Faktor verhindern und einen Ausgleich in der Dynamik der Faktoren schaffen soll. Das gleichseitige Dreieck mit den TZI-Faktoren an den jeweiligen Ecken und die Kugel bzw. der Kreis als GLOBE, der jeden der anderen Faktoren tangiert, ist demnach kein statisches Symbol, sondern signalisiert eine lebendige Dynamik des Systems: Die TZI-Faktoren kommen immer wieder neu und anders ins Spiel, je nachdem, wo sich die jeweilige Gruppe gerade bewegt. Wenn sie stark im Es, also im

[308] Cohn – Farau, Gelebte Geschichte der Psychotherapie, 357.
[309] Vgl. Krämer – Zitterbarth, Ist TZI politisch?

Sachanliegen bzw. in den Aufgaben involviert ist, dann hilft die Aufmerksamkeit auf die einzelnen Menschen (Ich-Faktor), auf die Gruppe (Wir-Faktor) oder auf den jeweiligen Kontext (Globe-Faktor), um die Balance zurückzugewinnen. Die Realisierung des sehr einfach klingenden TZI-Arbeitsinstruments erfordert in der Praxis viel Aufmerksamkeit auf die konkret am Interaktionsgeschehen Beteiligten, auf die Dynamik, die sich zwischen ihnen entwickelt, auf die existentielle Tiefendimension der Anliegen um die es jeweils geht, und auf den Globe, den Kontext in dem die Interaktion stattfindet.

Das Vier-Faktoren-Modell in seiner Dynamischen Balance hilft nicht nur in der Planung, Leitung und Evaluierung von Gruppenprozessen, sondern ist auch ein Sensorium dafür, was in einer humanen Gesellschaft zusammengehört und was jeweils in Gefahr ist, vernachlässigt oder übertrieben zu werden. Neoliberale Leistungsgesellschaften, welche die wirtschaftliche Effizienz ins Zentrum rücken und damit ganz in einem traditionsvergessenen „Es“ verhaftet sind, übersehen nicht selten die einzelnen Subjekte, also die konkreten Menschen, ihre Würde und ihr Schicksal (Ich). Ein besonderes Signal dafür ist der Umgang mit Anderen/Fremden. Ausschlussdynamiken auf der Wir-Ebene, wie ich sie in diesem Buch immer wieder anspreche, sind ebenfalls typische Anzeichen einer nicht ausbalancierten Gesellschaft. Demgegenüber gibt es Gesellschaften, die einseitig im Wir verhaftet sind, wie das bei Stammesgesellschaften der Fall sein kann. Sie „vergessen“ die anstehenden Herausforderungen in einem ökonomisierten Globe und kommen so vor allem wirtschaftlich ins Hintertreffen. Auch eine nicht ausbalancierte Ich-Bezogenheit, ein Individualismus, hat gesellschaftliche Folgen. Er/sie verbindet sich nicht selten mit einer „Es-Zentrierung“, die zwar einen schnellen wirtschaftlichen oder wissenschaftlichen Erfolg für die Einzelne/den Einzelnen, aber eine Abnahme gesellschaftlicher Solidarität (Wir/Globe) nach sich zieht. So kann man die Dynamische Balance der TZI-Faktoren auch gesellschaftspolitisch entsprechend weiterspinnen und damit sowohl in analytischer als auch gestalterischer Hinsicht zu wichtigen Einsichten kommen.

6.7. Regeln, die helfen (sollen)

Ruth C. Cohn hat im Laufe der Zeit einige „Regeln“ gefunden und publiziert, welche helfen sollen, sich in die TZI-Haltung einzuüben. Sie gelten auch als Verhaltensaufforderungen, welche die TZI-Postulate unterstützen können. Nachdem Menschen vor allem an Universitäten aus dem TZI Konzept nur die vier Faktoren und die Regeln übernommen hatten, weil sie leicht darstellbar und erlernbar waren, wurde Ruth ihren eigenen Regeln gegenüber immer skeptischer. Vor allem dürfen sie nicht gegen die Haltung und den Geist der TZI angewendet werden. So wurden und werden sie auch „Hilfsregeln“ genannt, die manchmal helfen können, manchmal aber auch nicht. Da ich die Regeln kaum einsetze, weil sich in einem themenzentriert-interaktionellen Prozess ohnedies der TZI-Haltung und der jeweiligen Gruppe angemessene „Regeln“ herausbilden, zähle ich hier nur der Vollständigkeit halber die wichtigsten auf:

> Sei authentisch und selektiv in deinen Kommunikationen. Mache dir bewußt, was du denkst und fühlst und wähle, was du sagst und tust.[310]
> Wenn du eine Frage stellst, sage, warum du fragst und was deine Frage für dich bedeutet. Sage dich selbst aus und vermeide das Interview.[311]
> Halte dich mit Interpretationen von anderen so lange wie möglich zurück. Sprich stattdessen deine persönlichen Reaktionen aus.[312]
> Wenn du etwas über das Benehmen oder die Charakteristik eines anderen Teilnehmers aussagst, sage auch, was es dir bedeutet, daß er so ist, wie er ist (d.h. wie du ihn siehst).[313]
> Beobachte Signale aus deiner Körpersphäre und beachte Signale dieser Art bei anderen Teilnehmern.[314]
> Unterbrich das Gespräch, wenn du nicht wirklich teilnehmen kannst.[315]
> Nur einer zur gleichen Zeit bitte.[316]
> Wenn mehr als einer gleichzeitig sprechen will, verständigt euch in Stichworten, über was ihr zu sprechen beabsichtigt.[317]
> Seitengespräche haben Vorrang. Sie stören und sind meist wichtig. Sie würden nicht geschehen, wenn sie nicht wichtig wären (Vielleicht wollt ihr uns erzählen, was ihr miteinander sprecht?)[318]

---

[310] Cohn, Zur Grundlage des themenzentrierten interaktionellen Systems, 125.

[311] Cohn, Zur Grundlage des themenzentrierten interaktionellen Systems, 124.

[312] Cohn, Zur Grundlage des themenzentrierten interaktionellen Systems, 125.

[313] Cohn, Zur Grundlage des themenzentrierten interaktionellen Systems, 126.

[314] Ruth C. Cohn, Das Thema im Mittelpunkt interaktioneller Gruppen. Eine Modifikation gruppentherapeutischer Technik zum Zweck der Führung von Erziehungs- und anderen Kommunikationsgruppen, in: R.C. Cohn, Von der Psychoanalyse zur themenzentrierten Interaktion, 111–119.

[315] Cohn, Das Thema im Mittelpunkt interaktioneller Gruppen, 116.

[316] Cohn, Zur Grundlage des themenzentrierten interaktionellen Systems, 127.

[317] Cohn, Zur Grundlage des themenzentrierten interaktionellen Systems, 127.

[318] Cohn, Zur Grundlage des themenzentrierten interaktionellen Systems, 126.

6.8. Fremde/Andere – ein fehlendes Element in der TZI?

Je länger ich mit TZI – vor allem in gesellschaftspolitischen, interkulturellen und trans-weltanschaulichen Zusammenhängen – arbeite, umso mehr fehlt mir ein Element, das zwischen alle TZI-Elemente geraten kann: Es ist das/der „Fremde/Andere". Wenn ich bei Themeneinführungen zu Beginn eines Gruppenprozesses oder zum Abschluss eines solchen oder in der Evaluierung eines Seminars, einzelne Axiome, Postulate, die Dynamische Balance von Ich-Wir-Es-Globe, das zentrierte Thema und die daraus entwickelte Struktur, graphisch oder mit Sheets darstellen will, dann halte ich dieses Element im Hintergrund bereit, weil es nicht zu den offiziellen TZI-Elementen zählt. Es lässt sich auch kaum in einer TZI-Graphik verorten, weil es keinen festen Platz hat, keine Stelle, wo es „endgültig" hingehört. Und doch ist es in der Themenzentrierten Interaktion für mich nicht mehr wegzudenken. Dabei bin ich mir bewusst wie empfindlich Ruth C. Cohn auf Vorschläge zur Erweiterung ihres Systems reagierte (vgl.5.4.).

Trotz Ruths Bedachtsamkeit auf „ihre" TZI-Graphik, situiere ich das Element Fremde/Andere mitunter in die Nähe eines Fotos von ihr. Es hält bewusst, dass die TZI aus der Fremde, aus dem Exil kommt. Sie wurde von einer Migrantin „geträumt", damit der ewige Kreislauf des Entweder-oder, des du-gehörst-dazu oder du-bist-fremd/anders, du-bist-ausgeschlossen, ein Ende hat oder zumindest unterbrochen wird und solidarisches Menschsein in Vielheit und universeller Verbundenheit erahnbar wird. Die Fremden/Anderen, die nirgends dazugehören und in TZI-Zusammenhängen dennoch nicht ausgeblendet werden können, akzentuieren die „Gegensatzeinheit"[319], die für die TZI so typisch ist, in einer spezifischen Weise. Sie sind, auch wenn sie nicht durch real fremde Menschen präsent sind, so doch durch die Gründerin und durch Menschen im aktuellen Globe anwesend. Auch aus der Perspektive des Ganzen, auf das hin jedes partikulare TZI-Wir offen ist und aus der Sicht der Allverbundenheit gehören die Fremden/Anderen in TZI-Kontexten dazu, wer immer sie sind und wie immer sie kulturell, weltanschaulich-religiös, ethnisch, gendermäßig etc. ausgerichtet sein mögen.

Das instabile Element des Fremden/Anderen, das sich an keiner Ecke und an keinem spezifischen Punkt fixieren lässt, verweist auch auf die asymmetrische Beziehung zwischen dem Ich und dem Anderen. Sie ist „‚eine Konsequenz aus dem Getrenntsein zwischen dem Selbst und dem Anderen'. Der Andere soll nicht vom Ich her gedacht, sondern ‚in seiner

[319] Vgl. u. a. Reiser, Vorschlag für eine theoretische Grundlegung.

Alterität (seinem Anderssein, Fremdsein) erhalten' werden."[320] Das bewusste „Dazwischen" des Anderen/Fremden eröffnet die grundsätzliche Destruktion eines homogenen Wir-Verständnisses, das als partikulares Wir, immer auch durch Ausgrenzungen und andere beschämende Tendenzen gefährdet ist, die sich speziell in Eingemeindungs- und Akkulturationsforderungen zeigen, wie sie in der Politik ständig propagiert werden. Z. Bauman schreibt dazu:

> Definiert man das Problem der „Aufhebung der Entfremdung", der Eingemeindung des Fremden als eine Frage des Anstands und der Bemühung des Fremden um eine Assimilation durch Akkulturation, heißt das nur, die Minderwertigkeit, Unerwünschtheit und die Deplaziertheit der Lebensform des Fremden erneut zu bestätigen; zu verkünden, daß der Urzustand des Fremden ein Fleck sei, der abgewaschen werden müsse; zu akzeptieren, daß der Fremde von Geburt an schuldig ist und daß es an ihm liege, Buße zu tun und seinen Anspruch auf Absolution zu beweisen.[321]

Wenn Fragen nach dem Fremden/Anderen thematisiert werden, dann bewegt sich das Element zwischen dem Es, dem Ich, dem Wir und dem Globe. Immer wieder besteht die Tendenz, mit dem Fremden/Anderen schnell „fertig" zu werden, um dann davon unberührt in Ruhe weiter arbeiten zu können. Das ist ja die Tendenz der Politik in der EU und speziell auch der derzeitigen österreichischen Bundesregierung. Sie will die Fremden möglichst schnell loshaben und schreckt dabei vor menschenrechtswidrigen Lösungen nicht mehr zurück.

Doch auch TZI-Gruppen sind nicht davor gefeit, Fremde, Fremdes und Andere/Anderes entweder schnell integrieren oder ausschließen zu wollen, damit nichts mehr stört. Grundsätzlich stellt sich das Fremde/Andere einem allzu schnellen und leichtfüßigen Aktionismus entgegen, der einfache Lösungen propagiert. Ein bei der Themenfindung und Themenformulierung mitgedachtes Element des Fremden/Anderen bringt gerade das Ausgeblendete und Verdrängte, mit Stollberg könnte man auch sagen, den „Schatten" ins Thema.[322] Das Stigma der Differenz, das dem Fremden angeheftet wird, ist einer der vielen Schatten, mit denen offensichtlich schwer zu leben ist:

---

[320] Vasile Hristea, Kommunikation und Gemeinschaft. Ein orthodox-theologischer Beitrag zu einer Theologie der Kommunikation, Leipzig 2005, 52.

[321] Bauman, Moderne und Ambivalenz, 121.

[322] Dietrich Stollberg, Wo viel Licht ist, ist viel Schatten. Zum Begriff des Schattens in der TZI, in: C. Löhmer – R. Standhardt (Hg.), TZI, 207–217.

> Das Stigma scheint eine bequeme Waffe für die Verteidigung gegen die unwillkommene Ambiguität des Fremden zu sein. Das Wesen des Stigmas ist die Betonung der Differenz, einer Differenz, die im Prinzip unaufhebbar ist und infolgedessen eine permanente Ausgrenzung rechtfertigt.[323]

Philosophisch gesehen geht die Bewegung einer TZI, die sich des Fremden/Anderen systemisch bewusst ist, von M. Bubers Ich–Du Begegnung[324], zum Bewusstsein vom Anderen, vom Dritten, der immer schon als mein „Auftraggeber" präsent ist[325], wie es E. Lévinas einfordert. Ich rege eine Forschungsarbeit an, die der Frage nach dem Fremden/Anderen in Ruth C. Cohns geistigem Erbe und in der TZI nachgeht.

6.9. Graphischer Überblick

Die Graphik am Ende des Kapitels ermöglicht einen raschen Überblick, wie die einzelnen TZI-Elemente einander zugeordnet werden können und wo sie jeweils in diesem Buch genauer ausgeführt werden. Die Zahlen in der Abb. 3 beziehen sich auf die einzelnen Kapitel, in denen von den jeweiligen Inhalten die Rede ist.

Vertiefende und weiterführende Themen

- Meine Vorstellungskräfte und mein Handlungsvermögen einsetzen, um mich „solidarisch zu erklären und zu verhalten," (Ruth C. Cohn) – Was bedeutet das für mich/für uns konkret?
- Welche biographischen Ereignisse/Erfahrungen im Leben Ruth C. Cohns scheinen mir im Hinblick auf die Entwicklung des TZI-Konzeptes besonders bedeutsam zu sein? Welche will ich dem hier Dargestellten noch hinzufügen? Welchen würde ich weniger Bedeutung zumessen?
- Wie klar/unklar ist mir der Zusammenhang der TZI-Elemente grundsätzlich und speziell in diesem Buch?
- „Der Mensch ist eine psycho-biologische Einheit und ein Teil des Universums. Er ist darum gleicherweise autonom und interdependent. Die Autonomie des einzelnen ist um so größer, je mehr er sich seiner Interdependenz mit allen und allem bewußt wird." (Ruth C. Cohn) – Mit

[323] Bauman, Moderne und Ambivalenz, 114.

[324] Martin Buber, Ich und Du, Heidelberg 1983.

[325] Vgl. Emmanuel Lévinas, Ethik und Unendliches. Gespräche mit Philippe Nemo, Graz–Wien 1986; Emmanuel Lévinas, Totalität und Unendlichkeit. Versuch über die Exteriorität, München ²1993 (= Alber-Reihe).

welchen Einsichten/Erfahrungen verbinde ich/verbinden wir das 1. Axiom?

- „Ehrfurcht gebührt allem Lebendigen und seinem Wachstum. Respekt vor dem Wachstum bedingt bewertende Entscheidungen. Das Humane ist wertvoll, Inhumanes ist wertbedrohend." (Ruth C. Cohn) – Worin sehe ich/sehen wir den größten Diskussions- und Klärungsbedarf beim 2. Axiom?
- „Freie Entscheidung geschieht innerhalb bedingender innerer und äußerer Grenzen; Erweiterung dieser Grenzen ist möglich." (Ruth C. Cohn) Wann/wo/wie habe ich in meinem bisherigen Leben meinen Freiheitsspielraum eingeengt und wo erweitert?
- Was ist mir im Hinblick auf die gesellschaftliche Perspektive der TZI-Elemente neu/vertraut? Was teile ich an diesen Interpretationen, was nicht?
- Welche Elemente der TZI sind für mich besonders wichtig? An welche Erfahrungen denke ich dabei? Was ist mir weniger wichtig oder unwichtig?
- Welche TZI-Elemente erschließen sich mir in der bisherigen Lektüre des Buches neu?
- Die TZI-Elemente als gesellschaftspolitisch anteilnehmendes Sensorium: Wie lassen sie sich weiterspinnen und wo werden gesellschaftliche Nicht-Balanciertheiten besonders auffällig?
- Fremde/Andere als ein Faktor in der TZI: Was spricht dafür, was spricht dagegen?

anliegen-aufgaben-inhaltsbezogenes
ES
"Hitlerization"
2
PRAGMATISCH-
POLITISCHES
AXIOM
6
Sprache
9
Fremde/
Andere
7
ETHISCHES
AXIOM
6
GLOBE
partikular und
universal
3
THEMA
formulieren, strukturieren,
einführen
partizipierend leiten
8
Courage
4
Spielräume für alle 10
ICH
autonom
und
(inter)dependent
EXISTENTIELL-
ANTHROPOLOGISCHES
AXIOM
6
WIR
universale und
partikulare Wir-Gestalt
einschließlich
CHAIRPERSONPOSTULAT
5
STÖRUNGSPOSTULAT
8

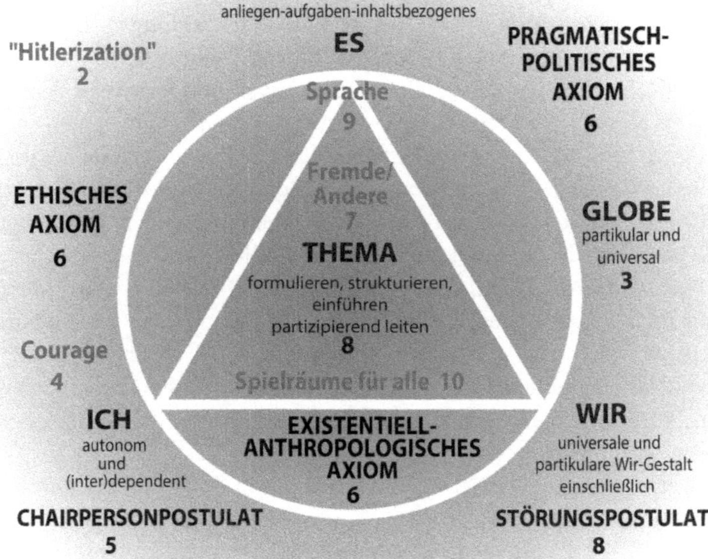

Abb. 3

7. Dem Segen der Fremden/Anderen trauen

Ich habe versucht,
die jüdisch-christliche Botschaft von Versöhnung und Liebe
als humanistische Wertvorstellung
in meiner Weise für unser Jahrhundert auszudrücken,
und wünsche mir,
daß TZI und anderes, was weiterführt,
sie ins 21. Jahrhundert hineintragen wird.
(Ruth C. Cohn)[326]

Der Intention dieses TZI-Buches entsprechend, war naturgemäß schon bisher viel von Fremden/Anderen die Rede; allerdings fast immer – wie es unserer gegenwärtigen politischen Realität entspricht – unter der Angst- oder Problemperspektive. Fremde/Andere, besonders wenn sie Flüchtlinge, speziell muslimische Flüchtlinge sind, werden vielfach als Katastrophe, ja als Fluch gesehen, der über Europa hereingebrochen ist. Der Katastrophenperspektive, die eine der wesentlichen Auslöser für die umgehende Angst in der Flüchtigen Moderne darstellt, stelle ich in diesem Kapitel eine Alternative gegenüber: Den Segen der Fremden/Anderen.

Dass Fremde/Andere Gesegnete und ein Segen sind, entspringt hier nicht dem wirtschaftlichen Kalkül einer alternden Gesellschaft, die den Zuzug von Migrant*innen dringend nötig hat, um die Sozialleistungen auf Zukunft hin abzusichern und in Mangelberufen entsprechende Fachkräfte zu lukrieren. Die Anschauung entspringt einem jahrtausendealten religiösen Vertrauen, dass die Migration kein Fluch ist, sondern Segen bedeutet. Der Segen, der Gesellschaften durch Migrant*innen zukommt, wird auf Gott selber zurückgeführt, der einzelne Menschen, wie Abraham/Ibrahim, Muhammed, Jesus, aber auch (s)ein ganzes Volk sowohl aus der vertrauten Heimat als auch aus versklavenden Verhältnissen „herausführt". Juden, Christen und Muslime verbindet in der gemeinsamen Urgestalt ihres Glaubens, in Abraham/Ibrahim, das Vertrauen in den Segen der Fremden/Anderen.

Wenn – wie im Leittext zu diesem Kapitel ausgewiesen – Ruth C. Cohn mit ihrer humanistischen Wertvorstellung an die jüdisch-christliche Botschaft von Versöhnung und Liebe anschließt, dann begibt sie sich in jenen Traditionsfluss, der nicht vom Fluch, sondern vom Segen der Fremden bestimmt wird. Schließlich ist die deutsch-jüdische Migrantin mit ihrer TZI, die sie aus dem Exil mitgebracht hat, selbst zum Segen für viele Menschen

[326] Cohn, zitiert aus: Herrmann, Ruth C. Cohn – Ein Porträt, 33.

geworden, die einen neuen Aufbruch in ihrem Leben gewagt und sich couragiert für die Humanisierung der Gesellschaft eingesetzt haben.

An Ruth C. Cohn und ihrem humanistischen Konzept wird für mich exemplarisch sichtbar, dass sich das Vertrauen in den Segen der Fremden/Anderen keineswegs nur auf Juden, Christen und Muslime beschränkt. Mit Ruths explizitem Anschluss an die jüdisch-christliche und damit implizit auch an die muslimische Tradition und ihren Transfer in einen ganzheitlichen, wertebezogenen und transzendental verankerten Humanismus, wird bewusst, was in den genannten religiösen Traditionen immer schon verankert war: Der Segen kommt allen Menschen zu, welche Weltanschauung sie immer vertreten und welcher Religion sie sich zugehörig wissen. Ruths eigene religiöse Biographie, mit der ich dieses Kapitel beschließe, scheint mir modellhaft für die menschliche Bewegung von partikularen religiösen Traditionen hin zu einem universalen, transreligiösen Bewusstsein.

Eine Transformation hin zu einer transreligiösen bzw. transweltanschaulichen Offenheit ist nicht mit einem Synkretismus zu verwechseln, in dem Elemente aus unterschiedlichen Traditionen selektiert und – meist unreflektiert – vermischt werden. Sie ist nicht mit dem Verlust der bisherigen weltanschaulichen bzw. religiösen Wurzeln verbunden. Ganz im Gegenteil: Sie kann diese vertiefen. Eine diesbezügliche Entwicklung konnte ich an vielen „bewegten“[327] Biographien von Gruppen-Teilnehmer*innen – speziell in interkulturellen und transreligiösen Kontexten – erkennen. Da sie mich auch selbst betrifft und ich diese grundsätzlichen Überlegungen biographisch verorten will, gebe ich einen selektiven Einblick in einige Um-, Auf- und Abbrüche in meiner eigenen weltanschaulich-religiösen Biographie. Er will dazu anregen, den diesbezüglichen Bewegungen in der persönlichen Lebensgeschichte nachzuspüren.

Meine und andere individuelle biographische Zusammenhänge sind in einen größeren Kontext gesellschaftlicher Entwicklungen im Hinblick auf Weltanschauung und Religion eingebettet, den ich im 6. Abschnitt mit reflektiere. Zuvor aber sind noch einige Überlegungen zum Element des Fremden/Anderen im TZI-Konzept und in der gegenwärtigen gesellschaftlichen Wirklichkeit angezeigt.

[327] Zum Begriff vgl. Anita Rotter – Frauke Schacht, Bewegte Biografien in der postmigrantischen Gesellschaft, in: M. Hill – E. Yildiz, Postmigrantische Visionen. Erfahrungen – Ideen – Reflexionen (= Postmigrantische Studien Bd. 1), Bielefeld 2018, 147–159.

7.1. Das virulente Element

In den vorangehenden Überblick zur TZI (6. Kapitel) habe ich das Element Fremde/Andere „hineingeschmuggelt“, obwohl es eigentlich nicht hineingehört, weil es Ruth C. Cohn weder als Axiom noch als Postulat benannt und auch nicht zu den Faktoren gezählt hat, welche eine themenzentrierte Interaktion kennzeichnen. Es kommt auch in bisherigen TZI-Publikationen nicht vor. Im Grunde gehört das Element nirgends dazu, auch nicht zum TZI-System; und doch ist es immer da, wenn Menschen einander begegnen und miteinander kommunizieren. Auch in alltäglichen Beziehungen ist es erfahrbar. Selbst Menschen, die sich sehr nahestehen, bleiben einander mehr oder minder fremd und sind anders als die/der andere es erwartet. Das beliebte TZI-Thema, das auf eine Aussage von Ruth C. Cohn zurückgeht, gibt dem bleibenden Dilemma von fremd und vertraut eine herausfordernde Wende: „Was mache ich mit mir, wenn der andere nicht so ist, wie ich ihn haben möchte.“[328] Die Frage nach vertrauten Fremden bzw. fremden Vertrauten bleibt ein Leben lang spannend. Eine Beziehung, welche das Fremdsein grundsätzlich ausblendet und sich nur auf das Vertraute fixiert, nimmt totalitäre Züge an.

Das Fremde/Andere ist ein individueller und kollektiver „Faktor“ in der Interaktion, mit dem speziell in der gegenwärtigen politisch-sozialen Situation zu rechnen ist. Beides spielt in interkulturellen und trans-weltanschaulichen bzw. -religiösen Zusammenhängen eine Rolle. Die Gegenwärtigkeit des kulturell oder weltanschaulich-religiös Fremden/Anderen kann sich zwischen alle anderen Interaktionsfaktoren schieben oder ihnen einen spezifischen Akzent verleihen. Die dynamische Balance zwischen den TZI-Faktoren verändert sich, wenn das Fremde/Andere in der Nähe eines Faktors kommt oder zwischen Ich, Wir, Es oder Globe steht.

Mit dem Fremden/Anderen können entweder fremde d. h. nicht vertraute oder „andere“ Menschen gemeint sein, die nicht als „ähnlich“ wie die „Zugehörigen“ betrachtet werden. Wer als fremd oder anders gilt, verändert sich ständig und unterliegt individuellen oder gesellschaftlichen Zuschreibungen. Im 3. Kapitel habe ich aus C. Emckes Buch „Gegen den Hass“ Kollektive von Menschen zitiert, die immer wieder als fremd und anders betrachtet werden und denen deshalb Hass entgegenschlagen kann. Emcke nennt u. a. Juden, Frauen, Ungläubige, Schwarze, Lesben, Geflüchtete, Muslime.[329] Die Liste ist länger und sie ließe sich weiter fortsetzen.

[328] Ruth C. Cohn, Gedanken zum Leben – Politisches in unserer Zeit, 106.

[329] Vgl. Emcke, Gegen den Hass, 12.

Mit dem Element des Fremden/Anderen sind aber nicht nur Menschen gemeint, sondern auch Zustände und Gefühle des nicht vertraut Seins, des nicht wie die anderen Sein, des nicht Dazugehörens. Fremdsein/Anderssein ist ein Phänomen, das Menschen auf unserer Erde schon immer begleitet und in verschiedenen Ausprägungen die Geschichte der Menschheit mitbestimmt. In gewisser Hinsicht bleiben wir alle auch in vertrauter Umgebung fremd, wie es F. Schubert in seiner Winterreise ausdrückt: „Fremd bin ich eingezogen, fremd zieh' ich wieder aus."[330]

Wenn Migration etwas mit der Erfahrung des Fremdseins/Anderseins zu tun hat, dann haben alle Menschen einen „Migrationshintergrund", wie das E. Yildiz mit dem Begriff der „Postmigrantischen Gesellschaft"[331] andeutet. Das bleibend Migrantische in jedem Menschen kann sich in einer globalisierten Gesellschaft in privat oder beruflich bedingten Ortswechseln, in der Reiselust und Freiheitssehnsucht aber auch im selbstverständlichen Gebrauch sozialer Kommunikationsmittel zeigen, durch welche uns die Welt wie ein globales Dorf erscheint, wo wir virtuell beinahe überall sein können; zumindest dort, wo die wirtschaftlichen Bedingungen den technischen Anschluss an das World-Wide-Web erlauben. Ausschluss ist selbst aus „sozialen" Netzwerken Realität.

Angesichts der politischen Fixierung des Migrationsverständnisses auf bestimmte Flüchtlingsgruppen, die – im Falle von Muslimen – auch mit einer religiösen Stigmatisierung verbunden ist, ist ein Neudenken des gesamten Zusammenhangs von Fremdsein/Anderssein und Migration dringend geboten. Im Forschungsbereich von M. Hill und E. Yildiz entstehen „Postmigrantische Visionen". Traditionelle Denkmuster werden überwunden und eine „eigensinnige Praxis der Wissensproduktion"[332] wird in Gang gesetzt. In deren Zentrum steht „eine kritische Reflexion des restriktiven Umgangs mit Migration und deren Folgen, eine widerständige Haltung gegen hegemoniale gesellschaftliche Verhältnisse."[333] Es kommt zu einem „Neudenken des gesamten Feldes, in welches der Migrationsdiskurs

[330] Vgl. Winterreise op. 89, D 911 ist ein Liederzyklus, bestehend aus 24 Liedern für Singstimme und Klavier, den Franz Schubert im Herbst 1827, ein Jahr vor seinem Tod, komponierte. Der vollständige Titel des Zyklus lautet: Winterreise. Ein Cyclus von Liedern von Wilhelm Müller. Für eine Singstimme mit Begleitung des Pianoforte, komponiert von Franz Schubert. Op. 89. Erste Abtheilung (Lied I–XII). Februar 1827. Zweite Abtheilung (Lied XIII–XXIV). October 1827.

[331] Vgl. Erol Yildiz – Mark Hill, Nach der Migration: Postmigrantische Perspektiven jenseits der Parallelgesellschaft, Bielefeld 2014.

[332] Marc Hill – Erol Yildiz, Postmigrantische Visionen. Erfahrungen – Ideen – Reflexionen (= Postmigrantische Studien Bd. 1), Bielefeld 2018, 7.

[333] Hill – Yildiz, Postmigrantische Visionen, 7.

eingebettet ist."[334] Ich gehe davon aus, dass die TZI einen Beitrag zu einem solchen Neudenken, aber auch zu einem alternativen Handeln leisten kann.

7.2. Fremde Einheimische – einheimische Fremde

Ein Aspekt des Neudenkens von Migration ist der Verweis auf die Tatsache, dass „Einheimische" irgendwann einmal Fremde waren und Fremde irgendwann zu „Einheimischen" wurden. Das betrifft nicht nur außereuropäische Flüchtlinge, sondern auch Menschen, die innerhalb eines Landes oder der EU in eine andere Stadt oder ein anderes Gebiet übersiedeln. Die Dualität von einheimisch und fremd führt sich schon deshalb ad absurdum, weil dadurch weiter zurückliegende Epochen in Biographien einfach ausgeblendet oder verleugnet werden. Wie lange ist man fremd? Wann wird man einheimisch? Gesellschaftliche Konstruktionen, die immer auch politisch gesteuert sind, spielen eine große Rolle dafür, wer als fremd oder einheimisch gilt. Ich erinnere mich an einen muslimischen Studierenden aus der Türkei, der während der Bearbeitung seiner „bewegten" Biographie auf einem TZI-Seminar an der Universität Innsbruck sagte: „Meine Großeltern stammen aus der Türkei. Wie ihr [an meiner Zeichnung] seht bin ich in der dritten Generation hier, bin österreichischer Staatsbürger, spreche die deutsche Hochsprache und den Tiroler Dialekt, studiere an einer österreichischen Universität und bin noch immer ein Fremder. Ich werde wohl nie ein Einheimischer werden!"

Dass die gegenwärtige Politik in Europa Flüchtlinge fast ausschließlich unter der Perspektive von Gefahr und Bedrohung wahrnimmt, hängt offensichtlich mit einem kurzlebigen Migrationsbewusstsein oder auch mit dessen Verdrängung zusammen. Aus dem Geschichtsunterricht haben Menschen eine blasse Erinnerung an die sogenannte Völkerwanderung, die Europa veränderte. Vielleicht ist manchen auch die erzwungene Migration unzähliger afrikanischer Sklaven nach Nordamerika bewusst, von der Spirituals wie „Go down Mose…" singen und damit die biblischen Migrationserzählungen von der Flucht des Volkes Israel aus der ägyptischen Unterdrückung mit der eigenen Erfahrung verbinden. Offensichtlich erinnern sich nur wenige Europäer*innen an die großen Migrationsbewegungen vor, während und nach dem Zweiten Weltkrieg, obwohl sie vielleicht Verwandte in den USA, in Australien oder in anderen Teilen der Erde haben.

Dramatisiert wurden die Migrationsbewegungen in Europa erst, seit in den letzten Jahren, vor allem auf Grund der Kriege in Syrien und Afgha-

[334] Hill – Yildiz, Postmigrantische Visionen, Editorial.

nistan und der schlechten menschenrechtlichen und wirtschaftlichen Bedingungen in mehreren Staaten Afrikas, eine größere Anzahl geflohener Menschen gekommen ist, die großteils dem Islam zugehören. Damit wurde die Auseinandersetzung mit den Fremden/Anderen im säkularen Europa auch zu einer Religionsfrage, welche die Emotionen besonders hochgehen lässt und die Hilflosigkeit zeigt, mit öffentlich sichtbarer Religion kreativ und konstruktiv umzugehen. Dass Fremde ein Segen sind, wie es die religiösen Migrationserzählungen vor Augen führen, ist im säkularen Europa völlig aus dem Blick.

7.3. Wiederkehr der Religion(en) in den Fremden?

Im Streit um die Fremden und das Fremde/Andere spielt ein Phänomen eine besondere Rolle, das mitunter als „Wiederkehr der Religion"[335] bezeichnet wird. Manche begrüßen es, weil sie den in der säkularen Moderne um sich greifenden Religions- und Glaubensverlust für problematisch halten. Andere befürchten einen Rückschritt in eine an Religion oder Konfession gebundene Gesellschaft, welche die hart erkämpften Errungenschaften einer freiheitlichen Gesellschaft einschränken könnte. Letzteres wird speziell dem Islam unterstellt.

In beiden Positionen kommt jene Qualität von Religion kaum in den Blick, die ihr Philosophen wie Charles Taylor, Gianni Vattimo oder in letzter Zeit auch Jürgen Habermas zuschreiben: Nämlich die Liebe zum Menschen, wie er ist, mit allen Fehlern und Schwächen und die Solidarität mit den sozial Schwachen, die in einer Zeit neuer Armut und gnadenloser sozialer Härte von entscheidender Bedeutung sind. Sowohl die Verteidiger als auch die Gegner der „Wiederkehr der Religion" haben eine rigorose Form von Religion im Auge, der kaum eine Ambiguitätstoleranz zukommt. Vielmehr geht es um ein Entweder-oder: Entweder eine durch Religion beeinflusste, ja gesteuerte, oder eine religionsfreie Gesellschaft. Evangelikale Strömungen im Kontext des Christentums, salafistische im Kontext des Islam, hinduistisch-politische in Indien etc. zeigen, wohin rigoristisch-fundamentalistische Bewegungen in den Religionen führen können. In der Regel sind sie mit nationalistischer Politik verbunden, wie man das etwa an der Trump-Regierung oder auch bei radikalen Hindus in Indien sehen kann.

Demgegenüber steht die Erfahrung, dass für das Gedeihen von Religion Ambiguitätstoleranz unabdingbar ist, auch wenn eine mit politischen In-

---

335 Vgl. FRIEDRICH WILHELM GRAF, Die Wiederkehr der Götter: Religion in der modernen Kultur, München 2007.

teressen vermengte Wiederkehr der Religion das scheinbare Gegenteil zu zeigen scheint. Th. Bauer schreibt:

> Religiöser Rigorismus motiviert in der Regel nur Einzelne. Um daraus eine breite Bewegung entstehen zu lassen, bedarf es immer auch und vor allem politischer Motivationen und günstiger politischer Begleitumstände. Das war sowohl bei Luther als auch bei Calvin der Fall, und es ist bei den Taliban und dem IS nicht anders. Selbst tiefreligiöse Menschen wissen oder spüren zumindest unbewusst, dass Religion eine ambiguitätshaltige Angelegenheit ist, in der man nur unter völliger Selbstverleugnung letzte Gewissheit postulieren kann. Um religiösen Rigorismus auf breiter Front zu mobilisieren, ist deshalb stets auch ein Anstoß von außen nötig. Häufiger noch sind Fälle, in denen ein äußeres, politisches Motiv religiöse Energien in den Dienst der eigenen Sache stellt.[336]

Religion schien im säkularen Europa nur mehr private Bedeutung zu haben. Die Mehrzahl der Europäer*innen in den säkularen, demokratischen Staaten halten Weltanschauung und Religion für eine private Angelegenheit. Die Öffentlichkeit steht – oder besser gesagt stand – in der Nachkriegsgesellschaft Kirchen und Religionen weitgehend neutral gegenüber. Ausnahmsweise kümmerte sich der Staat um die private Spiritualität und Religion, wenn er Freiheitseinschränkungen vermutete, wie es bei manchen „Jugendreligionen“ oder extremeren Sekten der Fall war. Die relative Religions- und Spiritualitätsneutralität war im säkularen Europa so lange der Fall, als das Christentum im öffentlichen Bewusstsein die dominierende Rolle spielte.[337] Das Problem, auf das der bekannte Theologe Hans Küng, der übrigens mit Ruth C. Cohn in Kontakt stand, in seinem Projekt „Weltethos“ seit Jahren aufmerksam gemacht hatte, nämlich dass es „keinen Weltfrieden ohne Religionsfrieden“[338] geben könne, schien Europa kaum zu tangieren. Die Friedensschlüsse in der Folge der Konfessionskriege schienen einen säkular-vernünftigen Umgang mit Religion, wie ihn die Aufklärung nahegelegt hatte, zu garantieren. Durch bilaterale Verträge wurden „gemischte“

---

336 Th. Bauer, Die Vereindeutigung der Welt, 25 f.

337 Hermann Lübbe, Religion nach der Aufklärung, Graz 1986; Jörn Rüsen, Zivilgesellschaft und Religion – Idee eines Verhältnisses, in: Ch. Augustin – J. Wienand – Ch. Winkler (Hg.), Religiöser Pluralismus und Toleranz in Europa, Wiesbaden 2006, 248–259; Rolf Schieder, Zivilreligionen als Friedensstifter, in: M. Brocker – M. Hildebrandt (Hg.), Friedensstiftende Religionen? Religion und die Deeskalation politischer Konflikte, Wiesbaden 2008, 123–137.

338 Vgl. Johannes Lähnemann, Kein Weltfriede ohne Religionsfriede. Hintergründe, Anliegen, Entwicklung des Projektes Weltethos, in: Salzburger Theologische Zeitschrift 7 (2003), 150–160.

Interessen zwischen den Kirchen/Religionsgemeinschaften und dem freiheitlich-demokratischen Rechtsstaat, wie Religionsunterricht, theologische Fakultäten, Eherecht, Privatschulen, (Ordens-) Krankenhäuser etc. geregelt. Die Religionsfrage schien speziell im Nachkriegseuropa befriedet zu sein. Vielleicht würde sie sich ja für aufgeklärt-mündige, erwachsene Menschen ohnedies mit der Zeit erübrigen.

Doch auch klassische Religionskritiken wie die von S. Freud, der Religion als kollektive Zwangsneurose entlarvte, die den Menschen in die Illusion von einem beschützenden und gleichzeitig beherrschenden „Vater" hineintreibe, kommen durch ihre eigenen Vertreter ins Wanken. Selbst einer der eindrücklichsten psychoanalytischen Religionskritiker der Gegenwart, nämlich T. Moser[339] mit seinem Buch „Gottesvergiftung"[340], sucht in einem neueren Buch nach einem „verträglichen Gott"[341]. Nicht dass T. Moser inzwischen kirchlich-gläubig geworden wäre: Aber als praktizierender Psychoanalytiker diagnostiziert er die Verdrängung von Religion nicht nur in der eigenen Zunft, sondern bei vielen Klient*innen als psychisches Problem:

> Manche Patienten schütteln fast mitleidig den Kopf, wenn ich nach einer religiösen Vorgeschichte frage. Sie verdächtigen mich, ich hätte wieder einmal ein neues Forschungsthema oder sei noch immer mit meiner unglücklichen Gottesgeschichte beschäftigt. Und nach ein paar Wochen oder Monaten stellt sich heraus, dass sie ein paar Jahre lang Ministrant waren, dass ein Onkel Priester oder Pfarrer oder eine Tante Nonne oder Diakonisse ist oder dass die eigene Mutter von einer Laufbahn in der Mission geträumt oder der Vater vor dem Chemiestudium drei Semester an einer theologischen Fakultät studiert hat. Oder es stellt sich heraus, dass in der Pubertät intensive Verhandlungen mit Gott über eine Berufung zur Heiligkeit stattfanden oder dass es kindliche Gelübde gab, wenn Gott von einem drohenden Übel befreite, oder dass der frühe Tod eines Freundes plötzlich eine längst vergessene Höllenangst zum Vorschein brachte und selbst der Erwachsene unsicher wird, ob es das Verworfensein von und vor Gott nicht doch geben könnte.[342]

Ob auch Ruth C. Cohn nach ihrer Psychoanalyse in der Schweiz, einer zeitweisen Verdrängung religiöser Fragen im amerikanischen Exil unterlegen ist, kann vielleicht durch weitere Forschungen an den Quellen im

[339] Tilmann Moser war in einem TZI-Seminar mit Ruth C. Cohn und daraus entstand ein späterer Briefwechsel zwischen den beiden, wie ich im Nachlass entdeckt habe.

[340] Tilmann Moser, Gottesvergiftung, Frankfurt a. M. [11]1995.

[341] Tilmann Moser, Von der Gottesvergiftung zu einem erträglichen Gott: Psychoanalytische Überlegungen zur Religion, Stuttgart 2003.

[342] Moser, Von der Gottesvergiftung zu einem erträglichen Gott, 19 f.

Berliner Archiv geklärt werden. Wie wir in der Auseinandersetzung mit der Religionsbiographie Ruth C. Cohns am Ende dieses Kapitels noch sehen werden, deutet sie nach ihrem Kinderglauben für die schweizer und amerikanische Zeit eine religiöse Latenzperiode an. Endgültig war ihr die Religion durch Psychoanalyse jedenfalls nicht auszutreiben. Ganz im Gegenteil: Nach ihrer Rückkehr nach Europa beschäftigte sie sich intensiv mit Religions- und Glaubensfragen.

Nicht nur die individuelle Verdrängung von Religion spielt im spätmodernen Europa eine große Rolle, sondern auch die kollektive. Der spanisch-amerikanische Religionssoziologe José Casanova spricht von „Europas Angst vor der Religion“[343] als kollektivem Problem: Die Ansicht, dass Religion intolerant sei und zu Konflikten beitrage, kann angesichts der Ereignisse im 20. Jahrhundert, das „eines der gewalttätigsten, blutigsten und genozidalsten in der Menschheitsgeschichte“[344] war, empirisch nicht belegt werden, schreibt er. Das Gegenteil sei der Fall: Weder das sinnlose Gemetzel des Ersten Weltkriegs, noch der Holocaust, noch der Gulag waren religiös motiviert:

> Und doch bevorzugen es die zeitgenössischen Europäer offenbar, die lästigen Erinnerungen an die säkularen ideologischen Konflikte der jüngsten Vergangenheit selektiv zu vergessen und stattdessen die lang vergessenen Erinnerungen an die Religionskriege des frühmodernen Europas wieder aufzurufen, um die religiösen Konflikte, die sie heute überall auf der Welt wuchern sehen und von denen sie sich mehr und mehr bedroht fühlen, zu verstehen. Anstatt die gemeinsamen strukturellen Kontexte von moderner Staatsbildung, zwischenstaatlichen geopolitischen Konflikten, modernem Nationalismus und der politischen Mobilisierung ethno-kultureller und religiöser Identitäten zu sehen – [...] scheinen die Europäer diese Konflikte lieber der ‚Religion' zuzuschreiben. [...] Man kann vermuten, dass die Funktion solch einer selektiven historischen Erinnerung darin besteht, die Vorstellung von den fortschrittlichen Errungenschaften der säkularen westlichen Moderne zu sichern, indem sie eine sich selbst bestätigende Rechtfertigung für die säkulare Trennung von Religion und Politik als Bedingung für moderne liberale demokratische Politik, für globalen Frieden und den Schutz der individuell privatisierten Religionsfreiheit bietet.[345]

[343] José Casanova, Europas Angst vor der Religion, Berlin 2009.
[344] Casanova, Europas Angst vor der Religion, 14.
[345] Casanova, Europas Angst vor der Religion, 15 f.

In all diesen Auseinandersetzungen wird in der Regel das migrantische Erbe – zumindest der monotheistischen Religionen – und ihr Potential gegen die Ausgrenzung der Fremden und Anderen, übersehen.

7.4. Das migrantische Erbe der „Kinder Abrahams"

Wie bereits eingangs erwähnt, schließt Ruth C. Cohn mit ihrem ganzheitlichen und transzendental offenen Humanismus bewusst an die jüdisch-christliche Botschaft von Versöhnung und Liebe an. Damit ist das migrantische Erbe der „Kinder Abrahams", zu denen selbstverständlich auch die Muslime zählen[346], verbunden.

Wir erleben gegenwärtig in Europa und auch in den USA eine gesellschaftliche Tendenz, die Muslime von diesem Erbe abzutrennen und sie zu religiös Fremden zu machen. Die Antwort auf die öffentlich diskutierte Frage, ob der Islam zu Europa gehöre, hängt ja nicht in erster Linie davon ab, wie viele Muslime es bisher in Europa gegeben hat und welche Rolle sie in europäischen Gesellschaften historisch gespielt haben und heute spielen. Wer den Islam oder das Judentum vom Christentum separieren und aus Europa ausgrenzen oder als Randerscheinung klassifizieren will, trifft in gleicher Weise das Christentum in seinen tiefsten Wurzeln. Ein „christliches Abendland", das im Übrigen eine historische Fiktion darstellt, kann es ohne Geschwisterreligionen nicht geben. Versuche im Nationalsozialismus, die jüdische Tradition von der christlichen zu trennen und „Judenchristen" auszuschließen, sind gescheitert. Die „Deutschen Christen" waren eine rassistische, antisemitische und Hitler hörige Strömung im Protestantismus, die durch die bekennende Kirche intern widerlegt wurde und die nach dem Nationalsozialismus verschwunden ist. In ähnlicher Weise ist ein, von seinen jüdischen und islamischen Bezügen „gereinigtes" Christentum, nicht denkbar. Die Ambiguität als Charakteristik von Religionen, so sie sich nicht fundamentalistisch verhärten, gilt nicht nur innerhalb, sondern auch in ihrem Zu- und Miteinander.

Im Unterschied zu Verteidigern eines „christlichen Abendlandes" oder zu säkularistischen Kämpfern für eine religionsfreie Gesellschaft, gehört Ruth C. Cohn zu jenen Vertreter*innen der Humanistischen Psychologie, die religiösen Menschen und Religionen in ihrer Vielfalt mit einer hohen Wertschätzung, ja Neugier, begegnete, auch wenn sie nicht die ihre waren. Ruth schließt an das jüdisch-christliche Erbe an, ohne es zu verabsolutieren.

---

[346] Vgl. Karl-Josef Kuschel, Juden – Christen – Muslime. Herkunft und Zukunft, Düsseldorf 2007.

Menschen aller – auch nichtreligiösen – Weltanschauungen hatten in ihren Gruppen Platz.

Mich persönlich hat die unbedingte Wertschätzung der Anderen, die mit der TZI verbunden ist, dazu animiert, an der Universität Innsbruck couragiert für die Errichtung einer Islamischen Religionspädagogik einzutreten.[347] Dabei war für mich interessant zu beobachten, wie sowohl streng konfessionell denkende als auch säkular eingestellte Kolleg*innen damit Schwierigkeiten hatten. Für beide Gruppen, die in anderen Fragen gegensätzlich dachten und agierten, war schwer zu begreifen, warum ausgerechnet ein katholischer Theologe „die Muslime" darin unterstützen will, sich an der öffentlichen Universität zu etablieren. Dass die enge Kooperation mit Kolleg*innen aus der Schwesterreligion ganz neue Horizonte öffnen kann, war ihnen fremd. So durfte ich in den letzten Jahren meiner Berufstätigkeit (TZI-)Seminare und Vorlesungen[348] mit gemischten Gruppen von muslimischen und christlichen Studierenden, teilweise auch gemeinsam mit muslimischen Lehrenden halten; ich habe dabei sehr viel gelernt.

Die transreligiöse Kooperation, die vor allem in der offenen Begegnung von Menschen mit anderen Überzeugungen und anderen Religionen besteht, ist für mich mehr als ein „interreligiöser Dialog", der mitunter nicht den ganzen Menschen erfasst und deshalb auch wenig Veränderung bei mir selbst und bei den jeweils anderen bewirkt. Das Zweite Vatikanische Konzil der katholischen Kirche (1962–1965) begegnet den Muslimen mit „Hochachtung" und würdigt, dass sie, wie Juden und Christen auch, „den alleinigen Gott anbeten, den lebendigen und in sich seienden, barmherzigen und allmächtigen, den Schöpfer Himmels und der Erde, der zu den Menschen gesprochen hat"[349]. Im Auftrag des Konzils sollte der historische Streit zwischen den Religionen beendet werden: „Da es jedoch im Lauf der Jahrhunderte zu manchen Zwistigkeiten und Feindschaften zwischen Christen und Muslime kam, ermahnt die Heilige Synode alle, das Vergangene beiseite

[347] Vgl. Matthias Scharer, Mit Muslimen lehren und forschen. Ein kommunikativ-theologischer Blick auf muslimisch-christliche Kooperationen in der Lehre, beim Aufbau eines Studiengangs und bei der Entwicklung eines Forschungsantrages, in: Ch. Büchner – Ch. Jung – B. Nitsche – L. Scherzberg (Hg.), Kommunikation ist möglich. Theologische, ökumenische und interreligiöse Lernprozesse. Festschrift für Bernd Jochen Hilberath, Mainz 2013, 360–373; Matthias Scharer, Learning (in/through) Religion in the Presence of the Other. Accident and/or Test Case in Public Education?, in: M. Juen – G. Prüller-Jagenteufel – J. Rahner – Z. Sejdini (Hg.), Anders gemeinsam – gemeinsam anders?, 223–238.

[348] Vgl. Matthias Scharer, Die Einführungsvorlesung in die Religionsdidaktik wandelt sich, in: M. Kraml – Z. Sejdini (Hg.), Interreligiöse Bildungsprozesse. Empirische Einblicke in Schul- und Hochschulkontexte, Stuttgart 2018, 49–62.

[349] Karl Rahner – Herbert Vorgrimler, Kleines Konzilskompendium. Sämtliche Texte des Zweiten Vatikanums, Freiburg [5]2006, 357.

zu lassen, sich aufrichtig um gegenseitiges Verstehen zu bemühen und gemeinsam einzutreten für Schutz und Förderung der sozialen Gerechtigkeit, der sittlichen Güter und nicht zuletzt des Friedens und der Freiheit für alle Menschen."[350] Mit großer Freude denke ich an die ambiguitätsfreudigen Wir's in religiös vielfältigen TZI Gruppen von Muslimen und Christen, die nicht nur darauf ausgerichtet waren, die Zwistigkeiten und Feindschaften beiseite zu lassen, sondern sie auch zu thematisieren und zu bearbeiten, damit ein tieferes gegenseitiges Verstehen und Vertrauen, eben eine transreligiöse Begegnung möglich wurde.

Bei Menschen, welche den Streit um die Religion beflügeln und das „christliche Europa" gefährdet sehen, aber auch bei solchen, welche die Gesellschaft von Religion „reinigen" wollen, ist in der Regel nicht im Blick, dass sich Juden, Christen und Muslime gemeinsam auf Stammväter, Stammmütter und Propheten berufen, die typische Migrant*innen bzw. Nicht-Sesshafte waren. In diesem Sinne sind zumindest alle gläubigen Menschen, die sich einer dieser religiösen Traditionen nahe wissen, in ihrer migrantischen Herkunft geistig miteinander verwandt. Als Beispiel seien hier nur die vier männlichen Gestalten der sogenannten abrahamitischen Religionen in der zeitlichen Abfolge ihres Auftretens genannt: Abraham, Mose, Jesus, Muhammed.

Wichtige Teile der hebräischen und griechischen Bibel und des arabischen Koran beziehen sich auf Migrationserzählungen. Gott selber wird als Anstifter zur Emigration gesehen: „Der Herr sprach zu Abraham: Geh fort aus deinem Land, aus deiner Verwandtschaft und aus deinem Vaterhaus in das Land das ich dir zeigen werde!" (Gen 12,1).[351] Welche Art von Migrant der Stammvater der Glaubenden war, bleibt offen. Er war wohl kaum Kriegsflüchtling; auch Wirtschaftsflüchtling oder Flüchtling auf Grund eines ökologischen Desasters oder religiöser Verfolgung kommen bei ihm kaum in Frage. Abraham war, so könnte man sagen, ein Migrant aus Vertrauen. Er vertraute der Migrationsverheißung, die ihm unmittelbar von Gott zugesagt wird: „Ich werde dich zu einem großen Volk machen, dich segnen und deinen Namen groß machen. Ein Segen sollst du sein" (Gen 12,2).[352] Der gesegnete Migrant wird zum Segen für Andere.

Mose wird im Fremdland, in Ägypten, geboren. Seine hebräische Mutter versteckt ihn vor dem einheimischen Pharao im Schilf. Sie hält das Leben des Säuglings für gefährdet. Es geht nämlich bei den Hebräern die Angst um, dass ihr reicher Kindersegen von der ägyptischen Mehrheitsbevölkerung als

[350] Rahner – Vorgrimler, Kleines Konzilskompendium, 357.
[351] Die Bibel, Einheitsübersetzung der Heiligen Schrift. Gesamtausgabe, Stuttgart 2016.
[352] Die Bibel, Einheitsübersetzung der Heiligen Schrift.

Bedrohung für das eigene Volk gesehen wird. Die Tochter des ägyptischen Herrschers findet den hebräischen Knaben, lässt ihn von seiner Mutter, der vermeintlichen Amme, stillen und nimmt Mose, „den aus dem Wasser gezogenen", als Sohn an. Doch der Streit mit der Mehrheitsgesellschaft der Ägypter ist vorprogrammiert: Als Mose sieht, wie ein Ägypter einen Hebräer, einen von der Minderheit, der er selbst angehört, schlägt, erschlägt er kurzerhand den einheimischen Ägypter. Weil der Mord nicht geheim bleibt, muss Mose fliehen und findet Zuflucht beim Priester von Midian. Man könnte die Migrationsgeschichten in der hebräischen Bibel, die auch Christen und Muslime in ihre Traditionen aufgenommen haben, beliebig fortsetzen.

Auch das Neue Testament und die frühe Geschichte der Christen ist voll davon. Nachdem Jesus freiwillig aus seinem Heimatort Nazareth weggezogen ist, hat er keine Heimat mehr: „Die Füchse haben Höhlen und die Vögel des Himmels Nester; der Menschensohn aber hat keinen Ort, wo er sein Haupt hinlegen kann" (Lk 9,58).[353] Auch für die frühen Christen bleibt die Heimat in hohem Ausmaß ambivalent. In der apologetischen Schrift „Brief an Diognet" – vermutlich aus dem zweiten nachchristlichen Jahrhundert – befragt „Diognet" die Christen zu ihrem Glauben. Dabei kommt auch ihr Verhältnis zu Heimat und Fremde zur Sprache. Im fünften Abschnitt heißt es von den Christen u. a.:

> Sie bewohnen ihr jeweiliges Vaterland, aber nur wie fremde Ansässige; sie erfüllen alle Aufgaben eines Bürgers und erdulden alle Lasten wie Fremde; jede Fremde ist für sie Vaterland und jede Heimat ist für sie Fremde …[354]

Die Flucht, die Hidschra des Propheten Muhammed von Mekka nach Medina (622 nach christlicher Zeitrechnung), wurde zum entscheidenden Datum für den Islam und markiert den Beginn der islamischen Zeitrechnung.

Selbstverständlich gibt es nicht nur religiöse Migrationserzählungen. Doch an die religiösen zu erinnern scheint heute besonders wichtig zu sein, weil „die Religion" nicht selten als Argument für den Ausschluss von Migrant*innen missbraucht wird. Wer also mit religiösen Argumenten gegen muslimische Flüchtlinge auftritt, sollte wissen, dass zumindest Juden, Muslime und Christen per se einen Migrationshintergrund haben, wenn sie ihre Tradition nicht verleugnen wollen.

---

[353] Die Bibel, Einheitsübersetzung der Heiligen Schrift.

[354] Der Brief an Diognet. Übersetzung und Einführung von Lorenz, Bernd, Einsiedeln 1982, 19 f.

7.5. Geschenkte Vielheit – eine religionsbezogene Selbstreflexion

Wenn ich im TZI-Kontext speziell an trans-weltanschaulichen und -religiösen Thematiken arbeite, dann stehen Weltanschauungen und Religionen nicht nur als kollektives Erbe zur Debatte (Es-Faktor), sondern vor allem als individuelle Biographien (Ich-Faktor), die sich im Wir einer Gruppe (Wir-Faktor) in großer Vielfalt zeigen. Ich habe eine große Fülle bewegter Biographien vor Augen, die Teilnehmer*innen gezeichnet, gemalt, geschrieben, getanzt oder sonst wie zum Ausdruck gebracht haben. Da ich mich aber nicht weltanschaulich-religiöser Biographien anderer bemächtigen will, stelle ich exemplarisch einige Szenen aus meiner eigenen Religions-Biographie zur Verfügung, die mit dem Wandel aus einem relativ engen, katholischen Milieu in eine transreligiöse Weite zu tun haben.

Die folgende biographische Reflexion habe ich nach einem dreistündigen Fußmarsch vom gastlichen Donauhof in Emmersdorf (Niederösterreich) – in den ich mich zum Schreiben dieses Abschnitts zurückgezogen hatte – zur Schallaburg verfasst, wo ich die Ausstellung „Islam in Österreich", besuchte. Erst auf dem Weg dorthin wurde mir die Symbolik bewusst, die das Wandern von einem „christlichen" Dorf zur Islamausstellung im Rahmen meiner eigenen, bewegten Biographie bedeutet.

Wie so oft, wenn ich mich auf meine weltanschaulich-religiöse Lebensgeschichte einlasse, sehe ich Szenen aus meiner Kindheit: Das Beten in der Familie, speziell mit meiner Mutter; ihre Erzählungen von Jesus und von Heiligen; meine Dienste als Ministrant bei zahlreichen Gottesdiensten. Angesichts dieser Bilder überkommt mich regelmäßig eine Wehmut nach dem verlorenen Paradies einer eindeutigen volkskirchlichen Gläubigkeit. Offensichtlich hatte sie etwas mit Beheimatung und Vertrautsein zu tun. Bin ich seither auf der spirituell-religiösen Flucht? Möchte ich „nach Hause" zurückkehren?

Ich wende mich, auch physisch, zurück; was liegt hinter mir? Dann drehe ich mich bewusst um und wende den Blick nach vorne. Waren es nicht gerade die Brüche, die Um- und Abbrüche und wiederum neuen Aufbrüche, die in der weltanschaulich-religiösen Auseinandersetzung für mich wichtig wurden? Ich kann und will hier nicht alle aufzählen, an die ich mich auf dem Weg zur Schallaburg erinnert habe. Nur einige, die für meine heutige Sicht von Glauben und Religion bedeutsam geworden sind, will ich erwähnen.

Der erste Bruch mit der volkskirchlich-katholischen Kindheit, die ich vor allem mit meiner Mutter in Verbindung bringe, geschah im eigenen Elternhaus durch meinen kirchenverletzten Vater. Er schrieb die Tatsache, dass sein Vater, also mein Großvater, in den Ersten Weltkrieg einrücken musste und an die Front kam, obwohl seine Frau bei einem Unfall ums Leben gekommen war, und er zwei unversorgte Kinder zurückließ, einem Komplott zwischen Bürgermeister und Pfarrer zu. Der Streit um die Religion in meinem Elternhaus und damit auch viele kritische Diskussionen um Glauben und Kirche prägten meine Kindheit und mögen der Hintergrund dafür sein, dass ich Theologie studierte, weil „ich es wissen wollte". Meinem kirchenkritischen Vater verdanke ich es, dass ich – zum Leidwesen meiner Mutter – weder ein kirchliches Gymnasium noch ein Priesterseminar besuchen durfte oder in einen Orden eintrat. Damit gehörte ich zur Zeit meines Studiums (1966–1971) zu den wenigen sogenannten Laientheolog*innen, die keine kirchliche Vergangenheit im engeren Sinn aufweisen konnten. Im hohen Alter vollzog übrigens meine Mutter einen erstaunlich kirchenkritischen Wandel, der durch die Ernennung einiger sehr konservativer Bischöfe in Österreich ausgelöst wurde.

Einen Aufbruch aus der volkskirchlich-katholischen Kindheit lösten das Engagement in der katholischen Hochschulgemeinde und das Studium der Theologie und Geschichte in den 1968iger Jahren bei mir aus. „Zweifle dich durch" hieß das Motto für unsere theologischen Gehversuche, die mit einer starken Kirchen- und Gesellschaftskritik einher gingen. Die Auseinandersetzung mit religionskritischen, speziell mit marxistischen Autoren war selbstverständlich. Bereits während des Studiums empfand ich eine große Nähe zur lateinamerikanischen Befreiungstheologie, die vielleicht mit meiner Herkunft aus ärmlichen Verhältnissen zu tun hatte. Die „Option für die Armen" durfte ich nach dem Studium in mehreren Aufenthalten in südamerikanischen Ländern hautnah erleben.

Eine jahrzehntelang geübte Praxis in Zen-Meditation brachte mich der Mystik, einer alle Religionen verbindenden Bewegung, sehr nahe. „Mystik und Politik"[355] bzw. „Mystik und Widerstand"[356], wie es die evangelische Theologin D. Sölle ausgedrückt hatte, die übrigens eine Freundin von Ruth C. Cohn war, verbanden sich in mir eng miteinander. Heute weiß ich, dass neben Gestalt- und Gruppentherapie auch die TZI ein wichtiger Beweggrund im Aufbruch in die religiöse Vielheit darstellte. Je mehr ich mich in die Schriften und in den Nachlass Ruth C. Cohns vertiefe, umso deutlicher wird mir, warum und wie das Leben und Werk dieser Frau in die kulturelle und weltanschaulich-religiöse Weite hineinführt.

Speziell durch die Arbeit in interkulturellen und transreligiösen TZI-Gruppen wurde für mich in den letzten Jahren die Frage immer drängender,

---

[355] Vgl. Edward Schillebeeckx, Mystik und Politik. Theologie im Ringen um Geschichte und Gesellschaft. Johann Baptist Metz zum 60. Geburtstag, Mainz 1988.

[356] Vgl. Dorothee Sölle, Mystik und Widerstand: „du stilles Geschrei", Hamburg 1997.

was die generalisierende Zuordnung von Menschen zu bestimmten Religionen oder Konfessionen, wie sie landläufig geschieht, bedeutet und was dadurch an Individualität und Authentizität ausgeblendet wird. Inder*innen würden sich bei der großen inneren Vielfalt „ihrer" Religion wohl kaum als Hindu bezeichnen, wenn ihnen diese Bezeichnung nicht von außen zugeschrieben worden wäre.[357] Auch den „Anhängern des Weges", wie sich die Christ*innen am Anfang selbst nannten, kam das Wort „Christen" von außen, von den römischen Schriftstellern, zu. Sehr problematisch empfinde ich es, wie gegenwärtig vor allem in den Medien und in der Politik von *„den* Muslimen" und *„dem* Islam" gesprochen wird. Erst wenn man die Kollektive auflöst und hinter die Kulissen der Institutionen blickt, tritt der Mensch mit seinen Überzeugungen hervor.

Damit bin ich auf meinem Weg nicht nur biographisch bei meinen muslimischen Schwestern und Brüdern angekommen, sondern auch physisch in der Islamausstellung. „Der Islam", der für mich früher nichts anderes war als die „zweitgrößte Religion der Erde", über die man einiges wissen konnte, hat für mich inzwischen vielfältige menschliche Gesichter angenommen. Wenn ich an „Muslime" denke, dann habe ich ein sehr buntes Bild von Menschen vor Augen, für die der Begriff eine große Verallgemeinerung darstellt. Die meisten meiner muslimischen Kolleg*innen und Freund*innen sind schiitisch-, sunnitisch- oder alevitisch geprägt. Es sind auch Menschen darunter, die dem mystischen Islam (Sufisten) nahestehen und es sind solche, welche die sogenannten Säulen des Islam, den Glauben an Allah, das fünfmalige Gebet, das Fasten im Ramadan und die Armensteuer eher aus Pflicht und Gewohnheit erfüllen. Manche von ihnen waren bereits auf der Hăddsch, der Pilgerfahrt nach Mekka, auf die sich Muslime zumindest einmal im Leben begeben sollten. Ich habe in diesem Zusammenhang einen jungen Mann vor Augen, der uns im Rahmen einer Dorfuntersuchung voll Stolz erzählt hatte, dass er es mit seinen Ersparnissen den Eltern ermöglichte, den Traum ihres Lebens zu erfüllen und sich auf die Wallfahrt nach Mekka zu begeben. Es fällt mir auf, dass ich keine salafistischen Muslime persönlich kenne. Sie sind mir nur aus den Medien bekannt, weil ihnen dort wegen ihrer traditionalistischen Einstellung eine größere Aufmerksamkeit geschenkt wird, als der weitaus größeren Anzahl muslimischer Menschen aus anderen Traditionen. Warum gilt die mediale Aufmerksamkeit nicht den vielen Muslimen, die als EU-Bürger oder als Flüchtlinge völlig unauffällig unter und mit uns leben?

[357] Vgl. Nishi Mitra, The Hindu World View. Revisiting the Relevance of the Axiomatic Base of Theme Centered Interaction from a Cultural Perspective, in: Themenzentrierte Interaktion. theme-centered interaction 15 (2001) 1, 21–32.

Auf der Islamausstellung, durch die ich nun wandere, wird auch an weniger bekannte islamische Strömungen erinnert, wie an die ursprünglich sehr sittenstrengen Ibaditen im Oman, an die Ahmadiyya in Pakistan, die auf einen Retter am Ende der Tage warten oder an die Wahhabiten in Saudi-Arabien, die in ihrer fundamentalistischen Koranauslegung den Salafisten nahestehen. So wird mir die Vielfalt der Muslime, die in unseren Medien meist verschwiegen wird, nochmals deutlicher bewusst.[358] Die Liste von Menschen, denen ich jedes Jahr einen erfüllten und segensreichen Ramadan wünsche, ist jedenfalls höchst vielfältig und wird immer länger.

Hier auf der Ausstellung kann ich auch die vielfältigen und kunstvollen Koranausgaben bewundern. Den ersten Koran hat mir vor Jahren der damalige Leiter der Islamischen Glaubensgemeinschaft in Österreich feierlich übergeben, als ich an der Wiener Universität eines meiner ersten Seminare mit muslimischen Studierenden leitete. „Der Koran", so weiß ich es von meinen muslimischen Freund*innen und vom Ausstellungstext, „gilt als gesprochenes und niedergeschriebenes Wort Gottes."[359] [...] „Da im Arabischen, [in dem der Koran geschrieben ist,] wie in jeder Sprache, Wörter verschiedene Bedeutungen haben können, ist jede Übersetzung auch eine Interpretation der Wortbedeutung."[360] Vor allem wird seit seinem Entstehen die poetisch-lyrische Schönheit des Koran gepriesen. So können für „Musliminnen und Muslime [...] die sprachliche Schönheit des Koran und seine ‚wahre' Bedeutung aber nur in der arabischen Originalversion erfasst werden"[361]. Die Ausstellung sensibilisiert für die Begrenztheit, der Politiker*innen erliegen, wenn sie eine einzige gültige Übersetzung des Koran fordern, weil sie Angst vor der Vielsinnigkeit der Texte haben. Das gilt auch für bewusst geschürte Missverständnisse im Hinblick auf zentrale islamische Begriffe wie der Scharia. „Die Scharia bezeichnet die Summe der Pflichten und Verbote, die das Leben in einer islamischen Gesellschaft prägen. Sie ist kein feststehendes, schriftlich niedergelegtes Werk, sondern basiert auf Deutung des Koran, der Hadithe und anderer Texte durch Rechtsgelehrte. Viele der Vorschriften sind umstritten, und je nach Auslegung kann es zu sehr unterschiedlichen Gesetzgebungen im Namen der Scharia kommen."[362]

Ein Festkalender[363] zeigt den Reichtum muslimischer Feste und Feiern. Besonders eindrucksvoll ist die Vielfalt islamischer Moden für Frauen und

---

[358] Vgl. SCHALLABURG KULTURBETRIEBSGES.M.B.H., Islam. Katalog zur Jahresausstellung vom 18. März – 5. November 2017, 77.
[359] SCHALLABURG, Islam. Katalog zur Jahresausstellung, 33.
[360] SCHALLABURG, Islam. Katalog zur Jahresausstellung, 33.
[361] SCHALLABURG, Islam. Katalog zur Jahresausstellung, 33.
[362] SCHALLABURG, Islam. Katalog zur Jahresausstellung, 78.
[363] SCHALLABURG, Islam. Katalog zur Jahresausstellung, 1.

Männer. Was, wie das Kopftuch oder die Burka, in der gesellschaftlichen Öffentlichkeit nur als Problem gesehen wird, präsentiert sich in der Ausstellung mit hoher ästhetischer Qualität.

Mit einem Mal wird mir der kulturelle Rückschritt bewusst, in dem wir uns in Europa und speziell auch in Österreich seit mehreren Jahren bewegen. Wenn man bedenkt, dass Österreich in der k. u. k. Monarchie der größte Feze Exporteure, der Kopfbedeckung islamischer Männer, war und den Muslimen durch das Islamgesetz 1912 praktisch gleiche Rechte wie den Protestanten zugestanden wurden, dann wird die Frage bedrängend, wohin wir uns derzeit gesellschaftlich bewegen. Bedrückend wird die Ausstellung bei den vielen Beispielen, in denen Realitätsverweigerung und Vorurteile in der säkularen Gesellschaft dokumentiert werden; aber auch dort, wo unter dem Deckmantel des Islam Menschen, vor allem auch junge Menschen, radikalisiert werden.

„Die andere Seite achten“[364], so habe ich einen Aufsatz benannt, den ich in der Festschrift für einen TZI-Lehrer geschrieben habe, den Ruth C. Cohn immer das „Pfäfflein“ genannt hatte. Er hat ihre Ironie seinem Priestersein gegenüber aufgenommen und ihr in der Regel mit „dein Pfäfflein“ geantwortet. Gerade beim „Pfäfflein“, es war der bereits verstorbene TZI-Lehrer Michael Frickel, habe ich gelernt, die andere Seite zu achten.[365] Wenn wir mitsammen TZI-Gruppen geleitet haben, sind wir uns regelmäßig sowohl als TZI-ler als auch als Theologen in die Haare geraten. Durch Konflikte und Störungen durfte ich erfahren, wie ich zu mir stehen und gleichzeitig mit Michael menschlich verbunden bleiben konnte.[366]

Die andere Seite achten und das Rechthaberische und ausschlussproduzierende Entweder-oder in eine ambiguitätsfreudige Situation zu verwandeln in der alles Platz hat, war eine der zentralen Intentionen Ruth C. Cohns, die nicht zuletzt in ihrer religiösen Biographie zum Ausdruck kommt, in die ich im nächsten Abschnitt einführen will.

7.6. Die „Religion“ der Migrantin

Hätte Ruth C. Cohn einen ähnlichen Transfer in ihren ganzheitlichen, transzendental offenen Humanismus, wie sie ihn für die jüdisch-christliche

[364] Vgl. Matthias Scharer, Die andere Seite achten, in: N. Korte (Hg.), Unterwegs – woher? wohin? Wegerfahrungen mit Michael E. Frickel, Mainz 1996, 107–111.

[365] Vgl. Michael E. Frickel, „Oder auch nicht“. Tiefendimension einer Floskel, in: Themenzentrierte Interaktion. theme-centered interaction 11 (1997) 2, 45–48.

[366] Vgl. Michael E. Frickel, Entscheidung – sie nimmt und sie gibt, in: Themenzentrierte Interaktion. theme-centered interaction 16 (Sonderheft Ruth C. Cohn) (2002) 1, 48–49.

Botschaft möglich hält, auch im Hinblick auf den Islam postuliert, wenn ihr die enge Verbindung der abrahamitischen Religionen bewusster gewesen wäre und sie sich mehr mit Muslim*innen auseinandergesetzt hätte, als sie es in ihren Lebenskontexten tun konnte? Was wäre in dieser Hinsicht möglich gewesen, wenn sie sich mit ihren „muslimischen Schwestern Bezzyh und dem Pfleger Hamid", die M. Kroeger in seiner „Ansprache bei der Trauerfeier"[367] für Ruth ausdrücklich erwähnte, noch über deren Religion hätte austauschen können? Wie nahe ist ihr die hinduistische Religion der ersten graduierten Frau aus Indien, Nishi Mitra, noch gekommen? Hätte sie sich über die Graduierung des ersten muslimischen TZI-Lehrers Hafiz Mohamad gefreut? Mit Atheisten, Agnostikern und religionsfreien Humanisten hat sich Ruth bestens verstanden, weil sie zu ihrer aktiven Zeit zum Kreis der TZI-Lehrenden gehörten und bis heute gehören. Die weltanschaulich-religiöse Vielheit ist der TZI jedenfalls von ihrer Gründerin her eingeschrieben, auch wenn Ruth selbst auf einer beinahe lebenslangen religiösen Suche war.

Der verstorbene Theologe und TZI-Lehrer D. Stollberg hat sich tiefgründig mit den jüdisch-christlichen Einflüssen auf Ruth C. Cohn und die TZI befasst. Er schreibt: „Es ist mir früh aufgefallen und kein Zufall, dass die ersten TZI-ler und TZI-lerinnen *allesamt* Juden waren: Ruth C. Cohn, Ruth Ronall, Frances Buchanan, Norman Liberman, Yithchak Zieman und viele andere."[368] Dieses jüdische Umfeld der TCI- bzw. WILL-Bewegung in Amerika bedeutete aber nicht, dass sich Ruth C. Cohn in dieser Zeit tiefgründig mit ihrer Religion auseinandergesetzt hätte. Ich habe von einer religiösen Latenzzeit bei Ruth im schweizer und amerikanischen Exil gesprochen:

> Ich hatte die Frage der Religiosität für mich ad acta gelegt, seit ich meinen Kindheitsgott verlassen hatte und in meiner Begeisterung für Goethe eine überzeugte Pantheistin geworden war. An Göttlichkeit innerhalb und außerhalb meines Leibes zu glauben, war für mich so selbstverständlich, daß ich dieser Tatsache nicht viel Bewußtsein zollte. Ich empfand auch kein Bedürfnis, der Frage eines „Gottes von außen" nachzuspüren oder zu beten, und war jedesmal sehr erstaunt, wenn meine Gedichte zu Gebeten wurden. In meiner Analyse, in meinen neo-freudianischen Studien und in den Erlebnistherapien blieben Gott und Religion weitgehend ausgeklammert. […]

[367] Matthias Kroeger, Ansprache bei der Trauerfeier für Ruth Cohn am 6.2.2010 in Düsseldorf, in: Themenzentrierte Interaktion. theme-centered interaction 24 (2010) 2, 11–17, hier 11.

[368] Dietrich Stollberg, Jüdisch-christliche Einflüsse, in: M. Schneider-Landolf – J. Spielmann – W. Zitterbarth (Hg.), Handbuch Themenzentrierte Interaktion, 54–58, hier 54.

Ich weiß nicht genau, wann ich selbst anfing, mich wieder religiösen Fragen zuzuwenden. Es muß etwa um das Jahr 1968 gewesen sein, als ich von Virginia Satir die Worte hörte: „Ich bin jetzt im Tao."[369]

Für Stollberg hängen mit den beiden Religionen, Judentum und Christentum, Philosophien wie die von Martin Buber, Ernst Bloch, Emmanuel Lévinas zusammen, in denen die Grundkategorien „Beziehung und Hoffnung" bestimmend sind. „*Erwartung und Möglichkeit der Erfüllung* – das ist eine zentrale Kategorie jüdisch-christlicher Weltwahrnehmung."[370]

Das Prinzip Hoffnung reicht aus jüdischer Sicht von der Befreiung aus der ägyptischen Knechtschaft über den Versuch totaler Vernichtung im Holocaust bis zur Ausrufung eines neuen Staates Israel 1948. Zerstreuung und die Sehnsucht nach Einheit und Verständigung, wie sie auch in der christlichen Pfingsterzählung zum Ausdruck kommt, sind durchgehende Motive beider Religionen.

„Im Christentum", schreibt Stollberg, „haben sich fast alle aus dem Judentum ererbten Begriffe und Kategorien, meist spiritualisiert, erhalten, zum Beispiel die *Hoffnung auf Befreiung*, auf das *Gelobte Land*, das *Sendungsbewusstsein*, die Vorstellung vom *Reich Gottes*, der *universalistische Zug*, der sich ja erst im Christentum durchgesetzt hat, *apokalyptische und eschatologisch-endzeitliche Phantasien, sozialistische Ideale* (Apg 4)."[371] In beiden Religionen geht es um Relationalität: Die Bezogenheit zwischen Gott und seinem Volk mit den wiederkehrenden Bundesschlüssen und zwischen den Menschen untereinander, die sich christlich im Doppelgebot der Liebe ausdrücken:

Du sollst den Herrn, deinen Gott, lieben mit ganzem Herzen,
mit ganzer Seele und mit deinem ganzen Denken.
Das ist das wichtigste und erste Gebot. Ebenso wichtig ist das zweite:
Du sollst deinen Nächsten lieben wie dich selbst.
An diesen beiden Geboten hängt das ganze Gesetz und die Propheten.
(Mt 22, 34–40)

D. Stollberg sieht das zitierte Doppelgebot als Dreieck, welches die „Ich-Du-Relation ebenso wie die Ich-Wir-Relation und die Ich-Wir-Thema-Relation"[372] enthält. Für ihn gibt es auch Parallelen zwischen der sozialen Bezogenheit der beiden Religionen und dem Arbeitsziel der dynamischen Ba-

[369] Cohn – Farau, Gelebte Geschichte der Psychotherapie, 514 f.
[370] Stollberg, Jüdisch-christliche Einflüsse, 55.
[371] Stollberg, Jüdisch-christliche Einflüsse, 55.
[372] Stollberg, Jüdisch-christliche Einflüsse, 56.

lance, das „einseitige Gewichtungen egozentrischer, altruistischer, neutralistischer oder umfeldbezogener Orientierung vermeiden“[373] will. Das Chairperson-Prinzip schließt an die Freiheitsdimension der beiden Religionen an.

Im Hinblick auf sie selbst spricht Ruth C. Cohn von einer „pantheistischen Gläubigkeit“, wie sie diese bei Goethe gefunden hat. Bereits in 3.7. und 3.8. bin ich davon ausgegangen, dass es sich dabei nicht um eine „Religion“ im traditionellen Sinne handelt, sondern um eine Weltanschauung, für welche die Allverbundenheit über den Menschen hinaus, in das Göttliche hineinreicht. Umgekehrt bedeutet das auch, das Göttliche im Menschen zu sehen, wie das aus mystischen Traditionen bekannt ist:

> Ich denke, daß Goethe mit seiner pantheistischen Gläubigkeit meine eigene angezündet hat: Gott ist universale Göttlichkeit, die vom kältesten Stein über quirlende Wasser, grünende Pflanzen und lebendige Tiere bis ins menschliche Herz hineinwächst – daß Gott auch in mir, in dir, in allem lebt als Glauben an Sinn und als zu schützendes Heiligtum.[374]

Der schlesische Dichter, Arzt, Priester und Philosoph Johannes Scheffler (1624–1677), besser bekannt als Angelus Silesius, schreibt im „Cherubinischen Wandersmann“:

> Wäre Christus tausendmal in Bethlehem geboren und nicht in dir: Du bliebest dennoch ewiglich verloren.

Die Gottesgeburt im Menschen ist auch ein beliebtes Motiv christlicher Mystiker wie Meister Eckhart (1260–1328) oder Johannes Tauler (um 1300–1361).

Mit ihrer Rückkehr nach Europa beginnt für Ruth C. Cohn eine neue religiöse Suche. Diese wurde offenbar dadurch ausgelöst, dass sie plötzlich nicht mehr nur von Psychoanalytiker*innen umgeben war, sondern auch von Theolog*innen und Geistlichen. Sie schreibt:

> In New York hatte ich kaum je mit Theologen, Pfarrern oder Rabbinern zu tun gehabt. In Europa kam ich plötzlich durch meine Arbeit mit vielen Theologen und Geistlichen zusammen. Ich war seltsam davon berührt, daß

---

[373] Stollberg, Jüdisch-christliche Einflüsse, 56.

[374] Ruth C. Cohn, Gucklöcher: Zur Lebensgeschichte von TZI und Ruth C. Cohn, in: Gruppendynamik 25 (1994) 4, Sonderdruck, 42.

ich als pantheistische Jüdin unter diesen und anderen gläubigen Menschen einige meiner engsten Freunde und Freundinnen fand.[375]

Im Interview mit Manfred Krämer[376] sagt Ruth C. Cohn, dass sie neben Matthias Kroeger vor allem mit Josef Mayer-Scheu, Michael Frickel, Karl Horst Wrage „intensiv über ihre pantheistische Grundeinstellung und über Fragen nach einem persönlichen Gott“ gesprochen habe. Diese religiös-theologische Suche kommt auch in vielen Briefen und Texten aus dem Nachlass zum Ausdruck. Besonders überzeugt hat Ruth die religiöse Verwurzelung von Helga Herrmann:

> Ich wurde auf Helga Herrmann in dem ersten Kurs bei mir aufmerksam, weil sie zwar weniger als andere Christen von Gott und Jesus sprach, ich jedoch in ihrer Wesensart eine durchgängig bewusst religiöse Verwurzelung spürte.[377]

Ruth's religiöser Suchprozess nach ihrer Rückkehr nach Europa wird immer wieder mit den bekannten Balkonszenen, über die sie mehrfach berichtet, in Verbindung gebracht. H. Greving spricht vom „Tausch“ Ruth C. Cohns „Arbeit gegen Wohnung“, der sie ins Berner Oberland brachte und gegenüber der Ecole d'Humanité, einer bis heute bestehenden Alternativschule aus der Reformpädagogik, ansiedeln ließ. Hier genoss sie ihre „große Aussicht mit kleiner Wohnung“ […] „Zwei Gedanken kreuzten sich“ – angesichts des überwältigenden Ausblicks auf die wunderbare Bergwelt – „in meinem Kopf“, schreibt Ruth Cohn: „Das kann es doch nur für Bauern geben!“ und „Hier kann ich vielleicht Gott finden.“[378]

Mit dem „gleichen Gefühl einer transzendentalen Notwendigkeit[379] entschied sich Ruth C. Cohn auch, das unveröffentlichte Buch ihres 1972 verstorbenen Freundes Alfred Farau zu übernehmen, das viele transpersonale und religiöse Aspekte der Psychotherapie enthält, was ihr aber erst bei der näheren Beschäftigung mit dem Nachlass bewusst wurde. Gemäß dem Vorwort, das dem Doppelband „Gelebte Geschichte der Psychotherapie“ von Cohn und Farau voran gestellt ist, gewann Ruth C. Cohn beim Sichten der vielen Notizen ihres Freundes, aber auch in der Begegnung mit neuen Freunden in Europa, ein „neues religiöses Bewußtsein“[380]. Ihr religiöses

---

[375] Cohn – Farau, Gelebte Geschichte der Psychotherapie, 518.
[376] Krämer, Ruth Cohn im Gespräch mit Manfred Krämer.
[377] Krämer, Ruth Cohn im Gespräch mit Manfred Krämer, 25.
[378] Cohn – Farau, Gelebte Geschichte der Psychotherapie, 390.
[379] Cohn – Farau, Gelebte Geschichte der Psychotherapie, 518.
[380] Cohn – Farau, Gelebte Geschichte der Psychotherapie, 12.

Suchen war einerseits vom Bedürfnis nach Gewissheit und andererseits von der Angst begleitet,

> ... daß ich durch die Intensität meines Wunsches nach personaldialogischer Erfahrung zu einem Glauben verleitet werden könnte, den ich nicht wollte, und „Opium fürs Volk" rauchen würde. Lieber wollte ich gar nichts glauben und elend sein, als mich glaubend zu betrügen.[381]

Das Potential der Ambiguität von Religion nimmt Ruth C. Cohn mit großer Sensibilität wahr und verteidigt es um den Preis, lieber elend zu sein, als sich „glaubend zu betrügen". Damit wehrt sie sich entschieden gegen alle rigoristischen und fundamentalistischen Tendenzen, die Religionen immer gefährden und die ihnen das heilende Potential der Ambiguität rauben. Th. Bauer schreibt dazu:

> Wie sehr sich auch die klügsten Theologen und Religionsgelehrten bemühen, das Transzendente in Begriffe zu fassen, bleibt doch immer ein Rest an Vagheit, Unbestimmtheit und Mehrdeutigkeit, also: an Ambiguität. Es ist klar, dass in Gesellschaften mit geringer Ambiguitätstoleranz der Boden für Religion schlecht bestellt ist, es sei denn, sie tritt in einer fundamentalistischen Ausprägung auf, die Eindeutigkeit vorgaukelt.[382]

Über viele Jahre begab sich Ruth mit großer Offenheit in Workshops zu Themen wie „Gott und ich" mit Matthias Kroeger und in andere stimulierende Suchprozesse. Es fiel ihr auf, dass sie Gedichte schrieb, als ob sie „an einen ansprechbaren Gott glaubte"[383]:

> Die religiösen Fragen ließen mich nicht mehr los. Ich suchte, fragte, weinte und betete – obwohl ungläubig – aus der verzweifelten Hoffnung heraus, eine erlösende Antwort aus meiner qualvollen Unsicherheit finden zu wollen.[384]

Eindrucksvoll berichtet Ruth, wie sie sich selbst in ihrem Fragen analysierte, wie sie Freundinnen und Freunde fragte, wie und zu wem sie beteten und ob und wie sie an ein individuelles Leben nach dem Tod glaubten. Als ich den folgenden Text einmal in Indien verwendet hatte, stellte die hinduistische

---

[381] Cohn – Farau, Gelebte Geschichte der Psychotherapie, 519.
[382] Th. Bauer, Die Vereindeutigung der Welt, 34.
[383] Cohn – Farau, Gelebte Geschichte der Psychotherapie, 519.
[384] Cohn – Farau, Gelebte Geschichte der Psychotherapie, 519.

Co-Leiterin fest: „She was a mystic". Daran hatte ich bisher noch nicht gedacht.

> Dann kam totale Leere. Keine Fragen und keine Antworten. Ich war im Engpaß, dem toten Punkt. Und aus dieser Leere des Engpasses, der zum organismischen Wandel gehört, fand ich meinen Weg zurück: in den mir vertrauten Glauben an das Göttliche in allem. Doch ich war inzwischen ein Stück weitergegangen in gleicher Richtung, nur mit einem neuen, einem paradox wissend-unwissenden Lächeln. Dies Lächeln sagte, daß mir Beten guttat, ob mir nun jemand zuhörte oder nicht.[385]

Aus ihrer „Gratwanderung über Abgründen", wo sie sich weder für „die Blindheit für Göttlichkeit oder Gott" noch für den „Hochmut eines verabsolutierenden Gewißheitsglaubens" entscheidet, versteht sie nun auch, warum ihr Freund Farau und sie jahrelang metaphysische Fragen nicht thematisiert hatten. In ihrer Bewegung zwischen dem von Goethe übernommenen Pantheismus und ihrer Suche nach einem personalen Gott kommt Ruth Cohn zum – sicherlich nur vorläufigen – Schluss:

> Wenn das Göttlich-Geistige das Universum durchwebt, bewegend und bewegt, dann sind wir sowohl Bewirkte als auch Bewirkende im göttlichen Werden und Wandel. Theologisch könnte diese Paradoxie eine gedankliche Hilfestellung sein, um die These eines zugleich ewigen und doch werdenden Gottes zu vertreten. Göttlichsein wird uns vielleicht zugleich geschenkt und abverlangt. Die bewegende Kraft im All *ist*, und sie wird von uns mitbewegt. Unsere Gebete und unsere Handlungen können Mitbewegende im Göttlichen sein. Wir sind autonom *und* interdependent. Ich glaube, daß *Sinn ist.* Ein unergründliches, jedoch erahnbar Geistig-Göttliches *ist.* Doch wir sollen uns kein Bildnis machen, weil wir es nicht können. Gottes Bildnisse sind sterblich. Sie können und müssen vergehen.[386]

Mit ihrer Kritik an den menschlichen Bildnissen von Gott, die sterblich sind und vergehen müssen, knüpft Ruth C. Cohn deutlich an jüdisches Denken an, das auch christlich und islamisch aufgenommen wurde. Im Buch Exodus der hebräischen Bibel (übersetzt in gerechte, gegenderte Sprache) heißt es:

> Ich, ICH-BIN-DA, bin deine Gottheit, weil ich dich aus der Versklavung in Ägypten befreit habe. Neben mir soll es für dich keine anderen Gottheiten

[385] COHN – FARAU, Gelebte Geschichte der Psychotherapie, 520.
[386] COHN – FARAU, Gelebte Geschichte der Psychotherapie, 521.

> geben. Mach dir kein Gottesbild noch irgendein Idol von irgendetwas im Himmel oben, auf der Erde unten oder im Wasser unter der Erde. Verneige dich nicht vor ihnen, bete sie nicht an, denn ich, ICH-BIN-DA, deine Gottheit, hänge leidenschaftlich an dir (Ex 20,2–5a).

Speziell die sogenannte „Negative Theologie" macht die Menschlichkeit aller Aussagen über Gott, Göttliches und Transzendenz generell bewusst.[387] Der Diskurs über die „Religion" Ruth C. Cohns und ihren diesbezüglichen Einfluss auf die TZI ist bei weitem nicht abgeschlossen und bedarf unbedingt vertiefender Forschung.

Auf der langen Reise mit dem „Fremden/Anderen", zu dem wesentlich auch die Religionsfrage gehört, wollte ich mit diesem Kapitel eine Segensperspektive entfalten und sie bewusst den Katastrophenszenarien entgegenstellen, die Europa im Zusammenhang mit Migration und Religion beherrschen. Dafür waren einerseits der Anschluss Ruth C. Cohns an das migrantische Erbe der sogenannten abrahamitischen Religionen und andererseits ihr Transfer in einen ganzheitlichen, transzendental offenen Humanismus bedeutsam, der grundsätzlich alle einschließt, welcher Religion oder Weltanschauung sie angehören mögen. Fragen um die Ambivalenz des Fremden/Anderen wurden ebenso relevant wie die nach Weltanschauung und Religion, auch der „Religion" Ruth C. Cohns. Die TZI kann sowohl in individueller wie auch in gesellschaftlicher Hinsicht zu einem Segen werden, wenn sie den Wandel in ein trans-weltanschauliches und -religiöses Bewusstsein ermöglicht, das niemanden ausschließt.

Das bedeutet gerade nicht, dass TZI eine Religion ist oder einen Religionsersatz darstellt, wie ich bereits in 3.8. geschrieben habe. Im praktischen Umgang mit Weltanschauungs- und Religionsfragen in der TZI, schließe ich mich H. Raguse an, der meint, dass „TZI-Leiterinnen und Leiter gut daran tun, ihr Konzept als relativ neutrales Medium zu handhaben. Genau dadurch entfaltet es eine Kraft, die gerade deshalb keineswegs neutral ist, weil sie Pluralität ermöglicht und damit zum Überdenken der Positionen einlädt."[388] In ähnlicher Weise argumentiert H. Reiser: „Obwohl das Streben nach Verbesserung der Lebensverhältnisse und nach der Erhaltung der

---

[387] Vgl. HANS-JOACHIM HÖHN, Der fremde Gott: Glaube in postsäkularer Kultur, Würzburg 2008; WILLI OELMÜLLER, Negative Theologie heute: Die Lage der Menschen vor Gott, München 1999; ALOIS HALBMAYR – JOHANN EV. HAFNER, Negative Theologie heute? Zum aktuellen Stellenwert einer umstrittenen Tradition (= Quaestiones disputatae 226), Freiburg i. Br. 2008; DIRK WESTERKAMP, Via negativa: Sprache und Methode der negativen Theologie. Techn. Univ., Dissertation, Regensburg 2003.

[388] HARTMUT RAGUSE, Theologische Implikationen der TZI, in: K.-J., LUDWIG (Hg.), Im Ursprung ist Beziehung. Theologisches Lernen als themenzentrierte Interaktion, Mainz 1997, 30.

Lebensgrundlagen die zentrale ethische Botschaft der TZI ist, enthält sich die TZI jedes Programms, wie dies umzusetzen sei. Ein solcher Vorschlag würde die Entwicklung der Fähigkeit, zu einer freien Entscheidung zu kommen, zu wider laufen. Jede Situation so zu verstehen, dass ich in ihr meine Entscheidungsmöglichkeiten sehe, und in jeder Situation meine Entscheidung zu verantworten, dies ist das Ziel der Persönlichkeitsentwicklung mit TZI."[389]

Vertiefende und weiterführende Themen

- Die vertrautesten Fremden und die fremdesten Vertrauten in meinem Leben – was erzählen sie über unsere Beziehung? Ich trete mit ihnen in Austausch (z. B. durch Brief und Gegenbrief begleitet von einem Rollenwechsel).
- Meine/unsere Visionen von einer postmigrantischen Gesellschaft.
- „Wie hast du's mit der Religion?", fragt der aufgeklärte Faust das naivgläubige Gretchen. Wie stehe ich zu dieser Frage heute und wie hat sich meine weltanschauliche bzw. religiöse Biographie entwickelt/verändert? Wie kann/will ich sie ausdrücken?
- Der Islam eine „andere" Religion? Was ist mir/uns vertraut, was ist mir/uns fremd, was ist mir/uns neu? Was will ich noch wissen?
- Was an der weltanschaulich-religiösen Entwicklung Ruth C. Cohns ist/war mir/uns vertraut? Was überrascht mich/uns?
- „Ich empfand auch kein Bedürfnis, der Frage eines ‚Gottes von außen' nachzuspüren oder zu beten, und war jedesmal sehr erstaunt, wenn meine Gedichte zu Gebeten wurden." (Ruth C. Cohn) – Wo liegen die „erstaunlichen" Momente/Erfahrungen in meinem/unserem Leben, die über mich/uns hinausweisen?
- „Gott ist universale Göttlichkeit, die vom kältesten Stein über quirlende Wasser, grünende Pflanzen und lebendige Tiere bis ins menschliche Herz hineinwächst – daß Gott auch in mir, in dir, in allem lebt als Glauben an Sinn und als zu schützendes Heiligtum."(Ruth C. Cohn) – Welches persönliche Weltanschauungs- oder Glaubensbekenntnis würde ich dem von Ruth zu Seite stellen?
- „Ich suchte, fragte, weinte und betete – obwohl ungläubig – aus der verzweifelten Hoffnung heraus, eine erlösende Antwort aus meiner qualvollen Unsicherheit finden zu wollen." (Ruth C. Cohn) – Wo berührt mich/uns die religiöse Suche von Ruth am meisten? Was lässt mich kalt oder ist mir gleichgültig?

---

389 Reiser, Vorschlag für eine theoretische Grundlegung, 73.

- „Wenn das Göttlich-Geistige das Universum durchwebt, bewegend und bewegt, dann sind wir sowohl Bewirkte als auch Bewirkende im göttlichen Werden und Wandel." (Ruth C. Cohn) – Welchen „Glauben" drückt dieser Satz aus und was sagt er mir/uns?
- „Gottes Bildnisse sind sterblich. Sie können und müssen vergehen." (Ruth C. Cohn) – Wo rührt diese (typisch jüdische) Sichtweise an meine/unsere Weltanschauung(en) bzw. Glaubensvorstellung(en)?
- „Dann kam totale Leere. Keine Fragen und keine Antworten. Ich war im Engpaß, dem toten Punkt." (Ruth C. Cohn) Warum denkt eine indische Kollegin bei diesem Satz an eine mystische Erfahrung?
- „Lieber wollte ich gar nichts glauben und elend sein, als mich glaubend zu betrügen." (Ruth C. Cohn) – Welche religiösen Auseinandersetzungen drücken sich in diesem Satz aus? Was berührt er in mir/uns?
- „Jede Fremde ist für sie Vaterland und jede Heimat ist für sie Fremde …" (Brief an Diognet) – Welches Heimatverständnis drückt sich in diesem frühchristlichen Text aus und wie erlebe ich/erleben wir in diesem Zusammenhang die christlichen Kirchen heute?

8. Das ambiguitätsfreudige und unverfügbare Wir unter partizipierender Leitung

Das Wir ist kein psycho-biologischer Organismus wie das Ich,
sondern eine Gestalt,
die durch die jeweiligen Ichs in deren Interaktion entsteht
und, wie jede Gestalt,
mehr ist als die Summe ihrer Teile.
Im engeren Sinn ist das Wir eine Anzahl von Menschen im selben Raum
und in derselben Zeit, die sich aufeinander
und auf ein gemeinsames Thema beziehen.
(Ruth C. Cohn)[390]

Der „Segen" der Fremden trifft auf Menschen, die meist kleineren oder größeren Wir's, jedenfalls aber dem universalen Wir aller Menschen angehören. Wenn in der TZI vom Wir gesprochen wird, dann ist in der Regel einer der vier Wirkfaktoren im themenzentrierten Interaktionsgeschehen gemeint. Auch wenn das Verständnis dieses Faktors mitunter zu Diskussionen führt[391], werden, wie der einschlägige Beitrag von M. Schneider-Landolf im TZI-Handbuch[392] und andere Beiträge aus der TZI-Literatur zeigen, vorrangig das konkret gestaltete Wir der TZI-Gruppe und seine Entwicklung[393], wie auch die Gruppenleitung[394] oder Themen bezüglich Übertragung und Gegenübertragung[395] angesprochen. Weitere einschlägige Artikel beschäftigen sich mit Abklärungen des TZI-Wir's gegenüber der Gestalttherapie[396] und der Psychotherapie[397] und greifen „methodisch-di-

---

390 Cohn – Farau, Gelebte Geschichte der Psychotherapie, 353.

391 Vgl. u. a. Mina Schneider-Landolf, Das Wir ist wichtig – Welches Wir?, in: Themenzentrierte Interaktion. theme-centered interaction 28 (2014) 1, 7–19; Angelika Rubner – Eike Rubner, Das WIR lässt sich nicht programmieren … Zum Artikel von Mina Schneider-Landolf „Das WIR ist wichtig – welches Wir?", in: Themenzentrierte Interaktion. theme-centered interaction 29 (2015) 1, 71–77.

392 Schneider-Landolf, Wir, 120–127.

393 Vgl. Angelika Rubner – Eike Rubner, Unterwegs zur funktionierenden Gruppe. Die Gestaltung von Gruppenprozessen mit der Themenzentrierten Interaktion, Gießen 2016.

394 Vgl. Helmut Reiser, Gruppe und Gruppenleitung aus der Sicht der Themenzentrierten Interaktion und des Systemisch-konstruktivistischen Ansatzes, in: A. von Kanitz u. a. (Hg.), Elemente der Themenzentrierten Interaktion.

395 Vgl. Angelika Rubner, Über die Wechselwirkung zwischen der Rolle des Einzelnen, der Gegenübertragung des Leiters und dem Prozess der Gruppe, in: A. von Kanitz u. a. (Hg.), Elemente der Themenzentrierten Interaktion, 145–157.

396 Vgl. Elisabeth von Godin, TZI und Gestalt-Therapie, in: K. Hahn – M. Schraut-Birmelin – K. Schütz – Ch. Wagner (Hg.), Gruppenarbeit: themenzentriert. Entwicklungsgeschichte, Kritik und Methodenreflexion, Mainz 1987, 71–90.

daktische Perspektiven des Wir-Begriffs der TZI"[398] auf. Mir geht es in diesem Wir-Kapitel nicht um eine zusätzliche Abhandlung zum Gruppen-Wir und seiner Leitung. Vielmehr berührt der Beitrag, der Logik des Buches folgend, die gesellschaftliche und philosophische Auseinandersetzung um das Wir. Einige Überlegungen zur partizipierenden Leitung, die dem TZI-Konzept inhärent ist, schließen sich an.

Wie der eingangs zitierte Leittext zeigt, scheint Ruth C. Cohn zwischen dem Wir in einem generellen Sinn, der „Wir-Gestalt", die – wie jede Gestalt – „mehr ist als die Summe ihrer Teile" und einem Wir im engeren Sinn, dem konkreten Gruppen-Wir, zu unterscheiden. Letzteres ist durch „eine Anzahl von Menschen im selben Raum und in derselben Zeit, die sich aufeinander und auf ein gemeinsames Thema beziehen"[399], bestimmt. Da Ruth mit Gruppen unterschiedlichster Größe gearbeitet hat, meint sie nicht nur die Kleingruppe, die im TZI-Setting heute die Regel ist. Am Beispiel einer Großgruppe (Lindau 1971) zeigt sie schon früh, dass in „großen Gruppen" nur „kleine Schritte" möglich sind während „kleine Gruppen" „große Schritte"[400] ermöglichen. Zusammen mit I. Klein hat sie ein eigenes Buch zu Großgruppen geschrieben.[401]

Ob das Wir so einfach mit der (Klein-)Gruppe gleichgesetzt werden kann, wie das in der TZI in der Regel geschieht, kann etwa auf dem Hintergrund von M. Bubers Dialogik[402] oder Z. Baumans Einsichten zur Rolle von Gemeinschaften „auf der Suche nach Sicherheit in einer bedrohlichen Welt"[403], diskutiert werden. Für mich ist zunächst Ruth C. Cohns Begriff der „Wir-Gestalt" interessant. Diese kann sich sowohl auf das universale Wir aller Menschen, als auch auf die unterschiedlichsten partikularen Wir-Ge-

---

[397] Vgl. Christel Wagner, Psychotherapie in der Gruppe nach Albert Pesso und TZI, in: W. Lotz – Ch. Wagner (Hg.), Themenzentrierte Interaktion in der Beratung und in therapeutischen Prozessen, Ostfildern 2007, 236–260.

[398] Vgl. Andrea Schmid – Stefan Böhm, WIR machen den Unterschied. Methodisch-didaktische Perspektiven des WIR-Begriffs der TZI, in: Themenzentrierte Interaktion. theme-centered interaction 28 (2014) 1, 28–37.

[399] Cohn – Farau, Gelebte Geschichte der Psychotherapie, 353.

[400] Vgl. Ruth C. Cohn, Große Gruppen – kleine Gruppen – kleine Schritte – große Schritte. Zur Demonstration der themenzentrierten interaktionellen Methode in Lindau 1971, in: Themenzentrierte Interaktion. theme-centered interaction 22 (2008) 2, 65–79.

[401] Ruth C. Cohn – Irene Klein (Hg.), Großgruppen gestalten mit Themenzentrierter Interaktion. Ein Weg zur lebendigen Balance zwischen Einzelnen, Aufgaben und Gruppe, Mainz 1993.

[402] Vgl. Walter Schiffer, Das Wir ist keine Gruppe (Martin Buber). Vergleich der Grundworte innerhalb der TZI nach Ruth C. Cohn und der Dialogik Martin Bubers, in: Themenzentrierte Interaktion. theme-centered interaction 10 (1996) 2, 49–58.

[403] Zygmunt Bauman, Gemeinschaften. Auf der Suche nach Sicherheit in einer bedrohlichen Welt, Frankfurt a. M. [4]2017.

stalten beziehen, in denen wir uns im Laufe des Lebens vorfinden. Weitere Forschungen in Ruth C. Cohns Schriften und in ihrem Nachlass können der Frage nachgehen, ob und in welchem Ausmaß ihr die vor allem philosophisch geführte Debatte um die Ambivalenz partikularer Wir's und deren Verhältnis zum universalen Wir der Weltgemeinschaft, bewusst war.[404]

Ich gehe davon aus, dass die Wir-Gestalt beides umfassen kann, die partikularen Wirs von Gruppen und Gemeinschaften aller Art und das universale Wir der Weltgemeinschaft. Wichtig scheint mir dabei die wechselseitige Bezogenheit zu sein. Die Ambivalenz von Teil-Wirs ist in der gegenwärtigen gesellschaftspolitischen Lage neu aufkommender Nationalismen und neuer Abschottungs- und Ausschlusstendenzen offensichtlich. Ruth C. Cohn scheint der lebensnotwendige und gleichzeitig krisenanfällige Zusammenhang zwischen einem universalen Wir und den unendlich vielen partikularen Wirs auf Grund ihres ganzheitlichen und transzendental bezogenen Weltbildes der Allverbundenheit und ihrer Migrationsgeschichte zumindest implizit bewusst gewesen zu sein. Jedenfalls wird an der Biographie Ruth C. Cohns deutlich, dass sie sich mit „ihrer TZI" der homogenisierenden Idealisierung und Ideologisierung rassistischer, nationalistischer, ent-demokratisierender und totalitärer Teil-Wirs, wo immer sie sich in der Welt breitmachten, entgegenstellen wollte. Solchen Tendenzen setzt sie die Erfahrung von Menschen in ambiguitätsfreudigen, konfliktbewussten, themenbezogenen Wir's entgegen, die durch die Selbstleitung aller Beteiligten bestimmt sind. H. Reiser weist auf die Bedeutung von ambivalenz- und widerspruchsfreudigen Wir's für das politische Handeln hin: „Die Basisqualifikation für politisches Handeln ist [...] die Fähigkeit, mit Ambivalenzen und Widersprüchen umgehen zu können."[405] In diesem Sinne ist ein ambiguitätsoffenes, von der Freude an der Vielheit bestimmtes, konfliktreiches Wir, ein günstiges Ambiente, in dem das politische Handeln im weiteren und engeren Sinn erfahren und eingeübt werden kann. Interkulturalität und Transreligiosität können nur auf der Basis eines solchen Wirs gedeihen.

Damit ein solches Wir entstehen und „leben" kann, sind offene Interaktionsbedingungen erforderlich. Sie zu planen und zu fördern ist Aufgabe partizipierender Leitung. Ob und wie sich die Dynamik in einem kleineren oder größeren Wir tatsächlich entwickelt, ist zwar steuerbar, aber letztlich kann es nicht hergestellt werden; es ist unverfügbar. Deshalb begleitet das Leiten offener Wirs nicht selten Staunen und Dankbarkeit für das, was sich

[404] Vgl. u. a. Udo Tietz, Die Grenzen des „Wir". Eine Theorie der Gemeinschaft, Frankfurt a. M. 2002.

[405] Reiser, „Politisch leben" mit TZI, 32.

in einer Gruppe unterschiedlicher Menschen ereignen kann. Offene, ambiguitätsfreudige Wirs stellen in einer von umgehenden Ängsten gegenüber Anderen/Fremden gefährdeten Gesellschaft Alternativen zu den ideologisierenden Wirs dar, wie sie die Flüchtige Moderne häufig hervorbringt.

8.1. Wie geht Demokratie?

Für H. Modesto, die als TZI-Lehrerin jahrelang in Lateinamerika und Sibirien gearbeitet hat, ist die partizipativ geleitete TZI-Gruppe mit ihrer Bewusstheit für die Autonomie und Interdependenz und der Chairpersonship jeder Teilnehmerin und jedes Teilnehmers, ein Modell und Lernort für demokratisches Verhalten.[406] Als zentrale Bedingung dafür, dass solches Modelllernen möglich wird, gilt das Erleben der Vielheit der Gruppe. Die prinzipielle Gleichheit aller Menschen, von der die Demokratie ausgeht, muss sich in ihrer Vielheit zeigen. Denn, so argumentiert Modesto, eine solche „[demokratisch-missverstandene] ‚Gleichheit' legt sich wie ein eiserner Panzer um eine Menschengruppe, vernichtet alles lebendige Wachsen des Einzelnen, erzeugt Misstrauen, Korruption, Egoismus, Betrug, Ausbeutung, demoralisiert und entmenschlicht"[407]. Sogenannte illiberale Demokratien – autoritäre Spielarten repräsentativer Demokratien – wie sie gegenwärtig u. a. vom ungarischen Staatspräsidenten angezielt werden, weisen im Gegensatz zu ambiguitätsfreudigen Wirs freiheitlich-liberaler Demokratien, einsinnige Tendenzen auf, welche die gesellschaftliche Vielheit u. a. durch Einschränkung von Grundrechten und eine starke Kontrolle der Medien beschneiden wollen. Ähnliche Entwicklungen zeigen sich in Polen, in der Türkei, in den USA oder jüngst auch in Brasilien und anderen Ländern. Die anschwellende Zahl von „rechten" Staatsführern, die über demokratische Wahlen an die Macht kommen, ist erschreckend.

Doch nicht nur illiberale Demokratien schränken die Vielheit, Freiheit und die demokratische Mitbestimmung ein. Das Schwinden demokratischer Einflussmöglichkeiten geschieht in einer vom Neoliberalismus geprägten Welt auch zugunsten von Großkonzernen und anderen nicht demokratisch legitimierten Mächten. Die Einschränkung demokratischer Mitbestimmung lässt den Ruf nach „antagonistischen Demokratien" mit der Wiederbelebung der klareren „Links-Rechts-Unterscheidung" laut werden, die auf die

---

406 Modesto, Demokratisches Verhalten in der TZI-Gruppe, 1990; Helga Modesto, Demokratisches Verhalten in der TZI-Gruppe: Eine Herausforderung an die Chairperson, in: A. von Kanitz u.a. (Hg.), Elemente der Themenzentrierten Interaktion, 53–63. Helga Modesto ist am 14. Mai 2019 verstorben.

407 Modesto, Demokratisches Verhalten in der TZI-Gruppe, 2015, 58.

Rückkehr zu egalitären Elementen der Volksherrschaft setzen. Um entsprechende Aufmerksamkeit zu erzeugen und eine Gegenmacht auszuüben, kommen dabei auch (links-)populistische Mittel ins Spiel.[408] Es sind vor allem die egalisierenden Elemente der Volksherrschaft mit ihren nivellierenden Tendenzen, welche der Vielheit durch neue Ausschlüsse Grenzen setzen. Dies ist dann der Fall, wenn durch populistische Aufschaukelungsversuche politische Gegner als Feinde abgestempelt werden.[409] Letzteres ist in der TZI verpönt, auch wenn die Strategien der Gegner noch so verwerflich sind. In der politischen Auseinandersetzung um das Wettrüsten, in die Ruth C. Cohn stark engagiert war, schrieb sie:

> Ich möchte Gegner nicht zu Feinden machen, möchte selber keine Feindbilder aufbauen und sie nicht an anderen erzeugen. Ich möchte nach Möglichkeit unterscheiden lernen zwischen Feindbildern und Feinden. Vor Feinden möchte ich mich schützen, doch es ist nicht unser Anliegen, Feinde oder Feindbilder zu schaffen, dies gehört zum Ressort des kalten oder heißen Krieges. Wir wollen Frieden schaffen um des Lebens willen.[410]

Die TZI-Haltung und speziell das Chairperson-Postulat bewahren das TZI-Wir nicht nur davor, neue Feinde zu schaffen und damit Ausschlüsse von Menschen zu produzieren, sondern auch vor dem „nivellierenden Extrem". H. Modesto stellt fest: „Wenn ich den Einzelnen in seiner Individualität und Einmaligkeit ernst nehme, dann sind nicht alle gleich, sondern jeder ist anders. Jeder hat andere Fähigkeiten, Stärken, Grenzen und Schwächen."[411] Es geht darum, dass die Fähigkeiten und die Grenzen akzeptiert und nicht von außen bewertet werden.

8.2. Widerstände, Störungen und Betroffenheiten nehmen sich Vorrang

Das ambiguitätsfreudige Wir als Modell und Lernort für demokratisches Verhalten, wie es H. Modesto beschreibt, ist ein Ideal, dem fanatisierende und totalitäre aber auch egalisierende Wirs entgegenstehen. Sowohl totalitäre als auch liberal-offene Wir's produzieren jede Menge Widerstand,

---

[408] Vgl. Wolfgang Palaver, Neue Theorien radikaler Demokratie auf dem Prüfstand, in: W. Lesch, Christentum und Populismus. Klare Fronten? Freiburg – Basel – Wien 2017, 62–71.

[409] Vgl. Palaver, Neue Theorien radikaler Demokratie auf dem Prüfstand, 70 f.

[410] Cohn, Wissenschaftler und andere – was kann ich /was können wir für den Frieden sein und tun?, 38.

[411] Helga Modesto, Demokratisches Verhalten in der TZI-Gruppe, 2015, 58.

Konflikte und Störungen nach innen und nach außen. Doch in totalitären Wirs werden die Konflikte u. a. durch autoritäre Führung oder durch Gleichschaltung der Medien niedergehalten und dürfen nicht thematisiert werden. Auch undifferenziert „Gleiche" in egalisierenden Wirs und deren Missbrauch für ideologische Parolen, stellen eine gesellschaftliche Gefahr dar. Beide Extreme können zur Instrumentalisierung von Wirs führen. Wie sich davor schützen? Ein Maßstab für die Ambiguitätsfreudigkeit eines Wirs ist der offene Umgang mit Störungen, Konflikten und Betroffenheiten; diese beziehen sich nicht nur auf das Geschehen in einer Kleingruppe; deren Wahr- und Ernstnehmen hat auch eine gesellschaftliche Dimension.

Ein alter Aufsatz von A. Ockel und R. C. Cohn zu Widerstand und Störung,[412] der in mehreren Varianten vorliegt,[413] beginnt interessanterweise nicht mit der Innenschau einer TZI-Gruppe, in der Störungen entstehen. Er beginnt mit dem Bericht über grausame Meldungen der „Tagesschau", also mit dem gesellschaftlichen Globe. Für die beiden Autorinnen sind die Nachrichten eine Störung, die unterschiedliche Gefühle und Reaktionen auslöst. Dabei beschäftigen sie sich nicht nur mit ihrer eigenen Störung. Sie nehmen eine virtuelle Gruppe in ihre Überlegungen mit herein, an die sie im Augenblick denken: Verschiedene Menschen – so stellen sie fest – begegnen bedrückenden Medienberichten mit einem großen Spektrum an unterschiedlichen Gefühlen: Angst, Schuldgefühle, Ohnmacht; aber auch Abwehr und Distanz zum Geschehen sind möglich. Die beiden sind betroffen davon, wie ohnmächtig sie der Realität, welche die Nachrichten vermitteln, gegenüberstehen. Oder sind sie doch nicht ganz ohnmächtig?

> „[…] Millionen Verhungernder, Ausgebeuteter, Gefolterter, ins Meer Verstoßener, – Zerstörung der Erde, des Wassers, der Luft, der Lebewesen – ich bin ohnmächtig gegen dieses rollende Menschengeschick, und du auch und du auch und du auch!" – Bin ich wirklich ganz ohnmächtig?[414]

Ruth schreibt einen Brief an „TELE" (Wochenzeitschrift, Zürich), dass sie keine Zensur des Grausamen in der Tagesschau befürwortet, dass aber auch das Erfreuliche und Lebensfördernde nicht zensuriert werden sollte. Es kommt ihr in den Sinn, dass es in der Psychoanalyse darum geht, den Widerstand gegen die Angst zu reduzieren, weil die Abwehr die Energien staut.

---

[412] Ockel – Cohn, Das Konzept des Widerstandes in der themenzentrierten Interaktion, 1984.

[413] Ockel – Cohn, Das Konzept des Widerstands in der themenzentrierten Interaktion, 1992.

[414] Ockel – Cohn, Das Konzept des Widerstandes in der themenzentrierten Interaktion, 1984, 11.

Betrifft die Ambivalenz von Angst und Abwehr nicht auch gegenwärtige Situationen? Und sind „Störungen nicht auch Boten, auf die wir hören sollten, daß vielleicht etwas mit unseren Aufgaben nicht stimmt?“[415] Hilft die Störung, welche die Meldungen in der Tagesschau auslösen, den beiden möglicherweise dazu, das Konzept der Störung nun klarer beschreiben und den Weg, den das Störungspostulat vom Anfang bis heute genommen hat, besser darstellen zu können?

> „Vom Widerstand zur Störung“ wurde zum ersten wesentlichen Schritt von der Psychoanalyse zur TZI, zum Stützpunkt der Hoffnung, daß durch Angstverminderung und Ich-Stärkung in themenzentrierten, interaktionellen Gruppen eine pädagogische Therapie entstehen könnte, die in Schulen und Betrieben den Ansatz für eine Gesellschaftstherapie bedeuten könnte. So geschah die Erweiterung des psychotherapeutischen Begriffs „Widerstand“ zum allgemeineren Begriff der „Störung“. Was immer sich in den Weg des Plans, der Absicht, der Aufgabe, des Themas einer Person oder einer interaktionellen Gruppe stellt, nannte ich „Störung“. Und der Regel der Psychoanalyse, „Widerstand vor Inhalt“ folgend, entstand die entsprechende Anforderung (das Postulat): „Disturbances and passionate involvements take precedence“: *„Störungen und Betroffenheiten haben Vorrang.“*[416]

Es ist erstaunlich wie politisch die Störung von den beiden Autorinnen verstanden wird: Für sie unterliegen viele Menschen der „Störung […] daß wir das Menschenmögliche übersehen, weil wir uns vom Menschen-Unmöglichen lähmen lassen“[417]. Als wäre der Artikel heute geschrieben, nennen die beiden ein „generatives Thema“, das aus der sensiblen Wahrnehmung gesellschaftlicher Störungen erwächst: „Was tue ich als einzelner oder als kleine Gruppe angesichts der unüberschaubaren Faktoren, die zu Lösungen von politischen und sozialen Problemen nötig zu sein scheinen?“[418]

Das Störungspostulat schützt Einzelne, Gruppen und Gesellschaften vor einer neutralisierenden Scheinharmonie und vor autoritären oder egalisierenden Systemen, welche Differenzen und Konflikte, die das Bewusstwerden von Vielheit oftmals begleiten, unter den Teppich kehren wollen. Nur wenn

---

[415] Ockel – Cohn, Das Konzept des Widerstandes in der themenzentrierten Interaktion, 1984, 13.

[416] Ockel – Cohn, Das Konzept des Widerstandes in der themenzentrierten Interaktion, 1984, 13.

[417] Ockel – Cohn, Das Konzept des Widerstandes in der themenzentrierten Interaktion, 1984, 29.

[418] Ockel – Cohn, Das Konzept des Widerstands in der themenzentrierten Interaktion, 1992, 202.

Störungen und Betroffenheiten entsprechend wahr- und ernstgenommen werden, können sich Begegnungsräume eröffnen, in denen Menschen ihre Heterogenität nicht verbergen, sondern sich differenziert als „Chairperson" einbringen können, ohne die achtsame Bezogenheit auf die Anderen und das Andere zu verlieren.

> Sowohl wertneutrale als auch individualistische Haltungen sind inadäquat für eine humanistische pädagogisch-therapeutische Methode. Persönliche Angstfreiheit und Erweckung individueller Kreativität genügen nicht. *Die Einbeziehung des sozialen Feldes, der universellen Situation und eine explizite Ethik sind notwendig. TZI gehört mit dieser Position in den geschichtlichen Prozeß der Abwendung von wertneutralen „naturwissenschaftlichen" Perspektiven des Positivismus*, der sich (seiner Zeit gemäß) in der klassischen Psychoanalyse niedergeschlagen hatte.[419]

Gesellschaftlich gesehen ist das Störungspostulat ein Platzhalter für das, was im Moment ausgeblendet und vermieden wird. Mit dem Anderen/Fremden, das „dazwischen" kommt, entsteht eine Dynamik in Richtung einer größeren Ambiguitätstoleranz, ja der Lust daran, die Vielheit zu leben und aus den vielfachen Entweder-oder von Zugehörigkeit contra Ausschluss herauszukommen.

8.3. Einfallstore für ein ideologisiertes Wir

Nicht selten hängt der politische oder auch weltanschaulich-religiöse Missbrauch des Wir's mit einer voreiligen, ontologischen Festschreibung einer partikularen Wir-Gestalt zusammen. Sie verliert damit ihren Gestaltcharakter der „Über-Summativität" und repräsentiert nicht mehr „mehr als die Summe ihrer Teile"[420], sondern wird eindimensional. Es geht dann darum, ein bestimmtes, klar eingegrenztes Wir als natur- oder gar gottgegeben und unumstößlich zu behaupten. Dies geschieht häufig auch dort, wo eine solche Festschreibung nicht notwendigerweise zutreffen muss; sie dient in der Regel besonderen Interessen, die oft nicht durchschaubar sind.

Als Kind wurde ich im Ort, in dem ich aufgewachsen bin, nicht gefragt: „Wer bist du?", sondern: „Wem gehörst du zu?" Gefragt wurde nach dem

---

[419] Ockel – Cohn, Das Konzept des Widerstands in der themenzentrierten Interaktion, 1992, 186.

[420] Cohn – Farau, Gelebte Geschichte der Psychotherapie, 353.

Hausnamen bzw. nach dem Wir der Herkunftsfamilie. Erwartet wurde die Antwort: „Ich bin der Sparberger Matthi!“ Sparberger war der sprechende Name für meine Herkunft: Wir wohnten auf einem Berg und besaßen eine kleine Sölde,[421] in der das Sparen zum Alltag gehörte. Mit der Antwort: „Ah, du bist ein Sparberger!“ war meine ontologische Zugehörigkeit zum Familien-Wir der „Sparberger“ besiegelt. Es bedurfte der verständnisvollen Begleitung meiner Frau, die auch unter ihrer Sippenontologie litt, und nicht weniger therapeutischer Prozesse, bis ich mich innerlich von den Zuschreibungen des „Sparberger Matthi“ lösen und zu mir als Matthias Scharer finden konnte, bis meine Chairperson, die ich immer schon war, deutlicher hervortrat.

Inzwischen durfte ich Menschen einzeln und in Gruppen darin begleiten, dass sie durch die Wahrnehmung ihrer Chairperson der Ontologisierungsfalle ihres Familiensystems, ihrer Genderzugehörigkeit, ihrer Kaste, ihrer Weltanschauung oder Religion und anderer, nicht naturgegebener Systeme die sie gefangen hielten, entwachsen sind und sich ihrer bezogenen Autonomie, Teilmächtigkeit und bedingten Freiheit bewusst wurden. Gerade in interkulturellen und transreligiösen Kontexten begegne ich ontologischen Festschreibungen einer scheinbar unverrückbaren Wir-Zugehörigkeit, die ideologisch missbraucht wird, immer wieder. Das Kastenwesen in Indien, das zwar offiziell abgeschafft ist, wirkt in diesem Sinne selbst noch in Städten weiter und zeigt sich sogar unter Christ*innen. Je geschlossener und ambiguitätsfeindlicher gesellschaftliche Systeme sind, umso anfälliger sind sie für die Behauptung, dass ein bestimmtes Wir natur- oder gottgegeben und unveränderlich sei. Das Erstaunliche und Bedrückende ist für mich, dass auch ursprünglich freiheitlich-liberale Gesellschaften als Folge politisch gesteuerter Angst, in neue Wir-Fallen tappen und neue ontologische Festschreibungen vornehmen, um sie ideologisch missbrauchen zu können. Eine der folgenreichsten betrifft die Trennung in ein Einheimischen-Wir und in ein Fremden-Wir.

Die ontologische Wir-Festschreibung wirkt auch auf die allgemein akzeptierte Vorgegebenheit einer einheitlichen Sprache, die alle sprechen müssen, damit Integration „gelingt“. Die Sprache der Einheimischen wird als Integrationsbedingung vorgegeben und es wird nicht mehr weiter nach der grundsätzlichen Kommunikationsmöglichkeit als Basis der Verständigung in einem partikularen Sprachen-Wir gefragt, die ja auch durch unterschiedliche Sprachen gegeben sein kann. Die Sprachangleichung aller an das Einheimischen-Wir, wird mit der generellen Kommunikationsmöglichkeit im Wir verwechselt, für die es vielleicht viel kreativere Möglich-

[421] ärmliches Bauernhaus

keiten gäbe als die Verpflichtung aller auf eine einheitliche Sprache. Gruppen im vielsprachigen Indien sind für mich ein lebendiges Beispiel dafür, auf wie verschiedene und kreative Weise wechselseitige Verständigung möglich ist. Die globale Wirkung der Sprachangleichungen ist im Übrigen hoch problematisch. Viele Sprachen sterben aus.

Es ist zwar richtig, dass sich eine Wir-Identität vor allem sprachlich-symbolisch konstituiert und der Wegfall der sprachlichen oder symbolischen Identität das Wir auseinanderfallen lässt. Den entscheidenden Unterschied zwischen einer grundsätzlich ausgrenzenden und einer grundsätzlich nicht ausgrenzenden Wir-Gemeinschaft kann man aber im Hinblick auf die gemeinsame Sprache an der Frage festmachen, ob es genau dieselbe Sprachgemeinschaft sein muss, in der sich Menschen ausdrücken. Einfacher gesagt: Müssen alle Migrant*innen Deutsch können bzw. lernen, damit sie an einer Wir-Gemeinschaft im deutschen Sprachraum teilnehmen können? In Österreich wurde unlängst sogar die Frage der sozialen Mindestsicherung, des letzten sozialen Auffangnetzes für Menschen, an die Sprachkompetenz gebunden. Wer nicht Deutsch auf einem relativ hohen Niveau kann, wird sozial diskriminiert. Tietz verneint, dass der Gemeinsinn und die Gemeinwohlorientierung mit der gleichen Sprache, die alle sprechen können, zwingend zusammenhängten:

> Um sinnvoll von einem Gemeinsinn sprechen zu können, müssen die Wesen, denen wir eine Gemeinwohlorientierung zumuten und von denen wir eine solche Orientierung auch erwarten können, [also] nicht Mitglied *einer* Sprachgemeinschaft sein, sondern lediglich Mitglied einer *Sprachgemeinschaft*. Es reicht bereits aus, daß sich die Mitglieder einer solchen Gemeinschaft wechselseitig verstehen können.[422]

Ähnliches kann sich bei der Zugehörigkeit zu einer Nation, Religion, Rasse, Kultur, Hautfarbe, aber auch bestimmter (durchaus auch intellektueller) Eliten zeigen, deren Grenzen für andere, für Fremde, unüberwindbar werden. Die starke symbolische Repräsentanz, die ideologische Gemeinschaften ihrer Gemeinsamkeit geben, verschärft die Ausgrenzung.

Das Verständnis eines Wir als einer sozialen Situation mit der Möglichkeit offener symbolisch-thematischer Orientierungen, die einen Absolutismus ausschließen, ohne einen Relativismus einzuschließen, stellt eine menschliche Voraussetzung dar, die dem ideologischen Wir widerstehen kann, für das speziell auch Religionen und Kirchen anfällig sind. Die Eingebundenheit partikularer Wir's in das Große und Ganze, also das Wissen

[422] Tietz, Die Grenzen des „Wir", 26.

um die Allverbundenheit allen Seins, reduziert die Gefahr ideologisierender oder fanatisierender Wir-Gemeinschaften mit ihren Ausschlusstendenzen.

8.4. Rivalität oder Kooperation von Anfang an?

Im Hinblick auf die anthropologischen Voraussetzungen des Menschen, ein Wir zu bilden, zeigen sich grundsätzliche Auffassungsunterschiede: Die widersprüchlichsten Positionen bestehen darin, ob der Mensch von Anfang an primär auf Rivalität oder auf Kooperation hin angelegt ist. Ohne diese Gegenpositionen hier ausreichend zur Darstellung bringen zu können, sei als prominenteste Vertretung der Rivalitätsthese an Ch. Darwins Anschauung von einem „war of nature“ erinnert: „Wie jedes andere Thier ist auch der Mensch ohne Zweifel auf seinen gegenwärtigen hohen Zustand durch einen Kampf um die Existenz in Folge seiner rapiden Vervielfältigung gelangt, und wenn er noch höher fortschreiten soll, so muß er einem heftigen Kampfe ausgesetzt bleiben. [...] Es muß für alle Menschen offene Concurrenz bestehen, und es dürfen die Fähigsten nicht durch Gesetze oder Gebräuche daran verhindert werden, den größten Erfolg zu haben“[423] [...]. Darwin begründet seine Theorie der Rivalität und Konkurrenz zwischen Menschen von Anfang an aus der Evolution heraus. Dem stellt R. Girard[424] eine kulturtheoretische Begründung gegenüber: Bereits beim sehr jungen Kind könne man dem „mimetischen Begehren“ begegnen: Das Kind will z. B. ein bestimmtes Spielzeug, weil es die/der andere gerade hat. Diesem mimetischen Begehren ist der Mensch aber nicht sozialbiologisch auf Gedeih und Verderb verfallen, sondern es kann gewandelt werden. Jesus bzw. Gott selber spielen nach Ansicht von Girard in diesem Wandel die entscheidende Rolle, weil sie auf die Revanche gegenüber den Feinden verzichten und so den Kreislauf der Gewalt unterbrechen.

Im Widerspruch zu den soziobiologischen Theorien, welche in den Naturwissenschaften noch immer die Deutungshoheit beanspruchen, entstehen neuerdings neurobiologische Sichtweisen, die Menschen als auf „soziale Resonanz und Kooperation angelegte Wesen“ betrachten. „Kern aller menschlichen Motivation ist es, zwischenmenschliche Anerkennung, Wertschätzung, Zuwendung oder Zuneigung zu finden und zu geben.“[425] In Verbindung mit neueren Spieltheorien und Beziehungsanalysen wird ein

---

[423] Charles Darwin, Die Abstammung des Menschen, Paderborn 1874, 700.

[424] Vgl. René Girard – August Berz, Das Ende der Gewalt: Analysen des Menschheitsverhängnisses, Freiburg i. Br. 2008.

[425] Joachim Bauer, Prinzip Menschlichkeit. Warum wir von Natur aus kooperieren, München ^{2}2009, 23.

Menschenbild entworfen, das den von Natur aus kooperierenden und nicht rivalisierenden Menschen ins Zentrum rückt.

8.5. Das „TZI-Wir", trotz allem?

Wenn die neurobiologische, durch Spieltheorien und Beziehungsanalysen gestützte Sicht des Menschen ein Gewicht hat, der zur Folge wir auf gelingende Beziehungen hin „konstruiert" – ich würde lieber sagen geschaffen – sind, dann bedürfen alle Menschen partikularer Wir-Gemeinschaften, denen sie sich zugehörig wissen und fühlen. Doch sie sind gleichzeitig ein hohes Risiko, weil sie, je enger sie sind, umso mehr zum Ausschluss Anderer/Fremder tendieren und in diesem Zusammenhang Ideologisierungen unterschiedlichster Art ausgesetzt sind.

Die bereits mehrfach erwähnte deutsch-jüdische Denkerin H. Arendt bringt in ihrer Analyse des Eichmann Prozesses auf den Punkt, was die Ausschlussideologie eines ganzen Volkes durch die Nationalsozialisten bedeutet hat. Arendt entlarvt die „Banalität des Bösen"[426] indem sie den Massenmörder nicht als Ungeheuer, sondern als Bürokraten darstellt, dessen „Gewissen" sich nach vier Wochen auf das neue und mächtige Wir der Nazis hin umkehrte und damit entgegengesetzt funktionierte als vorher. Nun folgte es einer gemeinsamen Wir-Ideologie, indem es Eichmann dazu verführte, „brav" Befehle auszuführen. Das Böse lag in Arendts Augen nicht in erster Linie in der Vertreibung der Juden aus Deutschland und den besetzten Gebieten, sondern in der pflichtgemäßen Routine innerhalb eines rassistischen Wirs, das einem Volk die grundsätzliche Existenzberechtigung im Menschheits-Wir absprach. Diesem rassistischen Wir war Eichmann hörig. Es trug auch pseudoreligiöse Züge.[427]

> Die Antwort schien klar: Ja, Eichmann hatte ein Gewissen, sein Gewissen hat ungefähr vier Wochen lang so funktioniert, wie man es normalerweise erwarten durfte; danach kehrte es sich gleichsam um und funktionierte in genau der entgegengesetzten Weise.[428]

Selbst Menschen mit einem kritisch-aufgeklärten Bewusstsein widerstanden – wie wir wissen – der Verführung und dem Druck des rassistischen Wir nur

---

[426] Hannah Arendt, Eichmann in Jerusalem. Ein Bericht von der Banalität des Bösen. Mit einem einleitenden Essay und einem Nachwort zur aktuellen Ausgabe von Hans Mommsen, München – Zürich [14]2017.

[427] Vgl. Rainer Bucher, Hitlers Theologie, Würzburg 2008.

[428] Arendt, Eichmann in Jerusalem, 184.

in wenigen Fällen. J. A. Eichmann (1906–1962) war davon überzeugt, den Moralvorschriften Kants und dem kategorischen Imperativ gefolgt zu sein. In Wirklichkeit folgten er und viele andere einer Umformulierung des Moralprinzips wie sie der Nazi-Führer Hans Frank geschaffen hatte: „Handle so, daß der Führer, wenn er von deinem Handeln Kenntnis hätte, dieses Handeln billigen würde."[429]

Wie konnte demgegenüber die sechs Jahre ältere, wie Eichmann auch in Österreich geborene und hier aufgewachsene politische Aktivistin Irene Harand (1900–1975), einen so erbitterten Widerstand gegen den Antisemitismus leisten? Einen Widerstand, der sie beinahe das Leben gekostet hätte. Im Bewusstsein ihrer Chairperson als gläubige Katholikin, die sich schon früh dem politischen wie auch kirchlichen antisemitischen Globe in ihrer Wiener Umgebung widersetzte und speziell in kirchlichen Wir‘s ihren entschiedenen Widerspruch zum Antisemitismus offen vertrat, schreibt sie „‚Sein Kampf'. Antwort an Hitler."[430] Sie gründet auch die Wochenzeitung „Gerechtigkeit" als couragierte Kampfansage gegen den aufkommenden Nationalsozialismus.

In der Begegnung mit dem jüdischen Anwalt Moriz Zalman, der ihr das soziale Elend und die zunehmende Verfolgung seiner jüdischen Mitbürger in Wien nahebringt, lässt sie sich immer tiefer auf jüdische Menschen ein. Man könnte sagen, dass sie vom gut bürgerlichen Wir einer Wiener Katholikin, in das sie hineingeboren wurde, in ein ambigues Wir wechselte, das durch soziale, politische und religiöse Vielfalt geprägt war. Mit anderen setzte sie der Hitler Bewegung in der NSDAP eine Antithese gegenüber, die aber weltweit viel zu wenig gehört wurde. Sie gründete mit Zalman eine (relativ erfolglose) politische Partei, die „Österreichische Volkspartei", die nicht mit der gleichnamigen Partei nach dem Zweiten Weltkrieg verwechselt werden darf, der sie sehr distanziert gegenüberstand und über deren Koalition mit einer rechten Partei sie heute wohl entsetzt sein würde. Harand und Zalman riefen auch die „Weltbewegung gegen Rassenhass und Menschennot", die „Harand Bewegung" ins Leben.

Im Leben und couragierten Widerstand von Irene Harand zeigt sich das exakte Gegenmodell zu Eichmann. Obwohl in einem nicht unähnlichen politisch-gesellschaftlichen Globe geboren und aufgewachsen, verrät der eine sich und sein Gewissen und beruft sich auf den Gehorsam in einem rassistischen und totalitären Wir, während die andere, trotz erdrückender

---

[429] HANS FRANK, Die Technik des Staates. Mit einem Vorwort von Dr. Adolf Dresler, Krakau [3]1942.

[430] Vgl. IRENE HARAND, „Sein Kampf". Antwort an Hitler, in: F.R. REITER (Hg.), Dokumente – Berichte – Analysen 13, Wien 2005.

Globe-Bedingungen, zu ihrer Überzeugung und Verantwortung steht. Im Vorwort zu „Sein Kampf" schreibt Irene Harand:

> Den Opfern des Hakenkreuzes soll aber diese Arbeit Trost bieten und die Überzeugung beibringen, dass es Menschen in der Welt gibt, die sich mit dem Terror des Dritten Reiches nicht abfinden und kämpfen wollen, bis von der Menschheit die Gefahr, die die Verbreitung des Hakenkreuzes bedeutet, gebannt, und die Opfer selbst von ihren Peinigern erlöst werden.[431]

Wie gesagt: Jedes partikulare Wir ist ambivalent. Es kann Menschen ihr Gewissen umkehren und in eine unvorstellbare Unmenschlichkeit hineinführen und es kann – trotz Gruppenideologie – die Chairperson im Widerstand herausfordern.

Auch wer sich heute in einer partikularen Wir-Gestalt bewegt, die z. B. ausschließlich die Abwehr von Flüchtlingen oder den wirtschaftlichen Erfolg eines Unternehmens zum Ziel hat und die Augen vor dem Großen und Ganzen in seiner Allverbundenheit, die Ruth C. Cohn so wichtig war, verschließt, verliert allzu leicht das ethische Maß für menschengerechtes Handeln. Er/Sie büßt möglicherweise das „Gespür", den „Wertesinn", die „Stimme des Gewissens" dafür ein, wann und wo die Selbstverwirklichung und Selbstverantwortung einem partikularen Wir zum Opfer fällt, das sich gegen die Menschen richtet.

Trotz der großen Gefahr ideologischer Fixierungen, denen partikulare Wirs stets ausgeliefert sind, ist es auch in der modernen Philosophie keineswegs selbstverständlich, ausschließlich die ganze Menschheit als ein Wir zu bestimmen.[432] In den menschlichen Erfahrungen begegnen wir ja sowohl lebens- als auch kulturgeschichtlich zunächst partikularen Wirs: Wir werden in eine Familie hineingeboren, wir leben in einem Volk, wir gehören einer Sprachgruppe an, wir finden uns in einer religionsbezogenen oder nichtreligiösen Weltanschauung usw. wieder.

Die universale Sicht einer gemeinsamen Menschheit und Lebenswelt kommt vor allem im biblischen Schöpfungsglauben zum Tragen, den Juden, Christen und Muslime teilen. Er ist also von seinem Ursprung her eine religiös begründete Weltanschauung. Wenn das einheitsstiftende Band der einen Schöpfung durch die Leugnung des Schöpfers und der Geschöpflichkeit aller Wesen, nicht nur der Menschen, zerbricht, müssen rationale Gründe für die Zugehörigkeit zu der einen Wir-Gestalt der Menschheit gefunden werden, wenn diese nicht ausschließlich in Einzelwesen bzw. in

---

[431] Harand, „Sein Kampf". Antwort an Hitler, 15.

[432] Den Hinweis darauf verdanke ich Nikolaus Wandinger.

partikulare Wir-Gestalten zerfallen soll. Aus philosophischer Perspektive liegen solche Gründe in der – zumindest minimalen – Vernünftigkeit aller Subjekte, in ihrer Freiheits-, Kommunikations- bzw. Sprachfähigkeit, im „guten Leben", nach dem alle streben.

Ruth C. Cohn begründet ihre universale Welt- und Menschensicht nicht in erster Linie diskurstheoretisch. Bei ihr spielt die transzendentale Begründung der Allverbundenheit die entscheidende Rolle. Die einzelnen Menschen sind grundsätzlich autonom und interdependent (1. Axiom); ihre Eigenständigkeit wächst mit dem Bewusstsein der All-Bezogenheit. Auch jede partikulare Wir-Gestalt existiert nicht einfach in sich, sondern ist auf das „Große und Ganze" hin ausgerichtet und allverbunden. Die ganzheitliche Sicht des Menschen und der Welt, die über das Zähl- und Messbare hinausgeht und einen großen Horizont öffnet, scheinen mir eine einsichtigere Argumentation für das universelle Wir zu ermöglichen, als etwa das Kriterium der Vernünftigkeit aller Subjekte. Bei letzterem zeigen sich lebens- und kulturgeschichtliche Probleme, wenn man an ganz junge Kinder oder an Menschen aus Kulturen denkt, denen zumindest die moderne Rationalität fremd ist. Sehr schnell gerät man mit ausschließlich „modernen" Begründungen in ein Defizitmodell in dem Sinne, dass die Rationalität wohl angelegt, aber noch nicht entfaltet ist. Ein noch größeres Begründungsproblem ergibt sich im Hinblick auf die Verbundenheit aller Geschöpfe und allem Geschaffenen, nicht nur des Menschen, von der die biblischen Schöpfungserzählungen selbstverständlich ausgehen. Argumentative Ausschlüsse bestimmter Menschengruppen oder Gegebenheiten sind leicht möglich, wie die moderne Geschichte der Aufklärung zeigt.

Je bewusster mir – theoretisch und praktisch – die unumgängliche Ambivalenz des Wir vor allem in gesellschaftspolitischen, interkulturellen und transreligiösen Kontexten wird, umso mehr frage ich mich, warum Ruth C. Cohn der partikularen Wir-Gestalt eine so große Bedeutung zugemessen hat, dass das Wir zu einem der vier gleichwertigen Faktoren im Interaktionsprozess wurde? Dies im Bewusstsein aller möglichen Dilemmata, die mit partikularen Wirs verbunden sein können und die Ruth aus ihrer Migrationsbiographie kannte. Die Warnung vor den partikularen Wirs, die kleiner sind als die Weltgemeinschaft[433], war ja seit den rassistischen und totalitären Missbräuchen des Wir im Nationalsozialismus, Stalinismus und anderen totalitären Systemen nicht mehr verstummt. Sie ist angesichts der neueren politischen Entwicklungen hochaktuell und sollte in der Arbeit in und mit TZI-Gruppen unbedingt bewusst gehalten werden.

---

433 Vgl. den wiederholten Gebrauch dieser Formulierung u. a. bei Tietz, Die Grenzen des „Wir".

Von ihrer psychotherapeutischen Ausbildung her war nicht zu erwarten, dass für Ruth C. Cohn das Wir so bedeutsam wird. Hier stand, um in der TZI-Terminologie zu sprechen, das Ich im Zentrum. Die Interaktion geschah zwischen Klient*in und Therapeut*in. Allerdings erzeugte das psychoanalytische Setting bei Ruth immer stärkeres Unbehagen, weil sie sich, auf Anweisung des Therapeuten, nur auf sich konzentrieren und die Ungeheuerlichkeiten, die in Deutschland und in der Welt geschahen, also den Globe, ausblenden sollte. Auf ihrem weiteren Weg entdeckte sie, dass die Couch zu klein war und ihr Konzept pädagogische und gesellschaftliche Interessen verfolgte, also auf generative Themen (Es) und auf die Anteilnahme und Veränderung der Gesellschaft (Globe) ausgerichtet war.

Die Wahrnehmung des Wir als gleichwertigen Interaktionsfaktor hängt wohl zunächst mit ihrer – nicht mit großer Begeisterung aufgenommenen – Erfahrung in therapeutischen Gruppen zusammen, die sich auf Grund ihres pädagogischen Interesses, schnell auch auf nichttherapeutische ausweitete. Die gesellschaftstherapeutische und gesellschaftspädagogische Absicht, die sie mit ihrer TZI hatte, verband sich mit dem Wir der Gruppenarbeit. Ruth C. Cohn schreibt im Blick auf ihre Praxis in Europa:

> Mein eigener Pfad ist die theoretische und praktische Fundierung von interaktioneller Gruppenarbeit. Meine Workshops waren in den letzten Jahren fast ausschließlich Ökologie- und Friedensthemen gewidmet. Diese TZI-Workshops verliefen nie ohne die sie begleitenden Sorgen der TeilnehmerInnen.[434]

Daraus können wir sehen, dass Ruth C. Cohn das partikulare Wir nicht nur in seiner Ausgerichtetheit auf das universale Große und Ganze, sondern auch in seiner Bezogenheit auf das Politische im engeren und weiteren Sinne gesehen hat. Es geht in TZI-Kontexten nicht um die Wir-Dynamik an sich, wie das in der Gruppendynamik und in den Sensitivity-Trainings der 1970iger Jahre eher der Fall war. Selbst aus der Gruppendynamik und der Gestalttherapie kommend, faszinierte mich an der TZI von Anfang an die starke Globe- und Themenbezogenheit, die ich in den genannten Konzepten so nicht gefunden hatte. Sie ermöglichte mir einen Anschluss an die gesellschaftskritische Arbeit in der Student*innengemeinde und an die Befreiungstheologie. In den lateinamerikanischen comunidades cristianas

[434] Cohn, Wissenschaftler und andere – was kann ich /was können wir für den Frieden sein und tun?, 38.

konnte ich viele Anklänge an die TZI entdecken und auch unmittelbar mit ihr arbeiten.[435]

Eine sinn-, werte- und verantwortungsbewusste Wir-Orientierung unterdrückt oder behindert die Dynamik in einer Gruppe keineswegs. Durch die partizipierende Leitung und das Bewusstsein der potentiellen Selbstleitung (Chairpersonship) aller Beteiligten entsteht ein ambiguitätsoffenes, inhomogenes Wir in dem Widerstände, Störungen und Konflikte nicht unter den Tisch gekehrt, sondern entsprechend thematisiert und bearbeitet werden können. Ruth C. Cohn berichtet, wie lebendig und „ganzheitlich" es in den „Wendezeit-Workshops" zuging, die sie in Europa über mehrere Jahre angeboten hatte:

> In den TZI „Wendezeit"-Gruppen werden Möglichkeiten, für den Frieden zu *sein* und für den Frieden zu *tun* als zusammengehörig besprochen. Ängste, Verzweiflung, Trauer, Resignation entsprechen den Vorgängen, in denen wir leben oder über die wir wissen. Verschleierungen sind tödlich. Wenn wir die Augen und das Herz öffnen, müssen wir leiden angesichts des uns umgebenden oder in uns wohnenden Grauens. Zugleich geschieht es oft, daß durch dieses Leiden hindurch Hoffnungslichter auftauchen. Das innere Zulassen des Schlimmsten kann unsere Energien freilegen, die sonst in der Abwehr von Gefühlen verlorengehen. Es gibt nur kleine Schritte. Und es gibt nur „Mehr werden". Doch das „nur" ist ein „Trampelpfad" der Hoffnung.[436]

8.6. Partizipierend und möglichkeitssinnig leiten

Die Auseinandersetzung um die Ambivalenz zwischen einer universalen Wir-Gestalt und den vielen partikularen Wir-Gestalten bezieht sich im Kontext der TZI auch auf das Verständnis von Leitung. Für Ruth C. Cohn ist leiten kein Status, sondern eine Funktion. Man könnte auch sagen ein Dienst[437] an der partikularen und gleichzeitig auf das Große und Ganze hin offenen Wir-Gestalt. Im Sinne einer „teilnehmenden" Leitung wird in der TZI nicht *vor* den Teilnehmer*innen geleitet, wie das in traditionellen, nicht selten autoritär geführten Gruppen und Organisationen, mitunter auch noch an Schulen und Universitäten, der Fall ist. Es wird aber auch nicht *für* die Teilnehmer*innen geleitet, so als ob die Leitung für alle und alles ver-

[435] Vgl. Scharer, Katechese wider den Tod.

[436] Cohn, Wissenschaftler und andere – was kann ich /was können wir für den Frieden sein und tun?, 38.

[437] Vgl. Johannes Panhofer – Matthias Scharer – Roman Siebenrock (Hg.), Erlöstes Leiten. Eine kommunikativ-theologische Intervention, Ostfildern 2007.

antwortlich wäre und alle rundum versorgen müsste. Beide Modelle, das autoritäre und das versorgende, beschneiden die Selbstleitung (Chairperson) aller, der Teilnehmer*innen und letztlich auch der Leiter*innen.[438] „Zuwenig geben ist Diebstahl – zu viel geben ist Mord“[439], diese Feststellung Ruth C. Cohns im Zusammenhang von Erziehung, gilt im übertragenen Sinn auch für die Leitung.

8.6.1. Leiter*in als Teilnehmer*in

TZI Leiter*innen sind in erster Linie Teilnehmer*innen, „...also Menschen mit eigenen Interessen, Vorlieben, Gedanken und Gefühlen, und erst in zweiter Linie Gruppenleiter mit einer speziellen Funktion. Diese Funktion besteht primär darin, die dynamische Balance zwischen Ich–Wir–Es und deren Zusammenhang mit dem Globe zu beachten.“[440]

Teilnehmende Leiter*innen sind also *mit* den – zunächst fremden und in gewisser Hinsicht auch fremd bleibenden – Anderen in einem vielfältigen Wir. Homogenisierungsversuche zur Herstellung eines allen gemeinsamen Wir-Gefühls sind immer eine Falle, in die nicht wenige TZI-Gruppen tappen. Mit all den Konsequenzen, die das Beteiligtsein in einer vielfältigen Gruppe haben kann, können sich partizipierende Leiter*innen prinzipiell nicht aus dem Geschehen im Wir heraushalten. Denn die „Mitte“ des TZI-Prozesses, worauf er also zentriert ist, sind nicht die Leiter*innen, sondern

---

438 Vgl. Jochen Hilberath – Matthias Scharer – Herbert Haslinger, Konkretion: Leitung, in: H. Haslinger, Praktische Theologie. Durchführungen. Handbuch 2, Mainz 2000, 494–510; Matthias Scharer, Die Themenzentrierte Interaktion (TZl) als theologiekompatible Didaktik für die Leitung von pastoralen Gruppen, in: G. Köhl (Hg.), Seelsorge lernen in Studium und Beruf, Trier 2006, 522–527; Panhofer – Scharer – Siebenrock, Erlöstes Leiten; Matthias Scharer, Leiten mit Kompetenz und aus Gnade. Ein erlösender Blick auf die Qualitäts- und Qualifizierungsherausforderung im neoliberalen Führungs- und Managementkontext, in: J. Panhofer – M. Scharer – R. Siebenrock, Erlöstes Leiten, 231–246; Bradford Hinze – Matthias Scharer, Wachsen im Trialog/ Growth in Trialogue, in: B. Nitsche (Hg.), Von der Communio zur Kommunikativen Theologie. Bernd Jochen Hilberath zum 60. Geburtstag. (= Kommunikative Theologie – indisziplinär. Communicative Theology – Interdisciplinary Studies: Band/Volume 10) 2008, 19–36; Scharer, „Living Communicating“ in the midst of total/tatalitarian Communication; Matthias Scharer, Schwarze Pädagogik und Lebendiges Lernen. Eine Replik auf „pädagogische“ Pfarrer-/Vaterszenen in M. Hanekes WEISSEM BAND aus der Perspektive der Themenzentrierten Interaktion Ruth C. Cohns, in: D. Regensburger – Ch. Wessely (Hg.), Von Ödipus zu Eichmann. Kulturanthropologische Voraussetzungen von Gewalt (Film und Theologie 22), Marburg 2015, 169–191; Scharer, „Redemptive Leading“ – Barriers and Opportunities in a Digital World.

439 Cohn, „Zuwenig geben ist Diebstahl – zuviel geben ist Mord“.

440 Cohn – Farau, Gelebte Geschichte der Psychotherapie, 368.

das gemeinsame Anliegen, die gemeinsame Aufgabe, die in einem gemeinsamen Thema formuliert sind. Letztere bilden den Fokus der Interaktion. Partizipierende Leiter*innen sind „Modellteilnehmer*innen" im Kreis der potentiell sich selbst leitenden und selbstverantwortlichen Beteiligten. Röhling erinnert:

> Für die Leitenden von Lehr-, Lern-, Arbeits- und anderen Gruppen wird das Chairperson-Postulat dann Maxime für ihr leitendes Handeln: nämlich ihre Leitung so auszurichten, dass die Mitglieder der Gruppe so gut wie möglich in die Lage versetzt werden, die Selbstverantwortung für sich wahrzunehmen. Dies gelingt den Teilnehmenden umso besser, je authentischer sich der Leiter oder die Leiterin verhält. Der Leiter ist damit ein Modellteilnehmer.[441]

Das ist die partizipierende Seite des Leitens. Sie stellt traditionelle, autoritäre Leitungspositionen ebenso in Frage, wie „moderne", die über ein antrainiertes Leitungs-Know-how Gruppen und Organisationen „führen" wollen. Obwohl es im Englischen für führen und leiten nur ein Wort gibt, ist das „Führertrauma" speziell im Konzept der deutsch-jüdischen Migrantin, die aus dem Exil kommt, mit zu bedenken. Im Deutschen hat man sich noch einige Jahrzehnte nach dem Zweiten Weltkrieg gescheut, von Führen und Führung zu sprechen. Zumindest im TZI-Kontext sollte die Unterscheidung von Führen und Leiten bewusst bleiben, weil sie zur Charakteristik partizipierender Leitung gehört. Gleichzeitig kann ich auch Kolleg*innen verstehen, die den Führungsbegriff im Bereich der Wirtschaft selbstverständlich gebrauchen, weil er dort üblich ist.[442]

Kann, ja muss ich vielleicht sogar, in der Funktion der partizipierenden Leiterin/des partizipierenden Leiters auf all das differenzierte Leitungs-Know-how verzichten, welches in den verschiedenen Leitungsausbildungen – nicht selten kostenaufwendig – antrainiert wird? Ja und Nein. Ja, in dem Sinne, dass antrainierte und nicht wirklich innerlich angeeignete Leitungs-Skills insofern sie der TZI-Haltung widersprechen und die Chairperson aller im Wir eher verstellen als zum Ausdruck bringen. Nein, indem auch partizipative Leitung nicht aus sich heraus „funktioniert", sondern eines Leitungs-Know-hows bedarf. Dieses muss der partizipierenden Leitungsfunktion angemessen sein und sie nicht insgeheim „aushebeln". Auch wenn für H. Reiser die partizipierende Leitung in der Beschreibung des TZI-Systems

---

441 Röhling, Chairperson-Postulat, 97.

442 Vgl. Elisabeth Gores-Pieper – Irene Kernthaler-Moser (Hg.), Führen interaktiv. TZI-Praxis in der Wirtschaft. Ein Reader der Fachgruppe Wirtschaft im Ruth Cohn Institut for TCI-international, Berlin – Wien 2012.

nicht zentral sein mag; mir scheint zumindest das Partizipieren der Leiterin/des Leiters ein Alleinstellungsmerkmal zu sein, an dem man erkennen kann, wie untrennbar in der TZI Haltung und Methode ineinandergreifen.

8.6.2. Anteilnehmen

Neben der Rolle als partizipierende Teilnehmerin/partizipierender Teilnehmer besteht die primäre Leitungsfunktion in der TZI darin, auf die Dynamische Balance von Ich – Wir – Es und Globe zu achten. So banal das auch klingen mag: In dieser Funktion kulminieren, wenn die bisherigen Überlegungen zu einem gesellschaftsbewussten, interkulturell und weltanschaulich sensiblen TZI-Konzept im Leiten konkret werden sollen, Welt- und Menschenbild der TZI, ihr Ethos und das praktische Know-how, wie sonst kaum an einer anderen Stelle. „Es geht ums Anteilnehmen"[443]

- am Leben der beteiligten Menschen in einer Gruppe, einem Team, einer Organisation oder in welcher Konstellation immer sich ein TZI-Wir gestaltet; Autonomie und Interdependenz (1. Axiom), Ehrfurcht vor dem Lebendigen (2. Axiom), bedingte Freiheit und Erweiterung der Freiheit (3. Axiom) und vor allem das Zutrauen der Chairperson spielen eine wichtige Rolle;
- am partikularen Wir und seiner Dynamik über die Zeit und durch Gruppenphasen hindurch. Dazu gehören u. a. die kritische Aufmerksamkeit auf Ideologisierungs- und Ausschlusstendenzen, auf ethische, weltanschauliche oder religiöse Fixierungen, die ein Entweder-oder forcieren. Die Ausgerichtetheit des Wir auf das Große und Ganze ist zentral;
- an Aufgaben, Anliegen, Themen, die von außerhalb oder innerhalb der Gruppe kommen können; sie „zentrieren" die Interaktion; wie ich im nächsten Kapitel noch ausführen werde, liegt gerade in der Themenzentrierung eine wesentliche gesellschaftspolitische Dimension;
- am engeren Globe, der durch die Teilnehmer*innen in das Wir hereinkommt und am weiteren politisch-gesellschaftlichen, kulturellen, weltanschaulich-religiösen Globe, in dem sich der Prozess abspielt.

Trotz dieser vieldimensionalen Anteilnahme, die letztlich für alle Teilnehmer*innen an einem Wir gilt, halten sich partizipierende Leiter*innen mit ihren Unterstützungsangeboten zurück. Sie sind ja *mit* den Teilnehmer*innen und nicht *für* sie verantwortlich.

---

[443] Vgl. Cohn, Es geht ums Anteilnehmen….

> Gruppenleiter sollen nicht mehr und nicht weniger Unterstützungshilfen in der Gruppe geben als nötig, sondern versuchen, neben ihren Funktionen als Hüter der dynamischen Balance innere Zeit für das Thema zu gewinnen. Die Aufgabe, „in erster Linie Mensch und nicht Funktion" zu sein, fällt neuen TZI-Leitern schwer, da übliche Gruppenleitungen als neutrale oder als autoritäre Funktionen ausgeübt werden. TZI-Gruppenleitung dagegen ist Leitung in Partizipation.[444]

Neben der dynamischen Balance „hüten" anteilnehmende Leiter*innen in besonderer Weise das Thema. Sie führen es ein, strukturieren und gestalten es mit der Gruppe und lassen es auf diese Weise zum Brennpunkt des Interaktionsprozesses werden. Was so einfach klingt, braucht jahrelange Übung speziell in interkulturellen Kontexten. Das 9. Kapitel ist dem Verständnis und der Bedeutung des Themas in der TZI gewidmet.

Ich will hier nicht weiter ausführen, wie partizipierendes Leiten praktisch „geht". Dazu steht umfangreiche Literatur zur Verfügung, auf die ich bereits am Beginn des Kapitels hingewiesen habe. Ich halte die Arbeitsdefinition für partizipierendes Leiten, welche die Autor*innen des einschlägigen Beitrags im TZI-Handbuch (^{3}2014), formuliert haben, für hilfreich und kreativ. Wenn ich sie hier zitiere, dann wird mir schmerzvoll bewusst, dass zwei von den höchst innovativen TZI-Graduierten aus dem Autor*innenteam viel zu früh verstorben sind, nämlich Janny Wolf-Hollander und Theo Middelkoop. Ihnen sei hier liebevoll und ehrend gedacht:

> Partizipierend Leiten fordert Leitende auf, ihr bewusstes und unbewusstes Agieren und Reagieren – in Resonanz auf die Beteiligten und auf das Gesamte der Prozesse – wahrzunehmen und durch das Balancieren zwischen diagnostischer Distanz und persönlichem Miterleben selektiv authentisch zu gestalten.[445]

Wie bereits früher angesprochen gewinnt nicht nur für Teilnehmer*innen, sondern speziell auch für Leiter*innen eine sogenannte „Hilfsregel", die ich hier nochmals anführen will, besondere Bedeutung:

> Sei authentisch und selektiv in deinen Kommunikationen. Mache dir bewußt, was du denkst und fühlst und wähle, was du sagst und tust.[446]

---

[444] Cohn – Farau, Gelebte Geschichte der Psychotherapie, 368.

[445] Hintner – Middelkoop – Wolf-Hollander, Partizipierend Leiten, 183.

[446] Cohn, Von der Psychoanalyse zur themenzentrierten Interaktion, 125.

Leiter*innen sind auch immer in der Versuchung, Interpretationen zu Aussagen von Teilnehmer*innen oder zum Gruppenprozess zur Verfügung zu haben. Sich dabei an die folgende „Hilfsregel" zu erinnern, scheint mir ebenfalls wichtig:

> Halte dich mit Interpretationen von anderen so lange wie möglich zurück. Sprich stattdessen deine persönlichen Reaktionen aus.[447]

8.6.3. Sich dem Dazwischenkommenden und Unverfügbaren öffnen[448]

Meine Erfahrung in der partizipierenden Leitung von TZI-Gruppen in gesellschaftspolitischen, interkulturellen und transreligiösen Zusammenhängen, die nicht selten in einer anderen als meiner Erstsprache erfolgt, ist auch, dass ich es bei aller Leitungs- und Gruppenerfahrung und sorgfältigen Planung nicht endgültig in der Hand habe, wie eine Gruppe läuft und wie sich ein TZI-Wir gestaltet. Diese Einsicht, die in mir immer stärker wurde, je mehr Gruppen ich geleitet hatte, war zunächst verstörend. Schließt das partizipative Leitungskonzept ein zu großes Risiko ein, die notwendige Leitungsmacht in der Partizipation als „Modellteilnehmer*in" zu verlieren und in eine Leitungs-Ohnmacht zu schlittern, welche die Gruppe möglicherweise ins Chaos stürzen lässt? Oder muss ich auf das Leitungs-Know-how aus anderen Konzepten – wie etwa der Organisationsentwicklung – zurückgreifen, damit ich „ordentlich" führen und leiten kann? Letzteres scheint mir in TZI-Kontexten immer häufiger der Fall zu sein.

Einem solchen Trend will ich mit Begriffen wie Möglichkeitssinn, Dankbarkeit, das Dazwischenkommende oder das Unverfügbare entgegenwirken (vgl. auch Kap. 10). Sie scheinen dem Welt- und Menschenbild von Ruth C. Cohn sehr nahe zu kommen. Mir ist klar, dass ich damit auf Worte zurückgreife, die nicht allen Leser*innen vertraut und/oder für sie nachvollziehbar sein werden. Auf Anhieb klingen die Begriffe vielleicht theologisch oder religiös „angehaucht", was für einen Autor, der Theologe ist, ja nicht ungewöhnlich wäre. Zugegeben: Es geht um Einstellungen und Haltungen, die auch eine religiöse Bedeutung haben können. Aber nicht nur: Der Möglichkeitssinn (Kontingenz) öffnet die Augen für eine grundsätzlich unabschließbare Welt, mit der wir als Menschen zeitlebens nicht „fertig"

[447] Cohn, Von der Psychoanalyse zur themenzentrierten Interaktion, 125.

[448] In diesem Abschnitt beziehe ich mich mehrfach auf die Habilitationsschrift von Martina Kraml, aus der ich auch Schlüsselbegriffe übernommen habe: Martina Kraml, Anderes ist möglich. Eine theologiedidaktische Studie zu Kontingenz in Forschungsprozessen (= Kommunikative Theologie, Band 19), Ostfildern 2019.

werden (können). Er ist sozusagen die Antithese zu den Trends der Festen Moderne, Ambivalenzen und Ambiguitäten abzudrängen und nur das zuzulassen, was eindeutig und klar beschreibbar ist. Wenn Kontingenztheorien etwa im Management verwendet werden,[449] dann stehen nicht die grundsätzliche Unabschließbarkeit der Welt und des Lebens im Zentrum, sondern das Bewusstsein für vielfältige Möglichkeiten etwa eines Unternehmens, von denen die effizientesten herauszuarbeiten und mit situativer Führung zu verbinden sind. Das Bewusstsein, dass es in einer kontingenten Welt „mehr als alles" geben kann, wird strategisch domestiziert und schwindet.

Teilnehmende Leiter*innen, die sich den Möglichkeitssinn offenhalten, erleben mitunter Überraschungen im Interaktionsgeschehen eines Wir's, die sie vorher nicht geplant und auch nicht für möglich gehalten hätten. Das kann ein Aufbruch, eine Wende, auch ein Konflikt, eine Störung oder Betroffenheit bei Gruppenteilnehmer*innen oder auch bei mir als Leiter*in sein; es kann eine besondere Einsicht in ein Thema sein, die einzelnen oder der Gruppe zukommt; eine spezielle Bewegung in der Wir-Dynamik ist möglich oder ein gemeinsames Engagement im engeren oder weiteren Globe. Wichtig ist, dass sich der Möglichkeitssinn nicht auf angenehme, besonders spannende oder emotional aufwühlende Geschehnisse fixiert, sondern letztlich für alles, ja für mehr als alles offenbleibt das auch unangenehm, schmerzvoll, erschreckend sein kann.

Auf das Mögliche, für das der Möglichkeitssinn offenhält, kann ich verschieden reagieren. Es kann mir Angst machen, ich kann es strategisch einzugrenzen oder zu verhindern versuchen. Ich kann mich überraschen lassen, mich daran freuen, es dankbar annehmen, was hier dazwischengekommen und mir unvermutet – in der Regel unverdient – zugefallen ist. Wenn ich im Nachlass in den zahlreichen Gruppenprotokollen lese, die Ruth C. Cohn hinterlassen hat, dann bin ich immer wieder erstaunt und berührt, welche Bedeutung sie der Stille, der Langsamkeit, und auch der (schriftlichen) Vertiefung von Prozessen beigemessen hat. „Je mehr du zu tun hast, umso langsamer geh!" ist ein bekannter Ausspruch von ihr. Auch im oben zitierten Text spricht sie die Funktion der Leitung an, „innere Zeit für das Thema zu gewinnen"[450].

Insgesamt geht es bei dem allen um Unverfügbares. Um das, worüber ich als teilnehmende Leiterin/teilnehmender Leiter nicht verfügen kann, weil es nicht strategisch bzw. methodisch-didaktisch oder sonst wie herstellbar ist. Genau betrachtet ist das letztendlich fast alles: Die Menschen, die kommen und da sind; ihre vielfältigen Biographien, ihre Um-, Ab- und Aufbrüche.

---

449 Vgl. Tom Burns – G. M. Stalker, The Management of Innovation, London 1961.

450 Cohn – Farau, Gelebte Geschichte der Psychotherapie, 368.

Die Beziehungen, die Abgrenzungen, Projektionen und Übertragungen und deren Auflösung und das viele andere, das in einem Wir geschehen kann. Auch die Einsicht in Globe- und Themenzusammenhänge bei einzelnen und in der gesamten Gruppe sind unverfügbar. Es geht um die Erfahrung, dass ich als teilnehmende Leiterin/teilnehmender Leiter es nicht endgültig in der Hand habe, was geschieht, wenn Menschen kommunizieren und interagieren und wenn nicht superintelligente Maschinen oder Maschinenmenschen die Steuerung übernehmen. Das gilt grundsätzlich für alle Interaktionsprozesse innerhalb und außerhalb von TZI-Wir-Gestalten.

Die prinzipielle Unverfügbarkeit wird in themenzentriert-interaktionellen Prozessen stimuliert, da der Chairperson jeder/jedes einzelnen und den Störungen und Betroffenheiten in der Gruppe Raum gegeben wird und ein anthropologisch-ethisches Verständnis des Menschen gilt, das von seiner Autonomie bei gleichzeitiger universeller Bezogenheit, seiner bedingten Freiheit und Entscheidungsfähigkeit ausgeht. Die grundsätzliche Offenheit des Prozesses wird u. a. auch durch die Ausrichtung des partikularen Wirs auf das Große und Ganze und durch das bewusste Hereinholen des Fremden/Anderen gefördert. Partizipierende Leiter*innen in einem ambiguitätsfreudigen Wir befinden sich auf einer Gratwanderung zwischen ihren eigenen Vorstellungen, wie sich ein Thema in der Gruppe realisieren lässt und der Offenheit für das Dazwischenkommende; für das, was Leiter*innen und Teilnehmer*innen zukommt, ohne dass es gesteuert werden könnte.

Das Ernstnehmen des Dazwischenkommenden und Unverfügbaren ist kein Plädoyer für oberflächliche Planung oder eine Leitung, die alles laufen lässt. Wer als Leiter*in nicht weiß, wohin sie/er will, sich als Chairperson also selbst nicht ernst nimmt und die Gruppe in die Zufälligkeit, ja ins Chaos hineintreiben lässt, reduziert den notwendigen Raum für das Dazwischenkommende und Unverfügbare, weil sie/er auf das nicht oder ungenügend Geplante fixiert bleibt. In diesem Zusammenhang gilt grundsätzlich: Je geklärter die Planung ist und je selektiv-authentischer sie den Teilnehmer*innen transparent gemacht wird, umso größer wird der Spielraum für das Dazwischenkommende und Unverfügbare.

In manchen kommunikativ-theologischen Publikationen habe ich von einem „geschenkten Wir" gesprochen. Die Metapher ist mir beim Erleben einer Großgruppe in Brasilien zugefallen, in der hunderte von Menschen aus Basisgemeinden, eine riesige Demonstration gegen den Sozialabbau der Regierung organisiert haben und dabei die von Militär und Polizei Verschleppten und Verschwundenen, in der Regel Gewerkschaftsführer*innen, Kleinbäuer*innen usw. wie in einer „Litanei" als „Märtyrer*innen" „angerufen" haben.[451] Die Metapher vom geschenkten Wir wurde vielfach aufgegriffen, aber auch missbräuchlich verwendet, so als ob das geschenkte, also unverfügbare Wir, eine umsichtige und verantwortliche Planung von Wir-Prozessen ersetzen könnte. Genau das Gegenteil ist der Fall.[452]

Vertiefende und weiterführende Themen

- „Die Basisqualifikation für politisches Handeln ist [...] die Fähigkeit, mit Ambivalenzen und Widersprüchen umgehen zu können" (H. Reiser) – Wie schätze ich/schätzen wir die Fähigkeit bei mir/uns ein, mit Ambivalenzen und Widersprüchen umgehen zu können? Was/Wer behindert/fördert sie?
- Wie steht es um meine/unsere Ambiguitätsoffenheit und meine/unsere Freude an der Vielheit in Gruppen? Worin zeigen sie sich? Was behindert sie?
- Welche ideologisierenden und fantasierenden Tendenzen in Gruppen kenne ich/kennen wir? Worin liegt konkret ihre Gefahr?
- Welche Bilder stehen mir/stehen uns von einem geschlossenen, homogenen und von einem offenen, vielfältigen, allverbundenen Wir vor Augen? Wie will ich/wollen wir die Kontrastbilder ausdrücken (Malen, Schreiben, Pantomime, Standbilder)?
- „Es gibt nur kleine Schritte. Und es gibt nur „Mehr werden". Doch das „nur" ist ein „Trampelpfad" der Hoffnung" – Meine/unsere Erfahrungen mit Ruth's „Trampelpfaden der Hoffnung".
- Ein Thema von A. Ockel und R. C. Cohn heißt: „Was tue ich als einzelner oder als kleine Gruppe angesichts der unüberschaubaren Faktoren, die zu Lösungen von politischen und sozialen Problemen nötig zu sein scheinen?"
- Macht und Selbstentmächtigung als Gruppenleiter*in: Was kenne ich? Was macht mir Angst? Was macht mich gelassen?
- Mich möglichkeitssinnig und dankbar dem Dazwischenkommenden und Unverfügbaren öffnen: Was ist mir daran fremd, was vertraut, womit habe ich Erfahrungen?

---

451 Vgl. Matthias Scharer, Das geschenkte Wir: Kommunikatives Lernen in der christlichen Gemeinde, in: F. Weber – M. Beranek – O. Fuchs – F. Gruber (Hg.), Frischer Wind aus dem Süden, Innsbruck – Wien 1998, 84–100.

452 Vgl. Matthias Scharer, Die Rede vom „Geschenkten Wir" als Metapher für das Handeln Gottes im (kirchlichen) Kommunikationsgeschehen – ein Differenzierungsversuch, in: R. Siebenrock – Ch.J. Amor (Hg.), Handeln Gottes. Beiträge zur aktuellen Debatte (= QD 262), Freiburg – Basel – Wien 2014, 471–507.

9. Den bedeutsamen und ausgeblendeten Anliegen eine Sprache anbieten

The Refugee Poetess

Harness words,
Harness you into my will
thorned into me strangers
– not playing, not feeding –
Break open the heat of my heart
to the hurt deep down –
a silent dagger.
(Ruth C. Cohn)[453]

Die entscheidende „Modifikation gruppentherapeutischer Technik" zur TZI sieht Ruth C. Cohn darin, dass „das Thema im Mittelpunkt interaktioneller Gruppen" steht.[454] Eine „themenzentrierte" Interaktion hat demgemäß mit Sprache zu tun. Wie die „Dichterin im Exil" sagt:

> Worte, als Harnische
> Drängt euch in meinen Willen
> mit Dornen in mich hinein, als Fremde
> – nicht spielend, nicht speisend –
> Brecht offen die Hitze meines Herzens
> bis in die Wunde tief unten –
> ein stiller Dolch.

Angesichts von Ruths berührendem Gedicht wird in einer Zeit, in der Fake News, also manipulative und vorgetäuschte Nachrichten in Bruchteilen von Sekunden weltweit verbreitet werden können und die technischen Möglichkeiten, die dazu zur Verfügung stehen, auch politisch genutzt werden, die Frage nach einer menschen- und situationsgerechten, anteilnehmenden Sprache immer drängender. Über Frames, die Aussagen in mitunter ver-

---

453 Ruth C. Cohn, 1990, … zu wissen dass wir zählen …, 41: II S. 112.

454 Ruth C. Cohn, Das Thema im Mittelpunkt interaktioneller Gruppen. Eine Modifikation gruppentherapeutischer Technik zum Zweck der Führung von Erziehungs- und anderen Kommunikationsgruppen, in: Gruppenpsychotherapie und Gruppendynamik 3 (1970) 2, 251–259; vgl auch: Ruth C. Cohn, Thematisch ausgerichtete Gruppen, in: H.M. Ruitenbeek (Hg.), Die neuen Gruppentherapien, Stuttgart 1974, 145–153; Ruth C. Cohn, GROUP LEADING BASED ON EXISTENTIAL POSTULATES, in: The Leader in the Group, Arosa 1975, HUB, UA, NL Cohn, Nr. 8, Blatt 14–20; Ruth C. Cohn, Ich, das Thema und die Anderen, in: Psychologie heute 3 (1979), 30–33.

einfachende oder bewusst verzerrende Deutungsrahmen stellen, „wandern", wie Lakoff/Wehling schreiben, auch höchst problematische Interpretationsraster „auf leisen Sohlen ins Gehirn"[455]. Sie werden speziell von der Werbung und auch von Politiker*innen genützt. Eine gesteuerte Verschleierungspolitik rund um die Asyldebatte lenkt von der Hilflosigkeit Europas ab, zu einer neuen „auf humane Prinzipien gegründeten Solidargemeinschaft"[456] zu finden, die sich entsprechend artikulieren muss, damit sie nicht im Sprachmüll untergeht. Durch eine Politik, die Inhumanität verschleiert, lassen sich im Moment zwar Wählerstimmen gewinnen; im „ultimativen Belastungstest"[457], dem das Leben in Frieden und Freiheit in Europa gegenwärtig ausgesetzt ist, weil es „zum Ideal und Anziehungspunkt für Flüchtlinge"[458] wurde, sind Verschleierung und Sprachverwirrung jedoch völlig fehl am Platz. Wenn Europa die Herausforderungen nicht annimmt, die ihm im Blick auf eine globale Menschheit aufgegeben sind, werden nicht nur die Hoffnungen der Flüchtenden zerstört. Damit „zerstören wir zugleich auch unsere eigenen Werte und unsere Zukunft"[459], schreibt die Friedenspreisträgerin des Deutschen Buchhandels 2018 Aleida Assmann. Mit dem zunehmenden Glaubwürdigkeitsverlust, vor allem in den politischen Sprachräumen und sozialen Medien, schreitet die Zerstörung beinahe ungehindert voran.

Die TZI Ruth C. Cohns hält selbstverständlich kein Patentrezept dafür bereit, wie wir den Attacken auf die Sprache Herr werden und grundlegende Fragen der Menschenwürde, der „Menschenrechte und Menschenpflichten"[460] und der Werte-Orientierung hörbar artikulieren können. Die diesbezüglichen Versuche, wie sich geflüchtete Menschen in Werte- oder Integrationskursen die Werte der sogenannten „Leitkultur" wie einen Wertekanon aneignen sollen, halte ich großteils für missglückt. Nach solchen Kursen wird im Kontext der Asyldebatte immer wieder gerufen; letztlich sind sie schon deshalb weitgehend sinnlos, weil sie keine Erfahrungsbasis in einer wertorientierten Gesellschaft haben. Gerade dazu stellt die TZI durch ihre untrennbare Verbindung von Philosophie, Haltung und Praxis eine Alternative bereit. Das tiefgründige, ganzheitlich-humanistische Ethos, das sich hinter der anteilnehmenden Haltung der TZI verbirgt, ist für alle hu-

---

455 George Lakoff – Elisabeth Wehling, Auf leisen Sohlen ins Gehirn. Politische Sprache und ihre heimliche Macht, Heidelberg [4]2016.

456 Aleida Assmann, Menschenrechte und Menschenpflichten: Schlüsselbegriffe für eine humane Gesellschaft, Wien 2018, 22.

457 Assmann, Menschenrechte und Menschenpflichten, 22.

458 Assmann, Menschenrechte und Menschenpflichten, 23

459 Assmann, Menschenrechte und Menschenpflichten, 23.

460 Assmann, Menschenrechte und Menschenpflichten.

manen Weltanschauungen und Religionen anschlussfähig (vgl. 3.8.). Mit ihrer bewussten Zentrierung auf Themen bleibt die von A. Assmann angemahnte, „auf humane Prinzipien gegründete[n] Solidargemeinschaft“[461], die sich in den Interaktionsprozessen entfaltet, nicht stumm. Sie kann den existentiell und politisch bedeutsamen, oftmals ausgeblendeten oder nur verworrenen artikulierten Anliegen eine anteilnehmende und gerechte Sprache anbieten.

Wenn ich in diesem Zusammenhang von „Thema“ spreche, dann denke ich nicht nur an die kurzen, prägnanten und aussagekräftigen Formulierungen, die in der Regel durch die Leiter*innen am Beginn einer TZI-Einheit möglichst lebendig eingeführt werden und die den Fokus jedes themenzentriert-interaktionellen Prozesses darstellen.[462] Vielmehr sehe ich das Themenformulieren in TZI-Kontexten als ein grundsätzliches Übungsfeld für anteilnehmendes, authentisches und „gerechtes“ Sprechen. Die Mühe, eine anteilnehmende und gerechte Sprache zu finden, die dem Formulieren von TZI-Themen zu Grunde liegt, berührt generell die Bedeutung des Sprechens und Kommunizierens in einer intermedialen Welt. Bereits im ersten deutschsprachigen TZI-Buch deutet M. Kroeger[463] an, wieviel die Arbeit an Themen über das „Sprachspiel“[464] aussagen, in dem sich Menschen bewegen; was sie zeigen und was sie verbergen oder vermeiden.

9.1. Zu Themen finden

In praktischer Hinsicht ist für Ruth C. Cohn „das Thema“ der „Mittelpunkt interaktioneller Gruppen“[465]. Konkret ausformuliert steht es zwischen dem Ich, dem Wir, dem Es und dem Globe, sozusagen in der Mitte des Dreiecks in der Kugel. Hinter der Fokussierung der Interaktion auf Themen steht Ruths grundsätzliches Bemühen, eine Balance zwischen der Ich-Orientierung der Psychotherapie, der Wir-Orientierung in den verschiedenen Gruppentherapien und der Inhalts-, Sach- und Aufgabenorientierung (Es) wie sie an Schulen und Universitäten, in Organisationen und Betrieben bedeutsam ist, zu finden. Dabei lag, wie ich bereits im 3. Kapitel ausgeführt habe, Ruths

---

[461] ASSMANN, Menschenrechte und Menschenpflichten, 22.

[462] RUTH C. COHN, Das Thema, in: R.C. COHN – CH. TERFURTH (Hg.), Lebendiges Lehren und Lernen, 322–324; vgl. auch: ANDREA SCHMID – STEFAN BÖHM, TZI-Struktur und ihr Verhältnis zum THEMA, in: Themenzentrierte Interaktion. theme-centered interaction 29 (2015) 2, 66–74.

[463] KROEGER, Themenzentrierte Seelsorge.

[464] Vgl. LUDWIG WITTGENSTEIN, Tractatus logico-philosophicus. Tagebücher 1914–1916. Philosophische Untersuchungen. Schriften 1, Teil 1, Frankfurt a. M. 1980.

[465] COHN, Das Thema im Mittelpunkt interaktioneller Gruppen, Titel.

starkes Interesse an Globethemen, die von den engeren und weiteren politisch-gesellschaftlichen, kulturellen und weltanschaulich-religiösen Realitäten bestimmt sind.[466] Themen können für Ruth C. Cohn von innerhalb der Gruppe und von außen kommen.

> Im TZI-System bedeutet „Thema" das formulierte Anliegen. In einer Gruppe ist es der zentrierte, meist *verbal formulierte Fokus* der Aufmerksamkeit. Im günstigen Fall entspricht das Thema dem Anliegen der Teilnehmer; das Anliegen wird meist von dem (der) Leiter(in) oder einer kleinen Kommissionsgruppe formuliert. Wenn aus äußeren Gründen ein Thema vorgegeben ist, das nicht den Anliegen der Gruppenteilnehmer, sondern einem Lehrplan, einem hierarchiegebundenen Betriebsanliegen oder unreflektierter Tradition entstammt, kann eine gute Themenformulierung das Gruppeninteresse wachrufen.[467]

Während in Ruth C. Cohns frühen Veröffentlichungen[468] und in manchen Einführungen in die TZI[469] das „Es" und das „Thema" nicht unterschieden waren, spricht sie in späteren Schriften konsequent vom Es, wenn sie den TZI-Faktor meint[470] und unterscheidet ihn damit vom Thema. Das „Es" ist der sachlich-inhaltliche, anliegen- und aufgabenbezogene Faktor im interaktionellen Gruppengeschehen; graphisch ausgedrückt bildet er eine der drei Ecken des gleichseitigen Dreiecks innerhalb der Kugel. Das Thema steht am besten in der Mitte des Dreiecks in der Kugel.[471] Damit ist klarer angedeutet, dass das Thema sozusagen „aus jeder Ecke" sowie aus dem Globe kommen kann.

Die Gleichgewichtigkeit des Es im Interaktionsgeschehen und die Zentrierung auf ein Thema stellten zumindest am Anfang ein praktisches Alleinstellungsmerkmal der TZI innerhalb verwandter Konzepte wie der gestalttherapeutischen-/pädagogischen, gruppentherapeutischen oder systemischen Ansätze dar. Bei Ruth C. Cohn persönlich mag das „Spiel" mit der Sprache, das in gut formulierten Themen seinen Ausdruck findet, nicht zuletzt mit ihrer Kompetenz im sprachlichen Ausdruck und ihrer grundsätzlichen Liebe zur Sprache, eine nicht unbedeutende Rolle gespielt haben.

---

[466] Ruth C. Cohn, Eine Workshop-Gruppe erlebt die Ermordung John F. Kennedys, in: R.C. Cohn, Von der Psychoanalyse zur themenzentrierten Interaktion, 129–133.

[467] Cohn – Farau, Gelebte Geschichte, 364.

[468] Cohn, Das Thema im Mittelpunkt interaktioneller Gruppen, 113.

[469] Stollberg, Lernen, weil es Freude macht, 32.

[470] Vgl. Cohn – Farau, Gelebte Geschichte; Matzdorf – Cohn, Das Konzept der Themenzentrierten Interaktion.

[471] Vgl. Hermann Kügler, Es oder Thema? Plädoyer für eine präzise Begrifflichkeit, in: Themenzentrierte Interaktion. theme-centered interaction 11 (1997) 1, 23–28, hier 26.

Dem zunächst ein Stück weit bewusst nachzugehen, kann den Blick auf die Bedeutung und sprachliche Qualität von Themen weiten.

9.2. Die „Sprachen" der Migrantin

Als „geborene" Lyrikerin war Ruth C. Cohn eine Meisterin der Sprache. Von Kindheit an schrieb sie Gedichte. Manche von ihnen sind erhalten und veröffentlicht.[472] Die bekannte „Erzählung einer Arbeitslosen", die sie 1930 als Achtzehnjährige, drei Jahre vor ihrer Emigration in die Schweiz, in ihrer Berliner Muttersprache schrieb, zeugt von der frühen sozialen Feinfühligkeit, welche die Tochter aus dem gutbürgerlichen und nicht gerade minderbemittelten jüdischen Elternhaus bewegte.[473]

Ruth erzählt wiederholt von den Schwierigkeiten aber auch den neuen Möglichkeiten, die ihr bereits der erste Übergang in eine für die Berlinerin fremde Sprache, dem „Züritüütsch", bereitet haben. Es erstaunt mich immer wieder, wenn ich ein Gedicht im Zürcher Dialekt lese, den sie so erstaunlich schnell und gut erlernt hatte, wie kompetent und auch witzig sie sich darin ausdrücken konnte.

De Briefchaschte

Min Briefchaschte hät es Chatzegsicht
Mit zwei Ohre.
s einti gaht obsi und winkt,
s ander lampet und briegget.
Beidi gwaggled.

Ich nimm de chly Schlüssel und säg:
„Mach s Müüli uff!"
d Chatz schlüüft in Chaschten ine
und laat mi elei mit eme fröhliche Gump
oder mit eme lottrige, lausig verlöölete Tag.[474]

---

[472] Vgl. die beiden Gedichtbände COHN, … inmitten aller Sterne … und … zu wissen dass wir zählen …

[473] Vgl. COHN, … zu wissen dass wir zählen …, 38 f: I S. 111.

[474] COHN, … zu wissen dass wir zählen…. 83: Der Briefkasten. Mein Briefkasten hat ein Katzengesicht mit zwei Ohren. Das eine spitzt sich nach oben, das andere hängt traurig nach unten. Beide wackeln! Wenn ich den kleinen Schlüssel nehm' und sag': „Mund auf, bitte!" klettert die Katz' in den Kasten und läßt mich allein mit 'nem Freudensprung oder 'nem mäkligen, muffigen, müden Tag.

Die Distanz zum „Schriftdeutsch“ in der sich der „Widerwille gegen das Nazideutschtum“ ausdrückt und die schnell erlernte „fremde“ deutsche Sprache, die aus dem Widerstand kommt, sind offensichtlich:

> Das Hochdeutsch, von Schweizern „Schriftdeutsch“ genannt, scheint für die meisten Schweizer immer die „fremde Sprache“ zu bleiben, selbst wenn sie sie ausgezeichnet verstehen und sprechen können; häufig fremder als französisch, italienisch und englisch! Die oft erstaunlich heftige Abneigung, hochdeutsch zu hören oder gar sprechen zu müssen, hat viele Wurzeln. Eine davon lag im Widerwillen gegen das Nazideutschtum, welches trotz etlicher Ausnahmen den Schweizern im allgemeinen zuwider war. Meine eigene Verzweiflung über das, was in Deutschland geschah, motivierte mich, in sehr kurzer Zeit so gut züritüütsch zu reden, daß man mich bald kaum mehr für eine Deutsche hielt, sondern allenfalls für jemand aus einem anderen Kanton.[475]

Interessant ist, dass Ruth C. Cohn die Schweizer Zeit als „sprachlich[en] Übergang zum Leben in einer Fremdsprache, zum Englischen in den USA“[476] bezeichnet. Ab 1941 musste sie, um eine „neue Heimat zu finden, [... ihr] Schulenglisch zur amerikanischen Alltags- und Literatursprache [...] erweitern“[477]. Gleichzeitig war die Hürde hoch, nach ihrer Emigration in die USA 1941 in englischer Sprache Gedichte zu schreiben:

> Fast zwanzig Jahre vergingen, ehe ich während einer langen Krankheit und einer neuen Liebesbeziehung nach der Möglichkeit suchte, meine Gefühle lyrisch in englischer Sprache auszudrücken. Als ich mich darin etwas sicherer fühlte, wollte ich ausprobieren, ob ich Gedichte schreiben und veröffentlichen könnte. Ich wagte dies nur unter einem Pseudonym. Ich nannte mich Eve Amat.
>
> Jahrelang „wohnte“ Eve Amat an meinem New Yorker Briefkasten. Durch diese Adresse wurde Eve Amat zu einem Lyrik Workshop eingeladen — fern von Ruth C. Cohn's New Yorker Praxis!
>
> Das Wisconsin Poetry Magazine erbat von Eve Amat ihr Photo und eine kurze Biographie für eine Sondernummer ihrer Gedichte. Mir lag daran, anonym zu bleiben. So sandte ich statt des Verlangten einige Sätze über meine Einstellung zur Lyrik. Ich möchte diese als Eve Amat's Aussagen unübersetzt stehen lassen.

---

[475] Cohn, ... zu wissen dass wir zählen..., 14.
[476] Cohn, ... zu wissen dass wir zählen..., 14.
[477] Cohn, ... zu wissen dass wir zählen..., 14.

Poetry is me to you in tunes of words.
Poetry is me as symbol of us.
Poetry signifies essence.

Poetry smiles at its creator who wants so much
To live just a little bit longer.

My every past day is history and only matters
to me through what I am and transmit now.

My poems aim to carry music and meaning of my
past into your present for us to share in impact
and imagery.

What I want to share is essence of life, not data.
I wish for your response![478]

Über den Verlust der Muttersprache und ihre Schwierigkeiten, sich in der englischen Sprache lyrisch auszudrücken, schreibt sie:

> Als die äußere Heimat, Menschen, Dinge, die Stadt meiner Kindheit – Berlin – durch die Nazimacht für mich zerstört worden war, verlor ich nicht nur Menschen und Orte, sondern auch die Sicherheit der inneren Heimat. Zu dieser gehörte das innere Gespräch und das Gespräch mit anderen in Ton, Klang und Subtilität der Muttersprache, die nicht übersetzt werden kann.[479]

Ruth C. Cohn erlernte auch eine neue Art des Sprechens, das nicht an Worten hängt. Sie versuchte, wie im Eingangsgedicht zu diesem Kapitel so auch im folgenden Gedicht zu einem Partner zu sprechen, der kein Deutsch verstand:

This is the second time I learn to speak –
There was no one to talk to yesterday.
Then you came and said: „Talk!“
How can I talk?
You don't speak the language
I learned in my crib.

[478] Cohn, … zu wissen dass wir zählen…, 15.
[479] Cohn, … zu wissen dass wir zählen…, 15.

„It's simple", you said,
„Break up all word chains
and connect the center of your body
with your longing to talk –
Then talk!"

„I want to tell you: I love you
but I can't", I said.
„The words are simple
and the center of my body
talks to you that way.
Yet I don't know you –
Nothing about you –
But the center of my body says …"
„Nonsense" – you said.
„Nonsense" – I said.
„… I love you"[480].

Die Rückkehr in die Kindheits- und Jugendsprache war für Ruth C. Cohn mit Widerstand und vielen Fragen verbunden. Gleichsam in der Vorahnung, dass sie vom amerikanischen Exil wieder in den deutschsprachigen Raum zurückkehren könnte, kam ihr eines Tages das Wort „Springbrunnen" in den Sinn. Es gab ihr zu denken, was es bedeuten könnte, sich an ein deutsches Wort zu erinnern.[481]

9.3. Fake News, Framing und Sprachverwirrung

Der authentischen, vielsinnig-metaphorischen und informativen Sprache, die in den Gedichten Ruth C. Cohns, in ihren erzählenden und fachlichen Texten zum Ausdruck kommt, steht jene manipulative Sprache und bewusste Sprachverwirrung konträr gegenüber, welche die politisch-gesellschaftliche Öffentlichkeit – auch im deutschsprachigen Raum – zunehmend spaltet und vergiftet.

[480] Cohn, … zu wissen dass wir zählen …, 40: II S. 112.
[481] Vgl. Cohn, … zu wissen dass wir zählen …, II S. 118.

9.3.1. Fake News

Vorgetäuschte, manipulative und falsche Nachrichten, die insbesondere über soziale Netzwerke und soziale Medien verbreitet werden, unterminieren gezielt die Unterscheidung von richtigen und falschen Informationen. Solche Nachrichten ähneln nicht selten glaubwürdigem Journalismus, sind jedoch entweder komplett frei erfunden oder verdreht und aus dem Zusammenhang gerissen, um Menschen bewusst zu täuschen.

Während ich nach einem TZI-Kurs mit kroatischen Kolleg*innen hier in Split weiter an diesem Buch arbeite, erreicht mich eine Nachricht, die das Problem von Fake News dramatisch beleuchtet: Die Freiheitliche Partei Österreichs, die Teil der „türkis-blauen" Bundesregierung ist, verdächtigt einen jungen afghanischen Asylwerber ohne positiven Asylbescheid, der in Oberösterreich eine Lehre absolviert und dessen Nichtabschiebung der österreichische Bundespräsident vor einigen Wochen öffentlich unterstützt hat, einer terroristischen Vereinigung anzugehören. Nach einigen Tagen stellt sich heraus, dass der Verdacht völlig unbegründet ist und eine Verwechslung von Personen vorliegt. Die Parteiführung weigert sich, sich beim jungen Mann zu entschuldigen. Ich bin erbost ob der Falschmeldung über einen hilflosen Lehrling. Es kommt mir Ruth C. Cohns Ausspruch in den Sinn: „Ich bin nicht allmächtig; ich bin nicht ohnmächtig; ich bin partiell mächtig."[482] Was ist meine partielle Macht? Was kann ich real von Split aus tun? Umgehend reagiere ich mit einem Facebook Eintrag, der in den darauffolgenden Tagen großes Echo findet:

> Man nennt sie Fake News, die mit manipulativer Absicht verbreiteten Falschmeldungen, denen der afghanische Lehrling in O.Ö. zum Opfer gefallen ist, weil er als Vorzeigebeispiel für die unsinnige und hetzerische Kampagne der Bundesregierung gegen Ausländer*innen ohne sein Zutun in die Medien gekommen war. Die FPÖ, die ja speziell aus den Wahlkämpfen für die gezielte Verbreitung von Falschmeldungen bekannt ist und auch diese Fake News in die Welt gesetzt hat, ist nicht einmal fähig, sich bei dem jungen Mann und öffentlich in aller Form zu entschuldigen. Der Bundeskanzler schweigt. Doch die Hoffnung, dass bereits allen Österreicher*innen jene nichtssagenden Worthülsen (Frames) „auf leisen Sohlen ins Gehirn gewandert sind" mit denen die österreichische Bundesregierung tagtäglich agiert und über ihre asoziale und gesellschaftsspaltende Politik hinweg-

[482] Cohn – Farau, Gelebte Geschichte, 359.

> täuscht, geht ins Leere. Täuscht euch nicht! Der Bogen ist längst überspannt!!![483]

Nachdem zunächst eine Entschuldigung durch die FPÖ abgelehnt wurde, kam erst nach einer Woche ein verhaltenes Bedauern über die Verwechselung. Doch die Falschmeldung war bereits in die Welt gesetzt und verfehlte nicht ihre Wirkung im Schüren von Ausländerfeindlichkeit.

9.3.2. „Framing" als „Blaming"

Neben den bewusst verbreiteten Falschmeldungen sind es vor allem „Blaming Frames", die „auf leisen Sohlen ins Gehirn"[484] von Menschen wandern.

> Nur, in der Propaganda werden Frames zur Manipulation eingesetzt – man benutzt bestimmte Frames, um behauptete Gegebenheiten, von denen man weiß, dass sie nicht wahr sind, der Öffentlichkeit als Wahrheiten zu verkaufen und auf diese Weise politische Kontrolle zu gewinnen.[485]

Einsichten der kognitiven Linguistik sagen uns, dass wir Menschen in Frames denken:

> Jedes Mal, wenn wir denken – irgendetwas denken –, wird in unserem Gehirn ein Frame aktiviert. Frames sind Deutungsrahmen, die unser Wissen strukturieren und den Informationen einen Sinn zuordnen.[486]

Frames sind also nicht von vorneherein manipulativ. Sie strukturieren unser Denken und können etwa in politischen Kontexten „Werte und politische[n] Moralvorstellungen kommunizieren"[487].Grundsätzlich werden zwei Arten von Frames unterschieden: Mit „Surface Frames" erfassen wir spontan die Bedeutung einzelner Worte und Sätze. „Deep Seated Frames" hingegen sind in unserem Gehirn tief verankert. Sie strukturieren unser generelles Verstehen von der Welt, also etwa unsere ethischen und politischen Prinzipien, die wir für wahr halten. „Fakten, die unserem Common

[483] Facebookeintrag vom 6. 9. 2018
[484] Vgl. LAKOFF – WEHLING, Auf leisen Sohlen.
[485] LAKOFF – WEHLING, Auf leisen Sohlen, 85.
[486] LAKOFF – WEHLING, Auf leisen Sohlen, 73.
[487] LAKOFF – WEHLING, Auf leisen Sohlen, 85.

Sense widersprechen, prallen an den im Gehirn tiefverankerten Frames ab."[488]

Das Wissen um Frames wird vor allem auch marktstrategisch intensiv genützt. Wenn es darum geht, wie ich etwas verkaufen kann, das potentielle Käufer*innen im Grunde nicht brauchen, dann ist Framing gefragt. Die große, weltweite Ökonomie der Multis und die kleine Welt des alltäglichen Konsums sind auf Strategien angewiesen, die das Wirtschaftswachstum beschleunigen oder zumindest im Gleichgewicht halten. Jede und jeder kennt das Katastrophenszenario, das medial angeheizt wird, wenn die Wachstumsrate sinkt oder gleichbleibt. „Geht's der Wirtschaft gut, geht's uns allen gut" ist ein Frame für etwas, das – nach dem Willen der Erfinder – unter die Haut gehen soll. Wenn es zu einem tief verankerten Frame im Menschen wird, hinterlässt es ein ungutes Gefühl, vielleicht sogar ein schlechtes Gewissen, oder Angst: Gott sei Dank geht's der Wirtschaft (noch) gut; aber es könnte sein, dass es ihr in Zukunft schlechter oder sogar sehr schlecht geht; dann bin ich betroffen, dann geht's vielleicht mit mir persönlich bergab, verliere ich meinen Wohlstand; wer weiß wo ich lande. Vielleicht bin ich sogar mitschuldig, dass es so bergab geht? Und der Appell ist gleich mitgegeben: Tu' alles was in deiner Macht steht, damit es der Wirtschaft besser, ja gut geht! Nur so kannst auch du gut leben. Gegen ein solches Denken und Fühlen lässt sich kaum argumentieren. Es ist tief emotional verankert. Nicht die Argumente für oder gegen ein Produkt und das vernünftige Abwägen des Bedarfs sind es, die den Verkaufserfolg erzielen.

Bestimmte Frames werden derzeit vor allem im Zusammenhang mit Migration politisch eingesetzt. Lakoff/Wehling schreiben in ihrer Untersuchung:

> Der wohl prominenteste Frame ist [dabei] derjenige von Flüchtlingen als Wassermassen. Eine Flüchtlings*welle* hat uns 2015 *überrollt.* Eine Flüchtlings*flut*, die auch im Jahr 2016 nur langsam *abebben* wird. Flüchtlings*ströme*, die wieder *ansteigen.* Die Metapher von Flüchtenden als Wassermassen ist in unseren Debatten allgegenwärtig, und sie wird über das gesamte politische und mediale Spektrum hinweg genutzt. Der Frame erzählt eine schrille Geschichte. Flüchtende sind keine Opfer, sondern eine Bedrohung. Die potenziellen oder tatsächlichen Opfer der Situation sind Deutschland und Europa.[489]

[488] Lakoff – Wehling, Auf leisen Sohlen, 73.
[489] Lakoff – Wehling, Auf leisen Sohlen, 186.

Framing bedient sich sprachlich vorzugsweise der Metapher. Die Verwendung dieser vielsinnigen, symbolischen Sprachform, die auch beim Formulieren von TZI-Themen sehr hilfreich sein kann, ist ambivalent. Sie kann konstruktiv aber auch destruktiv wirken:

> Die Metapher von Flüchtenden als Wassermassen informiert aber nicht nur über die Form der Bedrohung, sondern auch über die Lösung des Problems. Was tun, wenn die eigene Region, das eigene Haus einer Wasserflut ausgesetzt ist? Dämme bauen. Sandsäcke vor die Türen. Den Keller und das Erdgeschoss auspumpen.[490]

Durch die Verwendung der Metapher „Wassermassen" für Flüchtende, wird als einziger Ausweg eine Politik der Abschottung und Abschiebung plausibel gemacht. Die „Festung Europa muss verteidigt werden", wie eine frühere österreichische Innenministerin gesagt hat: Das Boot ist voll. Die „Obergrenze" ist erreicht.

> Die europäischen Staaten als Opfer der Situation sind aufgerufen, ihren nationalen Wohlstand zu verteidigen. Der Frame der Obergrenze zeigt eine vollkommen legitime ideologische Sicht auf die Dinge, nämlich die *„strenge"* Sicht, einem ihrer Kernwerte gemäß: das Durchsetzen des Eigeninteresses als moralisch richtig und wichtig.[491]

Allein die Umpolung auf eine Debatte über die „Untergrenze" würde einen völlig anderen Frame aktivieren:

> Dieser Begriff würde die Frage aufwerfen, wie viele Schutzsuchende wir mindestens bei uns aufnehmen müssen, um der Verantwortung gerecht zu werden, geflüchtete Menschen vor Leid und Elend zu schützen. Das wäre dann keine Selbstverteidigungsgeschichte, sondern die Geschichte einer Rettung anderer: Die europäischen Staaten als potenzielle Retter wären aufgerufen, gemeinsam die zu uns kommenden Opfer von Krieg und Gewalt aufzunehmen und zu schützen. Auch der Frame der Untergrenze zeigt eine vollkommen legitime ideologische Sicht auf die Dinge, nämlich die „fürsorgliche" Sicht, gemäß ihrer zentralen Werte Empathie und Kooperation.[492]

---

[490] LAKOFF – WEHLING, Auf leisen Sohlen, 186.
[491] LAKOFF – WEHLING, Auf leisen Sohlen, 187.
[492] LAKOFF – WEHLING, Auf leisen Sohlen, 187 f.

9.3.3. Sprachverwirrung in politischer Absicht

Neben den Fake News und den „Blaming Frames“ sehe ich den dritten Angriff auf die Sprache in der Sprachverwirrung, die speziell im Zusammenhang mit der europäischen Asyldebatte bewusst geschaffen wird. Es geht darum, dass immer neue Worte zur Verschleierung der tatsächlichen Situation und der wirklichen Absichten erfunden werden. Ständig tauchen Wortschöpfungen auf, die darauf abzielen, die Dinge, die da womöglich kommen, bloß nicht beim Namen zu nennen – und auf jeden Fall das Wort „Lager“ zu vermeiden. Mit Wortkombinationen wie „Anhaltelager“ hat der österreichische Innenminister Kickl dunkle historische Assoziationen heraufbeschworen. Seither wird die wirkliche Absicht durch andere Worte verschleiert. Zugleich werden die in ihrer Vielfalt ohnehin schon verwirrenden Begrifflichkeiten, die es bereits gibt, derart durcheinandergeworfen, dass niemand mehr weiß, was eigentlich gemeint ist.

Die Autor*innen Baldinger/Smetana haben in den Salzburger Nachrichten vom 11. Juli 2018 eine Sammlung solcher Begriffe zusammengestellt und die dahinter liegenden Probleme analysiert. Daraus ein kurzer Auszug zur Veranschaulichung:

> Ausschiffung oder Anlandung?
> Die neueste Wortkreation ist die Ausschiffungsplattform (englisch: disembarcation platform). Sie tauchte erstmals in dem 12-Punkte-Plan für Migration auf, der beim EU-Gipfel Ende Juni [2018] verabschiedet wurde. Davor war von Anlandeplattformen die Rede. Ausschiffen bedeutet in der Seemannssprache An-Land-Gehen und nicht In-See-Stechen. Der verschwurbelte Gipfel-Text ist so zu deuten, dass es sich bei den Ausschiffungsplattformen um an der Küste Nordafrikas zu schaffende „regionale“ Einrichtungen handeln soll, in die aus Seenot Gerettete gebracht werden sollen, um jene herauszufiltern, die eine Chance auf Asyl in der EU hätten. […]
>
> Was ist eine Rückführung?
> Das schönere Wort für Abschiebung, also die zwangsweise Außerlandesbringung von Menschen, die weder ein Recht auf Asyl noch eine sonstige Aufenthaltserlaubnis haben. Verwendet wird es vor allem seit dem Flüchtlingsdeal mit der Türkei.
>
> Transit und Transfer: Was ist der Unterschied?
> Transitzentrum und Transferzentrum tauchen im deutschen Asylstreit auf. Beide wurden von Innenminister und CSU-Chef Horst Seehofer verwendet,

offenbar meinen sie nach aktuellstem Stand das Nämliche: dass Menschen, die bereits in einem anderen EU-Land registriert wurden (Dublin-Fälle) und Asyl beantragen, dann aber nach Deutschland weiterwanderten, spätestens 48 Stunden nach ihrer Anhaltung in einem „Zentrum" ins Erstantragsland zurückgebracht werden sollen.[493]

9.4. Sprachlicher Missbrauch und „gerechte" Sprache

Dem sprachlichen Missbrauch stelle ich das Ringen um eine anteilnehmende und „gerechte" Sprache gegenüber, das ich für ein elementares Anliegen der TZI in der gegenwärtigen gesellschaftspolitischen Situation halte. Was ist mit Sprachgerechtigkeit gemeint?

Der Begriff der „gerechten" Sprache kommt zunächst aus der Genderdebatte. Gendergerechtigkeit soll sich sprachlich dadurch ausdrücken, dass Begriffe wie Berufsbezeichnungen usw. nicht nur in ihrer traditionell männlichen Form verwendet werden, sondern der vielfältigen Genderwirklichkeit gerecht werden. Menschen unterschiedlicher geschlechtlicher Orientierung sollen sich in einer „gerechten" Sprache wiederfinden können. Im Anschluss an das achte Kapitel könnte man also von der Ambiguitätstoleranz bzw. -freude im Hinblick auf die Gendervielfalt sprechen, die selbstverständlich ein politisches Anliegen darstellt. Das Anliegen einer „gerechten" Sprache ist aber nicht auf die Genderfrage begrenzt.

Bereits in der Erstauflage der „Bibel in gerechter Sprache"[494], die unter Theolog*innen Kontroversen und in der Öffentlichkeit Erstaunen ausgelöst hatte, wurde einleitend darauf hingewiesen, welche unterschiedlichen Bereiche eine „gerechte" Sprache berührt:

> Einerseits sollen die Übersetzungen der Geschlechtergerechtigkeit entsprechen und deutlich machen, dass und wie Frauen an den Geschehnissen und Erfahrungen der biblischen Texte beteiligt und damals wie heute von ihnen angesprochen sind. Gleichgewichtig geht es um Gerechtigkeit im Hinblick auf den christlich-jüdischen Dialog, d. h. um eine Übersetzung, die versucht, auf antijudaistische Interpretationen zu verzichten. Dazu kommt der Aspekt der sozialen Gerechtigkeit, indem die sozialen Realitäten im Wortlaut der Übersetzung deutlich werden.[495]

---

[493] Inge Baldinger – Marian Smetana, Wovon reden wir da eigentlich?, in: Salzburger Nachrichten vom 11. Juli, 2018, 3.

[494] Ulrike Bail u. a., Bibel in gerechter Sprache, Gütersloh [2006] ^{4}2014.

[495] Bail u. a., Bibel in gerechter Sprache, 5.

Ein umfassenderes Verständnis einer anteilnehmenden und gerechten Sprache schließt also nicht nur Gendergerechtigkeit mit ein, sondern das Bewusstsein für jede Art sozialer, politischer und weltanschaulich-religiöser Diskriminierung.

Im Blick auf eine „gerechte" Sprache sind performative Sprechakte, also Sprachhandlungen die unmittelbar etwas bewirken, besonders sensibel. Gerade um solche handelt es sich bei aussagekräftigen und wirksamen TZI-Themen auch immer wieder.[496] Die beiden Postulate „Be your own Chairperson!" und „Disturbances and passionate involvements take precedence" sind als unmittelbare Zusage formuliert, die etwas bewirken wollen: Die Ermutigung zur Eigenständigkeit und Selbstverantwortung von Menschen und die Reduzierung der Angst vor Störungen und Betroffenheiten.

Durch eine performative Sprache, die ein bewusstes und gutes Leben oder eine humane Solidargemeinschaft nicht nur beschreibt, sondern auch ankündigt und zusagt, können sich alternative Lebensformen, Lebensmut und Hoffnung ausbreiten. Performative Sprechakte können Menschen aber auch niedermachen, ausschließen und jeglicher Hoffnung berauben. Menschen können manipuliert oder in Angst und Schrecken versetzt werden. „Das Boot ist voll!" bewirkt genau das Gegenteil von „Wir schaffen das!"

Der Anspruch auf Aktualität und gleichzeitige Kürze und Prägnanz in der Formulierung von TZI-Themen kann dazu verleiten, dass ein Thema Menschen im Negativen fixiert. Ruth C. Cohn weist ausdrücklich darauf hin, dass es einen Unterschied macht, ob das Thema nur die Problem- und Störungsseite hervorkehrt oder in mögliche Alternativen oder Lösungen hineinführt. Das darf allerdings nicht stereotyp geschehen. Hört man gegenwärtig Politiker*innen zu, dann werden – speziell in der Asyldebatte – immer wieder dieselben, scheinbar problemlösenden Metaphern verwendet, die eine Identifikationsmöglichkeit speziell für Wähler*innen aus dem fremdenkritischen Lager bieten sollen.

9.5. Thematisieren, um der sinntötenden Routine des Alltags zu entkommen

Auf der Suche nach einer „gerechten" Sprache und im Ausloten ihrer performativen und symbolischen Qualität, scheint mir die Arbeit von D. Funke weiterhin bedeutsam zu sein, obgleich sie in TZI-Kreisen wenig rezipiert

[496] Vgl. KARL BÜHLER, Sprachtheorie. Die Darstellungsfunktion der Sprache, Stuttgart – New York 1982.

wurde.[497] Funke bezieht sich auf eine Soziologie des Alltags, der gemäß der Sinnverlust von Menschen mit der sprachlichen Routine in Verbindung steht, in der wir uns alltäglich bewegen. Würden wir nur mehr routiniert, das heißt existentiell bedeutungslos, klischee- und schablonenhaft kommunizieren, also „Small-Talk" führen, dann würde uns letztlich der Lebenssinn abhandenkommen. Ruth C. Cohn wehrt in diesem Zusammenhang ein Sprechen ab, das keine Ich-Aussagen enthält, sondern sich im anonymen „Man" bewegt. Das „Man-sagt", „Man-tut" ist für Klischeebildungen weitaus anfälliger als wenn ich mich als Ich hinter die jeweilige Aussage stelle.

Vor allem durch die Verwendung vielsinniger Metaphern, deren Wesen es ist, für vielfältige Identifikationen offen zu sein und mit den unterschiedlichsten Bedeutungen „belegt" werden zu können, kann der Ausbruch aus dem routinierten und hin zu einem bedeutungsvollen Sprechen gelingen. Schließlich drücken wir uns, wenn es um zentrale Fragen unserer Existenz wie Sinn, Liebe, Glück geht, in der Regel nicht diskursiv-erörternd, sondern metaphorisch aus. Einer philosophischen Erörterung darüber, was Liebe ist, stehen das Liebesgedicht oder die vielen Bilder für Liebe gegenüber.

Funke rekonstruiert die „themenzentrierte" Interaktion als Modell „thematisch-symbolischer Orientierung"[498]. Dahinter steht der Versuch, im routinierten Alltag Auseinandergefallenes wieder zusammenzubringen: Situation und Symbol, Erfahrung und Inhalt. Er schreibt:

> Der Kommunikationsstil und das Leiterverhalten im TZI-Konzept erweisen sich [...] als hilfreich, symbolische Kommunikation im Sinne einer sich neu entwickelnden Symbolisierungsfähigkeit [...] zu ermöglichen. Dadurch wird unter Zuhilfenahme der TZI-Grundidee das modellhaft wiederherzustellen versucht, was im Zuge der Vergesellschaftungsprozesse auseinander fällt [...]. Indem TZI durch die dynamische Balance der Elemente SYMBOL – ICH – WIR die Ganzheit der Situation vor Auseinanderfallen zu schützen sucht, gelingt es ihr, modellhaft der gesellschaftlich inszenierten Klischee- und Schablonenbildung entgegenzuwirken.[499]

[497] Vgl. Matthias Scharer, TZI – Theologie – Glaubenserschließung. Vom didaktischen Rezept zur theologischen Hermeneutik des Lebens, in: K.-J. Ludwig (Hg.), Im Ursprung ist Beziehung, 90–105.

[498] Dieter Funke, Verkündigung zwischen Tradition und Interaktion. Praktisch-theologische Studien zur Themenzentrierten Interaktion (TZI) nach Ruth C. Cohn, Frankfurt a. M. 1984, 310–343.

[499] Dieter Funke, Themenzentrierte Interaktion als praktisch-theologisches Handlungsmodell. Versuch einer fachspezifischen Rekonstruktion, in: WILL-EURO. Lebendig lernen. Grundfragen der Themenzentrierten Interaktion. Euro-Info, Sondernummer, 115–133, hier 127.

Um der sprachlichen Klischeebildung im Alltag, die letztlich zum Sinnverlust führt, entgegenzuwirken, ist die Bewegung in der Dynamischen Balance von Ich–Wir–Es–Globe, welche die TZI kennzeichnet, ideal. Im Globe des „routinierten" Alltags setzt die „Methodik der ‚dynamischen Balance'" das Wechselspiel zwischen dem „Thema" als „Symbolkomplex", den Funke dem Es zuordnet, dem ICH als „Feld der Subjektivität" und dem WIR als „Feld der Intersubjektivität" in Gang. Durch die „wechselseitige Interpretation von Symbol und individueller Lebensgeschichte" kommt es zur „Ausbildung individueller Symbole". Dasselbe geschieht auf der intersubjektiven Ebene im Hinblick auf die „Ausbildung kollektiver Symbole"[500]. [...] „– indem beide Symbolbildungen aufeinander bezogen werden, wird intersubjektive Vergewisserung und subjektive Kontrolle ermöglicht."[501] Der Globe des sinnentleerten, routinierten Alltags kann sich in eine „soziale Situation" wandeln, die ein bedeutungsvolles Leben und Zusammenleben eröffnet.

Funkes Theorie wird durch A. Lorenzers Unterscheidung von Zeichen, Symbol, Klischee gestützt.[502] Nach Lorenzer sind Zeichen immer eindeutig. In der Kommunikationsgemeinschaft ist klar festgelegt, was sie bedeuten. Sie hat sich z. B. darauf geeinigt, dass eine rote Ampel „Halt!" bedeutet und eine grüne „Geh!" Wäre das Zeichen gemäß der entsprechenden Konvention nicht eindeutig, wäre es also ein Symbol, würde es ständig zu Unfällen an Kreuzungen kommen. Demgegenüber ist das Symbol, das für Funke den Kern der „symbolischen Interaktion" darstellt, immer vielsinnig und demnach interpretationsoffen. Diese Offenheit des metaphorisch-symbolischen Sprechens für unterschiedliche Bedeutungen ist gleichzeitig anfällig für den ideologischen und politischen Missbrauch, wenn das Symbol nur einsinnig interpretiert wird, um eine bestimmte „Botschaft" emotional wirksam zu verbreiten. In dieser Weise kommunizieren totalitäre Systeme ihre Slogans. Sie tun das nicht in der Absicht, die Vielheit der Bedeutungen, die soziale Situationen kennzeichnet, ins Spiel, sondern ihre eindimensionale Botschaft so wirksam wie möglich zum Ausdruck zu bringen.

Wie bereits oben erwähnt, unterscheidet Lorenzer von Zeichen und Symbol noch das Klischee. Klischees sind aus dem Bedeutungszusammenhang gefallene Symbole. Sie waren einst vielsinnig interpretierbar. Nun aber bedeuten sie nichts mehr. Klischees können durch offene Interaktion, die Vielheit zulässt und fördert, re-symbolisiert werden und so wieder Bedeu-

500 Funke, Themenzentrierte Interaktion als praktisch-theologisches Handlungsmodell, 127.
501 Funke, Themenzentrierte Interaktion als praktisch-theologisches Handlungsmodell, 127.
502 Vgl. Alfred Lorenzer, Das Konzil der Buchhalter. Die Zerstörung der Sinnlichkeit: eine Religionskritik, Frankfurt a. M. 1981.

tung gewinnen. Ein themenzentriert-interaktioneller Prozess kann eine Resymbolisierung von Klischees einleiten.

Sowohl Funkes Rekonstruktion der TZI als „thematisch-symbolische Orientierung“ als auch Lorenzers Unterscheidungen von Zeichen-Symbol-Klischee weisen auf Probleme hin, die sich auch in TZI-Kontexten einstellen können, wenn Themen klischeehaft, bedeutungsleer formuliert oder routinehaft wiederholt werden. Die Suche nach einer anteilnehmenden und „gerechten“ Sprache bietet eine Alternative. „Gerecht“, im Sinne dessen, dass sie die Sinn- und Wertorientierung des Menschen stimulieren, sind sprachliche Formulierungen dann, wenn sie symbolisches und performatives Potential an sich haben, Zukunft zu antizipieren. Einer existentiell bedeutsamen Kommunikation nicht gerecht würden Themen, wenn sie routiniert und klischeehaft sind und ihre performative Potentialität verloren haben, indem sie nur beschreiben, nichts bewirken und ständig in der gleichen Ausdrucksweise wiederkehren.

In der klischeeproduzierenden Routine liegt die große Krux von Lehrenden an Schulen und Universitäten, wenn sie zum xten-Mal dasselbe unterrichten und kein Eigeninteresse am Thema mehr aufbringen. Untersuchungen zeigen, dass das Ausbrennen (Burn-out) bei Lehrer*innen nicht selten damit zusammenhängt, dass sie es auf Grund anderweitiger Belastungen aufgegeben haben, eigenständig und originell Unterricht zu planen und Themen neu ins Spiel zu bringen. Sie verfallen der alltäglichen Routine, die auch Bildungseinrichtungen bedroht. Es würde sich lohnen, auch TZI-Kursangebote im Hinblick auf ihre performative Stärke und ihre symbolischen Identifikationsmöglichkeiten zu untersuchen. J. Scharfenberg/H. Kämpfer haben bereits vor Jahren darauf verwiesen, welche Folgen es hat, wenn die symbolische Interaktion, die auf eine sinnstiftende, existentiell bedeutsame Kommunikation zwischen Menschen hin öffnet, zur Zeichen- bzw. Klischeehaftigkeit verkommen ist:

> Sinken seine Symbole auf die Ebene der Zeichen ab, dann begibt er [der Mensch] sich des spezifischen menschlichen Elementes, das seine Kommunikation auszeichnet. Seine Emotionalität wird nicht mehr gefordert, er lebt in der trostlosen Einöde einer eindeutigen Signalwelt, die nur als Impulsgeber zu funktionieren vermag. Wird das Symbol zum Klischee desymbolisiert, bleibt es an den szenischen Auslöser einer individuellen oder kollektiven Biographie gebunden, verliert es seinen Kommunikationswert.[503]

[503] Joachim Scharfenberg – Horst Kämpfer, Mit Symbolen leben. Soziologische, psychologische und religiöse Konfliktbearbeitung, Olten – Freiburg i. Br. 1980, 137.

Mitunter bewirkt eine nur geringfügig veränderte Formulierung eine „Resymbolisierung“ und einen „performativen Schub“. Mit einem Wortspiel überraschte Ruth C. Cohn einige Teilnehmer*innen an einem Treffen, an dem darüber diskutiert wurde, ob die TZI „marktgerecht“ sei. Ärgerlich warf Ruth ein: „Das war wohl nie meine Frage, wie TZI marktgerecht wird. Mein Thema war immer: Wie wird der Markt gerecht?“ Die Umformulierung des Themas hatte bewirkt, dass nun über globale Gerechtigkeit und nicht mehr über die Marktchancen der TZI weitergesprochen wurde.[504]

Im Hinblick auf das Ringen um Themen und Themenformulierungen bin ich bei der Registrierung des Nachlasses von Ruth C. Cohn immer wieder davon beeindruckt, ein welch umfangreiches schriftliches Vorbereitungsmaterial seitens der Leiter*innen und der Teilnehmer*innen Ruth eingefordert und hinterlassen hat. Gleichzeitig war ihr wichtig, der Intuition Raum zu geben,[505] was keineswegs ein Widerspruch zu den vielen Überlegungen und der Sachkenntnis steht, welche sich in einer verantwortlichen und kompetenten Themenwahl verbergen.

9.6. (Generative) Themen mit sprachlicher Sorgfalt und politischer Sensibilität

Bei Ruth C. Cohn bekamen Themen oft erst aus dem aufmerksamen Hinhören auf die persönlichen Erzählungen von Menschen ihre prägnante Gestalt: „Ich sprach mit ihnen als Mitsuchende, [...] die ihnen half, [...] ihre ‚generativen Themen‘ zu finden.“[506] Mit dem Begriff der „Generativen Themen“ schließt Ruth C. Cohn bewusst beim Befreiungspädagogen Paulo Freire an, dessen Werk bereits mehrmals mit der TZI in Verbindung gebracht wurde.[507] Trotz aller Widerstände durch das Establishment hat P. Freire in verschiedenen Ländern zu einer „Bildung als Praxis der Freiheit“[508] angestiftet. Sie steht in der Tradition von lateinamerikanischen Befrei-

[504] Vgl. Matthias Scharer, Wie wird Kirchliche Bildung marktgerecht oder: Welche Bildung macht den Markt gerecht? Communiotheologische Überlegungen zum kirchlichen Bildungsgeschehen, in: B. J. Hilberath, Communio, Ideal oder Zerrbild von Kommunikation? (Quaestiones disputatae 176), Freiburg – Basel – Wien 1999, 235–242; Matthias Scharer, How does one fit the Market?, in: Indian Journal of Theme-Centered Interaction (TCI) 6/7 (2010), 48.

[505] Vgl. Ruth C. Cohn, Training Intuition, in: Ways of Growth, Herbert Otto, ed, 1968.

[506] Cohn – Farau, Gelebte Geschichte, 336.

[507] Vgl. Hagleitner, Mit Lust an der Welt; Ostertag, Von Ruth Cohn und Paulo Freire lernen.

[508] Vgl. Paulo Freire, Pädagogik der Unterdrückten: Bildung als Praxis der Freiheit, Reinbek bei Hamburg 1973.

ungsbewegungen, wie ich sie selbst in comunidades cristianas in Peru, Bolivien, Brasilien und Ecuador erleben durfte. Da ich bereits damals mit TZI vertraut war, konnte ich viele Verbindungen zwischen der lateinamerikanischen Befreiungspraxis und Ruth C. Cohns Konzept herstellen; dies nicht zuletzt auf der performativen und metaphorischen Ebene des Sprachspiels, das in diesen Bewegungen gepflegt wird. Ich konnte miterleben, wie selbst Menschen, die nicht lesen und schreiben konnten, zusammen mit einigen Alphabetisierten, eine traditionelle katholische Prozession im Nu zu einer verbotenen gewerkschaftlichen Demonstration gegen die Regierung verwandelten. Das hatte mit der Fähigkeit zu tun, die generativen Themen des Volkes zu erspüren und die – in sich performativ-metaphorische – Sprache der kirchlichen Liturgie spontan mit einer befreienden Bedeutung zu füllen. In der kognitiven Linguistik würde man wohl von einem Frame sprechen, mit dem die traditionelle Kirchensprache im aktuellen gesellschaftlichen Kontext befreiend interpretiert wird.

Für das Bemühen um eine „gerechte" Sprache in der TZI ist jedenfalls der Anschluss Ruth C. Cohns an Freires Befreiungspädagogik wichtig. Wie interessiert sie an Freires Konzept war, zeigt sich u. a. darin, dass sich in ihrem Nachlass ein langes, hektografiertes Interview mit P. Freire findet. In einem handschriftlich korrigierten Manuskript v. 29. 12. 1981 schreibt sie:

> Paolo Freire entdeckte als lernender Lehrer in den Elendsvierteln von Brasilien und Chile die Vorrangigkeit des Herausfindens, was für die Lernenden das eigentlich Wichtige war. Dort war es das Verständnis für die Ursachen ihres Elends und die Entwicklung von Möglichkeiten, wie diese Menschen sich selbst aus der ökonomischen und Bildungsunterdrückung befreien könnten. Freire prägte für adäquate, sich aus der Bevölkerungssituation ergebende Aufgaben, den Begriff „generative Themen". Ich möchte dieses Konzept für unsere eigene Situation und Aufgaben übernehmen. Was sind unsere lebenswichtigen, vorrangigen Themen, die wir als politisch-wache Mitbürger und speziell als klinische und pädagogisch arbeitende Menschen [an letztere wendet sich der Text unmittelbar] beachten müssen?
> Das Thema, ob und wie wir überleben können ist offenbar für die erste und zweite Welt noch nicht so spürbar geworden wie für die dritte. Doch mit geschichtlicher Erinnerungsfähigkeit, wacher Empathie und Antizipationsfähigkeit können wir Wahrscheinlichkeiten voraussehen. Unsere beruflichen generativen Themen haben zu tun mit der Heilung der Grossen Geistes-Krankheit, die mit der Negierung menschenwürdiger Werte und dem Verhaftetsein in vermeintlichen Sachzwängen und der Leere der „Lonely Crowd" zu tun hat. Ich glaube, dass unser generatives Thema heisst: „Um-

kehr des Geistes" vom flachen Hier-und-Jetzt, zum Jetzt der 3. Welt [...] und dem Dann der Zukunft unserer eigenen Ersten-Welt-Kinder.[509]

Im selben Manuskript spricht Ruth C. Cohn davon, dass dann, „wenn der Globe nicht wirklich wichtig genommen wird [...] im gesellschaftlichen Sinn und auch im metaphysischen [...] diese Chairperson-Methode Gefahren in sich birgt, nämlich dass ein Thema ‚verkauft' werden kann."[510] Und weiter führt sie aus:

> Wichtig ist also das generative Thema. Die Notwendigkeit das generative Thema zusammen mit den Nicht-Experten der Psychotherapie, nämlich der Gesamtbevölkerung, zu erforschen. Die Ethik ist die Voraussetzung der angewandten TZI. Und zu dieser Ethik gehört eben die Ganzheit der Menschheit nicht aus dem Auge zu verlieren. [....] Die Frage wie diese generativen Themen gefunden werden müssen, verlangt Erziehung zum Denken, Erziehung zum Fühlen, Information über die Welt. Zur Welt gehört die nahe Umgebung und die fernere. [...] So wird also das „Es" besonders wichtig. Und das Es kann eben kommen von der: 1) von der ökono[m]ischen und ökologischen Erkenntnis, was machbar ist und 2) von der ethisch-geistigen, was wünschbar ist. Und wenn ich in diesem Sinne für wünschbar halte, das grösstmögliche Glück der grösstmöglichen Zahl und unter Glück verstehe die persönliche und gemeinschaftliche Entfaltung im Rahmen der möglichen Gegebenheiten dann muss ich in diesem Sinn den Weg, die Methode, suchen. Und ich glaube wir sind dabei.[511]

Ruth C. Cohns Intentionen zur Themensuche und Themenwahl enthalten einen hohen ethischen und politischen Anspruch und ebenso sprachliche Herausforderungen, die nicht leicht umzusetzen sind. Das erlebe ich immer wieder in Planungssitzungen mit mitleitenden Kolleg*innen, wenn wir einerseits versuchen zu teilnehmer*innen- und prozessgerechten Themenformulierungen zu kommen und andererseits die wirklich „generativen" Themen in der gegenwärtigen politisch-gesellschaftlichen Lage nicht aus den Augen verlieren wollen. In interkulturellen und trans-weltanschaulich-religiösen Kontexten ist die Themensuche und Formulierung nur unter

[509] Ruth C. Cohn, Generative Themen 1981, HUB, UA, NL Cohn, Nr. 28, Blatt 192–200, hier 192 f. Das durch handschriftliche Korrekturen schwer lesbare Manuskript wurde soweit wie möglich im Original rekonstruiert.

[510] Cohn, Generative Themen, 197.

[511] Cohn, Generative Themen, 197–199.

Mitarbeit der Betroffenen möglich. Wie Thomas Abraham in Indien aufzeigt, können Themenformulierungen auch blinden Menschen helfen.[512]

Manche sind darüber erstaunt, warum Menschen mit einer langen TZI-Praxis noch immer nach dem angemessenen Thema suchen und es nicht aus dem Ärmel schütteln können. Kann man nicht Themen, die sich in anderen Kursen oder Lernzusammenhängen bewährt haben, einfach übernehmen? Selbstverständlich eignen sich TZI-Leiter*innen mit der Zeit eine größere Kompetenz an, die „richtigen" Themen zu finden und sie auch angemessen zu formulieren. Doch deren Übernahme aus anderen Gruppenprozessen sollte zumindest nicht zur Routine werden. Es besteht die Gefahr, dass sich „routinierte" Themenformulierungen, die wenig performatives und symbolisches Potential in sich tragen, schnell abnützen und nichtssagend werden. Wie sollen sich auch Teilnehmer*innen mit Themen identifizieren, die aktuell ganz andere Menschen in anderen Lebenssituationen betroffen haben?

Da TZI-Leiter*innen vor allem auch Partizipierende sind, ist es wichtig, dass das jeweilige Thema auch sie persönlich anspricht. Ein emotional und inhaltlich von der Leiterin/dem Leiter vermiedenes oder abgelehntes Thema lässt sich kaum partizipierend leiten. Die sinnentleerende Routine und die Klischeebildung wären vorprogrammiert. Klischeehafte, routinierte Themen beschneiden die unmittelbare Wirkmacht der Sprache, mit der sich Menschen identifizieren oder gegen die sie sich stellen können.

In der Suche nach generativen Themen wird mir die Bedeutung der Intuition immer mehr bewusst: Nach einem bis spät in die Nacht hinein andauernden Ringen um das „richtige" Thema war es wohl mehr dem notwendigen Schlaf als der Überzeugung geschuldet, „das" Thema gefunden zu haben. Erst im Schlaf bzw. in einem Traum wurde mir deutlich, dass am mühsam formulierten und strukturierten Thema etwas nicht „passt". Das morgendlich neuerdings zusammengerufene Leitungsteam war über mein Vertrauen in die Intuition und den Traum nicht gerade erbaut. Trotzdem war erstaunlich, wie schnell wir nun eine „passende" Themenformulierung gefunden hatten. In der Wahrnehmung des Unbehagens kann ein wichtiger Impuls liegen, anschließend sehr schnell zum „richtigen" Thema zu finden, indem ich die „Störung" ernst nehme. Das Vertrauen auf einen intuitiven Impuls macht das lange Ringen um das richtige Thema keineswegs überflüssig, denn auch die intuitive Einsicht fällt nicht einfach vom Himmel.

Themen können in der TZI aus allen möglichen Blickrichtungen heraus formuliert werden. Eine Bewusstheit dafür, dass eine bestimmte Perspektive

---

[512] Thomas Abraham, Theme helps (even) the blind!, in: Indian Journal of Theme-Centered Interaction (TCI). Ruth Cohn Special Issue 6/7 (2010), 91–92.

bei der Themenfindung und Themenwahl nicht auf Dauer vernachlässigt wird, bildet die Beachtung der Dynamischen Balance. In der Regel verbinden sich verschiedene Aspekte miteinander.

9.7. TZI mit „Rechten" – eine Gratwanderung

Eine Nagelprobe für die politische Arbeit mit TZI sind wohl Themen, welche die Kommunikation mit „Rechten" betreffen. TZI-Themen erheben den Anspruch, dass sie den einzelnen Menschen in ihrer jeweiligen Lebenssituation, Kultur, weltanschaulich-religiösen Verfasstheit, politischen Einstellung usw. soweit wie möglich gerecht werden; sie schließen zumindest niemanden grundsätzlich aus. Das ist angesichts der politischen Entwicklungen, der interkulturellen, transreligiösen und globalen Zusammenhänge, leichter gesagt als getan.

Als ich kürzlich um einen Beitrag zu „TZI mit Rechten"[513] angefragt wurde, war ich zunächst ratlos. Welche Themen könnten aufgegriffen, welche müssten ausgeblendet, ja vielleicht sogar verschwiegen werden? Wie müssten sie formuliert sein, dass sie einzelne Menschen aus der AfD, der FPÖ oder aus anderen Parteien oder Gruppierungen, die sich mit „rechtem" Gedankengut identifizieren, nicht vor den Kopf stoßen würden? Zunächst kamen mir TZI-orientierte Prozesse mit Menschen aus unterschiedlichen Kulturen und mit vielfältigsten politischen und weltanschaulich-religiösen Einstellungen in den Sinn. Ich musste zugeben, dass – zumindest extrem – Rechte nie unter den Teilnehmer*innen waren; schon gar nicht im Leitungsteam. Wohl traf ich in einigen Ländern auf klar nationalistisch eingestellte Menschen oder auch auf Menschen, die einem religiösen Fundamentalismus nahestanden. Wirkt also die TZI auf Menschen mit Einstellungen, die dem Menschenbild, der Weltsicht und Ethik Ruth C. Cohns radikal zuwiderlaufen, von vorneherein ausschließend? Vermutlich ist das so.

Was aber würde das Ernstnehmen der Subjekte bedeuten, wenn es tatsächlich um „TZI mit Rechten" ginge? Müsste ich als Leiter*in meine Überzeugungen an den Nagel hängen und mir eine „rechte" Denkweise „überziehen", damit ich die Themen, um die es zwischen uns geht, angemessen und auf keinen Fall vor den Kopf stoßend formulieren oder einbringen kann? Oder müsste ich vielleicht jemanden aus dieser Gruppe in das Planungsteam aufnehmen, wie ich das in interkulturellen und transreligiösen Kontexten selbstverständlich praktiziere?

---

[513] Vgl. Matthias Scharer, TZI mit Rechten, in: Lebendige Seelsorge 69 (2018) 6, 423–427.

In meine abwägenden Überlegungen mischt sich das Buch des „zornigen“ jüdischen Schriftstellers Max Czollek, das ich gerade lese. Auf der Frankfurter Buchmesse 2018 hat Czollek mit seinem Protestbuch „Desintegriert Euch!“ großes Aufsehen erregt. Er sieht „als Lyriker, Berliner und Jude“[514] generell zwei mögliche Reaktionen auf den Rechtsruck, den er in Deutschland ortet:

> Brücken der Empathie in das gegnerische Lager zu schlagen oder die eigene Position auszubauen.[515]

Obwohl seiner Meinung nach ersteres zumindest in den aufgeschlossenen Kreisen „in“ ist, hat sich Czollek für das Zweite entschieden. Warum?

> Wenn ich hier über die Gegenwart des deutsch-jüdischen Verhältnisses und also über Deutschland schreibe, dann geht es mir vor allem um die Schärfung meiner und unserer intellektuellen Instrumente. Die AfD und ihre Wähler*innen erachte ich als politische Gegner*innen, die ich ernst nehme. Ich glaube nicht, dass sie und ich uns missverstehen. Und ich glaube auch nicht, dass wir viel miteinander zu reden hätten. Das ist nicht so banal, wie es klingt in einer Zeit, in der die Wähler*innen der AfD von allen großen Parteien umworben werden. Plötzlich scheint es, haben alle schon immer gewusst, dass es ein Fehler war, nicht ununterbrochen über Heimat und Leitkultur zu sprechen.[516]

Czolleks „Realismus“, dass wir in Europa und speziell auch in Deutschland in einer „sexuellen, politischen, weltanschaulichen und körperlichen Vielfalt“ leben, die „Rechte“ nie akzeptieren werden, kann ich etwas abgewinnen. Ich stimme ihm auch darin zu, dass „Rechten“ vielfach die „Vision“ einer „ethnischen und kulturellen Homogenität“ vor Augen steht. Zweifellos würde ein politischer Druck in diese Richtung entstehen, wenn Rechte das ausschließliche Sagen hätten. Als österreichischer Europäer sehe ich jedenfalls konkrete Anzeichen dafür.

Abgesehen davon, dass sich unter der „Neuen Rechten“ nicht nur ideologisch Rechte, sondern vermutlich auch Menschen aus anderen Motiven sammeln, teile ich Czolleks Meinung, dass man bei „Vertreter*innen der Neuen Rechten […] weder eine Anerkennung der realen gesellschaft-

---

[514] Max Czollek, Desintegriert euch! München 2018, 11.
[515] Czollek, Desintegriert euch!, 12.
[516] Czollek, Desintegriert euch!, 12.

lichen Vielfalt noch ein Mindestmaß an Ehrlichkeit erkennen"[517] kann. Letzteres macht Czollek daran fest, dass es „um von der gesellschaftlichen Vielfalt zu einem ethnisch und kulturell homogenen Deutschland zu gelangen, … [einer] ethnischen und kulturellen Reinigung"[518] bedürfe, die aber auch Rechte (zumindest bis jetzt) nicht anzusprechen wagen. Aus österreichischer Sicht beobachte ich die Strategie der FPÖ, die sich teilweise auf die ganze Bundesregierung überträgt, rechtes Gedankengut in einer „Dosis" zu infiltrieren, die gesellschaftlich gerade noch akzeptiert wird. Erfolgt ein Aufschrei aus der Bevölkerung bzw. durch die Medien, wenn z. B. jugendliche Flüchtlinge hinter Stacheldraht „verwahrt" oder mit einem „Ausgehverbot" belegt werden, gehen die Verantwortlichen einen Schritt zurück, um kurze Zeit später wieder zwei Schritte nach vorne zu gehen.

Je schneller – zunächst auf der kommunikativen Ebene – der Wandel in Richtung einer ethnischen und kulturellen „Reinigung" vor sich geht, umso eher wäre der jüdische Schriftsteller in seiner persönlichen Existenz davon betroffen und müsste konsequenterweise das Land verlassen. Deshalb kann ich nachvollziehen, dass er sich in ein Deutschland oder Europa mit zunehmend rechten Tendenzen nicht integrieren will, weil für ihn der Ausschluss längst begonnen hat. Die verschleierten Absichten sind es, die nach Czolleks Einsicht, die Wirklichkeit einer ausschließenden Gesellschaft antizipieren. Dass sich die Verschleierungspolitik im Hinblick darauf, eine homogenisierte Gesellschaft herstellen und die gegebene Vielheit mit unterschiedlichen Mitteln ausmerzen zu wollen, derzeit nicht nur auf jüdische Mitbürger*innen, sondern auf alle kulturell und weltanschaulich-religiös „Fremden", vor allem wenn sie zu den sozial Schwächeren gehören, bezieht, liegt auf der Hand.

Beim Nachdenken über die Möglichkeiten und Grenzen einer „TZI mit Rechten" führt mich die apodiktische Einstellung des jüdischen Literaten unwillkürlich zur Migrationserfahrung von Ruth C. Cohn zurück. Obwohl sie selbst vor dem Holocaust geflohen ist, und von der „ongoing Hitlerization" überzeugt war, sowie ständig an der „Entschleierung" totalitärer gesellschaftlicher Tendenzen arbeitete, unterschied sie konsequent zwischen den jeweiligen Systemen und den betroffenen Menschen, die darin verfangen sind oder waren. Ruth bewegt sich meiner Ansicht nach in einer bleibenden Ambivalenz zwischen dem klaren Thematisieren von Verschleierungstendenzen totalitärer Systeme und deren oft unerkannten Anfängen und der offenen und anteilnehmenden Begleitung von Menschen, die darin verstrickt sind oder waren (vgl. 10.4.). Demnach würde weder eine ver-

[517] Czollek, Desintegriert euch!, 13.
[518] Czollek, Desintegriert euch!, 13 f.

schleierungsblinde Themenwahl, noch eine, die konkrete Menschen wegen ihrer Zugehörigkeit zu einer rechten Gruppe oder Partei von vorneherein ausschließt, der TZI–Haltung entsprechen.

Wie wichtig es Ruth war, sich politisch nicht von einer Seite vereinnahmen zu lassen, sondern sich als „Planetary Citizen" mit den Lebenswünschen von Menschen und auch Völkern generell zu identifizieren, zeigt das Beispiel eines „Dankesbriefes", den sie 1992 an das „Koordinationsteam von WILL International" geschrieben hatte. Es geht darin um das „Baumgeschenk", das sie als „Jüdin" bekommen hatte. Das Geschenk gibt ihr den Anlass, das generative Globe-Thema des Israel-Palästinakonflikts kritisch zu kommentieren und mit ihrer eigenen Einstellung zu verbinden:

> Ich möchte Euren Gedanken, dass ich jüdisch bin und mich daher auch für Israel besonders interessiere etwas entgegensetzen: Ich bin nicht mehr an Juden interessiert als an Arabern, im Sinne der Erhaltung ihrer Lebenswünsche. Und diese Lebenswünsche von beiden Völkern (soweit man es Völ[k]er nennen kann) sind menschen-würdig. Die Tatsache, dass die Juden ein Land zugesprochen bekamen von den Alliierten, weil es Zionisten gab, eine religiöse Gemeinde, die dieses Land als ihr Eigentum von Gott gegeben für berechtigt hält, ist immer für mich so fragwürdig gewesen, dass ich nie die Lust verspürte, nach Israel zu fahren, und habe es auch nicht getan. Die Tatsache, dass jeder Mensch immer wieder etwas loslassen muss, was ihm gehört hat oder was ihm vermeintlich gehört hat, ist etwas, was jeder und jede von uns auf sich nehmen muss, wenn er/sie realistisch ist, und dasselbe gilt auch für ein Volk. Jedenfalls so glaube ich. […] Nur wenn ich, wie es der Fall ist, mich als Planetary Citizen empfinde, die diesen Erdball für alle Menschen erhalten will, kann ich mit viel Dankbarkeit und Liebe an die fünf Bäume denken, die durch Euch, im Gedenken an mich, dieser Erde gegeben und zurückgegeben worden sind (Brief v. 6. 6. 1992)

Die erforderliche Gratwanderung, welche die Suche nach „gerechten", generativen und bedeutsamen Themen in der TZI darstellt, wäre ohne dem Bewusstsein dafür, dass sich Störungen und tiefe Betroffenheiten Vorrang nehmen können und damit Konfliktbearbeitungen im TZI-Kontext angezeigt sind, kaum möglich. Aber gerade das Postulat der Störungspriorität ermutigt zu konfrontierenden Themen, wo es um das humanistische Erbe geht, das die Menschenwürde und das gute Leben für alle Menschen einschließt.

Die Kunst des Thematisierens in der TZI besteht gerade auch darin, verschwiegene und ausgeblendete Anliegen zur Sprache zu bringen, ohne konkrete Menschen anzuprangern oder zu verletzen. Letztlich bin ich in solch schwierigen Situationen auf meine Selbstentscheidung und Selbstverantwortung (Chairpersonship) angewiesen. Die Möglichkeit eines offenen Austausches in einem Leitungsteam und mit der Gruppe ermöglicht, Entscheidungen auch mehrperspektivisch zu treffen. M. Schumacher weist mich darauf hin, dass es dafür die „aktivierenden Fragen" gibt, die Ruth C. Cohn in der Themeneinführung häufig einsetzte, die aber heute kaum mehr gelehrt werden. Die Dynamische Balance, in der die TZI-Elemente stehen, schafft ein Bewusstsein dafür, dass die Themen aus unterschiedlichen Bereichen kommen, also „ausbalanciert" sind. Doch die ganzheitlich-humanistische und ethische Haltung, die auf das gute Leben aller Menschen und der ganzen Kreatur ausgerichtet ist, liegt jedem TZI-Thema zugrunde.

9.8. Kompetenz in der „Sache" entwickeln

Ein Spezifikum der TZI gegenüber anderen Gruppenverfahren ist der unbedingte Zusammenhang zwischen Thema und Sachgerechtheit. In diesem Zusammenhang ist zu bedenken, dass Ruth C. Cohn bei der Ausübung der TZI nie an einen Beruf gedacht hat, sondern immer an eine Zusatzqualifikation für Menschen, die in ihrem Fachbereich professionell ausgebildet sind und arbeiten. Als sie aus Amerika zurückkam, lud sie zunächst Psychotherapeut*innen dazu ein, sich eine Zusatzqualifikation in TZI bzw. Gestalttherapie anzueignen. Ruth war wohl selbst davon überrascht, wie viele Menschen aus nichttherapeutischen Berufen in ihre Kurse kamen. Die vielen Theolog*innen hätte sie vermutlich am wenigsten erwartet.

Freilich hatte Ruth C. Cohn bereits in ihrem amerikanischen Exil mit Nichttherapeut*innen gearbeitet. Der „Es-Faktor" und die Themenorientierung waren u. a. den Lehrer*innen geschuldet für die „der Stoff" wichtig war. Grundsätzlich ist Ruth C. Cohn aber davon ausgegangen, dass Menschen, die in ihre Kurse kommen, die fachliche Profession aus Studium und Ausbildung mitbringen. Sie befragte allerdings kritisch, *wie* die fachliche Kompetenz im Menschen verankert war. War sie nur „totes" Wissen, das aus „totem" Lernen kam, oder lebte ein Mensch aus dem heraus, was sie/er wusste und konnte? Ich bin immer wieder erstaunt darüber, mit wieviel sachlicher Neugier sich Ruth in Bereiche eingearbeitet hatte, die ursprünglich nicht die ihren waren. In zahlreichen Briefen, die im Nachlass vorhanden sind, hat sie sich mit Expert*innen unterschiedlichster Disziplinen ausgetauscht und war neugierig darauf bedacht, ihre Expertisen ständig zu erweitern.

Wieviel Sachwissen etwa in der Arbeit mit einer interkulturellen[519] und interreligiösen Gruppe notwendig ist, habe ich auf einem Kurs mit Inder*innen erlebt. Gutmeinend hatte ich im Zusammenhang mit einem Religionen verbindenden Thema die drei „heiligen" Bücher auf einem schönen Tuch in die Mitte der Gruppe auf den Boden gelegt: Den Koran, die Bhagavad Gita und die Bibel. Schon bei der Themeneinführung merkte ich, dass unter den muslimischen Teilnehmer*innen eine Störung aufkam. Spontan dachte ich, dass die Muslime ihren Koran nicht neben der jüdisch-christlichen Bibel und der Bhagavad Gita der Hindu legen wollten. Ich sprach die Störung an: Die „transreligiöse Nachbarschaft" des Koran zu Bibel und Bhagavad Gita störte die Muslime überhaupt nicht. Sie luden uns, Hindus und Christen, sogar alle zum Freitagsgebet ein. Doch den Koran darf man nicht auf den Boden legen. Daran hatte ich im Moment überhaupt nicht gedacht.

Die Sachgerechtheit von TZI-Themen betrifft in besonderer Weise auch die Arbeit mit Studierenden oder Wissenschaftler*innen an Universitäten und Hochschulen; einem Bereich, aus dem ich komme. In den zahlreichen TZI-Seminaren, die ich mit Kolleg*innen innerhalb der Fakultät und interfakultär angeboten habe, war mir die Einarbeitung in die Sache besonders wichtig.[520] Praktisch gab es in UNI-Seminaren in der Regel einen „theoretischen Vorlauf" zum generellen Anliegen/Thema, in dem in kleinen Gruppen und über soziale Medien, an der „Sache" gearbeitet wurde. Das Erarbeitete wurde in Form von Literaturauszügen und Thesenblättern allen zur Verfügung gestellt und sollte von allen vor dem prozessorientierten Seminarteil gelesen werden. Im TZI-Seminar selbst kamen die studentischen Expert*innen für eine bestimmte Thematik mit in die Planung, was die Sachgerechtheit der Themen erheblich gesteigert hat.

9.9. Ein methodischer Exkurs für „Vortragende"

Ruth C. Cohns Rede zur Courage (vgl. 4. Kap.) ist für mich ein lebendiges Beispiel dafür, dass TZI bei weitem nicht nur in der Interaktion von Gruppen und deren Leitung oder in der Analyse, Planung und Durchführung politischer oder organisationaler Prozesse einsetzbar ist, wie das in

[519] Vgl. Menno Arend-Herlyn, Interkulturelle Kompetenz und TZI, in: Themenzentrierte Interaktion. theme-centered interaction 15 (2001) 1, 42–51.

[520] Vgl. u. a. Brigitte Mazohl-Wallnig – Matthias Scharer, Inszenierung der Julikrise 1914. Ausschnitt aus einem TZI-Seminar mit HistorikerInnen und TheologInnen, in: Ch. Drexler – M. Scharer (Hg.), An Grenzen lernen. Neue Wege in der theologischen Didaktik, Mainz 2004, 111–121

manchen Publikationen erscheinen mag,[521] sondern u. a. auch beim Konzipieren einer Rede, Vorlesung, Predigt etc. Die „TZI-Philosophie" und die „Dynamische Balance" zwischen den Interaktionsfaktoren, ICH-WIR-ES-GLOBE können dabei helfen, ein Thema für den Vortrag zu finden und zu klären und gleichzeitig die Rede entsprechend aufzubauen, also zu strukturieren.

Als Universitätslehrer habe ich die TZI jahrelang bei der Vorbereitung meiner Vorlesungen genützt. Ich habe versucht, nicht nur ein Es, eine Sache, einen Lehrstoff, ein Wissensgebiet an die Studierenden zu vermitteln, wie das an der UNI sonst üblich ist, sondern ich habe für jede Vorlesungseinheit nach einem TZI-gemäßen Thema gesucht. Die „TZI-Philosophie" hat mich gelehrt, nicht nur nach der jeweiligen fachspezifischen, sondern auch nach der generellen menschlichen und politisch-gesellschaftlichen Bedeutsamkeit des „Lehrstoffs" zu fragen; mir auch zu vergegenwärtigen, was ich wirklich weitergeben will und nicht nur was ich im Zusammenhang mit einem fachlichen Kanon vermitteln sollte. Folgende Detailfragen helfen mir bis heute, ein Thema für eine Rede o. ä. zu finden:

- Handelt es sich um ein Thema, in dem sich (vielleicht, hoffentlich) zumindest einige Interessen der Studierenden bündeln?
- Regt das Thema dazu an, dass es innerhalb des Vortrags oder anschließend in spontanen Kleingruppen diskutiert werden kann?
- Was hat das Thema mit dem „Heute", mit unserer Welt, in der wir leben, mit unserer politisch-gesellschaftlichen – bei Theolog*innen auch aktuellen kirchlichen – Situation zu tun?
- Wie und wo ist das Thema in der Tiefenstruktur des Wissensgebietes verankert, um das es jeweils geht?

Die Tiefenbohrung in das „Es", in die elementare Bedeutung des Sachanliegens, ist im Wissenschaftskontext die aufwendigste Arbeit, weil sie einen großen Überblick und einen tiefen Einblick auf der Sachebene erfordert, vor denen manche zurückschrecken. Wenn ich in ein Thema einführen will und nicht nur im Lehrstoff fortfahre, wie das viele Lektor*innen gewohnt sind, muss ich mir zunächst selbst erschließen, in welchem größeren Zusammenhang der Wissensausschnitt steht, um den es gehen soll und was er in der Wissensgesellschaft bedeutet, bevor ich ihn – noch immer in mir selbst – in Interaktion mit den anderen TZI–Faktoren bringe.

Auch für das menschliche Wissen trifft die Allverbundenheit zu. Am Beispiel der menschlichen Evolution zeigt der bereits zitierte J. Huber, welche Zusammenhänge sich im medizinischen Verständnis des Menschen

[521] Vgl. u. a. GRÜN, 9 relevante Aspekte der TZI.

erschließen, wenn man die in höchstem Ausmaß differenzierende Wissenschaft mit einer allverbundenen Sicht des Wissens zusammen bringt. Oft erschließt sich erst daraus ein – auch der Sache angemessenes – Thema. Je tiefer ich in das Wissen eintauche, je aufmerksamer und anteilnehmender ich mit Studierenden oder mit Menschen umgehe, für die ich einen Input plane und je wacher und kritischer ich in der gemeinsamen Welt lebe, umso eher treffe ich, was wirklich bedeutsam ist und was sich lohnt, dass es weitergegeben wird.

9.10. Offenes Sprachlernen gegen verschweigen und ausblenden

M. Kroeger bringt Perspektiven im Hinblick auf das Thematisieren ins Spiel, die mit den Ausblendungen und Verdrängungen zu tun haben, durch die eine „gerechte" Themenwahl und Versprachlichung immer gefährdet ist und gegen die sie gleichzeitig ankämpft. Er spricht davon, dass es in der TZI bzw. beim Thematisieren darum gehe, „... den ausgeblendeten, nicht sozialisierten, in Sprach- und Bewußtlosigkeit verharrenden Themen eine Sprache anzubieten"[522]. Kroeger bezieht sich in seinem Buch „Themenzentrierte Seelsorge" naturgemäß auf theologische Leitbegriffe und ihre Lebensrealität. Er meint, dass deren nur implizite Anwesenheit auf Dauer nicht genüge, sondern dass Themen formuliert, an- und ausgesprochen werden müssen: „Die implizite Anwesenheit hält die Themen in Sprachlosigkeit und verlängerter Ohnmacht."[523] Das betrifft nicht nur die religiösen, sondern auch die politischen, kulturellen und transreligiösen Sprachzusammenhänge.

Den philosophischen Hintergrund für Kroegers Thementheorie bildet der Zusammenhang von Sprache und Lebensform, wie ihn L. Wittgenstein[524] herstellt: „Eine Sprache vorstellen heißt, sich eine Lebensform vorstellen"[525], schreibt Wittgenstein. In der Syntax der Sprache spiegeln sich sowohl das Tun des Menschen als auch der Horizont seiner Sinn- und Welterfahrung. Im „Sprachspiel"[526] fallen Sprache und Tätigkeiten des Menschen zusammen. „Dies ist keine Übereinstimmung der Meinungen, sondern der Lebensform."[527]

---

[522] Kroeger, Themenzentrierte Seelsorge, 213.
[523] Kroeger, Themenzentrierte Seelsorge, 213.
[524] Wittgenstein, Tractatus logico-philosophicus.
[525] Wittgenstein, Tractatus logico-philosophicus, 296.
[526] Wittgenstein, Tractatus logico-philosophicus, 293.
[527] Wittgenstein, Tractatus logico-philosophicus, 389.

Auf diesem Hintergrund ist die TZI für Kroeger „eine Methode übbaren, offenen Sprachlernens […], welche auch das Recht und die Stärke der Abwehr […] thematisiert“[528].

> Es geht um Texte, „die als *Themen* niemanden zwingen, die auch nicht ganz oder gar nicht akzeptiert werden müssen. Ich kann mich zu ihnen selektiv verhalten, kann *in ihrer Nähe* gerne leben, ohne mich ganz mit ihnen identifizieren zu müssen; sie können allmählich, wenn ich es will, zu Begleitern und zu Spiegeln, in denen ich neue Facetten meiner selbst entdecke, werden.
> Die Sprache solcher Texte unterscheidet sich von Formeln und schlechter Sprache durch das Maß ihrer gestalteten Freiheit, die nicht dogmatische Unterwerfung verlangt, sondern kleine, schon gelebte und gestaltete, antizipierte Utopien anbietet und eine Art von Leben, zu dem sie verlockt. Ich glaube, daß gelungene Sprache Lebensmöglichkeiten erweitert und bereichert, indem sie Bilder gelungenen Lebens gestaltet. Ich glaube, daß es heilende und helfende Kraft gelungener Sprache gibt, die Freiheit gewährt, Identität anbietet, Gewißheit ausstrahlt und herausfordert.[529]

Ich fasse zusammen: In den Überlegungen zur Bedeutung der Sprache in der TZI wollte ich einerseits auf die gegenwärtigen Sprachverwirrungen hinweisen und andererseits nach den Möglichkeiten suchen, wie den existentiell und politisch bedeutsamen, verschwiegenen und oftmals verworrenen Anliegen eine anteilnehmende und gerechte Sprache angeboten werden kann. Das offene Thematisieren, das in der TZI gepflegt wird, enthält dazu wichtige Impulse. Vor allem die poetische Sprache Ruth C. Cohns zeigt das große Potential für performativ-metaphorische Sprachspiele, die Menschen „aufhelfen“.

Vertiefende und weiterführende Themen

- Welche Sprachverwirrungen und Angriffe auf eine „gerechte“ Sprache nehme ich/nehmen wir derzeit wahr und was bedeuten sie für mich/für uns?
- In dieses Buch sind mehrere Gedichte von Ruth C. Cohn aufgenommen, die sie in unterschiedlichen Phasen ihres Lebens geschrieben hat. Welches beeindruckt mich/uns am meisten, welches lässt mich kalt?
- Der sprachliche Wandel ist für die Lyrikerin und Migrantin Ruth C. Cohn eine besondere Herausforderung. Wo sehe ich/sehen wir die ent-

[528] Kroeger, Themenzentrierte Seelsorge, 214.
[529] Kroeger, Themenzentrierte Seelsorge, 214.

scheidenden Fragen bei ihr und in der Kommunikation mit heutigen Migrant*innen?

- Was bedeutet für mich/uns die lyrische und die politische (generative Themen) Sprachkompetenz für die Suche und das Formulieren angemessener TZI-Themen?
- In welchen persönlichen und gesellschaftlichen Zusammenhängen bin ich/sind wir auf „generative Themen" gestoßen?
- Welche Themen werden in meinen/unseren privaten bzw. öffentlichen Kontexten meist ausgeblendet oder unter den Teppich gekehrt? Was geschieht, wenn ich sie/wir sie hervorholen und uns ihnen offen stellen?
- Sinn finden und bedeutsame Themen bearbeiten: Wie hängt das für mich/uns zusammen?
- Sprechen, das etwas bewirkt (performatives Sprechen): Woher kenne ich/kennen wir das und welche Erfahrungen habe ich/haben wir damit gemacht?
- Welche Rolle spielen (formulierte) Themen in meinen/unseren privaten und beruflichen Kontexten und gegebenenfalls in meiner/unserer TZI Praxis?

10. Spielräume für alle

In dieser einen Stunde spiele ich.
Ich brauche alle andern Stunden
Um zu lernen,
Wie man Einsame, Angstvolle, Nicht-Wissende
Zu spielen lehrt.
Spiel und Wissen sind neu;
Weil das Verbieten Maechtiger alt ist.
Lehre, nicht Gewalt, heilt.
(Ruth C.Cohn)[530]

In diesem Abschlusskapitel versuche ich zwei Aspekte zu verbinden, die mir für ein couragiertes Leben in Vielheit bedeutsam erscheinen und die politische Kraft der TZI wirksam werden zu lassen: Das Spiel und den Raum. Beide Perspektiven begleiten mich seit Jahren in unterschiedlicher Weise.[531] In der Metapher vom „Spielraum“ sind Spiel und Raum miteinander verbunden. Ich sehe die TZI als einen weiten, durch Vielheit und Courage ausgezeichneten Spielraum für das politische Handeln, das auch für interkulturelle und transreligiöse Erfahrungen offen ist.

10.1. Ambivalente Spielerfahrungen

Beim Wort „Spielraum“ kommen mir zunächst biographische Bilder und Erfahrungen (vgl. 2.2.; 7.4.; 8.3.) in den Sinn: In das bescheidene Bauernhaus, in dem ich aufgewachsen bin, kamen Jahr für Jahr einzelne Handwerker „in die Ster“, wie es im Dialekt hieß. Schuster, Schneider und andere „Professionals“ waren einige Tage im Haus und erledigten die einschlägigen Arbeiten. Sie schneiderten Bekleidung, passten Schuhe an usw. Da es noch keinen Kindergarten gab, „half“ ich den Handwerkern und wich nicht von deren Seite. Die Tage danach war ich jeweils dieser Handwerker und spielte die Rolle so „echt“ wie möglich. Meine Großmutter konnte die Ernsthaftigkeit meines Spiels nicht verstehen und verwies mich immer wieder auf die „Realität“: „Du bist nicht der oder der, du bist der Matthi!“, so wurde ich in meiner Kindheit genannt. Wenn ich an das Verhalten meiner Großmutter denke, kann ich heute noch die Wut in mir spüren, die ich auf sie hatte, weil

[530] Cohn, …inmitten aller Sterne…, 23.

[531] Vgl. Matthias Scharer, Begegnungen Raum geben. Kommunikatives Lernen als Dienst in Gemeinde, Schule und Erwachsenenbildung, Mainz 1995.

sie mich in ihrer Realitätsversessenheit aus der Gegenwärtigkeit des Spiels brachte und auf die „Wirklichkeit" verwies. Gegensätzlich verhielt sich ihre Schwester, meine Großtante. Tagelang spielte sie mein Spiel mit, indem sie mich in liebevoller Zuwendung gewähren ließ. Ich konnte mich verwandeln, so oft und soviel ich wollte. Mit ihr zusammen war mein Spielraum schier unendlich. Auch aus der Schulzeit beziehen sich meine lebendigsten Erinnerungen auf das Theaterspiel. Einzelne Szenen sind mir bis heute weitaus eindrücklicher in Erinnerung als das vielfach „tote" Lernen von viel Lehrstoff.

Später, vor allem im Rahmen meiner Gestaltausbildung, wurden mir Psycho- und Bibliodrama[532] zugänglich und ich lernte die therapeutische Wirkung dieser Spielformen schätzen. Im Kontext meiner Lateinamerikaaufenthalte wurden für mich „politische" Formen des Spiels bedeutsam: Das Theater der Unterdrückten von Augusto Boal[533]: Menschen von der Straße werden in ein Spiel involviert, das sich um sie selbst und ihre eigenen sozialen und politischen Verhältnisse dreht. Im Alltag unterdrückte soziale und kommunikative Ressourcen werden aktiviert. Über das Spiel wird Menschen bewusst, in welch ungerechten Verhältnissen sie leben und welch aufoktroyierten Zwängen sie unterliegen; aber auch welche Schritte der Befreiung möglich sind. Insofern berühren sich P. Freires Bewusstheit für generative Themen, an die sich Ruth C. Cohn mit ihrem Themenverständnis ausdrücklich anschließt (vgl. 9.6.), mit der theatralischen Umsetzung bei A. Boal. Das Theater ermöglicht ein Stück Befreiung und ermutigt zum couragierten Einsatz für gerechtere Lebensverhältnisse; dies nicht nur für sich selbst, sondern auch für andere. Das „Forumtheater" und das „Legislative Theater" sind Weiterführungen des Theaters der Unterdrückten; auch die interkulturellen und interreligiösen Formen des Bibliodramas, die L. Renk unmittelbar mit der TZI verbindet, gehen in diese Richtung.[534]

---

532 Vgl. Jakob L. Moreno, Gruppenpsychotherapie und Psychodrama, Stuttgart [6]2007; Gerhard Marcel Martin, Sachbuch Bibliodrama. Praxis und Theorie, Berlin [3]2011.

533 Vgl. Augusto Boal, Theater der Unterdrückten. Übungen und Spiele für Schauspieler und Nicht-Schauspieler, Frankfurt a. M. [13]1989; Augusto Boal, Hamlet und der Sohn des Bäckers. Die Autobiographie, mandelbaum *kritik & utopie*, Wien 2013; Augusto Boal, Der Regenbogen der Wünsche, Methoden aus Theater und Therapie, hrsg. von Jürgen Weintz – Bernd Ruping, Berlin – Milow – Strasburg, Schibri 2006; Birgit Fritz, Von Revolution zu Autopoiese. Auf den Spuren Augusto Boals ins 21. Jahrhundert. Das Theater der Unterdrückten im Kontext von Friedensarbeit und einer Ästhetik der Wahrnehmung, Stuttgart 2013.

534 Vgl. Leonie Renk, Interkulturelles Lernen mit dem Globe. Interreligiöse und interkulturelle Begegnungen im Bibliodrama, in: Themenzentrierte Interaktion. theme-centered interaction 15 (2001) 2, 54–64; Leonie Renk, Interreligiöses Bibliodrama: Bibliodrama als neuer Weg zur christlich-jüdischen Begegnung, Schenefeld 2005.

Wenn ich meinen eigenen Lernprozess im Hinblick auf dramatische Lernformen überblicke, dann haben sich meine „Spielräume“ von ichbezogenen Themen des kindlichen Rollenspiels, über das Wir gruppenbezogener Spielformen auf globerelevante Dramatisierungen hin ausgeweitet. Weil ich die umfassenden Möglichkeiten des Spiels – nicht zuletzt in TZI-Kontexten – schätzen gelernt habe, fasziniert mich die indische Praxis, in der beinahe kein TZI-Tag ohne „role-play“ vergeht.

10.2. Den Möglichkeitssinn spielend wecken

Im Ausschnitt aus Ruth C. Cohns Gedicht „Lehre“, mit dem ich dieses Kapitel eingeleitet habe, geht es interessanterweise nicht um Lehre oder Lehren im traditionellen Sinn. Vielmehr verbinden sich Lehre und Spiel. Das Gedicht mag implizit vom jüdischen Verständnis der „Lehre“, wie sie etwa in der mystischen Weisheit der Kabbala[535] ihren Ausdruck findet, und vielleicht auch vom Spielen ihrer eigenen Kinder angeregt sein, für die sie nach der Scheidung von ihrem ersten Mann als alleinerziehende Mutter zu sorgen hatte (vgl. 6.3.–6.4.).

Im Textausschnitt ist es die Lyrikerin selbst, die spielt. Sie „lernt“, wie sie Einsamen, Angstvollen, Nicht-Wissenden „lehren“ kann, zu spielen: Ist es eine Vorahnung auf die TZI, die sie Jahre später „spielend“ entdecken wird? Zu lernen, wie man andere zu spielen lehrt, braucht alle Kraft. Es benötigt „alle andern Stunden“ besonders dann, wenn es um belastete, spielungewohnte Menschen geht, welche die Ambiguitätsfreudigkeit des Spiels nie entdeckt oder wieder verloren haben. Doch es macht Sinn, sie spielen zu lehren: Denn „Spiel“ und „Wissen“ gehören zusammen. Sie sind widerständig und dem „Verbieten durch die Mächtigen“ entzogen, das sich als „alt“ erweist. Demgegenüber sind „Spiel und Wissen“ „neu“; sie haben Zukunft. Das Resümee: „Lehre, nicht Gewalt, heilt.“ Wir würden vielleicht eher sagen, dass Liebe und Zuwendung heilen. Doch Ruth‘s Lehreverständnis schließt die umfassende Bezogenheit von Menschen und seine Ganzheit von vorneherein mit ein (vgl. 3.8.).

Das Gedicht und meine eigenen biographischen Erfahrungen mit dem Spiel evozieren in mir den Gedanken, ob Ruth C. Cohn ihre später „erträumte“ TZI als ein großes Spiel verstanden haben könnte, das sie nun,

[535] Vgl. dazu die Arbeit von Nicole M. Bauer, die u. a. auch die esoterische Verwendung und kommerzielle Ausschlachtung der Kabbala, die gegenwärtig stattfindet, aufzeigt: Nicole Maria Bauer, Kabbala und religiöse Identität: Eine religionswissenschaftliche Analyse des deutschsprachigen Kabbalah Centre, Bielefeld 2017.

nachdem sich ihr intuitiv die tiefen Zusammenhänge von Ich-Wir-Es-Globe erschlossen hatten, auch lehren konnte. Mit dem „Heureka!", dem „Ich hab's", welches das Bewusstwerden der Traumgestalt begleitete (vgl. 6.4.2.), war ja das „jetzt können wir's lehren" verbunden.

Der „homo ludens", der „spielende Mensch" weiß intuitiv, wie ambivalent Spielen ist: Es kann über die konfliktiven, individuellen, gemeinschaftlichen und gesellschaftlichen Lebenswirklichkeiten, in denen wir uns bewegen hinwegtäuschen, zu einer Ersatzhandlung werden und in eine Scheinwelt hineinführen. Wenn ich von Ruth C. Cohns Ernsthaftigkeit im Spiel ausgehe, das den vollen Einsatz fordert, dann löst sich der Verdacht, dass es sich bei der TZI um ein oberflächlich-unterhaltendes Spielen zum Zeitvertreib und ohne Tiefgang handeln könnte, auf. Auch die Konfliktvermeidung, die der TZI mitunter vorgeworfen wurde[536], trifft jedenfalls nicht zu, wenn der Globe im „Spiel" ist und nicht ausgeblendet wird (vgl. 3.5.). Dann wird die Spielmetapher für eine gesellschaftspolitisch kraftvolle TZI sehr stimmig.

Spiel und spielen sind ambiguitätsfreudige Vorgänge. „Spielen erzeugt eine eigene Wirklichkeit: die der Möglichkeiten"[537],schreibt Natias Neutert. Spielen nährt und entfaltet den Möglichkeitssinn des Menschen.[538] Bereits im Zusammenhang mit Leitung (vgl. 8.6.) habe ich auf die Bedeutung des Möglichkeitssinns in der TZI hingewiesen. Spiel ist mit Hingabe verbunden und kann Menschen „spielend" erfahren lassen, dass sie letztendlich „ganz" und „heil" sind.[539]

Wie wir in der Auseinandersetzung Ruth C. Cohns mit Günter Hoppe um ein drittes Axiom gesehen haben (vgl. 5.2.–5.4.), entfaltet die TZI ihre politische Kraft nicht in Aktionen um jeden Preis. Die Selbstverantwortung und Selbstentscheidung, die Chairpersonship (vgl. 5.5), werden in jeder Hinsicht ernst genommen. Wohl aber ist der TZI eingeschrieben, dass in jeder Interaktion nicht nur der individuelle, sondern auch der universale Globe präsent ist, der den gesellschaftspolitischen Möglichkeitssinn herausfordert. Bezieht man die Spielmetapher auf die TZI, dann geht es um ein Spiel, das, der gemeinsamen Zukunft aller Menschen wegen, immer wieder neu inszeniert werden muss.

---

536 Vgl. Hartmut Raguse, Kritische Bestandsaufnahme der TZI, in: C. Löhmer – R. Standhardt (Hg.), TZI, 264–277; Klaus W. Vopel, Umgang mit Konflikten, Hamburg 1983.

537 Natias Neutert (Hg.), Spielen. Hamburg 1971.

538 Ausdrücklich will ich in diesem Zusammenhang nochmals auf M. Kramls Habilitation hinweisen, die mir im Hinblick auf die Bedeutung des Möglichkeitssinnes wichtige Einsichten eröffnet hat: Kraml, Anderes ist möglich.

539 Auf Hingabe, Ganz- und Heilsein im Spiel hat mich M. Ostertag hingewiesen.

Das Spielen muss lehrbar sein, heißt es in Ruth's Gedicht. Es geht darum, dass nicht nur jede/jeder Einzelne zum Spiel eingeladen ist und für sich allein spielt, sondern dass viele mitspielen können und gemeinsam nach neuen Möglichkeiten für ein „gutes Leben" aller Menschen, ja der ganzen Kreatur suchen (vgl. 2.4.). Die untrennbare Verbindung von philosophisch und ethisch motivierter Selbstentscheidung (Chairperson) und globaler Verantwortung als „minitrillionster"[540] Anteil der Menschheit, bekommt im themenzentriert-interaktionellen „Spiel" eine immer wieder neue, spezifische Gestalt. Es macht, wenn es verantwortlich gespielt wird, konkret vorstellbar, was das Miteinander aller Menschen in Allverbundenheit und Weltverantwortung angesichts der umgehenden Angst vor den Anderen und Fremden, welche die Flüchtige Moderne prägt, bedeuten kann (vgl. 3. Kap.). Es setzt der Sprache, die andere ausschließt und attackiert, ja über die sich Blaming Frames mit leisen Sohlen in den Gehirnen von Menschen festbeißen und eine bewusste Sprachverwirrung angezielt wird, eine „gerechte" und anteilnehmende Sprache entgegen (vgl. 9. Kap.).

Das Spiel schließt alle ein. Auch wenn in der konkreten TZI-Gruppe bei weitem nicht „alle" vertreten sind, so ist die WIR-Gestalt universal (vgl. 8.5.). Besonders die stigmatisierten Fremden, die in der Regel leider physisch fehlen, sind zumindest mental gegenwärtig. Die TZI eröffnet einen Spielraum für alle. Das möglichkeitssinnige „Spiel" der TZI hat Ruth C. Cohn nie exklusiv verstanden. Jede Art von „Missionierung" für die TZI ist ihrem Wesen fremd. Ich erinnere nochmals an Ruths Wunsch, „dass TZI und anderes, was weiterführt", die Menschheit ins nächste Jahrhundert begleiten möge. In diesem Zusammenhang erwähnt sie ausdrücklich Judentum und Christentum und schließt damit, wenn ich sie richtig verstehe, alle Religionen und Weltanschauungen mit ihren friedensstiftenden, begegnungs- und verantwortungsfördernden Potentialen mit ein. Besonders in den Workshops in Indien, an denen in der Regel Menschen aus unterschiedlichen Religionen und mit verschiedenen Weltanschauungen teilnehmen, erlebe ich das Potential der TZI, neue Möglichkeiten für ein friedliches Miteinander zu eröffnen, das die Heterogenitäten nicht auslöscht, sondern Vielheit couragiert leben lässt (vgl. 1.4.).

10.3. Dritte Räume als Spielräume des Möglichen

Wo eröffnen sich solche Spielräume der Freiheit, Selbstbestimmung und Verantwortung auf das Leben und die universale Bezogenheit aller Men-

[540] Kroeger, Ruth Cohns Globe-Verständnis, 65.

schen hin? Bei dieser Frage kommt mir die Metapher vom „Dritten Raum“ in den Sinn, die vor allem der indisch-amerikanische Literatur- und Kulturwissenschaftler Homi Bhabha (geb. 1949) bewusst gemacht hat. Die Rede vom „Dritten Raum“ hat sich in den sogenannten postkolonialen Theorien der Kultur- und Literaturwissenschaften[541], wie auch der Kunst etabliert.[542] Der postkoloniale Diskurs greift vor allem das Phänomen der Anderen auf und geht den Fragen nach, „wie darüber gesprochen werden kann und wer für wen die Stimme erhebt“[543]. Somit berührt die Metapher des Dritten Raumes die Anliegen dieses Buches unmittelbar. Die gegenwärtige Hilflosigkeit und Angst Europas im Zusammenhang mit größeren Migrationsbewegungen kann ja auch als Relikt kolonialer Denkweisen und Vorstellungen begriffen werden.

In seiner Aufsatzsammlung „Die Verortung der Kultur“[544], in seinem Werk „Über kulturelle Hybridität“[545] und in seinen Gedanken über den „Dritten Raum“[546] erschließt Homi K. Bhabha ein kulturelles Verständnis, das für die Herausforderung einer friedvollen Begegnung von Menschen unterschiedlicher Kulturen, Weltanschauungen und Religionen[547] hilfreich ist. Für ihn sind Kulturen dynamische, sich stetig wandelnde Gebilde, die verschieden machtvoll und einflussreich sein können. Beim Aufeinandertreffen zweier Kulturen handelt es sich demnach immer um ein Gefälle. Bhabha spricht nicht von der „Diversität“ von Kulturen, sondern von deren „Differenz“. Kulturelle Diversität würde – seiner Meinung nach – ein Bild von vielen verschiedenen, statischen Gesellschaftsgruppen[548] vermitteln, die es aber so nicht gibt. Gemäß Bhabha vermeidet der Begriff der „Differenz“ die für ihn negative Konnotation, dass Menschen aus vorgegebenen, statischen Kulturen einander begegnen. Mit „kultureller Differenz“ wird die stetige Wechselwirkung zwischen Kulturen und deren flexibler Natur re-

---

[541] Vgl. u. a. Ina Kerner, Postkoloniale Theorien zur Einführung, Hamburg ^{2}2013.

[542] Julia Allerstorfer, Visuelle Identitäten. Künstlerische Selbstinszenierungen in der zeitgenössischen iranischen Videokunst, Bielefeld 2018, 105–132.

[543] Homi K. Bhabha, Interview ORF: http://sciencev1.orf.at/science/news/149988 (aufgerufen am 31. 12. 2018).

[544] Homi K. Bhabha, Die Verortung der Kultur, Tübingen 2000.

[545] Homi K. Bhabha, Über kulturelle Hybridität. Tradition und Übersetzung, in: A. Babka – G. Posselt (Hg.), Über kulturelle Hybridität. Tradition und Übersetzung, Wien 2012.

[546] Homi K. Bhabha, In the Cave of Making. Thoughts on Third Space, in: K. Ikas – G. Wagner (Hg.), Communicating in the Third Space, New York 2009.

[547] Vgl. zur transreligiösen Perspektive: Scharer, TZI als „Third Space“ transreligiöser Begegnungen.

[548] Hansfried Nickel weist mich mit Recht darauf hin, dass das sprachliche Verständnis von Differenz und Diversität genau umgekehrt zu H. Bhabha's Verständnis sein kann: Dann würde Differenz eher die Abgeschlossenheit und Diversität die „Porösität“ der Kulturen markieren.

spektiert und unterstrichen; eine Auffassung, die unter dem Differenzbegriff nicht erwartet wird, weil dieser zunächst eher auf unüberbrückbare Gegensätze hinzudeuten scheint. Doch genau das meint Bhabha nicht. Für ihn sind Kulturen „porös". Die transkulturelle – und wenn man es auf Weltanschauungen und Religionen ausdehnt – transreligiöse bzw. transweltanschauliche Perspektive, von der ich bereits im ersten Kapitel ausgegangen bin, wird sichtbar.

Ein weiterer Gedanke von Bhabha ist, dass kulturelle Originale, denen Übersetzungen gegenüberstehen würden, nie greifbar sind. Die Originale sind immer schon überlagert durch Übersetzungen; deshalb ist nichts originaler als etwas anderes. „Im Anschluss an den différance-Begriff von Jacques Derrida geht Bhabha davon aus, dass wir nie über die Bedeutung von Begriffen und Vorstellungen verfügen können, da Bedeutungen ständigen Verschiebungen unterworfen sind und in der jeweiligen Gegenwart immer nachholend neu erarbeitet werden müssen."[549] Diese Überlegungen zur kulturellen Differenz und zur „Cultural Translation" führen zum Begriff der Hybridität und damit zu Bhabha's Konzept des „Third Space". Hybridität wird oft – der Herkunft des Begriffes aus der Biologie entsprechend – als Vermischung zweier Originale zu etwas Neuem verstanden. Für Bhabha gibt es aber in kultureller Hinsicht diese Originale nicht, aus denen etwas Drittes entstehen soll. Er setzt hier den „Third Space" an, welcher das Aufkommen anderer Positionen ermöglicht. „Hybridisierung heißt für mich nicht einfach Vermischen, sondern strategische und selektive Aneignung von Bedeutungen, Raum schaffen für Handelnde, deren Freiheit und Gleichheit gefährdet ist."[550] Es geht um das Aushandeln neuer Bedeutungen durch Menschen unterschiedlicher Herkünfte und Einstellungen. In diesem Prozess entstehen Freiräume.

Noch ein weiterer Begriff ist für das Verstehen von Bhabha's Überlegungen zum Dritten Raum wichtig: Die „Mimikry". Mit dem auch aus der Biologie stammenden Begriff beschreibt er einen Schutzmechanismus von Menschen aus der schwächeren Kultur, sich partiell anzupassen. Durch die kulturelle Tarnung gewinnt die unterdrückte Partei einerseits an Handlungsspielraum, andererseits eröffnet sich im Raum dazwischen eine Möglichkeit für Widerstand „under cover". Für die Kolonisierten kann diese Strategie Überleben heißen und Sicherheit verleihen. So versucht der Kolonisierte seinem Kolonisierer insofern zu gehorchen, indem er sich so

---

549 Christine Engel – Roman Lewicki (Hg.), Vorwort. Konzepte von Interkulturalität, in: Interkulturalität: Slawische Fallstudien, Innsbruck (= Innsbrucker Beiträge zur Kulturwissenschaft, Bd. 12) 2005, 1.

550 Bhabha, Interview ORF

verhält wie Letzterer. Dies ist jedoch immer nur eine Art kompromissvoller Farce, weil weder der Kolonisierer noch der Kolonisierte sich in irgendeiner Weise vom anderen verändern und unterdrücken lassen will. So ist man zwar gleich, aber nicht ganz. „The same, but not quite."[551]

Bisher ist klar geworden, dass beim Zusammentreffen unterschiedlicher Kulturen Dritte Räume entstehen können. Sie repräsentieren eine Zone, in der Kulturen, die nie geschlossen und original, sondern „porös" sind, sich wandeln. Durch die wechselseitige Beeinflussung werden bestimmte kulturelle Aspekte angenommen, verändert oder ignoriert. Im „Dazwischen" löst sich das ursprüngliche Machtgefälle auf. Hier manifestieren sich die Ambivalenzen der verschiedenen Weltsichten. Im „In-Between" wiegt die Stimme der schwächeren Kultur genauso viel wie die der stärkeren.

Nur im Raum zwischen den Kulturen kann in einer produktiven Begegnung Neues entstehen. Bhabha macht aber auch deutlich, dass sich Dritte Räume nicht einfach erschließen, sondern einen Spielraum für gesellschaftliche Prozesse eröffnen, in denen es um Verständnis und Vereinbarungen von Bedeutung und Definitionen geht, was auch eine Machtfrage ist.

> Diese Aufwertung von prozessualer Gegenwart im Gegensatz zu einer vermeintlich fixierten Vergangenheit berührt vor allem auch Vorstellungen von ‚Heimat' oder ‚Identität', die als Prozesse der Gegenwart betrachtet ihre vermeintlich festen, in der Vergangenheit verankerten Konturen verlieren. Gegenwart wird solcherart nicht mehr nur als eine Grenzlinie zwischen Vergangenheit und Zukunft gedacht, sondern – so wie ‚third space' – als ein produktiver Zwischenraum.[552]

Im Dritten Raum verändert sich auch das Subjekt. Der einzelne Mensch wird zu einem „Subjekt in Bewegung"[553], einem „Nomaden", einem „Knoten- und Kreuzungspunkt der Sprachen, Ordnungen, Diskurse und Systeme, die es durchziehen, mit allen damit verbundenen Wahrnehmungen, Emotionen und Bewusstseinsprozessen. Seine Metapher des ‚verknoteten Subjekts' verlagert damit Multikulturalität aus einer territorialen Vorstellung in eine Person."[554] So ist die Erschließung Dritter Räume als ein Austauschprozess zwischen Fremdem und Eigenem zu verstehen. Ich muss die Perspektive wechseln: Erst wenn ich eine andere Position eingenommen habe, kann ich die eigene bedenken, kann ich in der Weise so „übersetzen",

[551] Engel – Lewicki, Konzepte von Interkulturalität, 1.
[552] Engel – Lewicki, Konzepte von Interkulturalität, 1 f.
[553] Engel – Lewicki, Konzepte von Interkulturalität, 2.
[554] Engel – Lewicki, Konzepte von Interkulturalität, 2.

dass immer ein Rest bleibt, der sich als produktiver Dritter Raum erweist, der aber nicht von vorneherein herstellbar ist. Dritte Räume können sich einstellen, wenn Menschen Vielheit couragiert zu leben beginnen. Insofern kann sich eine politisch engagierte, interkulturell wache und transreligiös aufgeschlossene TZI-Haltung und Praxis als Dritter Raum zeigen.

10.4. Der politischen Kraft der TZI „spielend“ inne werden

Am Ende dieses Kapitels und des Buches insgesamt, schließe ich an H. Johachs grundsätzliche Überlegungen zu den historischen und politischen Grundlagen der TZI an. Er erinnert an Ruth C. Cohns frühe Workshops, welche die Trennungsproblematik von Schwarzen und Weißen, die Apartheid in den USA, zum Thema hatten. In einem Interview, das ich mit Yitzchak Zieman, einem frühen Kollegen von Ruth, kurz vor seinem Tod in New York führen konnte[555], hat er mir eindrucksvoll von der politischen Intention Ruth C. Cohns erzählt, TZI-Gruppen gerade für gegensätzlich denkende und empfindende Menschen zu öffnen. Den Spielraum für Fremde, Andere und Anderes so weit wie möglich zu öffnen und offen zu halten, blieb ihr Anliegen durch das ganze Leben hindurch. In ihrem Aufsatz „The Beyond Within“[556] berichtet Ruth sehr persönlich von einem „Therapeuten- und Lehrerworkshop“ in dem sie „ein Unmaß von schrecklichen Erlebnissen aus der Nazizeit und dem Weltkrieg“ gehört hatte; sie „verschmolzen“ mit dem gegenwärtigen Leid im Kontext lokaler und globaler politischer und ökologischer Konflikte:

> Die 40 bis 50 Jahre alten Teilnehmer hatten schon an mehreren Kursen teilgenommen und viele waren durch ihre Ausbildungsanalyse gegangen. Es stiegen Schreckenserlebnisse und Erinnerungen aus den 30er und 40er Jahren in ihnen auf, von denen sie noch nie gesprochen hatten. Den Ausbrüchen folgten Stille und Wandlungen. Die Gruppe war erschüttert und erleichtert. Ich schloß frühere Nazis und Naziopfer in meine Arme. Ich hielt den Kopf eines Kriegsblinden in meinem Schoß. Ich legte meine Hände auf das Herz einer Frau, die von Soldaten der Alliierten gefoltert worden war, weil sie ihren Mantel fälschlich für den eines SS-Mannes gehalten hatten. Ich hörte die unglaublichen Glaubhaftigkeiten jüdischer Konzentrationslager-Opfer. Ich zitterte beim inneren Hören der Gewehrschüsse, die mutwillig ein

---

[555] Matthias Scharer, Panackachira – a symbol of socially conscious revitalization of TCI India and International, 96.

[556] Cohn, The Beyond Within.

> kleines Mädchen in den Armen seiner Mutter töteten; sie selbst wurde nicht von den Kugeln, sondern vom Spott der feindlichen Soldaten getroffen. Manche Teilnehmer erinnerten sich, wie ihr Gewissen sie gequält hatte, wenn sie an ihren jüdischen Freunden vorübergingen, um ihr eigenes Leben zu retten. (Was hätte ich an ihrer Stelle getan – wissend, daß ein Kopfnicken für meine Freunde Folter und Tod für mich und meine Kinder bedeutet haben könnten?) Andere Gruppenmitglieder erinnerten sich an ihren Haß gegen ihre Eltern, wenn sie aus politischer oder religiöser Überzeugung die Sicherheit ihrer Kinder opferten. Fast alle Gruppenmitglieder hatten Angehörige durch Bomben oder Hinrichtung verloren – durch Nazis oder spätere Rachestrafprozesse – oder auf Schlachtfeldern und langen Märschen zu den vielartigen Todesweisen in deutschen oder alliierten Lagern. Sie waren die überlebenden Eltern vergewaltigter und ermordeter Kinder, jüdische und arische, und ihre Rächer. Und sie waren die Kinder ermordeter Eltern, die in Erschöpfung und mit Hilfe anderer und nie verlöschten Schuldgefühlen weiterlebten.[557]

Aus diesen und vielen anderen Beispielen in diesem Buch können wir die politische Wirksamkeit der TZI sehen, die von Anfang an „im Sinne von *Verständigung und Kooperation* anstelle von Unterdrückung und gewalttätiger Auseinandersetzung zwischen unterschiedlichen gesellschaftlichen Gruppierungen angelegt war."[558]

H. Johach beklagt meiner Ansicht nach mit Recht „... dass mit der Weiterentwicklung der Theorie der TZI eine Einengung auf ein gruppenpädagogisches Konzept zur *Bildung der Persönlichkeit* einhergeht"[559]. Er erinnert daran, dass Ruth C. Cohn „in einem Interview mit Manfred Krämer ihren Protest gegen eine solche Verengung angemeldet"[560] hat. Spezialisierung und Professionalisierung der TZI in verschiedenen Berufsfeldern sollten nicht so weit führen, dass auf die „Vision einer menschenwürdigen Gesellschaft" verzichtet wird, „damit die Anwendung der TZI in der jeweiligen beruflichen Praxis umso reibungsloser funktionieren kann"[561]. Mit dem Problem der Anpassung der TZI an das, wozu sie eigentlich nicht dienen und was sie eigentlich nicht sein will, hatte Ruth C. Cohn offensichtlich seit ihrer New Yorker Zeit selbst zu kämpfen (vgl. 1.4.).

Ich hoffe, dass ich mit diesem Buch einen couragierten und gleichzeitig differenzierenden Beitrag dazu leisten kann, der politischen Vision Ruth C.

[557] Cohn, Das Innere Jenseits, 228 f.
[558] Johach, Historische und politische Grundlagen, 31.
[559] Johach, Historische und politische Grundlagen, 32.
[560] Johach, Historische und politische Grundlagen, 32.
[561] Johach, Historische und politische Grundlagen, 32.

Cohns eine Stimme zu geben, die angesichts der gesellschaftlichen Dilemmata, in denen wir in Europa und weltweit stehen, weiterhilft. Wie ich bereits am Anfang des Buches betont habe (vgl. 1.5.), geht es mir nicht um eine Musealisierung des Erbes der couragierten Migrantin, sondern um einen Impuls, eine menschenwürdige Gesellschaft vorstellbar zu machen, in der politische, kulturelle, und weltanschaulich-religiöse Vielheit frei gelebt und erprobt werden kann. Konkrete „Spielräume" für alle, im Bewusstsein der Vielheit, die unserem Menschsein von Anfang an zukommt, sind Hoffnungspotentiale in einer Gesellschaft, die den vor allem politisch motivierten Homogenisierungs- und Ausschlusstendenzen widerstehen kann. Ruth C. Cohn hat jedenfalls mit „ihrer" Themenzentrierten Interaktion der Rückkehr zu neuen Nationalismen, Fundamentalismen, Totalitarismen, wie wir sie gegenwärtig weltweit erleben, ein Bewusstsein der Vielheit und universellen Bezogenheit entgegengesetzt. Es realisiert sich in einer Haltung und Lebensform, die sich mit allen Kulturen, Weltanschauungen und Religionen verbinden kann, in denen sich Menschen „guten Willens" für offene Gesellschaften und eine universale Welt aller Menschen einsetzen.

Bei aller Ambivalenz, wohin sich die Menschheit bewegen könnte, überwiegt auf den letzten Seiten von Ruth C. Cohns Buch „Gelebte Geschichte der Psychotherapie", an dessen Manuskript sie sechs Jahre gearbeitet hatte und das in den 1980iger Jahren erschienen ist, die Hoffnung und Zuversicht. Mit einigen Ausschnitten aus diesen letzten Seiten schließe ich auch mein/unser Buch ab:

> Ich glaube, es ist möglich, daß jedes Schulkind und jeder Regierende begreifen wird: Überleben und Leben ist für alle möglich, wenn wir es wirklich wollen. Wir haben die emotionalen und die intellektuellen Fähigkeiten – Hände, Herzen und Köpfe –, uns zu solidarisieren und uns von unserer Besitzmanie zu heilen.
> Angstmachen und Gewalttätigkeit sind unreife Verhaltensweisen. Menschwerdung vollzieht sich in der Entwicklung eines erweiterten Selbstverständnisses; Menschwerdung heißt einsehen, was uns zu Menschen als Menschen und was uns zu Tötern und Leichen macht. Menschwerdung bedeutet, daß wir die Verflechtung von Schuld und Schicksal anerkennen und weder dem Schicksal noch der Schuld einseitig die Macht zur Last legen. […] …immer noch nicht haben wir den Geschwistermord der Genozide überwunden. Die immer größer werdende Gefahr der absoluten Vernichtung hat jedoch dazu geführt, daß wir Aufklärung darüber suchen, und damit Befreiungskräfte gegen ökologische, psychologische und ökonomische Unwissenheit und gegen blinden Gehorsam geweckt. Das „Recht des Stärkeren" und seine Macht sind ins Wanken gekommen, auch wenn deren

Brüchigkeit in der politischen und militärischen Entwicklung noch nicht sichtbar wird. Immerhin hat ein hohes Gericht nach dem Holocaust geurteilt, daß es ethische Grenzen gibt, die unabdingbare Geltung haben. Kein Gesetz und kein Befehl darf Menschenrechte verletzen. Kein Mensch soll menschenunwürdige Gesetze und Befehle befolgen. [...] Wenn wir nicht taub und blind wären, könnten wir ja unsere Geschwister der Dritten Welt nicht hungern, krankwerden, verzweifeln und sterben lassen. Wir könnten nicht unseren Reichtum auf anderer Menschen Armut aufbauen. Die Tatsache, daß wir sie ökonomisch versklaven, durch ökologische Schäden verarmen lassen und unsere Märkte in vieler Weise durch sie bereichern, ist heute schon sehr vielen, vielleicht sogar den meisten Menschen bewußt. Oft denke ich beschämt, daß es schwer zu verstehen ist, wie wir damit leben können. Wollen wir nicht wirklich lieber etwas ärmer sein, dafür aber sehr viel weitsichtiger und humaner? Können wir wirklich nicht begreifen, daß wir als kooperative Völker alle sowohl materiell als auch physisch gesünder leben könnten, wenn wir die ausgefahrenen Schienen von Feindbildern und Besitzgier verlassen würden? Wenn wir Feinde und Feindbilder nicht mehr im andern Revier suchen würden, sondern in unserem eigenen Spiegelbild – weil die einzigen Menschen, auf die wir therapeutischen Einfluß haben könnten, wir selbst sind? Und vielleicht noch einige andere, die uns vertrauen, wenn wir vertrauenswürdig sind? [...] Sind wir bereit, unser Bewußtsein von der Technik und der Organisation von Maschinen und Menschen-als-Maschinen auf die Vermenschlichung unserer selbst und damit auf die Rettung der Erde zu lenken?
Die Antwort ist für viele Menschen: ja. Sie drückt sich leise aus in den großen Emanzipationsbewegungen unseres Jahrhunderts und auch in den immer stärker anwachsenden, kleinen bewußtheitserweiternden Gruppen [...] Diese Gruppen, die sich wie ein Lichtnetz über die Welt verbreiten, entstanden nicht unabhängig von psychologischen Erfahrungen und Erkenntnissen. Die psychologische Bewußtheit hat sich im Laufe dieses Jahrhunderts von der Einzel- zur Gemeinschaftsschau und deren universalen Verknüpftheiten erweitert.[562]

[562] Cohn – Farau, Gelebte Geschichte, 544–546.

Literaturverzeichnis

Dieses Literaturverzeichnis ist nach den Kategorien geordnet, die im Fachbuch speziell bearbeitet werden. Michaela und Matthias Scharer arbeiten seit einigen Jahren an einem generellen Literaturverzeichnis zur TZI. Es ist in der jeweils aktualisierten Fassung (2019: ca. 2400 Einträge) auf der Homepage des Ruth Cohn Instituts for TCI-international über den Button Forschung/Erweiterte Bibliographie abrufbar:
https://www.ruth-cohn-institute.org/erweiterte-bibliographie.html
Außerdem arbeiten wir an der Freilegung und Registrierung des umfangreichen geistigen Nachlasses von Ruth C. Cohn am Archiv der Humboldt Universität zu Berlin. Ein entsprechendes Quellenverzeichnis wird erstellt. Der Nachlass ist voraussichtlich ab 2022 vollständig zugänglich. Einzelne Recherchen in den bereits registrierten Dokumenten sind ab sofort möglich. Zur Eröffnung des Nachlasses ist eine einschlägige Tagung geplant. Interessent*innen melden sich bitte über e-mail bei: matthias.scharer@uibk.ac.at. Sie erhalten zeitnah eine Einladung zur Tagung.

Vereinbarungsgemäß greifen wir in diesem Buch nur auf Quellen aus dem Nachlass zurück, die bereits auf andere Weise (Manuskripte, Veröffentlichungen, Vorträge) zugänglich waren, inzwischen aber weitgehend unbekannt sind. Sie erscheinen hier bereits unter der Signatur des von uns angelegten Verzeichnisses im Archiv: HUB, UA, NL Cohn, Nr. 8, Blatt (**H**umboldt **U**niversität **B**erlin, Universitäts**A**rchiv, **N**ach**L**ass Cohn, **Nr.** des jeweiligen Archivordners, **Blatt**).

1 Politisch-gesellschaftliche Analysen, Konzepte und Theorien

ALLERSTORFER, JULIA (2018), Visuelle Identitäten. Künstlerische Selbstinszenierungen in der zeitgenössischen iranischen Videokunst, Bielefeld: transkript.

ARENDT, HANNAH ([4]2006), Vita activa oder Vom tätigen Leben, München: Piper.

ARENDT, HANNAH ([5]2016), Wir Flüchtlinge. Mit einem Essay von Thomas Meyer, Stuttgart: Reclam.

ARENDT, HANNAH ([14]2017), Eichmann in Jerusalem. Ein Bericht von der Banalität des Bösen. Mit einem einleitenden Essay und einem Nachwort zur aktuellen Ausgabe von Hans Mommsen, München – Berlin: Piper.

ARENDT, HANNAH ([12]2017), Über das Böse. Eine Vorlesung zu Fragen der Ethik, München: Piper.

ASSMANN, ALEIDA (2018), Menschenrechte und Menschenpflichten: Schlüsselbegriffe für eine humane Gesellschaft, Wien: Picus Verlag.

BALDINGER, INGE – SMETANA, MARIAN (2018), Wovon reden wir da eigentlich?, in: Salzburger Nachrichten vom 11. Juli, 2018, 3.

BAUER, THOMAS ([3]2018), Die Vereindeutigung der Welt. Über den Verlust an Mehrdeutigkeit und Vielfalt. [Was bedeutet das alles?], Stuttgart: Reclam.

BAUMAN, ZYGMUNT (2007), Leben in der Flüchtigen Moderne, Berlin: suhrkamp.

BAUMAN, ZYGMUNT (2015), Retten uns die Reichen? Freiburg i. Br.: Herder.

BAUMAN, ZYGMUNT (2016), Die Angst vor den anderen. Ein Essay über Migration und Panikmache, Berlin: suhrkamp.

BAUMAN, ZYGMUNT ([3]2016), Flüchtige Zeiten. Leben in der Ungewissheit, Hamburg: Hamburger Edition HIS.

BAUMAN, ZYGMUNT ([8]2017), Flüchtige Moderne, Frankfurt a. M.: edition suhrkamp.

BAUMAN, ZYGMUNT ([4]2017), Moderne und Ambivalenz. Das Ende der Eindeutigkeit, Hamburg: Hamburger Edition HIS.

BAUMAN, ZYGMUNT ([4]2017), Gemeinschaften. Auf der Suche nach Sicherheit in einer bedrohlichen Welt, Frankfurt a. M.: suhrkamp.

BECK, ULRICH ([5]2017), Weltrisikogesellschaft: Auf der Suche nach der verlorenen Sicherheit, Frankfurt a. M.: suhrkamp.

BLOM, PHILIPP (2018), Die Welt aus den Angeln. Eine Geschichte der Kleinen Eiszeit von 1570 bis 1700 sowie der Entstehung der modernen Welt, verbunden mit einigen Überlegungen zum Klima der Gegenwart, München: Carl Hanser.

BREIDENSTEIN, GERHARD (1994), Die globale Krise. Symptome, Diagnosen, Heilungskräfte, in: RÜDIGER STANDHARDT – CORNELIA LÖHMER (Hg.), Zur Tat befreien. Gesellschaftspolitische Perspektiven der TZI-Gruppenarbeit, Mainz: Grünewald, 170–183.

BUCHER, RAINER (2008), Hitlers Theologie, Würzburg: Echter Verlag.

CASANOVA, JOSÉ (2009), Europas Angst vor der Religion, Berlin: University Press.

CASTRO VARELA, MARIA DO MAR – MECHERIL, PAUL (Hg.), (2016), Die Dämonisierung der Anderen. Rassismuskritik der Gegenwart, Bielefeld: (eBook transcript, zitiert aus Leseprobe).

CZOLLEK, MAX (2018), Desintegriert euch! München: Carl Hanser, 11.

DARWIN, CHARLES (1874), Die Abstammung des Menschen, Paderborn: Voltmedia, 700.

EMCKE, CAROLIN ([4]2016), Gegen den Hass, Frankfurt a. M.: S. Fischer.

ENGEMANN, CHRISTOPH – SUDMANN, ANDREAS (2018), Machine Learning – Medien, Infrastrukturen und Technologien der Künstlichen Intelligenz, Bielefeld: transcript.

FRANK, HANS ([3]1942), Die Technik des Staates. Mit einem Vorwort von Dr. Adolf Dresler, Krakau.

GIRARD, RENÉ – BERZ, AUGUST (2008), Das Ende der Gewalt: Analysen des Menschheitsverhängnisses, Freiburg i. Br.: Herder.

GRAF, FRIEDRICH WILHELM (2007), Die Wiederkehr der Götter: Religion in der modernen Kultur, München: Beck.

GROSSKLAUS, GÖTZ (2017), Das Janusgesicht Europas. Zur Kritik des kolonialen Diskurses, Bielefeld: transcript.

GUGGENBERGER, WILHELM u. a. (2009), Politik, Religion und Markt: Die Rückkehr der Religion als Anfrage an den politisch-philosophischen Diskurs der Moderne. Edition Weltordnung, Religion, Gewalt, Innsbruck, IUP – Innsbruck Univ. Press (=Edition Weltordnung, Religion, Gewalt 4).

GUGGENBERGER, WILHELM – PAGANINI, CLAUDIA (2015), Die Gewöhnung an das Unerträgliche zerreißt, in: MARIA JUEN – GUNTER PRÜLLER-JAGENTEUFEL – JOHANNA RAHNER – ZEKIRIJA SEJDINI (Hg.), Anders gemeinsam – gemeinsam anders? In Ambivalenzen lebendig kommunizieren, Ostfildern: Grünewald, 85–91.

GÜNTHER, JÜRGEN (Hg.) (1984), Quo vadis Industriegesellschaft? Perspektiven zu Führungsfragen von morgen, Heidelberg: Sauer.

HARAND, IRENE (2005), „Sein Kampf". Antwort an Hitler, in: FRANZ RICHARD REITER (Hg.), Dokumente – Berichte – Analysen 13, Wien: Ephelant.

HILL, MARC – YILDIZ, EROL (2018), Postmigrantische Visionen. Erfahrungen – Ideen – Reflexionen (= Postmigrantische Studien Bd. 1), Bielefeld: transcript.

HITLER, ADOLF (1942), Mein Kampf. Zwei Bände in einem Band (773.–774. Auflage), München: Zentralverlag der NSDAP, Franz Eher Nachf. G.m.b.H.

KERNER, INA ([2]2013), Postkoloniale Theorien zur Einführung, Hamburg: Junius.

LAKOFF, GEORGE – WEHLING, ELISABETH ([4]2016), Auf leisen Sohlen ins Gehirn. Politische Sprache und ihre heimliche Macht, Heidelberg: Carl Auer.

LANDAU, MICHAEL (2016), Solidarität: Anstiftung zur Menschlichkeit, Wien: Brandstätter.

LANDAU, MICHAEL (2017), Da sein für Menschen auf der Flucht. Das Engagement der Caritas im Umfeld von Aufnahme, Betreuung und Integration, in: Theologisch-praktische Quartalschrift 165, 4–11.

MASSCHELEIN, JAN – SIMONS, MAARTEN (2012), Globale Immunität oder Eine kleine Kartographie des europäischen Bildungsraums. Aus dem Niederländischen von A. Klinzmann und M. Ragg, Zürich: Diaphanes.

OERTLI-CAJOCOB, PETER (Hg.) (1989), Innovation statt Resignation. 35 Perspektiven für eine neue Zeit, Bern – Stuttgart: Haupt.

PALAVER, WOLFGANG (2015), Inmitten von Ambivalenzen in der Gesellschaft, in: MARIA JUEN – GUNTER PRÜLLER-JAGENTEUFEL – JOHANNA RAHNER – ZEKIRIJA SEJDINI, Anders gemeinsam – gemeinsam anders?, in: Ambivalenzen lebendig kommunizieren, Ostfildern: Grünewald, 29–41.

PALAVER, WOLFGANG (2017), Neue Theorien radikaler Demokratie auf dem Prüfstand, in: WALTER LESCH, Christentum und Populismus. Klare Fronten? Freiburg – Basel – Wien: Herder, 62–71.

ROTTER, ANITA – SCHACHT, FRAUKE (2018), Bewegte Biografien in der postmigrantischen Gesellschaft, in: MARC HILL – EROL YILDIZ, Postmigrantische Visionen. Erfahrungen – Ideen – Reflexionen (= Postmigrantische Studien Bd. 1), Bielefeld: transcript, 147–159.

Scharer, Matthias (2016), Festung Europa. Leserbrief in der Langform veröffentlicht in: www.feinschwarz.net/?s=scharer.

Snyder, Timothy (2015), Black Earth. Der Holocaust und warum er sich wiederholen kann, München: Beck.

Trojanow, Ilija ([2]2017), Nach der Flucht, Frankfurt a. M.: Argon.

WEss, Paul (2002), Welche soziale Identität braucht Europa? Wien: Czernin.

Yildiz, Erol – Hill, Mark (2014), Nach der Migration: Postmigrantische Perspektiven jenseits der Parallelgesellschaft, Bielefeld: transcript.

2 Interkulturelle, transreligiöse und theologische Bezüge

Abraham, Thomas (2006), TCI and Indian Wisdom: Towards a Concordance, in: International Journal of Theme-Centred Interaction, 17–29.

Abraham, Thomas (2006), TCI in India: An Indian's response to its relevance – an analysis of the concept and its application, in: Themenzentrierte Interaktion. theme-centered interaction 20 (1), 55–64.

Abraham, Thomas (2009), TCI goes to the Grassroots, in: Indian Journal of Theme – Centred Interaction March 5, 59–65.

Abraham, Thomas ([2]2009), TCI and Indian Wisdom: Towards a Concordance, in: Mary Anne Kuebel – Thomas Abraham, LIVING LEARNING. A Reader in Theme-Centred Interaction, Kottayam: Ripples Forum for Creative Interventions, 274.

Abraham, Thomas (2010), Ruth Cohn and Mahatma Gandhi, in: Indian Journal of Theme-Centered Interaction (TCI). Ruth Cohn Special Issue, (6&7), 27–32.

Abraham, Thomas – Scharer, Matthias (2015), TCI Goes to the Grassroots. Workshop with Participants from Nigeria, Marocco, Taiwan, India, Germany and Austria, in: Maria Juen – Gunter Prüller-Jagenteufel – Johanna Rahner – Zekirija Sejdini (Hg.), Anders gemeinsam – gemeinsam anders? In Ambivalenzen lebendig kommunizieren, Ostfildern: Grünewald, 67–172.

Arend-Herlyn, Menno (2001), Interkulturelle Kompetenz und TZI, in: Themenzentrierte Interaktion. theme-centered interaction, 15 (1), 42–51.

Assmann, Jan ([6]2006), Monotheismus und die Sprache der Gewalt, Wien: Picus.

Baier, Karl (2004), Transreligiöse Theorie und existentiale Interpretation (https://homepage.univie.ac.at/karl.baier/texte/pdf/TransreligioeseTheorie.pdf, 2–20, Aufruf am 31.12.2018)

Bail, Ulrike u. a. [2006] ([4]2014), Bibel in gerechter Sprache, Gütersloh: Gütersloher Verlagshaus.

Bauer, Nicole Maria (2017), Kabbala und religiöse Identität. Eine religionswissenschaftliche Analyse des deutschsprachigen Kabbalah Centre, Bielefeld: transcript.

Bernhardt, Reinhold – Schmidt-Leukel, Perry (2008), Multiple religiöse Identität. Aus verschiedenen religiösen Traditionen schöpfen. Beiträge zu einer Theologie der Religionen, Zürich: TVZ Verlag.

Bhabha, Homi K. (2000), Die Verortung der Kultur, Tübingen: Stauffenburg.

Bhabha, Homi K. (2009), In the Cave of Making. Thoughts on Third Space, in: Karin Ikas – Gerhard Wagner (Hg.), Communicating in the Third Space, New York: Routledge, IX-XIV.

Bhabha, Homi K. (2012), Über kulturelle Hybridität. Tradition und Übersetzung, in: Anna Babka – Gerald Posselt (Hg.), Über kulturelle Hybridität. Tradition und Übersetzung, Wien: Turia + Kant, 18–57.

Bhabha, Homi K., Interview ORF: http://sciencev1.orf.at/science/news/149988 (aufgerufen am 31.12.2018).

Denzinger, Heinrich – Hünermann, Peter ([37]1991), Kompendium der Glaubensbekenntnisse und kirchlichen Lehrentscheidungen, Freiburg: Herder.

Der Brief an Diognet (1982), Übersetzung und Einführung von Lorenz, Bernd, Einsiedeln.

Die Bibel (2016), Einheitsübersetzung der Heiligen Schrift. Gesamtausgabe, Stuttgart: Verlag Katholisches Bibelwerk.

Engel, Christine – Lewicki, Roman (Hg.) (2005), Vorwort. Konzepte von Interkulturalität, in: Interkulturalität: Slawische Fallstudien. Innsbruck (= Innsbrucker Beiträge zur Kulturwissenschaft, Bd. 12), 1–8.

Fritzsche, Karin – Fischer-Siregar, Maria (2003), TZI in asiatischen Kulturen? Ein Beitrag zur Differenzierung der Diskussion, in: Themenzentrierte Interaktion. theme-centered interaction, 17 (1), 24–41.

Gosebrink, Hildegard (2007), Chairpersonprinzip und interreligiöser Dialog, in: Themenzentrierte Interaktion. theme-centered interaction 21 (2), 34–39.

Halbmayr, Alois – Hafner, Johann Ev. (2008), Negative Theologie heute? Zum aktuellen Stellenwert einer umstrittenen Tradition (= Quaestiones disputatae 226), Freiburg i. Br.: Herder.

Höhn, Hans-Joachim (2008), Der fremde Gott: Glaube in postsäkularer Kultur, Würzburg: Echter.

Kähler, Reinhard (2005), Konfliktfähigkeit und jüdisch-christliche Spiritualität, in: Themenzentrierte Interaktion. theme-centered interaction 19 (2), 29–41.

Kästle, Daniela – Kraml, Martina – Mohagheghi, Hamideh (Hg.) (2009), Heilig – Tabu. Christen und Muslime wagen Begegnungen, Ostfildern: Grünewald.

Khoury, Adel Theodor ([4]2007), Der Koran, Gütersloh: Gütersloher Verlagshaus.

Körtner, Ulrich H.J. (2006), Wiederkehr der Religion? Das Christentum zwischen neuer Spiritualität und Gottvergessenheit, Gütersloh: Gütersloher Verlags-Haus.

Küng, Hans (2006), Der Islam. Geschichte, Gegenwart, Zukunft, München: Piper.

Kuschel, Karl-Josef (Hg.) (2007), Juden – Christen – Muslime. Herkunft und Zukunft, Düsseldorf: Patmos.

Lähnemann, Johannes (2003), Kein Weltfriede ohne Religionsfriede. Hintergründe, Anliegen, Entwicklung des Projektes Weltethos, in: Salzburger Theologische Zeitschrift 7, 150–160.

Lohmann, Karl-Ernst (2003), Interkulturelle Gruppen leiten. Teil 2, in: Themenzentrierte Interaktion. theme-centered interaction 17 (2), 81–90.

Lohmann, Karl-Ernst ([3]2014), Interkulturalität und Diversity, in: Mina Schneider-Landolf – Jochen Spielmann – Walter Zitterbarth (Hg.), Handbuch Themenzentrierte Interaktion (TZI) 3 Tab, Göttingen: Vandenhoeck & Ruprecht, 263–268.

Lübbe, Hermann (1986), Religion nach der Aufklärung, Graz: Styria.

Luhmann, Niklas (2004), Funktion der Religion, Frankfurt a. M.: suhrkamp.

Mathew, Thomaskutty (2006), My experience of Truth in the background of TCI concepts and Indian wisdom, in: International Journal of Theme-Centred Interaction, 34–36.

Moser, Tilmann ([11]1995), Gottesvergiftung, Frankfurt a. M.: suhrkamp.

Moser, Tilmann (2003), Von der Gottesvergiftung zu einem erträglichen Gott: Psychoanalytische Überlegungen zur Religion, Stuttgart: Kreuz Verlag.

Nehring, Andreas – Tielesch, Simon (2013), Theologie und Postkolonialismus. Bibelhermeneutische und kulturwissenschaftliche Beiträge, Stuttgart: Kohlhammer.

Oelmüller, Willi (1999), Negative Theologie heute: Die Lage der Menschen vor Gott, München: Fink.

Papst Franziskus (2013), Die Freude des Evangeliums. Das Apostolische Schreiben „Evangelii gaudium“ über die Verkündigung des Evangeliums in der Welt von heute, Freiburg i. Br.: Herder.

Pöpel, Konrad (2007), TZI und indische Kultur – ein Versuch, in: Themenzentrierte Interaktion. theme-centered interaction 21 (2), 26–33.

Rahner, Karl – Vorgrimler, Herbert ([5]2006), Kleines Konzilskompendium. Sämtliche Texte des Zweiten Vatikanums, Freiburg: Herder.

Reppel, Christa (2012), CHAIRPERSON AND INDIAN SPIRITUALITY. An insight from a workshop session, in: Indian Journal of Theme-Centred Interaction (TCI) (8), 83–84.

Riesebrodt, Martin ([2]2001), Die Rückkehr der Religionen: Fundamentalismus und der „Kampf der Kulturen“, München: Beck.

Rüsen, Jörn (2006), Zivilgesellschaft und Religion – Idee eines Verhältnisses, in: Christian Augustin – Johannes Wienand – Christiane Winkler (Hg.), Religiöser Pluralismus und Toleranz in Europa, Wiesbaden: Verlag für Sozialwissenschaften, 248–259.

Schallaburg Kulturbetriebsges.m.b.H. (2017), Islam. Katalog zur Jahresausstellung vom 18. März – 5. November 2017, 77.

Scharer, Matthias (1993), Gott entdecken anstatt vermitteln. Theologische Hermeneutik themenzentrierter Interaktion, in: Themenzentrierte Interaktion. theme-centered interaction 7 (2), 41–51.

Scharer, Matthias (1995), Begegnungen Raum geben. Kommunikatives Lernen als Dienst in Gemeinde, Schule und Erwachsenenbildung, Mainz: Grünewald.

Scharer, Matthias (2010), Panackachira – a symbol of socially conscious revitalization of TCI India and International. Companions on the way to the Grass Roots, in: Indian Journal of Theme-Centered Interaction (TCI), 6/7, 95–104.

Scharer, Matthias (2012), A PLACE FOR GOD IN THE TCI WORLD VIEW. Within or Beyond the TCI system? Reflection on Thomas Abraham's correlation between TCI and Indian Wisdom, in: Indian Journal of Theme-Centred Interaction 8, 33–39.

Scharer, Matthias (2013), Mit Muslimen lehren und forschen. Ein kommunikativ-theologischer Blick auf muslimisch-christliche Kooperationen in der Lehre, beim Aufbau eines Studiengangs und bei der Entwicklung eines Forschungsantrages, in: Christine Büchner – Christine Jung – Bernhard Nitsche – Lucia Scherzberg (Hg.), Kommunikation ist möglich. Theologische, ökumenische und interreligiöse Lernprozesse. Festschrift für Bernd Jochen Hilberath, Mainz: Grünewald, 360–373.

Scharer, Matthias (2014), „Learning (in/through) Religion" in der Gegenwart der/des Anderen. Unfall und Ernstfall öffentlicher Bildung, in: Österreichisches Religionspädagogisches Forum 22, 93–102.

Scharer, Matthias (2014), Multiple religiöse Identität: Klischee, Krisenphänomen oder Zeichen der Zeit? Zur Subjekt-Perspektive angesichts geistgewirkter Pluralität, in: Zeitschrift für katholische Theologie (ZKth) 136/1–2, 121–134.

Scharer, Matthias (2016), „Third Spaces" – Räume für die interreligiöse Begegnung an „generativen" Themen. Gewaltprävention durch Themenzentrierte Interaktion nach Ruth C. Cohn, in: Monika Datterl – Wilhelm Guggenberger – Claudia Paganini, Gewalt im Namen Gottes – ein bleibendes Problem? (= theologische trends 25), Innsbruck: University Press, 71–90.

Scharer, Matthias (2017), Ruth C. Cohns Themenzentrierte Interaktion (TZI) in der interreligiösen Begegnung, in: Thomas Krobath – Amena Shakir – Peter Stöger (Hg.), Buber begegnen. Interdisziplinäre Zugänge zu Martin Bubers Dialogphilosophie, Wuppertal: Arco Verlag, 100–118.

Scharer, Matthias (2017), TZI als „Third Space“ transreligiöser Begegnungen, in: Themenzentrierte Interaktion. theme-centered interaction 31 (2), 131–138.

Scharer, Matthias (2018), Die Einführungsvorlesung in die Religionsdidaktik wandelt sich, in: Martina Kraml – Zekirija Sejdini (Hg.), Interreligiöse Bildungsprozesse. Empirische Einblicke in Schul- und Hochschulkontexte, Stuttgart: Kohlhammer, 49–62.

Schieder, Rolf (2008), Zivilreligionen als Friedensstifter, in: Manfred Brocker – Mathias Hildebrandt (Hg.), Friedensstiftende Religionen? Religion und die Deeskalation politischer Konflikte, Wiesbaden: Verlag für Sozialwissenschaft, 123–137.

Schillebeeckx, Edward (1988), Mystik und Politik. Theologie im Ringen um Geschichte und Gesellschaft. Johann Baptist Metz zum 60. Geburtstag, Mainz: Grünewald.

Schulz, Peter (1993), Themenzentrierte Arbeit mit einer multikulturellen Gruppe von Jugendlichen, in: Themenzentrierte Interaktion. theme-centered interaction 7 (1), 95–103.

Sejdini, Zekirija (2015), Inmitten von Ambivalenzen im Islam, in: Maria Juen – Gunter Prüller-Jagenteufel – Johanna Rahner – Zekirija Sejdini (Hg.), Anders gemeinsam – gemeinsam anders? In Ambivalenzen lebendig kommunizieren, Ostfildern: Grünewald, 215–220.

Sölle, Dorothee (1997), Mystik und Widerstand: „du stilles Geschrei“, Hamburg: Hoffmann & Campe.

Thomas Thresiamma (Sr. Ancilla S. H.) (2006), Chairpersonship and Women Empowerment in Indian Context, in: International Journal of Theme-Centred Interaction, 71 f.

Vogt, Martina (2008), Value Clarification, in: Indian Journal of Theme - Centred Interaction (3 & 4), 77–91.

Westerkamp, Dirk (2003), Via negativa: Sprache und Methode der negativen Theologie. Techn. Univ. Dissertation, Regensburg.

Westerkamp, Dirk (2006), Negation im Absoluten-Braunschweig, Begriff und Probleme der negativen Theologie, München: Fink.

3 TZI-Grundlagen

Bertels, Gesa u. a. (Hg.) (2015), Aufbruch. Begeisterung. Engagement. Die Anfänge der Themenzentrierten Interaktion in Deutschland. Zeitzeuginnen und Zeitzeugen erzählen, Bochum: Universitätsverlag Brockmeyer.

Boldt, Peter (2010), TZI – eine dynamische Ethik, in: Themenzentrierte Interaktion. theme-centered interaction 24 (2), 90–95.

Boldt, Peter (2012), Das Chairperson-Postulat Ruth Cohns und die Neurobiologie – TZI und der freie Wille, in: Themenzentrierte Interaktion. theme-centered interaction 26 (1), 46–59.

Brühlmann-Jecklin, Erica (2010), Das Mögliche tun. Ruth C. Cohn. Gespräche und Begegnungen, Oberhofen am Thurnersee: Zytglogge Verlag.

Cohn, Ruth C. (o. J.), Lebendiges Mit-Teilen (Lebendiges Schreiben, lebendiges Lesen; experientielles Lesen/Schreiben), Entwurf, Humboldt Universität Berlin (HUB), Universitätsarchiv (UA), Nachlass Cohn (NL Cohn), Nr. 28, Blatt 148 f.

Cohn, Ruth C. [1949] ([2]1952), ... inmitten aller Sterne ..., New York: Peter Thomas Fisher.

Cohn, Ruth C. (1952), Masturbation & Love, HUB, UA, NL Cohn Nr. 8, Blatt 250–255.

Cohn, Ruth C. [1953] ([16]2009), Gegenübertragung – ein psychoanalytisch-interaktioneller Workshop mit Psychoanalytikern, in: Ruth C. Cohn, Von der Psychoanalyse zur themenzentrierten Interaktion. Von der Behandlung einzelner zu einer Pädagogik für alle, Stuttgart: Klett-Cotta (= Konzepte der Humanwissenschaften), 33–63.

Cohn, Ruth C. (1955), AN APPROACH TO PSYCHOSOMATIC ANALYSIS, in: PSYCHOANALYSIS, Journal of Psychoanalytic Psychology, Vol. 3 (1955) 2, HUB, UA, NL Cohn, Nr. 10, Blatt 88–94.

Cohn, Ruth C. (1960–1971), BEGINNINGS – FAREWELLS – BEGINNINGS (From Prejudice to Awareness. A Living-Learning Process in Sketches), HUB, UA, NL Cohn, Nr. 7, Blatt 261–267, S. 199–205.

Cohn, Ruth C. (1968), Training Intuition, in: Ways of Growth, Herbert Otto, ed.

Cohn, Ruth C. (1970), ON HUMANISTIC PRINCIPLES IN PSYCHOTHERAPY AND GROUPLEADING, in: THE JOURNAL OF CLINICAL ISSUES IN PSYCHOLOGY, VOL. 2 Nr. 3, October 1970: 24–25.

Cohn, Ruth C. (1970), Beginnings – Farewells – Beginnings. (From Prejudice to Awareness. A Living-Learning Process in Sketches), in: VOICES 6 (1), 6–12.

Cohn, Ruth C. (1971), Living-Learning Encounters: The Theme-Centered Interactional Method, in: L. Blank – G.B. Gottsegen – M.G. Gottsegen (Eds.), Confrontations. Encounters in self and interpersonal awareness, New York: Macmillan and London, Collier-Macmillan Limited, 245–271.

Cohn, Ruth C. [1972] ([16]2009), Das innere Jenseits, in: Ruth C. Cohn, Von der Psychoanalyse zur themenzentrierten Interaktion. Von der Behandlung einzelner zu einer Pädagogik für alle, Stuttgart: Klett-Cotta, 224–232.

Cohn, Ruth C. (1972), The Beyond Within, in: VOICES 8 (3), 78–83.

Cohn, Ruth C. (1972), Solitude, Beauty, Serenity (A„LONG-LIVING" PERSON), in: VOICES 8 (2), 19–21.

COHN, RUTH C. (1972), CUT THE TOES SO THE SHOE WILL FIT, in: American Academy of Psychotherapists, Newsletter Vol. 1972 (6), engl., HUB, UA, NL Cohn, Nr. 8, Blatt 27.

COHN, RUTH C. (1973), First notes on Clark University Stay January–May 1973, HUB, UA, NL Cohn, Nr. 50, Blatt 341, Eintragung vom 20. 1. 1973.

COHN, RUTH C. (1973), Stil und Geist der themaorientierten interaktionellen Methode, in: CLIFFORD J. SAGER – HELEN KAPLAN (Hg.), Handbuch der Ehe-, Familien- und Gruppentherapie, München: Kindler Verlag, Band 3, 1097–1137.

COHN, RUTH C. (1974), Thematisch ausgerichtete Gruppen, in: HENDRIK M., RUITENBEEK (Hg.), Die neuen Gruppentherapien, Stuttgart: Klett Verlag, 145–153.

COHN, RUTH C. (1974), Die Selbsterfahrungsbewegung: Autismus oder Autonomie?, in: Gruppendynamik, 5/3, 160–171.

COHN, RUTH C. [1974] ([16]2009), Zur Grundlage des themenzentrierten interaktionellen Systems. Axiome, Postulate, Hilfsregeln, in: RUTH C. COHN, Von der Psychoanalyse zur themenzentrierten Interaktion. Von der Behandlung einzelner zu einer Pädagogik für alle, Stuttgart: Klett-Cotta, 120–128.

COHN, RUTH C. (1974), Zur Grundlage des themenzentrierten interaktionellen Systems. Axiome, Postulate, Hilfsregeln, in: Gruppendynamik 5 (3), 150–159.

COHN, RUTH C. (1975), GROUP LEADING BASED ON EXISTENTIAL POSTULATES, in: The Leader in the Group, Arosa, HUB, UA, NL Cohn, Nr. 8, Blatt 14–20.

COHN, RUTH C. (1975), Themenzentrierte Interaktion. Kein „Regelsystem“; keine „Leitlose Gruppe“. Eine passionierte Richtigstellung, in: Wege zum Menschen 27, 11/12, 486–489.

COHN, RUTH C. [1975] ([16]2009), Von der Psychoanalyse zur themenzentrierten Interaktion: Von der Behandlung einzelner zu einer Pädagogik für alle (=Konzepte der Humanwissenschaften), Stuttgart: Klett-Cotta.

COHN, RUTH C. [1975] ([16]2009), Pädagogisch-therapeutische Interventionen (Bausteine), in: RUTH C. COHN, Von der Psychoanalyse zur themenzentrierten Interaktion. Von der Behandlung einzelner zu einer Pädagogik für alle, Stuttgart: Klett-Cotta, 176–215.

COHN, RUTH C. (1979), Ich, das Thema und die Anderen, in: Psychologie heute 3, 30–33.

COHN, RUTH C. (1979), Ich bin ich (ein Aberglaube). Interview zwischen der Zeitschrift Psychologie heute und Ruth Cohn, in: Psychologie heute 3, 23–28.

COHN, RUTH C. [1980] (1989), „Wir können noch sehr viel tun“. Gesprächspartner: Burkhard Treude (1980), in: RUTH C. COHN, Es geht ums Anteilnehmen … Perspektiven der Persönlichkeitsentfaltung in der Gesellschaft der Jahrtausendwende, Freiburg i. Br.: Herder, 118–126.

Cohn, R. C. (1980), An was denke ich, wenn ich „Humanistische Psychologie" sage? Festschrift für Ruth C. Cohn, in: Zeitschrift für Humanistische Psychologie 3 (4), 22–25.

Cohn, Ruth C. [1981] (1989), „Zuwenig geben ist Diebstahl – zuviel geben ist Mord". Gesprächspartner: Otto Herz (1981), in: Ruth C. Cohn, Es geht ums Anteilnehmen ... Perspektiven der Persönlichkeitsentfaltung in der Gesellschaft der Jahrtausendwende, Freiburg i. Br.: Herder, 142–152.

Cohn, Ruth C. (1981), „Zuwenig geben ist Diebstahl – zuviel geben ist Mord". Gespräch mit Ruth C. Cohn – Gesprächspartner: Otto Herz, in: betrifft: erziehung 14 (1), 22–27.

Cohn, Ruth C. [1983] (1989), Vom Sinn des Lebens und Lernens in der heutigen Zeit. Ein Interview mit Ruth C. Cohn – Gesprächspartner: Elmar Osswald, in: Ruth C. Cohn, Es geht ums Anteilnehmen ... Perspektiven der Persönlichkeitsentfaltung in der Gesellschaft der Jahrtausendwende, Freiburg i. Br.: Herder 55–62.

Cohn, Ruth C. – Farau, Alfred [1984] ([15]2016), Gelebte Geschichte der Psychotherapie. Zwei Perspektiven, Stuttgart: Klett-Cotta.

Cohn, Ruth C. [1985] (1989), „Sich zur eigenen Autorität und Fehlbarkeit bekennen". Gesprächspartner Albert Biesinger und Thomas Schreijäck (1985), in: Ruth C. Cohn, Es geht ums Anteilnehmen ... Perspektiven der Persönlichkeitsentfaltung in der Gesellschaft der Jahrtausendwende, Freiburg i. Br.: Herder, 127–141.

Cohn, Ruth C. (1989), Es geht ums Anteilnehmen. Perspektiven der Persönlichkeitsentfaltung in der Gesellschaft der Jahrtausendwende, Freiburg i. Br.: Herder.

Cohn, Ruth C. (1990), ... zu wissen dass wir zählen ... Gedichte, Poems mit Scherenschnitten von Annemarie Maag, Bern: Zytglogge.

Cohn, Ruth C. – Terfurth, Christina (1993) (Hg.), Lebendiges Lehren und Lernen – TZI macht Schule, Stuttgart: Klett-Cotta.

Cohn, Ruth C. (1994), Gucklöcher: Zur Lebensgeschichte von TZI und Ruth C. Cohn, in: Gruppendynamik 25 (4), Sonderdruck.

Fasshauer, Uwe ([3]2014), 1. Axiom: existentiell-anthropologisches Axiom, in: Mina Schneider-Landolf – Jochen Spielmann – Walter Zitterbarth (Hg.), Handbuch Themenzentrierte Interaktion (TZI), Göttingen: Vandenhoeck & Ruprecht, 80–85.

Frickel, Michael E. (1997), „Oder auch nicht". Tiefendimension einer Floskel, in: Themenzentrierte Interaktion. theme-centered interaction 11 (2), 45–48.

Frickel, Michael E. (2002), Entscheidung – sie nimmt und sie gibt, in: Themenzentrierte Interaktion. theme-centered interaction 16 (Sonderheft Ruth C. Cohn) (1), 48–49.

Greving, Heidi ([3]2014), Ruth C. Cohn, in: Mina Schneider-Landolf – Jochen Spielmann – Walter Zitterbarth (Hg.), Handbuch Themenzentrierte Interaktion (TZI), Göttingen: Vandenhoeck & Ruprecht, 18–23.

Hecker, Wendy ([3]2014), Einflüsse der Humanistischen Psychologie, in: Mina Schneider-Landolf – Jochen Spielmann – Walter Zitterbarth (Hg.), Handbuch Themenzentrierte Interaktion (TZI), Göttingen, Vandenhoeck & Ruprecht, 38–42.

Herrmann, Helga (1992), Ruth C. Cohn – Ein Porträt, in: Cornelia Löhmer – Rüdiger Standhardt (Hg.), TZI. Pädagogisch-therapeutische Gruppenarbeit nach Ruth C. Cohn, Stuttgart: Klett-Cotta, 19–36.

Herrmann, Helga (1995), Verleihung der Ehrendoktorwürde der Universität Bern an Ruth C. Cohn – 3. Dezember 1994. Ein Erlebnisbericht, in: Themenzentrierte Interaktion. theme-centered interaction 9 (1), 5–8.

Herrmann, Helga (2002), Augen-Blicke. Begegnungen mit Ruth, in: Themenzentrierte Interaktion. theme-centered interaction 16 (1), 30–36.

Herrmann, Helga (2010), A Tribute to Ruth Cohn, in: Indian Journal of Theme-Centered Interaction (TCI) (6&7): 40–43.

Herz, Hertje (2014), Die Institutionalisierung der TZI, in: Mina Schneider-Landolf – Jochen Spielmann – Walter Zitterbarth (Hg.), Handbuch Themenzentrierte Interaktion (TZI), Göttingen, Vandenhoeck & Ruprecht: 275–280.

Herz, Otto (2012), „Zu wenig geben ist Diebstahl – zu viel geben ist Mord!“ Otto Herz: „b:e-Gespräch“ mit Ruth C. Cohn, in: Themenzentrierte Interaktion. theme-centered interaction 26 (1), 85–91.

Hoffmann, Sara G. ([3]2014), Störungspostulat, in: Mina Schneider-Landolf – Jochen Spielmann – Walter Zitterbarth (Hg.), Handbuch Themenzentrierte Interaktion (TZI), Göttingen: Vandenhoeck & Ruprecht, 101–106.

Johach, Helmut (1999), Das Erbe der jüdischen Emigranten in der Humanistischen Psychologie, in: Themenzentrierte Interaktion. theme-centered interaction 13 (1), 7–28.

Korte, Norbert C. (2002), „Ich bin traurig über jeden in TZI, der ihn nie kennen gelernt hat“ – aus einem Gespräch mit Ruth C. Cohn über Norman Liberman, der im September 2000 in New York verstarb, in: Themenzentrierte Interaktion. theme-centered interaction 16 (Sonderheft Ruth C. Cohn), (1), 37–38.

Kroeger, Matthias ([4]1989), Themenzentrierte Seelsorge: Über die Kombination Klientzentrierter und Themenzentrierter Arbeit nach Carl R. Rogers und Ruth C. Cohn in Theologie und schulischer Gruppenarbeit, Stuttgart: Kohlhammer.

Kroeger, Matthias (1992), Anthropologische Grundannahmen der Themenzentrierten Interaktion, in: Cornelia Löhmer – Rüdiger Standhardt (Hg.), TZI. Pädagogisch-therapeutische Gruppenarbeit nach Ruth C. Cohn, Stuttgart: Klett-Cotta, 93–124.

KROEGER, MATTHIAS (2010), Ansprache bei der Trauerfeier für Ruth Cohn am 6. 2. 2010 in Düsseldorf, in: Themenzentrierte Interaktion. theme-centered interaction 24 (2), 11–17.

KROEGER, MATTHIAS (2010), A great woman has passed away. Speech at the Memorial Service for Ruth on February 6th, 2010, in Düsseldorf, Germany, at the Church of the Holy Spirit, in: Indian Journal of Theme-Centered Interaction (6 & 7), 18–26.

KROEGER, MATTHIAS (2010), Das sogenannte 'Störungspostulat': „Disturbances and Passionate Involvements take precedence", in: Themenzentrierte Interaktion. theme-centered interaction 24 (1), 9–21.

KUEBEL, MARY ANNE – ABRAHAM, THOMAS A. (Eds.) (2009), Living learning: A Reader in Theme-Centered Interaction, Kottayam: Ripples Forum for Creative Interventions.

KUEBEL, MARY ANNE – ABRAHAM, THOMAS A. (Eds.) (2016) (Eds.), Living Learning. Text Book for Theme-Centred Interaction (TCI), Kottayam: Ripples Forum for Creative Interventions.

KUEBEL, MARY ANNE – SCHUETZ, KLAUS-VOLKER ([3]2016), Glossary for TCI and related experiential methods, in: MARY ANNE KUEBEL – THOMAS C. ABRAHAM (Eds.), Living Learning. A Reader in Theme-Centred Interaction (TCI), Kottayam: Ripples Forum for Creative Interventions, pp. 275–293.

LANGMAACK, BARBARA ([5]2011), Einführung in die themenzentrierte Interaktion: Das Leiten von Lern- und Arbeitsgruppen erklärt und praktisch angewandt, Weinheim u. a.: Beltz.

LIPPS, MICHAEL (2010), Mit Gefühl und Verstand. Über die Bedeutung der Intuition in der Themenzentrierten Interaktion, in: Themenzentrierte Interaktion. theme-centered interaction 24 (1), 66–75.

LÖHMER, CORNELIA – STANDHARDT, RÜDIGER (Hg.) ([2]1992), TZI. Pädagogisch-therapeutische Gruppenarbeit nach Ruth C. Cohn, Stuttgart: Klett-Cotta.

LÖHMER, CORNELIA – STANDHARDT, RÜDIGER (Hg.) ([2]2018), TZI – die Kunst, sich selbst und eine Gruppe zu leiten. Einführung in die Themenzentrierte Interaktion. Mit einem Gespräch von Ruth C. Cohn und Friedemann Schulz von Thun, Stuttgart: Klett-Cotta.

LUIKING, ANDREA (2020), Soziale Erfahrung ist offen nach oben – eine religionsphilosophische Betrachtung der Anthropologie von Georg Simmel und Ruth Cohn im Vergleich, in: Themenzentrierte Interaktion. theme-centered interaction 34 (2), 159–167.

MATZDORF, PAUL – COHN, RUTH C. (1992), Das Konzept der Themenzentrierten Interaktion, in: RÜDIGER STANDHARDT – CORNELIA LÖHMER (Hg.), Zur Tat befreien. Gesellschaftspolitische Perspektiven der TZI-Gruppenarbeit, Mainz: Grünewald, 39–92.

MATZDORF, PAUL ([5]2007), Das „TZI-Haus". Zur praxisnahen Grundlegung eines pädagogischen Handlungssystems, in: RUTH C. COHN – CHRISTINA TERFURTH (Hg.), Lebendiges Lehren und Lernen, Stuttgart: Klett-Cotta, 332–387.

MITRA, NISHI (2001), The Hindu World View. Revisiting the Relevance of the Axiomatic Base of Theme Centered Interaction from a Cultural Perspective, in: Themenzentrierte Interaktion. theme-centered interaction 15 (1), 21–32.

MITRA, NISHI (2007), Leading Myself … Leading Groups: A Short Report, in: International Journal of Theme-Centred Interaction 2, 83–84.

MITRA, NISHI (2010), My meeting with Ruth, in: Indian Journal of Theme-Centred Interaction (TCI), (6&7), 49–51.

NÄF, HANS (2002), Begegnung mit Ruth C. Cohn, in: Themenzentrierte Interaktion. theme-centered interaction 16 (Sonderheft Ruth C. Cohn) (1), 39–40.

OLSZOWI, ELEONORE (1976), Zu den Grundlagen der themenzentrierten Interaktion. Menschenbild und Struktur der TZI, in: Gruppenpsychotherapie und Gruppendynamik 10 (1),78–116.

RAGUSE, HARTMUT (1992), Kritische Bestandsaufnahme der TZI, in: CORNELIA LÖHMER – RÜDIGER STANDHARDT (Hg.), TZI. Pädagogisch-therapeutische Gruppenarbeit nach Ruth C. Cohn, Stuttgart: Klett-Cotta, 264–277.

RAGUSE, HARTMUT (1995), Von der Psychoanalyse zur Themenzentrierten Interaktion und weiter … oder vielleicht auch wieder zurück?, in: Themenzentrierte Interaktion. theme-centered interaction 9 (2), 31–43.

REICHERT, HELMUT (2019), Dialektik – ein Grundzug der TZI, in: Themenzentrierte Interaktion. theme-centered interaction 33 (1), 35–45.

REICHERT, HELMUT (2021), Denkmuster, unveröff. Manuskript.

REISER, HELMUT (1987), Ruth Cohn und Martin Buber, in: KARIN HAHN – MARIANNE SCHRAUT-BIRMELIN – KLAUS SCHÜTZ – CHRISTEL WAGNER (Hg.), Gruppenarbeit: themenzentriert. Entwicklungsgeschichte, Kritik und Methodenreflexion, Mainz: Grünewald, 38–46.

REISER, HELMUT (2011), Das Romantische in der Themenzentrierten Interaktion, in: Themenzentrierte Interaktion. theme-centered interaction 25 (1), 81–93.

REISER, HELMUT (2016), Werte, Sinn und Glaube bei Ruth Cohn und in der TZI (Teil 1). Ein unaufhebbarer Widerspruch in der TZI, in: Themenzentrierte Interaktion. theme-centered interaction 30 (2), 63–70.

REISER, HELMUT (2017), Werte, Sinn und Glaube bei Ruth Cohn und in der TZI (Teil 2). Ein unaufhebbarer Widerspruch in der TZI, in: Themenzentrierte Interaktion. theme-centered interaction 31 (1), 60–65.

RÖHLING, JENS G. (2002), Es geht nicht um Werte, sondern um Wertschätzung. Gesichtspunkte zu einer aktuellen Debatte, in: Themenzentrierte Interaktion 16 (Sonderheft Ruth C. Cohn) (1) 19–29.

RÖHLING, JENS G. (2014), Anmerkungen zur „Haltung" der TZI. Oder: Ama et fac quod vis (Augustin), in: Themenzentrierte Interaktion. theme-centered interaction 28 (2), 15–19.

RÖHLING, JENS G. ([3]2014), Chairperson-Postulat, in: MINA SCHNEIDER-LANDOLF – JOCHEN SPIELMANN – WALTER ZITTERBARTH (Hg.), Handbuch Themenzentrierte Interaktion (TZI), Göttingen, 95–100.

RUBNER, ANGELIKA (2012), Ruth Cohn – ihr Leben und ihr Werk, in: Themenzentrierte Interaktion. theme-centered interaction 26 (1), 9–15.

RUBNER, ANGELIKA ([3]2014), Psychoanalytische Grundlagen, in: MINA SCHNEIDER-LANDOLF – JOCHEN SPIELMANN – WALTER ZITTERBARTH (Hg.), Handbuch Themenzentrierte Interaktion (TZI), Göttingen, Vandenhoeck & Ruprecht: 33–37.

RUBNER, EIKE ([3]2014), Schatten, in: MINA SCHNEIDER-LANDOLF – JOCHEN SPIELMANN – WALTER ZITTERBARTH (Hg.), Handbuch Themenzentrierte Interaktion (TZI), Göttingen: Vandenhoeck & Ruprecht, 242–246.

SCHARER, MATTHIAS (2019), Theme-Centered Interaction by Ruth C. Cohn: An Introduction, in: SYLKE MEYERHUBER – HELMUT REISER – MATTHIAS SCHARER (Eds.), Theme-Centered Interaction (TCI) in Higher Education. A didactic approach for sustainable and living learning, Berlin: Springer, 57–95.

SCHNEIDER-LANDOLF, MINA – SPIELMANN, JOCHEN – ZITTERBARTH, WALTER (Hg.) (dt. [3]2014, engl. 2017), Handbuch Themenzentrierte Interaktion (TZI). / Handbook of Theme-Centered Interaction (TCI), Göttingen: Vandenhoeck & Ruprecht.

SCHNEIDER-LANDOLF, MINA ([3]2014), System der TZI, in: MINA SCHNEIDER-LANDOLF – JOCHEN SPIELMANN – WALTER ZITTERBARTH (Hg.), Handbuch Themenzentrierte Interaktion (TZI), Göttingen: Vandenhoeck & RUPRECHT, 67–77.

SCHULZ VON THUN, FRIEDEMANN (1979), Laudatio auf Ruth Cohn. Anläßlich der Verleihung der Ehrendoktorwürde durch den Fachbereich Psychologie der Universität Hamburg am 30. November 1979, Manuskript.

SPIELMANN, JOCHEN ([3]2014), Was ist TZI?, in: MINA SCHNEIDER-LANDOLF – JOCHEN SPIELMANN – WALTER ZITTERBARTH (Hg.), Handbuch Themenzentrierte Interaktion (TZI), Göttingen: Vandenhoeck & Ruprecht, 15 f.

STOLLBERG, DIETRICH (1982), Lernen, weil es Freude macht. Eine Einführung in die Themenzentrierte Interaktion, München: Kösel.

STOLLBERG, DIETRICH ([3]2014), Jüdisch-christliche Einflüsse, in: MINA SCHNEIDER-LANDOLF – JOCHEN SPIELMANN – WALTER ZITTERBARTH (Hg.), Handbuch Themenzentrierte Interaktion (TZI), Göttingen: Vandenhoeck & Ruprecht, 54–58.

Stollberg, Elfi u. a. (2012), Ruth Cohn – wie wir sie erlebt haben. Zeitzeugen berichten, in: Themenzentrierte Interaktion. theme-centered interaction 26 (1), 69–84.

Vogel, Peter ([3]2014), Humanismus, in: Mina Schneider-Landolf – Jochen Spielmann – Walter Zitterbarth (Hg.), Handbuch Themenzentrierte Interaktion (TZI), Göttingen: Vandenhoeck & Ruprecht t, 59–64.

Vogel, Peter ([3]2014), 2. Axiom: ethisches Axiom, in: Mina Schneider-Landolf – Jochen Spielmann – Walter Zitterbarth (Hg.), Handbuch Themenzentrierte Interaktion (TZI), Göttingen: Vandenhoeck & Ruprecht, 86–89.

vom Scheidt, Jürgen (1992), Interview mit Ruth C. Cohn, in: Themenzentrierte Interaktion. theme-centered interaction 6 (2), 6–12.

von Kanitz, Anja u. a. (Hg.) (2015), Elemente der Themenzentrierten Interaktion (TZI). Texte zur Aus- und Weiterbildung, Göttingen: Vandenhoeck & Ruprecht.

von Kanitz, Anja ([3]2014), Einführung zu den Axiomen und Postulaten, in: Mina Schneider-Landolf – Jochen Spielmann – Walter Zitterbarth (Hg.), Handbuch Themenzentrierte Interaktion (TZI), Göttingen: Vandenhoeck & Ruprecht, 78–85.

von Kanitz, Anja ([3]2014), 3. Axiom: pragmatisch-politisches Axiom, in: Mina Schneider-Landolf – Jochen Spielmann – Walter Zitterbarth (Hg.), Handbuch Themenzentrierte Interaktion (TZI), Göttingen: Vandenhoeck & Ruprecht, 90–94.

Zachariah, Motti Th. (2007), Value Clarification through TCI, in: International Journal of Theme-Centred Interaction (2) 63–64.

Zitterbarth, Walter (2001), TZI und Ethik, in: Themenzentrierte Interaktion. theme-centered interaction15 (2), 102–104.

Zitterbarth, Walter – Engel, Georg (2015), Wie entstand die Leitidee des RCI „The Art of Leading"? Interview mit Georg Engel, in: Themenzentrierte Interaktion. theme-centered interaction 29 (1), 59–64.

4 TZI – Praxis

Abraham, Thomas (2010), Theme helps (even) the blind!, in: Indian Journal of Theme-Centered Interaction (TCI), Ruth Cohn Special Issue, (6&7), 91–92.

Cohn, Ruth C. [1964] ([16]2009), Eine Workshop-Gruppe erlebt die Ermordung John F. Kennedys, in: Ruth C. Cohn, Von der Psychoanalyse zur themenzentrierten Interaktion. Von der Behandlung einzelner zu einer Pädagogik für alle, Stuttgart: Klett-Cotta, 129–133.

Cohn, Ruth C. [1966] ([16]2009), Das Thema im Mittelpunkt interaktioneller Gruppen. Eine Modifikation gruppentherapeutischer Technik zum Zweck der Führung von Erziehungs- und anderen Kommunikationsgruppen, in: Ruth C.

Cohn, Von der Psychoanalyse zur themenzentrierten Interaktion. Von der Behandlung einzelner zu einer Pädagogik für alle, Stuttgart: Klett-Cotta, 111–119.

Cohn, Ruth C. (1970), Das Thema im Mittelpunkt interaktioneller Gruppen. Eine Modifikation gruppentherapeutischer Technik zum Zweck der Führung von Erziehungs- und anderen Kommunikationsgruppen, in: Gruppenpsychotherapie und Gruppendynamik 3 (2), 251–259.

Cohn, Ruth C. (1972), Große Gruppen – kleine Gruppen – Kleine Schritte – große Schritte, in: Praxis der Psychotherapie 17 (1),1–13.

Cohn, Ruth C. (1973), CURE BY FOOD. A Patient's Experiential Report on a Macrobiotic Cure, in: VOICES, 9 (2), 56–59.

Cohn, Ruth C. (1981), Generative Themen, HUB, UA, NL Cohn, Nr. 28, Blatt 192–200. Das durch handschriftliche Korrekturen schwer lesbare Manuskript wurde soweit wie möglich im Original rekonstruiert.

Cohn, Ruth C. (1993), Das Thema, in: Ruth C. Cohn – Christina Terfurth (Hg.), Lebendiges Lehren und Lernen: TZI macht Schule, Stuttgart: Klett-Cotta, 322–324.

Cohn, Ruth C. – Klein, Irene (1993) (Hg.), Großgruppen gestalten mit Themenzentrierter Interaktion. Ein Weg zur lebendigen Balance zwischen Einzelnen, Aufgaben und Gruppe, Mainz: Grünewald.

Cohn, Ruth C. (1993), Zwischen Resignation und Hoffnung: Wie finde ich / finden wir Friedensfähigkeit und Mut zum Handeln angesichts der nuklearen Bedrohung?, in: Ruth C. Cohn – Irene Klein (Hg.), Großgruppen gestalten mit Themenzentrierter Interaktion. Ein Weg zur lebendigen Balance zwischen Einzelnen, Aufgaben und Gruppe, Mainz: Grünewald, 52–83.

Cohn, Ruth C. ([5]2007), Der Globe – vom nächsten bis zum fernsten Umfeld, in: Ruth C. Cohn – Christina Terfurth (Hg.), Lebendiges Lehren und Lernen: TZI macht Schule, Stuttgart: Klett-Cotta 144–173, Titel.

Cohn, Ruth C. (2008), Große Gruppen – kleine Gruppen – kleine Schritte – große Schritte. Zur Demonstration der themenzentrierten interaktionellen Methode in Lindau 1971, in: Themenzentrierte Interaktion. theme-centered interaction 22 (2), 65–79.

Emme, Martina – Spielmann, Jochen ([3]2014), ES, in: Mina Schneider-Landolf – Jochen Spielmann – Walter Zitterbarth (Hg.), Handbuch Themenzentrierte Interaktion (TZI), Göttingen: Vandenhoeck & Ruprecht, 128–133.

Gores-Pieper, Elisabeth – Kernthaler-Moser, Irene (Hg.) (2012), Führen interaktiv. TZI-Praxis in der Wirtschaft. Ein Reader der Fachgruppe Wirtschaft im Ruth Cohn Institut for TCI-international, Berlin–Wien.

Grün, Hartmut (1997), 9 relevante Aspekte der TZI. Ein TZI-Kompass für „Ortsfremde“, in: Themenzentrierte Interaktion. theme-centered interaction 11 (2), 49–56.

GRÜN, HARTMUT (2015), 9 relevante Aspekte der TZI. Ein TZI-Kompass für „Ortsfremde", in: ANJA VON KANITZ U. A. (Hg.), Elemente der Themenzentrierten Interaktion (TZI). Texte zur Aus- und Weiterbildung, Göttingen: Vandenhoeck & Ruprecht, 19–28.

HILBERATH, JOCHEN – SCHARER, MATTHIAS – HASLINGER, HERBERT (Hg.) (2000), Konkretion: Leitung, in: HERBERT HASLINGER, Praktische Theologie. Durchführungen. Handbuch 2, Mainz: Grünewald, 494–510.

HINTNER, REGINA – MIDDELKOOP, THEO – WOLF-HOLLANDER, JANNY (^{3}2014), Partizipierend Leiten, in: MINA SCHNEIDER-LANDOLF – JOCHEN SPIELMANN – WALTER ZITTERBARTH (Hg.), Handbuch Themenzentrierte Interaktion (TZI), Göttingen: Vandenhoeck & Ruprecht, 183–188.

KEEL, DAVID (^{3}2014), Hilfsregeln, in: MINA SCHNEIDER-LANDOLF – JOCHEN SPIELMANN – WALTER ZITTERBARTH (Hg.), Handbuch Themenzentrierte Interaktion (TZI), Göttingen: Vandenhoeck & Ruprecht, 195–200.

KLEIN, IRENE (^{14}2014), Gruppenleiten ohne Angst. Ein Handbuch für Gruppenleiter, München: Pfeiffer.

KLEIN, IRENE (^{3}2014), Struktur, in: MINA SCHNEIDER-LANDOLF – JOCHEN SPIELMANN – WALTER ZITTERBARTH (Hg.), Handbuch Themenzentrierte Interaktion (TZI), Göttingen: Vandenhoeck & Ruprecht, 164–169.

KLOTZ, TIMM (2012), EINE VIRTUELLE LERNGRUPPE THEMENZENTRIERT LEITEN. Ein Erfahrungsbericht, in: ELISABETH GORES-PIEPER – IRENE KERNTHALER-MOSER (Hg.), Führen interaktiv. TZI-Praxis in der Wirtschaft. Ein Reader der Fachgruppe Wirtschaft im Ruth-Cohn-Institut, Berlin & Wien, 63–74.

KÜGLER, HERMANN (^{3}2014), Vier-Faktoren-Modell der TZI, in: MINA SCHNEIDER-LANDOLF – JOCHEN SPIELMANN – WALTER ZITTERBARTH (Hg.), Handbuch Themenzentrierte Interaktion (TZI), Göttingen: Vandenhoeck & Ruprecht, 107–114.

KÜGLER, HERMANN (1997), Es oder Thema? Plädoyer für eine präzise Begrifflichkeit, in: Themenzentrierte Interaktion. theme-centered interaction 11 (1), 23–28.

LOTZ, WALTER (^{3}2014), Ich, in: MINA SCHNEIDER-LANDOLF – JOCHEN SPIELMANN – WALTER ZITTERBARTH (Hg.), Handbuch Themenzentrierte Interaktion (TZI), Göttingen: Vandenhoeck & Ruprecht, 115–119.

MARELLI-SIMON, SIBILLA (2011), „Le ciel est rouge … il fera beau …" Notizen zu einem Versuch, im Globe Algeriens TZI zu lehren (21.–26.01.2011) und Fragen dazu beim Heimkommen weiter zu tragen, in: Themenzentrierte Interaktion. theme-centered interaction 25 (2), 74–83.

MITRA, NISHI (2009), Increasing my Effectiveness as Educator/Group Leader. Report of a TCI Workshop, Mumbai, Oct. 2000, in: MARY ANNE KUEBEL – THOMAS C. ABRAHAM, Living Learning. A Reader in Theme-Centred Interaction (TCI), Kottayam, Ripples Forum for Creative Interventions, 285–296.

Mosebach, Ursula (2015), E-Learning auf der Basis der Themenzentrierten Interaktion (TZI). Ein Experiment, in: Themenzentrierte Interaktion. theme-centered interaction 29 (2), 40–49.

Osswald, Elmar (2007), Was habe ich bei TZI gelernt?, in: Ruth C. Cohn – Christina Terfurth (Hg.), Lebendiges Lehren und Lernen. TZI macht Schule, Stuttgart: Klett-Cotta, 11–16.

Reiser, Helmut (2015), Gruppe und Gruppenleitung aus der Sicht der Themenzentrierten Interaktion und des Systemisch-konstruktivistischen Ansatzes, in: Anja von Kanitz u. a. (Hg.), Elemente der Themenzentrierten Interaktion (TZI). Texte zur Aus- und Weiterbildung, Göttingen: Vandenhoeck & Ruprecht.

Rubner, Eike (2009), Themen formulieren und einführen, in: Themenzentrierte Interaktion. theme-centered interaction 23 (2), 80–89.

Rubner, Angelika (2015), Über die Wechselwirkung zwischen der Rolle des Einzelnen, der Gegenübertragung des Leiters und dem Prozess der Gruppe, in: Anja von Kanitz u. a. (Hg.), Elemente der Themenzentrierten Interaktion (TZI). Texte zur Aus- und Weiterbildung, Göttingen: Vandenhoeck & Ruprecht, 145–157.

Rubner, Angelika – Rubner, Eike (2015), Das WIR lässt sich nicht programmieren … Zum Artikel von Mina Schneider-Landolf „Das WIR ist wichtig – welches Wir?“, in: Themenzentrierte Interaktion. theme-centered interaction 29 (1), 71–77.

Rubner, Angelika – Rubner, Eike (2016), Unterwegs zur funktionierenden Gruppe. Die Gestaltung von Gruppenprozessen mit der Themenzentrierten Interaktion, Gießen: Psychosozial-Verlag.

Scharer, Matthias (1987), Thema, Symbol, Gestalt: Religionsdidaktische Begründung eines korrelativen Religionsbuchkonzeptes auf dem Hintergrund der themen- (R. C. Cohn)/symbolzentrierten Interaktion unter Einbezug gestaltpädagogischer Elemente, Graz: Styria.

Scharer, Matthias (1992), TZI in der kirchlichen Praxis, in: Cornelia Löhmer – Rüdiger Standhardt (Hg.), TZI. Pädagogisch-therapeutische Gruppenarbeit nach Ruth C. Cohn, Stuttgart: Klett-Cotta, 312–325.

Scharer, Matthias (1996), Die andere Seite achten, in: Norbert Korte (Hg.), Unterwegs – woher? wohin? Wegerfahrungen mit Michael E. Frickel, Mainz: Grünewald, 107–111.

Scharer, Matthias (2003), Der Universitätslehrgang 'Kommunikative Theologie' als Modell theologisch inspirierten Konflikt- und Versöhnungshandelns, in: Raimund Schwager – Josef Niewiadomski (Hg.), Religion erzeugt Gewalt – Einspruch! Münster: Lit Verlag, 272–286.

Scharer, Matthias (2006), Die Themenzentrierte Interaktion (TZl) als theologiekompatible Didaktik für die Leitung von pastoralen Gruppen, in: Georg Köhl (Hg.), Seelsorge lernen in Studium und Beruf, Trier: Paulinus, 522–527.

Schiffer, Walter (1996), Das Wir ist keine Gruppe (Martin Buber). Vergleich der Grundworte innerhalb der TZI nach Ruth C. Cohn und der Dialogik Martin Bubers, in: Themenzentrierte Interaktion. theme-centered interaction 10 (2), 49–58.

Schmid, Andrea – Böhm, Stefan (2014), WIR machen den Unterschied. Methodisch-didaktische Perspektiven des WIR-Begriffs der TZI, in: Themenzentrierte Interaktion. theme-centered interaction 28 (1), 28–37.

Schmid, Andrea – Böhm, Stefan (2015), TZI-Struktur und ihr Verhältnis zum THEMA, in: Themenzentrierte Interaktion. theme-centered interaction 29 (2), 66–74.

Schneider-Landolf, Mina ([3]2014), Wir, in: Mina Schneider-Landolf – Jochen Spielmann – Walter Zitterbarth (Hg.), Handbuch Themenzentrierte Interaktion (TZI), Göttingen: Vandenhoeck & Ruprecht, 120–127.

Schneider-Landolf, Mina ([3]2014), Thema, in: Mina Schneider-Landolf – Jochen Spielmann – Walter Zitterbarth (Hg.), Handbuch Themenzentrierte Interaktion (TZI), Göttingen: Vandenhoeck & Ruprecht, 157–163.

Schneider-Landolf, Mina (2014), Das Wir ist wichtig – Welches Wir?, in: Themenzentrierte Interaktion. theme-centered interaction 28 (1), 7–19.

Sperber, Werner ([3]2014), Struktur-Prozess-Vertrauen, in: Mina Schneider-Landolf – Jochen Spielmann – Walter Zitterbarth (Hg.), Handbuch Themenzentrierte Interaktion (TZI), Göttingen: Vandenhoeck & Ruprecht, 176–182.

Spielmann, Jochen ([3]2014), Dynamische Balance, in: Mina Schneider-Landolf – Jochen Spielmann – Walter Zitterbarth (Hg.), Handbuch Themenzentrierte Interaktion (TZI), Göttingen: Vandenhoeck & Ruprecht, 141–146.

Stollberg, Dietrich (1992), Wo viel Licht ist, ist viel Schatten. Zum Begriff des Schattens in der TZI, in: Cornelia Löhmer – Rüdiger Standhardt (Hg.), TZI. Pädagogisch-therapeutische Gruppenarbeit nach Ruth C. Cohn, Stuttgart: Klett-Cotta, 207–217.

Tietz, Udo (2002), Die Grenzen des „Wir“. Eine Theorie der Gemeinschaft, Frankfurt a. M.: Suhrkamp.

van de Braak, Ineke ([3]2014), TZI für Führungskräfte: Integrale Führung in einer komplexen Wirklichkeit, in: Mina Schneider-Landolf – Jochen Spielmann – Walter Zitterbarth (Hg.), Handbuch Themenzentrierte Interaktion (TZI), Göttingen: Vandenhoeck & Ruprecht, 317–321.

5 Politisch-gesellschaftliche Dimension der TZI–Globe

Ballhausen, Hans – Schultze, Annedore (1992), Das gesellschaftstherapeutische Anliegen der TZI, in: Cornelia Löhmer – Rüdiger Standhardt

(Hg.), TZI. Pädagogisch-therapeutische Gruppenarbeit nach Ruth C. Cohn, Stuttgart: Klett-Cotta, 125–143.

Barth, Peter (1989), Forschungsinstitut für Friedenspolitik – Gegenexperten arbeiten für den Frieden, in: Themenzentrierte Interaktion. theme-centered interaction 3 (1), 3–10.

Battke, Achim (1992), Mitten im Grauen der Welt … kleine Schritte. Eine Annäherung an die Ethik der TZI, in: Themenzentrierte Interaktion. theme-centered interaction 6 (2), 67–77.

Bernstein, Reiner (1990), Den Globe einbeziehen. Plädoyer für mehr politische Lebendigkeit, in: Themenzentrierte Interaktion. theme-centered interaction 4 (2), 22–26.

Boyarin, Daniel (1988), The Workshop Institute for Living-Learning as a Laboratory for Political Life, in: Themenzentrierte Interaktion. theme-centered interaction 2 (1), 33–37.

Cohn, Ruth C. (1957), „Courage – The Goal of Psychotherapy". Speech given to the members and friends of the Theodor Reik Clinic at the Plaza Hotel, January 14, 1957. Manuscript, S. 1–16. HUB, UA, NL Cohn, Nr. 8, Blatt 115–130.

Cohn, Ruth C. (1969), From Couch to Circle to Community. Beginnings of the theme-centered interactional method, in: Hendrik M. Ruitenbeek (Ed.), Group Therapy Today, New York, 256–267.

Cohn, Ruth C. (1971), Widening Circles, in: VOICES. The Art and Science of Psychotherapy 7 (1), 23–25.

Cohn, Ruth C. (1977), Notizen mit Kari, 11.12.1977, HUB, UA, NL Cohn, Nr. 117, Blatt 23.

Cohn, Ruth C. [1979] (1989), Das „Du" und das „Sie". Ein Leserbrief, in: Ruth C. Cohn, Es geht ums Anteilnehmen … Perspektiven der Persönlichkeitsentfaltung in der Gesellschaft der Jahrtausendwende, Freiburg i. Br.: Herder, 88–89.

Cohn, Ruth C. (1980), Erzählung einer jungen Arbeitslosen – Berlin 1930. Festschrift für Ruth C. Cohn, in: Zeitschrift für Humanistische Psychologie 3 (4), 33.

Cohn, Ruth C. (1980), „Wir können noch sehr viel tun". Gespräch mit Ruth C. Cohn – Gesprächspartner: Burkhard Treude, in: Congress + Seminar 7, 26–29.

Cohn, Ruth C. (1984), Ronald Reagan, Age 73 – A Contemporary's Reflection, HUB, UA, NL Cohn, Nr. 10, Blatt 67–69.

Cohn, Ruth C. [1985] (1989), … und wie fandest du deinen Weg? – Gesprächspartnerin: Eva Mezger, in: Ruth C. Cohn, Es geht ums Anteilnehmen … Perspektiven der Persönlichkeitsentfaltung in der Gesellschaft der Jahrtausendwende, Freiburg i. Br.: Herder, 153–164.

Cohn, Ruth C. (1985), Über die Bedeutung des Politischen und Kosmischen für mein Denken. Ein Gespräch mit Hilarion Petzold, in: Integrative Therapie 11, 264–272.

COHN, RUTH C. [1986] (1989), Vom Widerstand gegen Gewalt. Gesprächspartner Lukas Hartmann (1986), in: RUTH C. COHN, Es geht ums Anteilnehmen ... Perspektiven der Persönlichkeitsentfaltung in der Gesellschaft der Jahrtausendwende, Freiburg i. Br.: Herder, 165–176.

COHN, RUTH C. (1986), „Ich fühle mich heute wie 1932 in Deutschland" – Gesprächspartner: Lukas Hartmann, Bern: Zytglogge, 12 (112), 1–2.

COHN, RUTH C. (1986), Wissenschaftler und andere – was kann ich /was können wir für den Frieden sein und tun? Ein Großgruppenworkshop innerhalb des Internationalen Kongresses der Naturwissenschaftler „Ways out oft the Arms Race" (Wege aus dem Wettrüsten), Hamburg 1986, HUB, UA, NL Cohn, Nr. 11, Blatt 181–226, (S. 25–115).

COHN, RUTH C. (1987), Von der Bedrohung zum Handeln. Kongreß der Ärzte für die Verhütung des Atomkriegs (IPPNW) Deutsche Region, 6.–8. März 1987, Essen, HUB, UA, NL Cohn, Nr. 19, Blatt 1a.

COHN, RUTH C. – OCKEL, ANITA (1987), Das Konzept des Widerstands in der Themenzentrierten Interaktion. Vom psychoanalytischen Konzept des Widerstands über das TZI-Konzept der Störung zum Ansatz der Gesellschaftstherapie, in: MARELLI-SIMON, SIBILLA u. a. (Hg.), Lebendig lernen. Grundfragen der Themenzentrierten Interaktion, Arlesheim, WILL-Verlag: 5–33.

COHN, RUTH C. [1987] (1989), Gedanken zum Leben – Politisches in unserer Zeit. Gespräch mit Dorothee Meili 21. 1. 1987, in: RUTH C. COHN, Es geht ums Anteilnehmen ... Perspektiven der Persönlichkeitsentfaltung in der Gesellschaft der Jahrtausendwende, Freiburg i. Br.: Herder, 103–112.

COHN, RUTH C. (1987), Resignation: A Chance for Innovation, in: Themenzentrierte Interaktion. theme-centered interaction 1(1), 3–4.

COHN, RUTH C. (1987), Vorurteile und Feindbilder. Berner Zeitung, Kulturforum – 18. April 1987.

COHN, RUTH C. (1987), Wir brauchen Signale des Entsetzens. Berner Zeitung, Kulturforum.

COHN, RUTH C. (1987), Machbare Schöpfung – oder? Berner Zeitung, Kulturforum – 18. Juli 1987.

COHN, RUTH C. [1987] (1989), Machbare Schöpfung – oder?, in: RUTH C. COHN, Es geht ums Anteilnehmen ... Perspektiven der Persönlichkeitsentfaltung in der Gesellschaft der Jahrtausendwende, Freiburg i. Br.: Herder,182–184.

COHN, RUTH C. [1987] (1989), Vorurteile und Feindbilder, in: RUTH C. COHN, Es geht ums Anteilnehmen ... Perspektiven der Persönlichkeitsentfaltung in der Gesellschaft der Jahrtausendwende, Freiburg i. Br.: Herder, 185–188.

COHN, RUTH C. [1987] (1989), Wir brauchen Signale des Entsetzens, in : RUTH C. COHN, Es geht ums Anteilnehmen ... Perspektiven der Persönlichkeitsentfaltung in der Gesellschaft der Jahrtausendwende, Freiburg i. Br.: Herder, 189–192.

COHN, RUTH C. [1988] (1989), Flüchtlinge schaffen – Flüchtlinge aufnehmen. Eine Fühl-Denkpause für Wähler und Gewählte, in: RUTH C. COHN, Es geht ums Anteilnehmen … Perspektiven der Persönlichkeitsentfaltung in der Gesellschaft der Jahrtausendwende, Freiburg i. Br.: Herder, 177–179.

COHN, RUTH C. (1988), Wir sind Teil des Universums und wir nehmen Anteil: Der Globe, in: Themenzentrierte Interaktion. theme-centered interaction 2 (1), 3–6.

COHN, RUTH C. (1992), „Die Gura lehne ich ab!" Ein Interview mit Ruth C. Cohn – Gesprächspartner: Horst Heidbrink, in: Gruppendynamik 23 (3), 315–325.

COHN, RUTH C. (1992), Interview mit Ruth C. Cohn – Gesprächspartner: Jürgen vom Scheidt, in: Themenzentrierte Interaktion. theme-centered interaction 6 (2), 6–12.

COHN, RUTH C. (1993), Wissenschaftler und andere – was kann ich/ was können wir für den Frieden sein und tun?, in: RUTH C. COHN – IRENE KLEIN (Hg.), Großgruppen gestalten mit Themenzentrierter Interaktion. Ein Weg zur lebendigen Balance zwischen Einzelnen, Aufgaben und Gruppe, Mainz: Grünewald, 26–51.

COHN, RUTH C. (1994), Verantworte dein Tun und dein Lassen, persönlich und gesellschaftlich: Offener Brief an Günter Hoppe, in: Themenzentrierte Interaktion. theme-centered interaction 8 (2), 85–87.

COHN, RUTH C. (1994), Verantworte dein Tun und dein Lassen, persönlich und gesellschaftlich: Offener Brief an Günter Hoppe, hier zitiert aus: ANJA VON KANITZ u. a. (Hg.) (2015), Elemente der Themenzentrierten Interaktion (TZI). Texte zur Aus- und Weiterbildung, Göttingen 2015, 29–32.

COHN, RUTH C. – SCHULZ VON THUN, FRIEDEMANN (1994), Wir sind Politiker und Politikerinnen – wir alle!: Ein Gespräch über mögliche Hilfen von TZI und Kommunikationslehre, in: RÜDIGER STANDHARDT – CORNELIA LÖHMER (Hg.), Zur Tat befreien. Gesellschaftspolitische Perspektiven der TZI-Gruppenarbeit, Mainz: Grünewald, 30–62.

COHN, RUTH C. (2015), Verantworte dein Tun und dein Lassen – persönlich und gesellschaftlich (aus: Themenzentrierter Interaktion, 1994, 2, 85–98). Offener Brief an Günter Hoppe, in: ANJA VON KANITZ u. a. (Hg.), Elemente der Themenzentrierten Interaktion (TZI). Texte zur Aus- und Weiterbildung, Göttingen: Vandenhoeck & Ruprecht, 29–32.

DANTSCHER, RALF (1989), Die Bedrohung unserer Welt – wie verarbeite ich sie als Person und in meiner Arbeit. Bericht über eine Gruppe im Rahmen des Austauschtreffens von La Petite Pierre 1988, in: Themenzentrierte Interaktion. theme-centered interaction 3 (1), 91–95.

DUCOMMUN, GIL (1994), Aufbruch von Innen: Ökospiritualität – eine Geisteshaltung für morgen?, in: RÜDIGER STANDHARDT – CORNELIA LÖHMER (Hg.), Zur Tat befreien. Gesellschaftspolitische Perspektiven der TZI-Gruppenarbeit, Mainz: Grünewald, 184–197.

Emme, Martina ([2]1999), „Der Versuch den Feind zu verstehen“: ein pädagogischer Beitrag zur moralisch-politischen Dimension von Empathie und Dialog, Frankfurt a. M.: IKO–Verlag.

Fasshauer, Uwe (2005), Anmerkungen gegen eine Überbetonung des Spirituellen in der TZI, in: Themenzentrierte Interaktion. theme-centered interaction 2 (9), 23–28.

Fehlker, Martha (2001), Der gesellschaftliche Hintergrund als 'Globe': Notwendige Perspektiven in der Leitung von Gruppen nach der Themenzentrierten Interaktion, in: Karin Hahn (Hg.), Kompetente LeiterInnen. Beiträge zum Leitungsverständnis nach TZI, Mainz: Grünewald, 29–48.

Hartmann, Michael (2008), Eliten und Macht, in: Themenzentrierte Interaktion. theme-centered interaction 22 (2), 48–56.

Hater, Katrin (2012), Der Globe, das sind wir. Mit Pierre Bourdieu verstehen, wie wir den Globe agieren, in: Themenzentrierte Interaktion. theme-centered interaction 26 (2), 31–42.

Heidbrink, Horst (2015), Herausforderungen für die TZI im IT-Zeitalter. Grundsätzliches zu Medien und Kommunikation, in: Themenzentrierte Interaktion. theme-centered interaction 29 (2), 19–29.

Hein, Detlef (2011), Chairperson im Strafvollzug? Arbeit mit dissozialen Gefangenen im Strafvollzug, in: Themenzentrierte Interaktion. theme-centered interaction 25 (1), 67–80.

Hoppe, Günter (1993), „Misch Dich ein! Greif ein!“ Ein drittes Postulat für die TZI?, in: Themenzentrierte Interaktion. theme-centered interaction 7 (2), 31–40.

Hoppe, Günter (1994), „Misch Dich ein! Greif ein!“ Ein drittes Postulat für die TZI?, in: Rüdiger Standhardt – Cornelia Löhmer (Hg.), Zur Tat befreien. Gesellschaftspolitische Perspektiven der TZI-Gruppenarbeit, Mainz: Grünewald, 65–76.

Hug, Theo (2015), TZI und Medien im Zeitalter der Digitalisierung. Überlegungen und Diskussionsanregungen zu einem wenig beachteten Verhältnis, in: Themenzentrierte Interaktion. theme-centered interaction 29 (2), 9–18.

Iversen, Gerd (1972), So darf es nicht weitergehen!, in: Schleswig-Holsteinisches Ärzteblatt 25, H. 4, 126–131, dt., HUB, UA, NL Cohn, Nr. 97, Blatt 51–59.

Jacob, Nisha Ann (2007), Humanisation through TCI, in: International Journal of Theme-Centred Interaction (2), 34–39.

Jainamma, Jose – Bindu, K.P. (2010), To lead is to empower: Review of a TCI Workshop, in: Indian Journal of Theme-Centered Interaction (TCI) (6&7), 105–111.

Johach, Helmut (1994), Auf dem Marsch durch die Institutionen oder: Wieweit kann TZI die Gesellschaft verändern?, in: Rüdiger Standhardt – Cornelia Löhmer (Hg.), Zur Tat befreien. Gesellschaftspolitische Perspektiven der TZI-Gruppenarbeit, Mainz: Grünewald, 77–98.

Johach, Helmut ([3]2014), Historische und politische Grundlagen, in: Mina Schneider-Landolf – Jochen Spielmann – Walter Zitterbarth (Hg.), Handbuch Themenzentrierte Interaktion (TZI), Göttingen: Vandenhoeck & Ruprecht, 27–32.

Keel, David (2012), Der Teilchenbeschleuniger. TZI in der Anti-Atomkraft-Bewegung, in: Themenzentrierte Interaktion. theme-centered interaction 26 (2) 9–18.

Klemmer, Gernot (2007), Themenzentrierte Interaktion als therapeutisch-pädagogisches und politisches Handeln in Schule und Hochschule, in: Ruth C. Cohn – Christina Terfurth (Hg.), Lebendiges Lehren und Lernen. TZI macht Schule, Stuttgart: Klett-Cotta, 105–114.

Krämer, Manfred (2001), TZI und Politik, in: Themenzentrierte Interaktion. theme-centered interaction 15 (2), 23–34.

Krämer, Manfred (2002), Ruth Cohn im Gespräch mit Manfred Krämer am 12./13. Januar 2002, in: Themenzentrierte Interaktion. theme-centered interaction 16 (1), 16–29.

Krämer, Manfred – Zitterbarth, Walter (2006), Ist TZI politisch? Ein Kontroversgespräch zwischen Manfred Krämer (am 23.4.2005 verstorben) und Walter Zitterbarth während einer Redaktionssitzung in Berlin am 6.11.2004, in: Themenzentrierte Interaktion. theme-centered interaction 20 (1), 8–15.

Krobbach, Heinrich (2006), TZI als Konzept politischer Bildung – Plädoyer für eine produktive Partnerschaft, in: Themenzentrierte Interaktion. theme-centered interaction 20 (1), 16–27.

Kroeger, Matthias (2013), Ruth Cohns Globe-Verständnis und unsere Aufgaben, in: Themenzentrierte Interaktion. theme-centered interaction 27 (1), 62–78.

Lemaire, Bernhard (2017), TZI und Gesellschaft – ein therapeutisches Verhältnis?, in: Themenzentrierte Interaktion. theme-centered interaction 31 (2), 88–93.

Löhmer, Cornelia (1994), Am Anfang war der Globe. Die Themenzentrierte Interaktion unter besonderer Berücksichtigung ihrer politischen Dimension, in: Rüdiger Standhardt – Cornelia Löhmer (Hg.), Zur Tat befreien. Gesellschaftspolitische Perspektiven der TZI-Gruppenarbeit, Mainz: Grünewald, 17–29.

Martenstein, Harald (2011), „Amputiert alle Gehirne, verfüttert sie an die Ziegen, dann haben wir die perfekte Demokratie“, in: Themenzentrierte Interaktion. theme-centered interaction 25 (2), 59–60.

Mazohl-Wallnig, Brigitte – Scharer, Matthias (2004), Inszenierung der Julikrise 1914. Ausschnitt aus einem TZI-Seminar mit HistorikerInnen und TheologInnen, in: Christoph Drexler – Matthias Scharer (Hg.), An Grenzen lernen. Neue Wege in der theologischen Didaktik, Mainz: Grünewald, 111–121.

Miescher, Elisabeth (1994), TZI in einer politischen Partei, in: Rüdiger Standhardt – Cornelia Löhmer (Hg.), Zur Tat befreien. Gesellschaftspolitische Perspektiven der TZI-Grupenarbeit, Mainz: Grünewald, 131–145.

Miescher, Elisabeth (2002), TZI und Politik – TZI in der Politik?, in: Themenzentrierte Interaktion. theme-centered interaction 16 (1), 156–160.

Modesto, Helga (1990), Demokratisches Verhalten in der TZI-Gruppe: Eine Herausforderung an die chairperson, in: Themenzentrierte Interaktion. theme-centered interaction 4 (1), 48–57.

Modesto, Helga (2004), TZI in Brasilien und Sibirien, in: Themenzentrierte Interaktion. theme-centered interaction 18 (2), 66–68.

Modesto, Helga (2015), Demokratisches Verhalten in der TZI-Gruppe: Eine Herausforderung an die Chairperson, in: Anja von Kanitz u. a. (Hg.), Elemente der Themenzentrierten Interaktion (TZI). Texte zur Aus- und Weiterbildung, Göttingen: Vandenhoeck & Ruprecht, 53–63.

Mohs, Andreas (2010), TZI und Gewaltfreie Kommunikation nach Dr. Marshall Rosenberg, in: Themenzentrierte Interaktion. theme-centered interaction 24 (1), 28–35.

Nelhiebel, Walter (^{3}2014), Globe, in: Mina Schneider-Landolf – Jochen Spielmann – Walter Zitterbarth (Hg.), Handbuch Themenzentrierte Interaktion (TZI), Göttingen: Vandenhoeck & Ruprecht, 134–140.

Ockel, Anita Cohn, Ruth C. (1984), Das Konzept des Widerstandes in der themenzentrierten Interaktion. Vom psychoanalytischen Konzept des Widerstandes über das TZI-Konzept der Störung zum Ansatz einer Gesellschaftstherapie, in: WILL-EUROPA: Norbert C. Korte – Elisabeth Miescher – Holm Roch (Hg.), Lebendig Lernen. Grundfragen der themenzentrierten Interaktion. Euro-Info, Sondernummer, Arlesheim, 5–33.

Ockel, Anita – Cohn, Ruth C. (1992), Das Konzept des Widerstands in der themenzentrierten Interaktion. Vom psychoanalytischen Konzept des Widerstandes über das TZI-Konzept der Störung zum Ansatz einer Gesellschaftstherapie, in: Cornelia Löhmer – Rüdiger Standhardt (Hg.), TZI. Pädagogisch-therapeutische Gruppenarbeit nach Ruth C. Cohn, Stuttgart: Klett-Cotta, 177–206.

Padberg, Stefan (2012), Illegalisiert in Deutschland. Wie sähe mein Leben ohne Papiere aus? Universität Koblenz-Landau, www.gw-unterricht.at 128, 18–27.

Rauch-Schumacher, Ruth – Stocker-Meier, Monika – Vermot-Mangold, Ruth-Gaby (1992), TZI in der politischen Arbeit, in: Cornelia Löhmer – Rüdiger Standhardt (Hg.), TZI. Pädagogisch-therapeutische Gruppenarbeit nach Ruth C. Cohn, Stuttgart: Klett-Cotta, 326–341.

Reiser, Helmut (1996), „Politisch leben“ mit TZI, in: Themenzentrierte Interaktion. theme-centered interaction 10 (2), 26–39.

Reiser, Helmut (2010), Eine konstruktivistische Sichtweise des Globe, in: Themenzentrierte Interaktion. theme-centered interaction 24 (1), 56–65.

Scharer, Matthias (1990), Katechese wider den Tod. Lateinamerika als Herausforderung für die Glaubensvermittlung, in: Theologisch-praktische Quartalschrift 138 (2), 135–143.

Scharer, Matthias (2010), How does one fit the Market?, in: Indian Journal of Theme-Centered Interaction (TCI) (6/7), 48.

Scharer, Matthias (2015), „Living Communicating" in the midst of total/totalitarian Communication. An anthropological-theological challenge, in: Jose Thayil – Andreas Vonach (Eds.), Democracy in an Age of Globalization, Innsbruck: University Press, 9–20.

Scharer, Matthias (2015), Schwarze Pädagogik und Lebendiges Lernen. Eine Replik auf „pädagogische" Pfarrer-/Vaterszenen in M. Hanekes WEISSEM BAND aus der Perspektive der Themenzentrierten Interaktion Ruth C. Cohns, in: Dietmar Regensburger – Christian Wessely (Hg.), Von Ödipus zu Eichmann. Kulturanthropologische Voraussetzungen von Gewalt (= Film und Theologie 22), Marburg: Schüren, 169–191.

Scharer, Matthias (2015), Citizenship from an Austrian Christian Theological perspective, in: Aslan, Ednan – Hermansen, Marcia (Eds.), Islam and Citizenship Education, Wiesbaden: Springer Fachmedien (= Wiener Beiträge zur Islamforschung), 67–76.

Scharer, Matthias – Geffers, Gerlinde (2015), Tot oder lebendig? Kommunikation in digitalen Medien. Matthias Scharer im Gespräch mit Gerlinde Geffers, in: Themenzentrierte Interaktion. theme-centered interaction 29 (2), 30–39.

Scharer, Matthias (2018), TZI mit Rechten, in: Lebendige Seelsorge 69 (2018) 6, 423–427.

Schauppenlehner-Kloyber, Elisabeth – Penke, Marianne (2014), Managing group processes in transdisciplinary future studies: How to facilitate social learning and capacity building for self-organised action towards sustainable urban development?, in: Futures 65, 57–71 (https://www.journals.elsevier.com/futures).

Schmid, Andrea – Böhm, Stefan (2012), Milieusensibilität als Anforderung an die TZI-Lehre. Ergebnisse einer qualitativen Untersuchung, in: Themenzentrierte Interaktion. theme-centered interaction 26 (2), 56–69.

Schultze, Annedore (1994), Das gesellschafts-politische Anliegen der TZI, in: Rüdiger Standhardt – Cornelia Löhmer (Hg.), Zur Tat befreien. Gesellschaftspolitische Perspektiven der TZI-Gruppenarbeit, Mainz: Grünewald, 114–130.

Friedemann Schulz von Thun – Roswitha Stratmann (2019), On the Psychology of Civil Courage. A Theme-centered Interactive Teaching Experiment: Reflections on the Process and Insights into the Subject, in: Sylke Meyerhuber

– Helmut Reiser – Matthias Scharer (Eds.), Theme-Centered Interaction (TCI) in Higher Education. A didactic approach for sustainable and living learning, Berlin: Springer, 131–155.

Standhardt, Rüdiger – Löhmer, Cornelia (Hg.) (1994), Zur Tat befreien. Gesellschaftspolitische Perspektiven der TZI-Gruppenarbeit, Mainz: Grünewald.

Statzer, Manfred (1995), „Wer den ‚Globe' nicht kennt, den frißt er", in: Themenzentrierte Interaktion. theme-centered interaction 9 (1), 91–97.

Stollberg, Dietrich (2006), „Wer den Globe nicht kennt, den frisst er." Zur Bedeutung des Umfeldes in der themenzentriert-interaktionellen Arbeit, in: Themenzentrierte Interaktion. theme-centered interaction 20 (1), 28–39.

Stollberg, Dietrich (2008), TZI und Hierarchie, in: Themenzentrierte Interaktion. theme-centered interaction 22 (2), 8–19.

Stollberg, Dietrich (2012), Politische Implikationen der TZI, in: Themenzentrierte Interaktion. theme-centered interaction 26 (1), 26–35.

Stollberg, Dietrich (2015), „Wer den Globe nicht kennt, den frisst er". Zur Bedeutung des Umfeldes in der themenzentriert-interaktionellen Arbeit, in: Anja von Kanitz u.a. (Hg.), Elemente der Themenzentrierten Interaktion (TZI). Texte zur Aus- und Weiterbildung, Göttingen: Vandenhoeck & Ruprecht, 33–45.

Stotz, Rose (1994), Einmischen, aber wie? – Gewaltfreies Handeln und TZI, in: Rüdiger Standhardt – Cornelia Löhmer (Hg.), Zur Tat befreien. Gesellschaftliche Perspektiven der TZI-Gruppenarbeit, Mainz: Grünewald, 99–113.

Trojer, Karl (1989), Kann TZI einen wesentlichen Beitrag zu zeitgemäßerem politischem Handeln bieten? oder: Zukunft mitgestalten – aus dem Glauben an die Sinnhaftigkeit allen Lebens, in: Themenzentrierte Interaktion. theme-centered interaction 3 (2), 3–9.

Zieman, Yitzchak (2002), Völkerverständigung durch TZI, in: Themenzentrierte Interaktion. theme-centered interaction 16 (Sonderheft Ruth C. Cohn) (1), 161–168.

Zoldy-Szita, Erzébet (2002), What TCI means to Hungary. What TCI meant to me when I first met it, in: Themenzentrierte Interaktion. theme-centered interaction 16 (1), 169–171.

6 TZI Rezeptionen / einschlägige Forschungen

Bischoff, Sandra (2016), Themenzentrierte Hochschuldidaktik – Eine Antwort auf Bologna. Dissertation an der Universität Kiel, 296 S. http://macau.uni-kiel.de/receive/dissertation_diss_00020194.

Bischoff, Sandra (2018), Themenzentrierte Hochschuldidaktik - Eine Antwort auf Bologna. Zusammenfassende Darstellung der gleichnamigen Dissertation, in: Themenzentrierte Interaktion. theme-centered interaction 32 (1), 7–18.

Bischoff, Sandra (2019), Theme-Centered University Didactics: An Answer to Bologna. Summary of a Dissertation with the Same Title, in: Sylke Meyer-huber – Helmut Reiser – Matthias Scharer (eds.) (2019), Theme-Centered Interaction (TCI) in Higher Education. A Didactic Approach for Sustainable and Living Learning (pp. 269–279), Cham, Switzerland: Springer Nature Switzerland AG.

Cyriac, Joby – Lal, Christudas Amala (2019), TCI Didactics in the Higher Education. Context of Kerala, India_Experiences and Insights of Teaching English Language and Communication at the Tertiary Level, in: Sylke Meyer-huber – Helmut Reiser – Matthias Scharer (eds.) (2019), Theme-Centered Interaction (TCI) in Higher Education. A Didactic Approach for Sustainable and Living Learning (pp. 189–206), Cham/Switzerland: Springer Nature Switzerland AG.

Cyriac, Joby (2018), Theme Centred Interaction: Towards a Learning-Oriented Didactics of ELT, Dissertation, Kerala University, Thiruvananthapuram.

Ebrahim, Ranja (2018), „Schülerinnen und Schüler im Diskurs mit dem Qur'ān: Chancen und Grenzen für einen zukunftsorientierten islamischen Religionsunterricht. Ein Handlungskonzept zum themenzentrierten Arbeiten anhand der Offenbarungsanlässe (asbāb an-Nuzūl)". Dissertation Universität Wien, unveröffentlicht.

Forschungskreis Kommunikative Theologie (2007), Selbstvergewisserung unserer Kultur des Theologietreibens (= Kommunikative Theologie – interdisziplinär 1/1), Wien: Lit.

Funke, Dieter (1984), Verkündigung zwischen Tradition und Interaktion. Praktisch-theologische Studien zur Themenzentrierten Interaktion (TZI) nach Ruth C. Cohn, Frankfurt a. M.: Lang, 310–343.

Funke, Dieter (1984), Themenzentrierte Interaktion als praktisch-theologisches Handlungsmodell. Versuch einer fachspezifischen Rekonstruktion, in: WILL-EURO. Lebendig lernen. Grundfragen der Themenzentrierten Interaktion. Euro-Info, Sondernummer, 115–133.

Garmaz, Jadranka – Scharer, Matthias (2014), „UCENJE" VJERE. Kako osmisliti i voditi proces ucenja vjere? Komunikativnoteoloska koncepcija, Zagreb: Glas Kincila.

Hilberath, Bernd Jochen – Scharer Matthias (2012), Kommunikative Theologie. Grundlagen – Erfahrungen – Klärungen, Ostfildern: Grünewald.

Hinze, Bradford – Scharer, Matthias (2008), Wachsen im Trialog/Growth in Trialogue, in: Bernhard Nitsche (Hg.), Von der Communio zur Kommunikativen Theologie. Bernd-Jochen Hilberath zum 60. Geburtstag (= Kommunikative Theologie – indisziplinär. Communicative Theology – Interdisciplinary Studies: Band/Volume 10), Berlin: LIT, 19–36.

Honsel, Bernhard (1983), Der rote Punkt: Eine Gemeinde unterwegs, Düsseldorf: Patmos.

Juen, Maria – Prüller-Jagenteufel, Gunter – Rahner, Johanna – Sejdini, Zekirija (Hg.) (2015), Anders gemeinsam – gemeinsam anders? In Ambivalenzen lebendig kommunizieren (= Kommunikative Theologie 18), Ostfildern: Grünewald.

Kraml, Martina (2013), Dissertation gestalten im Raum der Möglichkeiten. Eine theologiedidaktische Studie zu Dissertationsprozessen mit besonderer Aufmerksamkeit auf die Entwicklung empirischer Forschung, unveröffentlichte Habilitationsschrift, Innsbruck.

Kraml, Martina (2014), The published word is not the final one ... Kontingenzsensible theologische Forschung auf dem Hintergrund des Forschungsprogrammes Kommunikative Theologie, in: Zeitschrift für katholische Theologie (2014) 136, 233–250.

Kraml, Martina (2015), Lebendig kommunizieren in den Ambivalenzen der Gegenwart: Eine kommunikativ-theologische Vernetzung, in: Maria Juen – Gunter Prüller-Jagenteufel – Johanna Rahner – Zekirija Sejdini (Hg.), Anders gemeinsam – gemeinsam anders? In Ambivalenzen lebendig kommunizieren, Ostfildern: Grünewald, 121–131.

Kraml, Martina (2015), Zur Methodologie des 4. Kongresses Kommunikative Theologie, in: Maria Juen – Gunter Prüller-Jagenteufel – Johanna Rahner – Zekirija Sejdini (Hg.), Anders gemeinsam – gemeinsam anders? In Ambivalenzen lebendig kommunizieren, Ostfildern: Grünewald, 21–25.

Kraml, Martina (2019), Anderes ist möglich. Eine theologiedidaktische Studie zu Kontingenz in Forschungsprozessen (= Kommunikative Theologie, Band 19), Ostfildern: Grünewald.

Meyer, Ulrike B. (^{3}2014), TZI und Organisationsentwicklung, in: Mina Schneider-Landolf – Jochen Spielmann – Walter Zitterbarth (Hg.), Handbuch Themenzentrierte Interaktion (TZI), Göttingen: Vandenhoeck & Ruprecht, 307–312.

Meyer, Ulrike B. (2011), Pisa-Kompetenzstufen, kompetenzorientierte Hochschullehre und TZI, in: Themenzentrierte Interaktion. theme-centered interaction 25 (2), 51–64.

Ostertag, Margit (2018), Unterwegs zu einer Pädagogik der Verständigung. Bildungstheoretische Zugänge zur Themenzentrierten Interaktion (TZI), in: Dialogische Erziehung 1/2, 36–46.

Panhofer, Johannes – Scharer, Matthias – Siebenrock, Roman (Hg.) (2007), Erlöstes Leiten. Eine kommunikativ-theologische Intervention, Ostfildern: Grünewald.

Raguse, Hartmut (1997), Theologische Implikationen der TZI, in: Karl Josef Ludwig (Hg.), Im Ursprung ist Beziehung. Theologisches Lernen als themenzentrierte Interaktion, Mainz: Grünewald.

Reiser, Helmut (2006), Psychoanalytisch-systemische Pädagogik: Erziehung auf der Grundlage der themenzentrierten Interaktion, Stuttgart: Kohlhammer.

Reiser, Helmut (2013), Was wächst, verändert sich. Theoretische Orientierungen in der Lehre der TZI in den Jahren 1984 bis 2010, in: Themenzentrierte Interaktion. theme-centered interaction 27 (2), 77–85.

Reiser, Helmut ([3]2014), TZI als professionelles pädagogisches Konzept, in: Mina Schneider-Landolf – Jochen Spielmann – Walter Zitterbarth (Hg.), Handbuch Themenzentrierte Interaktion (TZI), Göttingen: Vandenhoeck & Ruprecht: 209–212.

Reiser, Helmut (2014), Vorschlag für eine theoretische Grundlegung der Themenzentrierten Interaktion, in: Themenzentrierte Interaktion. theme-centered interaction 28 (2), 69–77.

Reiser, Helmut (2015), Von der überlieferten Struktur der TZI zu einer aufgabenbezogenen Erweiterung in Schritten. Graduiertenkonferenz in Springe/Hannover 12.–15. November 2015.

Scharer, Matthias (1988), Leben, glauben lernen – lebendig und persönlich bedeutsam: Handbuch zu „Miteinander glauben lernen“, Salzburg: Müller.

Scharer, Matthias (1997), TZI – Theologie – Glaubenserschließung. Vom didaktischen Rezept zur theologischen Hermeneutik des Lebens, in: Karl Josef Ludwig (Hg.), Im Ursprung ist Beziehung. Theologisches Lernen als themenzentrierte Interaktion, Mainz: Grünewald, 90–105.

Scharer, Matthias (1998), Das geschenkte Wir: Kommunikatives Lernen in der christlichen Gemeinde, in: Franz Weber – Markus Beranek – Ottmar Fuchs – Franz Gruber (Hg.), Frischer Wind aus dem Süden, Innsbruck–Wien: Tyrolia, 84–100.

Scharer, Matthias (1999), Wie wird Kirchliche Bildung marktgerecht oder: Welche Bildung macht den Markt gerecht? Communiotheologische Überlegungen zum kirchlichen Bildungsgeschehen, in: Bernd Jochen Hilberath, Communio, Ideal oder Zerrbild von Kommunikation? (Quaestiones disputatae 176), Freiburg – Basel – Wien, 235–242.

Scharer, Matthias (2001), Die Rolle der TZI in einer „Kommunikativen Theologie“. Konzept und Modell, in: Themenzentrierte Interaktion. theme-centered interaction 15 (1), 33–41.

Scharer, Matthias (2002), „Der Geist weht, wo er will“. Zur Spannungsreichen Beziehung zwischen Kirche(n) und TZI, in: Themenzentrierte Interaktion. theme-centered interaction 16 (1) (Sonderheft Ruth C. Cohn), 70–80.

Scharer, Matthias – Hilberath, Bernd Jochen ([2]2003), Kommunikative Theologie. Eine Grundlegung, Mainz: Grünewald.

SCHARER, MATTHIAS (2007), Leiten mit Kompetenz und aus Gnade. Ein erlösender Blick auf die Qualitäts- und Qualifizierungsherausforderung im neoliberalen Führungs- und Managementkontext, in: JOHANNES PANHOFER – MATTHIAS SCHARER – ROMAN SIEBENROCK (Hg.), Erlöstes Leiten. Eine Kommunikativ-theologische Intervention (= Kommunikative Theologie 8), Ostfildern: Grünewald, 231–246.

SCHARER, MATTHIAS – HILBERATH, BERND JOCHEN (2008), the practice of COMMUNICATIVE THEOLOGY. an introduction to a new theological culture, New York: The Crossroad Publishing Company.

SCHARER, MATTHIAS (2010), Von der Themenzentrierten Interaktion (TZI) zur Kommunikativen Theologie: Ein Weg in die Weite, in: MATTHIAS SCHARER – BRADFORF E. HINZE – BERND JOCHEN HILBERATH (Hg.), Kommunikative Theologie: Zugänge – Auseinandersetzungen – Ausdifferenzierungen / Communicative Theology: Approaches – Discussions – Differentiation, Wien: LIT.

SCHARER, MATTHIAS (2014), Kommunikative Theologie als Lernprozess, in: HORST F. RUPP (Hg.), Lebensweg, religiöse Erziehung und Bildung. Religionspädagogik als Autobiographie Bd. 5, Würzburg: Königshausen & Neumann, 277–291.

SCHARER, MATTHIAS (2014), Die Rede vom „Geschenkten Wir" als Metapher für das Handeln Gottes im (kirchlichen) Kommunikationsgeschehen – ein Differenzierungsversuch, in: ROMAN SIEBENROCK – CHRISTOPH J. AMOR (Hg.), Handeln Gottes. Beiträge zur aktuellen Debatte (= QD 262), Freiburg – Basel – Wien: Herder, 471–507.

SCHARER, MATTHIAS ([3]2014), Kommunikative Theologie, in: MINA SCHNEIDER-LANDOLF – JOCHEN SPIELMANN – WALTER ZITTERBARTH (Hg.), Handbuch Themenzentrierte Interaktion, Göttingen: Vandenhoeck & Ruprecht, 217–221.

SCHARER, MATTHIAS (2015), Learning (in/through) Religion in the Presence of the Other. Accident and/or Test Case in Public Education?, in: MARIA JUEN – GUNTER PRÜLLER-JAGENTEUFEL – JOHANNA RAHNER – ZEKIRIJA SEJDINI (Hg.), Anders gemeinsam – gemeinsam anders? In Ambivalenzen lebendig kommunizieren (=Kommunikative Theologie 18), Ostfildern: Grünewald, 223–238.

SCHARER, MATTHIAS (2015), Kommunikation, in: BURKARD PORZELT – ALEXANDER SCHIMMEL (Hg.), Strukturbegriffe der Religionspädagogik. Festgabe für Werner Simon zum 65. Geburtstag und anlässlich seiner Pensionierung, Bad Heilbronn: Klinkhardt, 98–103.

SCHARER, MATTHIAS (2017), „Redemptive Leading" – Barriers and Opportunities in a Digital World, in: MIRIAM DIEZ BOSCH – PAUL SOUKUP – JOSEP LLUIS MICÓ SANZ – DANIELLA ZSUPAN-JEROME (Eds.), Authority and Leadership. Values, Religion, Media. Blanquerna Observatory on Media, Religion and Culture, Barcelona: Blanquerna Observatory on Media, Religion and Culture, 183–190.

Sejdini, Zekirija – Kraml, Martina – Scharer, Matthias (2017), Mensch werden. Grundlagen einer interreligiösen Religionspädagogik und -didaktik aus muslimisch-christlicher Perspektive, Stuttgart: Kohlhammer.

Meyerhuber, Sylke – Reiser, Helmut – Scharer Matthias (Eds.) (2019), Theme-Centered Interaction (TCI) in Higher Education. A didactic approach for sustainable and living learning, Berlin: Springer.

Trost, A. ([3]2014), TZI und Beratung, in: Mina Schneider-Landolf – Jochen Spielmann – Walter Zitterbarth (Hg.), Handbuch Themenzentrierte Interaktion (TZI), Göttingen: Vandenhoeck & Ruprecht, 295–300.

7 Andere Konzepte

Bauer, Joachim ([2]2009), Prinzip Menschlichkeit. Warum wir von Natur aus kooperieren, München: Heyne, 23.

Boal, Augusto [1979] ([7]2016), Theater der Unterdrückten, Frankfurt a. M.: edition suhrkamp.

Boal, Augusto (2006), Der Regenbogen der Wünsche. Methoden aus Theater und Therapie, hrsg. von Jürgen Weintz – Bernd Ruping, Berlin – Milow – Strasburg, Schibri.

Boal, Augusto (2013), Hamlet und der Sohn des Bäckers. Die Autobiographie, hrsg. von Birgit Fritz, Wien: mandelbaum *kritik & utopie.*

Böhme, Hartmut – Böhme, Gernot (Hg.) (1983), Das Andere der Vernunft. Zur Entwicklung von Rationalitätsstrukturen am Beispiel Kants, Frankfurt a. M.: suhrkamp.

Boschki, Reinhold (2018), Elie Wiesel – Ein Leben gegen das Vergessen: Erinnerungen eines Weggefährten, Ostfildern: Patmos.

Buber, Martin ([4]1978), Begegnung. Autobiographische Fragmente. Mit einem Nachwort von Albrecht Goes, Heidelberg: Lambert Schneider.

Buber, Martin (1983), Ich und Du, Heidelberg: Lambert Schneider.

Buber, Martin ([10]2006), Das dialogische Prinzip, Gütersloh: Gütersloher Verlagshaus.

Bühler, Karl (1982), Sprachtheorie. Die Darstellungsfunktion der Sprache, Stuttgart – New York: Gustav Fischer Verlag.

Burns, Tom – Stalker, G. M. (1961), The Management of Innovation, London: Tavistock.

Cohn, Ruth C. [1973] ([16]2009), Die Erlebnistherapien – Autismus oder Autonomie?, in: Ruth C. Cohn, Von der Psychoanalyse zur themenzentrierten Interaktion. Von der Behandlung einzelner zu einer Pädagogik für alle, Stuttgart: Klett-Cotta, 97–109.

Erikson, Erik H. (1987), Kindheit und Gesellschaft, Stuttgart: Klett-Cotta.

FARAU, ALFRED (1946), Wo ist die Jugend, die ich rufe? New York: Willard Publishing Company, dt. Erstausgabe.

FOUCAULT, MICHEL ([3]2013), Die Heterotopien. Der utopische Körper: Zwei Radiovorträge, Frankfurt: suhrkamp.

FRITZ, BIRGIT (2013), Von Revolution zu Autopoiese. Auf den Spuren Augusto Boals ins 21. Jahrhundert. Das Theater der Unterdrückten im Kontext von Friedensarbeit und einer Ästhetik der Wahrnehmung, Stuttgart: ibidem.

FREIRE, PAULO (1974), Erziehung als Praxis der Freiheit, Stuttgart: Kreuz.

FREIRE, PAULO (1973), Pädagogik der Unterdrückten: Bildung als Praxis der Freiheit, Reinbek bei Hamburg: Rowohlt.

HABERMAS, JÜRGEN ([13]2001), Erkenntnis und Interesse. Mit einem neuen Nachwort, Frankfurt a. M.: suhrkamp.

HAGLEITNER, SILVIA (1996), Mit Lust an der Welt – in Sorge um sie: Feministisch-politische Bildungsarbeit nach Paulo Freire und Ruth C. Cohn, Mainz: Grünewald.

HRISTEA, VASILE (2005), Kommunikation und Gemeinschaft: Ein orthodox-theologischer Beitrag zu einer Theologie der Kommunikation, Leipzig: Evang. Verlagsanstalt.

HUBER, JOHANNES (2017), Der holistische Mensch. Wir sind mehr als die Summe unserer Organe, Wien: edition a.

JOHACH, HELMUT (2012), Ruth Cohn und die Gestalttherapie – eine nicht ganz einfache Beziehung, in: Themenzentrierte Interaktion. theme-centered interaction 26 (1), 16–25.

KANT, IMMANUEL (1966), Kritik der reinen Vernunft, London.

LÉVINAS, EMMANUEL (1986), Ethik und Unendliches. Gespräche mit Philippe Nemo, Graz–Wien: Böhlau.

LÉVINAS, EMMANUEL ([2]1993), Totalität und Unendlichkeit. Versuch über die Exteriorität, München: Alber (= Alber-Reihe).

LORENZER, ALFRED (1981), Das Konzil der Buchhalter. Die Zerstörung der Sinnlichkeit: eine Religionskritik, Frankfurt a. M.: Europäische Verlagsanstalt.

MARTIN, GERHARD MARCEL ([3]2011), Sachbuch Bibliodrama. Praxis und Theorie, Berlin: EB-Verlag.

MATZDORF, PAUL (1991), Die „Problemformulierende Methode“ Paulo Freires und Ruth C. Cohns „Themenzentrierte Interaktion“. Versuch eines pädagogischen Kommentars. Erster Teil, in: Themenzentrierte Interaktion. theme-centered interaction 5 (2), 64–77.

MATZDORF, PAUL (1992), Die „Problemformulierende Methode“ Paulo Freires und Ruth C. Cohns „Themenzentrierte Interaktion“. Versuch eines pädagogischen Kommentars. Zweiter Teil, in: Themenzentrierte Interaktion. theme-centered interaction 6 (1), 56–79.

Moreno, Jakob L. (62007), Gruppenpsychotherapie und Psychodrama. Einleitung in die Theorie und Praxis mit einem Geleitwort von Grete A. Leutz, Stuttgart: Thieme.

Neill, Alexander S. (1980), Theorie und Praxis der antiautoritären Erziehung: Das Beispiel Summerhill, Reinbek b. Hamburg: Rowohlt.

Neutert, Natias (1971), Spielen, Hamburg: Kunsthaus.

Ostertag, Margit (2017), Von Ruth Cohn und Paulo Freire lernen. Annäherungen an eine bildungstheoretisch fundierte Hochschuldidaktik, in: Tilly Miller – Margit Ostertag (Hg.), Hochschulbildung. Wiederaneignung eines existentiell bedeutsamen Begriffs, Oldenburg: De Gruyter, 123–133.

Perls, Fritz S. (31979), Gestalt-Therapie in Aktion, Stuttgart: Clett-Kotta.

Renk, Leony (2001), Interkulturelles Lernen mit dem Globe. Interreligiöse und interkulturelle Begegnungen im Bibliodrama, in: Themenzentrierte Interaktion. theme-centered interaction 15 (2), 54–64.

Renk, Leony (2005), Interreligiöses Bibliodrama: Bibliodrama als neuer Weg zur christlich-jüdischen Begegnung, Schenefeld: EB-Verlag.

Ricoeur, Paul (22006), Wege der Anerkennung: Erkennen, Wiedererkennen, Anerkanntsein, Frankfurt a. M.: suhrkamp.

Riemann, Fritz (392009), Grundformen der Angst. Eine tiefenpsychologische Studie, München: Reinhardt.

Scharfenberg, Joachim – Kämpfer, Horst (1980), Mit Symbolen leben. Soziologische, psychologische und religiöse Konfliktbearbeitung, Olten – Freiburg i. Br.: Walter.

Schiffer, Walter (2012), „Ehrfurcht gebührt allem Lebendigen" – Ruth C. Cohn und Albert Schweitzer, in: Themenzentrierte Interaktion. theme-centered interaction 26 (1), 36–45.

Schiffer, Walter (2014), „Goethe wurde mein Lehrer" (Ruth C. Cohn)", in: Themenzentrierte Interaktion. theme-centered interaction 28 (2), 48–58.

Schulz von Thun, Friedemann (262017), Miteinander reden 3. Das „Innere Team" und situationsgerechte Kommunikation. Kommunikation, Person, Situation, Reinbek bei Hamburg: Rowohlt.

vom Scheidt, Jürgen (1977), Was sind die Bedürfnisse des Volkes? Oder: Bewusstseins – Bildung für die Unterdrückten. Ein Interview mit Prof. Paulo Freire, Genf von Jürgen vom Scheidt. Übersetzung aus dem Englischen von Jürgen vom Scheidt, Manuskript, dt., HUB, UA, NL Cohn, Nr. 94, Blatt 123–137.

von Godin, Elisabeth (1987), TZI und Gestalt-Therapie, in: Karin Hahn – Marianne Schraut-Birmelin – Klaus Schütz – Christel Wagner (Hg.), Gruppenarbeit: themenzentriert. Entwicklungsgeschichte, Kritik und Methodenreflexion, Mainz: Grünewald, 71–90.

Vopel, Klaus W. (1983), Umgang mit Konflikten, Hamburg: Isko-Press.

WAGNER, CHRISTEL (2007), Psychotherapie in der Gruppe nach Albert Pesso und TZI, in: WALTER LOTZ – CHRISTEL WAGNER (Hg.), Themenzentrierte Interaktion in der Beratung und in therapeutischen Prozessen, Ostfildern: Grünewald, 236–260.

WARWITZ, SIEGBERT A. ([2]2016), Formen des Angstverhaltens, in: SIEGBERT A. WARWITZ, Sinnsuche im Wagnis. Leben mit wachsenden Ringen. Erklärungsmodelle für grenzüberschreitendes Verhalten, Hohengehren: Schneider, 34–39.

Winterreise op. 89, D 911 ist ein Liederzyklus, bestehend aus 24 Liedern für Singstimme und Klavier, den Franz Schubert im Herbst 1827, ein Jahr vor seinem Tod, komponierte. Der vollständige Titel des Zyklus lautet: Winterreise. Ein Cyclus von Liedern von Wilhelm Müller. Für eine Singstimme mit Begleitung des Pianoforte komponiert von Franz Schubert. Op. 89. Erste Abtheilung (Lied I–XII). Februar 1827. Zweite Abtheilung (Lied XIII–XXIV). October 1827.

WITTGENSTEIN, LUDWIG (1980), Tractatus logico-philosophicus. Tagebücher 1914–1916. Philosophische Untersuchungen. Schriften 1, Teil 1, Frankfurt a. M.: suhrkamp.